これぞ!歌舞伎

そのあらすじと史実

大石 学◈編著

清水書院

はしがき

本書は、日本の古典芸能の歌舞伎について、史実との関係から理解を深め、鑑賞リテラシーを高めるために企画・編集された。歌舞伎ファンはもとより、古典・芸術・日本史などを担当する教員、そしてこれから歌舞伎を学ぼうとする大学生・高校生・中学生にもぜひ読んでいただきたい。あるいは、外国人観光者にも手に取っていただければ、と思う。

歌舞伎は、江戸時代初期に成立し、江戸時代を通じて広く社会に普及し、約四三〇年をへて今日に至っている。この間、昭和四〇年(一九六五)に日本の重要無形文化財に指定され、平成二一年(二〇〇九)にはユネスコの第一回無形文化遺産に登録されるなど、その文化的価値が評価されている。

歌舞伎は通常、テーマにより世話物と時代物に大別される。世話物は江戸時代のリアルタイムの事件や出来事をモデルとし、時代物は江戸時代以前の史実を、より古い時代に置き変えてアレンジするなどしてフィクション化したものである。

本書では、この時代物について、古代史・中世史・近世史・近代史の歴史学、および文学、芸術学など諸分野の研究者や学芸員らが、さまざまな視点から、史実との関係を説明している。具体的には、登場人物の間柄や役職・地名・事件などをどのように置き変えたか、セリフ・所作・大小道具などの見どころはどこか解説する。近松門左衛門《ちかまつもんざえもん》、竹田出雲《たけだいずも》、河竹黙阿弥《かわたけもくあみ》ら作家たちが、いかに史実に向き合い格闘し、テーマを決めストーリー化したのか。また、江戸庶民らが作品をどのように共感し育てていったのかを専門的分野から説いている。

読者の皆様には、本書を座右に置き、劇場舞台のライブやテレビ・ビデオ鑑賞のさいのガイドブックとして、またゼミやサークルなどのテキストとして大いに利用していただきたい。鑑賞した作品の頁にチェックするのも楽しいかもしれない。本書により、皆様の歌舞伎と歴史への興味がより深まり、生活が知的に豊かになれば幸いである。

なお、本書刊行にあたっては、清水書院編集部顧問の渡部哲治氏と、同編集部部長の中沖栄氏にお世話になった。記して謝意を表する次第である。

大石　学

令和七年三月二一日

『これぞ！歌舞伎』

目次

これぞ!歌舞伎

歌舞伎の歴史

大石 学

「かぶき」の語源

「これぞ！歌舞伎《かぶき》——そのあらすじと史実」と題する本書の序章として、文学史、演劇史とは異なる歴史学の視点から、江戸時代の歌舞伎の歴史的展開について概観することにしたい。

まず、「歌舞伎」の語は、「動詞『かぶく（傾く）』の連用形の名詞化」であり、「かぶく」の意味として「①頭がかたむく、②首をかしげて考える、③勝手気ままなふるまいをする、派手な身なりや異様な、または好色めいた言動をする、④歌舞伎踊りを演ずる、⑤茶の風味を味わって、その品種を飲みわける」（『日本国語大辞典』小学館）の意味がある。総じて、まっすぐでない、異様な状態を示す語である。また、「歌舞伎」の意味は、「①並外れて華美な風態《ふうたい》をしたり、異様な言動や色めいたふるまいをすること、②近世初期に発生、発達したわが国固有の演劇」（『同書』）と、近世（江戸時代）に展開した華美な演劇と定義される。さらに「歌舞伎者《もの》」については、「①並はずれて華美な風態をしたり、異様な言動をする者、特に、江戸時代初期にあらわれた反体制的志向を持つ遊侠《ゆうきょう》の徒《と》や伊達者《だてもの》、一般に②①のような気風や態度を持っている者、③歌舞伎を演ずる者、④歌舞伎役者。また歌舞伎社会の者」（同書）とある。以上、歌舞伎とは、「権力による統制や秩序化に対して、華美・異様な風体をもって逸脱・抵抗する意識・態度を示す演劇」といえる。江戸時代の歌舞伎は、こうした性格を持つ歌舞伎に対する幕府の警戒・統制と、これに対する歌舞伎界や庶民の関係の場として展開したのである。

なお、江戸時代において、歌舞伎の表記は、当初「かぶき」「歌舞妓」と書き、のち「歌舞伎」の字が登場する。以下では、煩雑さを防ぐために、地の文では「歌舞妓」の表記は避けることにする。

「平和」の到来とお国・女歌舞伎

慶長《けいちょう》五年（一六〇〇）の関が原の合戦に勝利した徳川家康は、同八年に江戸に幕府を開いた。江戸開幕は、一〇〇年以上続いた戦国時代の終焉《しゅうえん》と、こののち二五〇年以上続く「徳川の平和《パクス・トクガワーナ》」（Pax Tokugawana）の始まりであった。

「徳川の平和」の到来は、古代から戦国時代までの政治的支配者、また芸能の主体・庇護者《ひごしゃ》として存在した朝廷・寺社・中世武士の没落を意味した。江戸時代は、これに代わり、社会経済の発展と庶民生活やリテラシー向上を基礎に、上方の文化・文明が新興都市江戸に移入された。その代表が能と歌舞伎である。同時に芸能の社会化と、成長した庶民を観客とする商品化（興行化）が進んだのである。とくに、歌舞伎は、戦国時代以前の野外・路上・旅芝居（移動小屋）などとは異なる、常設の大規模劇場《じょうごや》（定小屋）の上演が可能になった。長期の「平和」こそ、歌舞伎の成立・発展の前提であった。

さて、歌舞伎の濫觴《らんしょう》は、江戸初期の慶長八年頃、「此比《このころ》かふき踊と云事有、是《これ》は出雲《いずも》国神子女、名は国《くに》、但非好女、仕出、京都江上る、縦は異風なる男のまねをして、刀脇指《わきざし》衣裳以下殊《ことに》異相、彼男茶屋の女と戯る体《てい》有難したり、京中の上下賞翫《しょうがん》する事不斜、伏見城江も参上し度々踊る、其後学之かふきの座いくらも諸国へ下る」(『当代記』『史纂雑録・当代記・駿府記』続群諸類従完成会)と、国が出て京都で異様な男の真似をして、刀剣・衣裳などを付け、客の男と茶屋の女が戯れるシーンを演じた。京中の人々は大変なブームとなり、国は伏見城(京都市伏見区)の徳川家康のもとにも参上した。その後、これを真似た一座が多数作られ、京都から諸国に下ったとある。

江戸後期の国学者小山田与清《ともきよ》が江戸後期に作成した「松屋日記」二巻(一八四五年)では、「おくに歌舞伎、出雲みこ国といへる婦人が都にて舞はじめておくにかぶきといふよし……慶長の初京伏見の間にお国といふ歌舞伎あり……伏見の里に住居し古の白拍子《しらびょうし》の流を汲て或はうたひ或はまひ弟子数多引つれて高貴の後家にも召れけるとなん」と、伏見を中心に唄い舞い多数の弟子を引き連れ、身分の高い後家にも呼ばれて演技したとある。

国の念仏踊り
中央が国。鉦を打とうとしている。当初は一貫した筋書きはなく、念仏踊りの合間に狂言も演じられたという。
(「国女歌舞妓絵詞」、京都大学附属図書館蔵)

同じく、慶長八年三月頃、江戸に入った歌舞伎は、「この頃江戸弥《いよいよ》大都会となりて、諸国の人輻輳《ふくそう》し繁昌大かたならず、四方の游民等身のすぎはひをもとめて雲霞《くもかすみ》の如くあつまる、京より国といふ女くだり、歌舞伎といふ戯場を開く、貴賤めづらしく思ひ、見る者堵のごとし、諸大名家々これをめしよせ、其歌舞をもてはやす事風習となりける」(『新訂増補国史大系・徳川実紀』一巻八〇)と、江戸が大都市になるにつれ、京都から国が江戸に来て歌舞伎劇場を開き、これが評判となり、身分の高下を問わず多くの人々が垣根のように群れて見物した。大名も自邸に呼ぶなど、歌舞伎は大流行した。

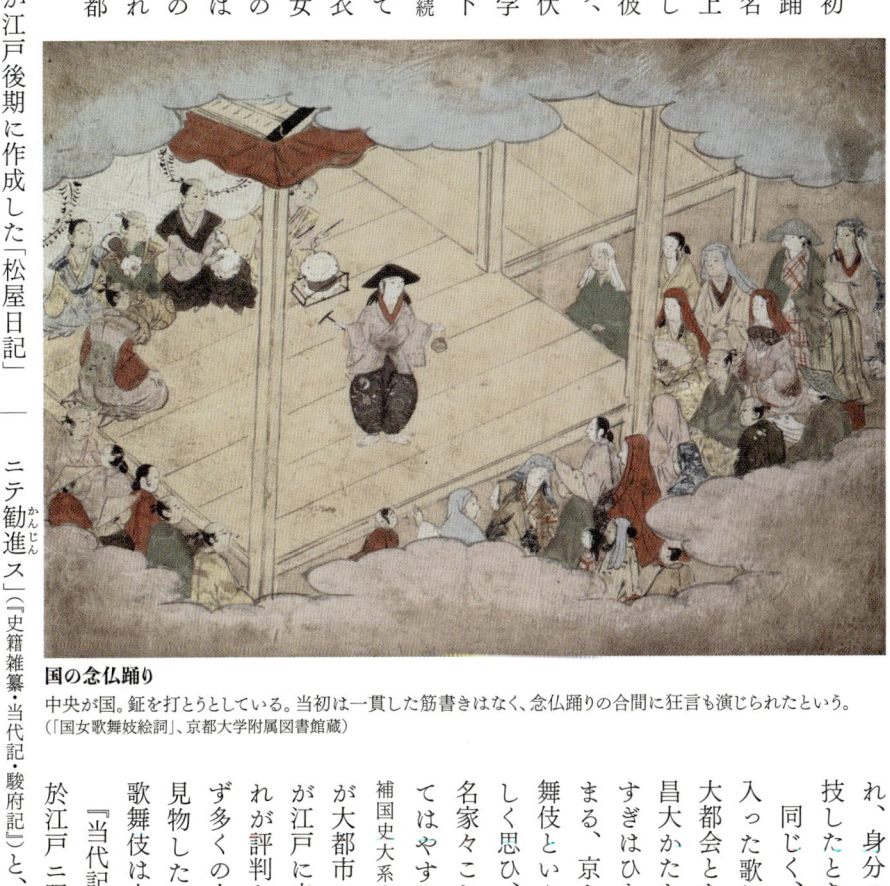

『当代記』には、「国と云カブキ女、於江戸ニ踊ル、先度の能ノ有ツル場ニテ勧進《かんじん》ス」(『史籍雑纂・当代記・駿府記』)と、当時、江戸の劇場は未整備で、先行して江戸に入った能の舞台を利用して興行したことが知られる。

しかし、幕府編纂の『徳川実紀』によると、慶長一三年五月、「これよりさき水野六左衛門勝成《みずのろくざえもんかつなり》、京より歌舞妓(出來島隼人と字すといふ)をひきつれ駿府《すんぷ》に下り、其芸をなさしむ、男女群集して国中をかたぶく、これより先府中舞妓多くつどひ、土人争論を引出し静ならざるにより、令して府中の歌舞妓を追放せしめらる」(『新訂増補国史大系・徳川実紀』一編四五八)と、同時期、大名水野勝成が京から歌舞伎役者を率いて駿府(静岡市)で興行すると大人気となり、この結果風俗が悪化し駿河国が傾くほどであり、争論も増え社会問題が深刻化したため、歌舞伎者を駿河から追い出すほどであった。この時期、国に始まり多くの遊女たちによって広められた歌舞伎は、「お国踊り」「女かぶき」「女郎かぶき」などと呼ばれる。

なお、この時期の歌舞伎について、江戸前期成立の三浦浄心《みうらじょうしん》『慶長見聞集』には次のように記されている。すなわち、「江戸よし原町にて来三月五日かつらぎ太夫、かぶきおどり有と日本橋に高札を立る、江戸に名を得し女かぶき多しといへども、中にも葛城太夫は世にこゑ、みめかたちやさしく、ようがん(容顔)美麗成ければ、此かぶきをこそ見めと、老若貴賤ぐんじゅし見物す」と、江戸の吉原の女歌舞伎者のうち葛城太夫はその容姿をもって一番の人気であった。「太夫舞台へ出、秘曲を尽し舞よそほひ、だゝ是天人の舞楽かや、少進法印金春《こんぱる》八郎も及ぶべからず、太鼓、小鼓、笛、太鼓の役者は男也、かれら打合せ、入乱たるこまかなるほど、拍子は天下に名を得たる四座の役者もまなぶべからず」と、葛城太夫は男性の音曲に合わせて、金春さらには四座も及ばない圧倒的なパフォーマンスを見せた。「弥兵衛、善内が狂言の風勢を、とりはぬる乱拍子は鷺太夫、弥太郎が式三番《しきさんば》の足ふみも、是にはいかでまさるべき、取分猿若《さるわか》出て、色々様々の物まねするこそおかしけれ、はうさい念仏、猿廻し、酒に酔、在郷の百姓かたことといひて、いくぢなき風情ありと、あらゆる物まね扨《さて》もよく似たる物哉、弁舌たれる事、ふるなの変化かや、かゝる物まねの上手、天が下第一の名人、奇特ふしぎと皆人かんじたり」と、狂言界は鷺太夫らの踊り、弥太郎の足ふみ、猿若の物真似など上手・名人が出現した。「はや舞もをさまる時分なれば、みな人名残情思ふ處に、風呂あがりの遊びおどりを、芝居やぶりに仕べしとことはる、是をこそ見めと待所に、太夫を初其外名をうる遊女ども、よはひ二八(一六)ばかりなるが、形たぐひなふいとやさしき、かほばせあひ〳〵しく、もゝのこひをなし、花の色衣を引かさね、二三十人伴ひ出て酒宴し、一人づゝ立て思ひ〳〵の芸を、一曲一かなでらうゑひし」と、舞が終わり皆が名残り惜しく思っていると、風呂あがりの遊び踊りをするとアナウンスがあり、これを見ようと待っていると、葛城太夫ら有名な遊女たちが二、三十人出てきてそれぞれの芸を演じ、酒宴となる(江戸叢書刊行会編『江戸叢書』第二巻)。ここで、注意したいのは、江戸初期の吉原(東京都中央区日本橋(旧吉原))の中に歌舞伎をはじめとするさまざまな芸能を演じ見せる舞台があったことである。江戸時代に「悪所《あくしょ》」と呼ばれる遊郭《ゆうかく》と芝居町の原型が同居している姿が見られるのである。

元和《げんな》年間(一六一五〜二四)、新興地江戸で庶民が社会規範から逸脱し、風俗を紊乱《びんらん》することを危惧《きぐ》した幕府は、「女歌舞妓を禁ぜられ、男歌舞妓となる。女かぶきといふは遊女なり、勝れたるを称して和尚とよべり、男かぶきになりては、美少年を選て舞はしむ」「女歌舞妓やみて若衆《わかしゅ》歌舞妓となる」(『増訂武江年表全』国書刊行会、一九一二年)と、遊女歌舞伎を禁止した。この結果、歌舞伎は男性が演ずるようになった。

正保《しょうおう》元年(一六四四)五月一九日には、「木挽町《こびきちょう》六丁目岡村長兵衛芝居始る、二代目より後山村長太夫座と改む」(斎藤月岑『増訂武江年表全』)と、木挽町(東京都中央区)山村座の前身の芝居小屋が設立された。

若衆歌舞伎から野郎歌舞伎へ

男性の歌舞伎は、前髪のある美少年が演ずる「若衆《わかしゅ》歌舞伎」として登場した。若衆歌舞伎は、「玉島主水《もんど》、小晒作弥、市弥、伊織抔《など》云もの殊に美少年にてありしといへり」（『増訂武江年表全』）と美を競った。

しかし、幕府は、若衆が男色の対象となり、殺傷事件も起きたことなどから、承応《じょうおう》元年（慶安五年、一六五二）六月に、「一此度若衆哥舞伎は御法度ニ被仰付候ニ付、町中ニてかふき子之様成せかれ抱置、金銀を取、公界為致申間敷《まじき》事」（『御触書寛保集成』二六八五号）と、若衆歌舞伎を禁止し、以後は歌舞伎男子のような者を抱え、金銀を取って仕事をさせてはいけないと触れた。

すると、今度は若衆が前髪を落とし月代《さかやき》を剃った野郎頭《やろうあたま》（成人）の役者が演じる「野郎歌舞伎」が登場した。承応三年（一六五四）には、「市村羽左衛門が芝居にて、放れ狂言を始む」（『増訂武江年表』）と、女髪《おんなまげ》をつけて島原傾城《けいせい》のスタイルで演じた。女形の始まりといえる。

このの ち、明暦《めいれき》三年（一六五七）の大火により、江戸の都市構造は大転換するが、その過程で吉原は江戸の中心地の日本橋（東京都中央区）から浅草寺北方（新吉原・同台東区）へと規模を拡大して移転する。そして、あらたに幕府公認の遊郭として発展するのである。

寛文《かんぶん》元年（一六六一）一二月、幕府は「一諸見物之芝居物仕候者は、堺町《さかいちょう》、葺屋町《ふきやちょう》、木挽町《こびきちょう》五町目六町目、此所ニて可仕候、自今以後、他所之町中ニて堅仕間敷事」（『御触書寛保集成』二六九〇号）と、堺町など四町以外の歌舞伎興業を禁じた。

寛文六年六月には、「一町中ニにせやろうをこしらへ、付け髪《まげ》装束なと持参いたし方々え参、又借装束なとにて狂言いたさせ候由相聞候、自今以後改之、左様之者於有之は捕へ、可差出候、若脇より相聞候ハヽ、大屋・五人組可為曲事《くせごと》者也」（『御触書寛保集成』二六九四号）と、付髪や借装束などで似せ野郎を作り上げ、所々に出向いて歌舞伎狂言をしていると聞くので、以後見つけたら捕らえて差し出すよう命じた。

寛文八年三月には、「一堺町・木挽町見世物付不可結構之、惣役者衣類絹紬木綿可着之、但舞台衣裳は、平島羽二重絹紬可為紺屋染物、紫裏紅裏紫頭巾縫之類停止之事……一堺町・木挽町やろう舞台之狂言仕廻、奉公人と不可出合、尤《もっとも》雖《いえども》為百姓町人、猥《みだりに》参会長座為致間敷事、附、桟敷《さじき》ニ幕簾《まくすだれ》弥掛申間敷事」（『御触書寛保集成』二六九五号）と、堺町と木挽町（東京都中央区）の劇場は豪華に作ることを禁じ、役者たちは絹・紬《つむぎ》・木綿などを許可するも、派手な舞台衣裳は禁止している。二町の野郎歌舞伎を止め、奉公人や百姓町人と役者が猥りに長時間会うことも禁止している。

寛文一〇年一二月には、①「一香具其外何ニても、屋敷方をあるき、致商売候前髪在之者書立可出之、若他所より預り候共、又ハ他え預ケ置候共、不隠置、可書出之」（『御触書寛保集成』二六九九号）、②「一今度御触在之、前かミ付之商人共前髪をおとし、商売致させ可申候、自今以後も、右之通之商人を拵《こしらえ》、無作法成儀致させ申間敷候、若違背《いはい》之者於有之は、急度曲事《きっとくせごと》可申付者也」（『御触書寛保集成』二七〇〇号）と二つの触を出し、歌舞伎役者と同じような前髪の少年が、香道具などを持参し屋敷を売り歩いており、幕府はこれを禁止したのである。①では前髪の少年が他人と貸借される存在であったことも知られる。

野郎歌舞伎は、それまでの女歌舞伎や若衆歌舞伎という容姿や性を売り物とする歌舞伎から、成人男子によるストーリー性を重視した現在に続く新たな歌舞伎へ大きく変化させたといえる。しかし、幕府はこの野郎歌舞伎についても、統制・支配しようとしたのである。

「かぶき者」の弾圧

歌舞伎役者によるかぶきの風俗が「芝居」として様式化・定式化したのに対し、そのまま自らの生き方とする者たちもいた。慶安元年(正保五年)二月二日、幕府は「町人長刀幷《ならびに》大脇差を指し、奉公人の真似を仕り、かふきたる体《てい》をいたし、かさつなる儀幷無作法なる者これあるニ付てハ、御目付衆御廻り、見付次第御捕え、曲事ニ仰付くべく候」(『徳川禁令考』三一四五号)と、町人身分で長い刀と大きな脇差を帯び、武家奉公人の真似をし、「傾く体」で「がさつ」「無作法」な振舞いをする者を見つけ次第罰することを触れている。

また、明暦《めいれき》三年(一六五七)七月二二日、幕府は、「近日かふきものと称する游侠《ゆうきょう》、或《あるい》ハ半なでつけ、下ひげし、草履取奴《ぞうりとりやっこ》に絹布の両袖、帯などせしめ徘徊《はいかい》するよし聞ゆ、さる風俗なすまじき旨をふれらる」(『徳川実紀』四編)と、当時「かぶきもの」と称する遊侠たちが、半なでつけ(髷《まげ》を結わずに髪を後方に流したままにすること)にし、下髭《ひげ》(顎鬚《あごひげ》)をたくわえ、草履取りなどの奴(下僕)に絹布の袖や帯などをさせ彼らを引き連れ町を徘徊する風俗を禁じている。当時、武士・町人の身分の違いを越えて「かぶき者」が町を横行し、幕府がこれを禁止したことが知られるのである。

彼ら「かぶき者」は、集団で「がさつなる」行為を行い、喧嘩《けんか》などを繰り返した。先の明暦三年令の四日前の同年七月一八日、旗本奴の水野十郎左衛門《みずのじゅうろうざえもん》が町奴《まちやっこ》の幡随院長兵衛《ばんずいいんちょうべえ》を口論のうえ斬り殺した。その後、十郎左衛門は「無頼《ぶらい》の聞えあるにより」という理由で、幕府評定所に呼び出されたさい、被髪(髪を結わずに解き乱している状態)で袴《はかま》も着けなかったため、「其様不敬」として、寛文四年(一六六四)三月二七日に切腹を命じられた(『徳川実紀』四巻)。

この事件は、「かぶき者」横行の象徴として知られるが、幕府の支配体制が確立し、彼らへの統制が強化されるとともに、「かぶき者」の活動範囲は狭められた。五代将軍綱吉の時代の貞享《じょうきょう》三年(一六八六)、火附盗賊改《ひつけとうぞくあらため》の中山勘解由《なかやまかげゆ》が旗本奴二百数十人を一斉検挙し、厳重処分をして以後、「かぶき者」の活動はすっかり影をひそめることになった。社会的存在としてのリアル「かぶき者」は消滅し、芸能としての歌舞伎を「歌舞伎役者」が演ずることになったのである。「元禄歌舞伎」の幕開けであった(大石学『元禄時代と赤穂事件』角川選書、二〇〇七年)。

元禄歌舞伎の発展

五代将軍綱吉期の元禄《げんろく》時代(一六八八〜一七〇四)、とくに元禄二年(一六八九)五月は、野郎歌舞伎への移行にとって重要な年であった。この月、①「一町中ニて女おとりを仕立、女子共召連、屋敷方え遣《つかわ》し、おとらせ候由不届候、向後《こうご》相互ニ致吟味、左様之女共あつめをき、屋敷方ハ不及申、何方えも一切遣申間敷候、何方えも一切遣申間敷候」(『御触書寛保集成』二七〇〇号)と、女子たちを集め置き、屋敷に派遣し踊らせる女歌舞伎の名残りともいえる派遣業を禁止し、②「一狂言芝居之野良幷浪人野郎、又ハ役者に出さゝる前髪有之者、方々え遣候由相聞候、前々より御法度《ごはっと》之処不届ニ候、向後何方えも弥《いよいよ》以堅遣し申間敷候」(『御触書寛保集成』二七〇四号)と、野郎・浪人の役者や、役者でなくても前髪の少年を抱えて各所に派遣することをあらためて禁じている。そして、③「一かふき子共之類、江戸町続在々所々ニも有之由其聞候間、急度相改、惣《すべ》て野郎かけまなとゝ申者、前髪在之も前髪無之も、又は外之商売にかこつけ候ても、右之類在之は、其所え預ケ置、早速可申来」(『御触書寛保集成』二七〇五号)と、江戸の町続きの地において若衆を抱えている噂があることから、野郎や陰間《かげま》など前髪の有無にかかわらず、他の商売(性的)は許さないことを触れている。さらには、④「一堺町・葺屋町・木挽町之外ニて、方々之芝居え出候野郎幷浪人野郎抱置候者有之由相聞候、今日中ニ委細書付、町年寄方え可申来候」(『御触書寛保集成』二七〇六号)と、幕府は、野郎や浪人らを抱えて堺町・葺屋町・木挽町以外の町で興行している噂があるので、今日中に事情を書き出して町年寄に提出するよう命じた。これに応じて、町々は江戸中の野郎を書き上げ、提出した。翌二八日野郎本人と主人、親、家主、五人組、名主が町奉行の甲斐庄飛《ひ》弾守正親《だのかみまさちか》に呼び出され、江戸中の野郎をすべて鬢《びん》の厚さを五分に剃り落とし奉行所に連れて来て見せるよう命じられた。若衆歌舞伎に代わる野郎歌舞伎は、前髪を断って月代を剃り、さらに鬢を刈るなど成人男性に近づくルックスを求められた。こうして、堺町と木挽町の専門集団としての野郎歌舞伎は従来通り芝居することを許されたのである(『江戸町触集成』二巻二六六七)。ファッション規制を通じた幕府による役者集団の統制が行われたのである。

元禄八年八月には、それでも「外えも又ハ船にても」(『御触書寛保集成』二七〇八号)と、他所や船(川船)での歌舞伎営業を禁止している。元禄一〇年正月に、あらためて野郎歌舞伎の出張営業を禁止したうえで、「一狂言芝居え出さる者共大勢為申合、方々え参、役者之ごとく芸仕候間、向後大勢為申合、何方えも堅参申間敷候」(『御触書寛保集成』二七〇九号)と、あらためて正式の舞台に立たない者たちが集団を作り、各所で芝居をすることを禁じた。元禄一二年四月には、「女おとり子」を抱えて屋敷に出張させることを再度禁じ、「一堺町・木挽町野郎月代前々之定有之候間、両町之野郎弥以定之通鬢うすく可仕候、両町之野郎脇え不遣候付、芸有之者常々町人ニ成、屋敷方えあるかせ候由相聞、不届ニ付、左様之族一切無之様ニ可仕候事」(『御触書寛保集成』二七一一号)と、堺町と木挽町の正式な野郎が、月代を剃り側髪を薄くし、他所に出張することを禁止されたことに対応し、芸のある者を町人とし、屋敷に出張することも厳しく禁止した。正規の役者が正規の劇場で上演する一方、これになれず町人になった役者たちが盛んに出張営業をし、幕府はこれを禁じたことがうかがえる。元禄一六年四月には、「一前々より相触候ニ付、堺町・木挽町野郎共は、外え不出候得共、白人ニて芸有之町人共組合、屋敷方えあるき、又は女おどり子抱置、為致徘徊《はいかい》候由ニ付、是又令停止《ちょうじ》候処、頃日《このごろ》ゆるみ候様ニ相聞、不届ニ候、向後左様之類於有之ハ、当人は不及申、家主幷五人組、名主迄《まで》急度可申付候事」(『御触書寛保集成』二七一六号)と、堺町などの野郎は他所で演じないことから、市中の白人(素人)の芸人たちが組合を作り屋敷に出張営業し、また女子の踊り子を抱えて市中で営業するなど、幕府の禁令が、守られていないと叱っている。

宝永《ほうえい》三年(一七〇六)六月にも女おどり子が屋敷や町方で芸を見せることを禁止し、「一狂言芝居之野郎、浪人野郎、役者幷白人ニて致狂言候者、方々えあるき候儀制禁《せいきん》之処、又々所々致徘徊由相聞、不届ニ候、向後狂言芝居之野郎、弥以堅外えあるかせ申間敷候、且又《かつまた》浪人野郎浪人役者白人之由にて申合、致狂言あるき候もの弥令停止事」(『御触書寛保集成』二七二〇号)と、正式な役者や浪人役者、素人役者などの市中興行を禁止し、あらためて浪人役者や素人役者らが集団化し出張興行することを禁止している。

宝永五年(一七〇八)にも同内容の触が出されるが、ここでは座元も処罰の対象になっている(『御触書寛保集成』二七二六号)。同五年五月九日には、「一宮地其外於所々、芝居致座本《ざもと》候者幷役者又ハ町人之内ニも奉行所江無断、只今迄ハ芝居取立候得共、向後ハ右之者共月番之番所江相断、差図を請可申候、若無断之芝居立、又ハ役者仲ケ間《なかま》ニ相加り候ハヽ、急度曲事ニ可被仰付儀、宝永五年子五月九日、御触有之候」（『江戸町触集成』五巻七一三九号）と、神社境内や各地の興行は幕府の許可を必要とした。同日「一宮地其外於所々、芝居致座本候者又ハ町人之内ニ而も、奉行所江無断、只今迄ハ芝居取立候得共、向後ハ右之者共月番之番所江相断、指図を請可申候、若無断芝居取立又ハ役者仲ケ間ニ相加り候ハヽ、急度曲事ニ可申付候」（『江戸町触集成』四一六九号）と、神社境内や所々では、従来無届の芝居興行を赦してきたが、今後は町奉行所の許可を得るように命じ、無断で役者を取り立たり、役者仲間に加えたりすることも禁止している。

以上、幕府は興行と役者集団を通じて、歌舞伎界全体を統制・支配しようとしたのである。それは、幕府公認の役者が、幕府公認の劇場で演じる芸能へと性格を変化させる政策によるものであり、いわば「制外」（秩序外）の歌舞伎を「制内」（秩序内）に位置づける政策であった。そして、これらの触がいずれも、規制の対象になる本人のみならず、家主、五人組、名主などまで連帯責任とされていることから、江戸前期に確立する町共同体を通じて実施されたことも注目される。

この時期、幕府は並行して、遊女売女、浪人、男色、相撲、遊者、吉原などの統制も進めている。歌舞伎統制もまた、社会全体の秩序形成、治安・風俗統制の一環として位置づけられるものであった。

「和事」と「荒事」

さて、元禄時代、京・大坂など上方の経済発展を基礎に上方歌舞伎が発展した。この時期上方では、「狂言作り」を名乗る富永平《とみながへい》兵衛《べえ》、「作者」を名乗る近松門左衛門《ちかまつもんざえもん》ら専業作者が出現した。とくに大坂では、市中の恋愛をテーマとする「和事《わごと》」が流行し、坂田藤《さかたとう》十郎《じゅうろう》や女形《おやま》の芳沢《よしざわ》あやめらが演じて評判となった。

一方、江戸では、派手な衣裳と豪快な演技の「荒事《あらごと》」が生まれた。この創始は、貞享二年（一六八五）市村座の「金平六条通《きんぴらろくじょうがよい》」で、市川団十郎《だんじゅうろう》が坂田金平《さかたのきんぴら》を演じたさい、紅と墨の派手な顔化粧（隈《くま》取《どり》）をして、鬼神・妖怪・悪を退治したこととされる。荒事の特徴として、車鬢《くるまびん》（髪の逆立）、雄弁《つらね》（連事）、見得《みえ》、六方《ろっぽう》などの所作がある。

この時期、常設劇場の舞台機構も発達し、花道、セリ、回り舞台などが整備され、早変わり、宙乗り、水からくりなど技術的にも娯楽性《エンターテイメント》が高まった。俳優の一年契約システムも成立した。

劇場の周囲には、多くの芝居茶屋が建てられ、芝居は、朝から日没まで演じられた。客は予約を依頼した芝居茶屋に行き茶を飲みながら、呼び込みの一番太鼓を待ち、劇場内の席に案内された。ここで一日芝居を見、夜に芝居が終わると茶屋に戻り、感想・感動を語り、なかには贔屓《ひいき》の役者を呼び会食する者もいた。

元禄歌舞伎は、登場人物の誠実さや行動をリアルに表現する「実事《じつごと》」と、逆に秩序や権力に反抗する巨悪を描く「実悪」がテーマとなった。

この時代、庶民は経済発展を基礎に、歌舞伎を通して自らの人間性を自覚し、権力や権威を相対化する視点を獲得したのである。

絵島生島事件

七代将軍家継期の正徳《しょうとく》四年（一七一四）正月一二日、江戸城大奥年《とし》寄《より》の絵島《えじま》と、「江戸四座」の一つ山村座の役者の生島新五郎《いくしましんごろう》が密通《みっつう》したとして処罰された。大奥スキャンダルの「絵島生島事件」である。幕府記録によれば、「後閣(大奥)の女房絵島、宮路、ともに親戚の家にめしあづけらる、これは正月十二日東叡《とうえい》(上野東叡山寛永寺)、三縁《さんえん》(芝三縁山増上寺)両山にまうづるとて、みちよりかたらひ合せ、おなじ女房等ともなひ、木挽町の劇場にまかり、薄暮に及びてかへりぬ、二人ともに年寄をもつとめながら、かうやうのふるまひせしをもて、きびしくとがめらるべけれど、寛宥せらるゝにより、かたくつゝしみあるべしとなり、おなじことにより、梅山、吉川等の女房七人禁錮せらる」(『徳川実紀』七編三六六)と、絵島らが将軍家菩提寺の寛永寺と増上寺への代参の帰りに、木挽町の山村座に立ち寄り、門限に遅刻したことが理由であった。三月五日には、絵島の流罪《るざい》が決定された。すなわち、「この日女房絵島遠《えん》謫《ちゃく》せらる、これは後閣にておもたゞしき職つかふまつりながら、身の行ひたゞしからず、奥山喜内といへるが導もて遊楽にふけり、御使奉はり他にいづるつゐで、また暇休たまはりし折から、ゆかりもなき家に信宿し、そのしなをもえらばず、みだりに人をちかづけ、あるは劇場にあそび、俳優となれむつみ、あるは娼家《しょうか》によぎり、娼婦をむかへ、酒宴をひらきし事などしば〳〵なりき、それのみならずおなじく女房を、遊興にとみなひしことも、そのつみ多しといへども、寛宥《かんゆう》もて死一等を減じ、かくは処せられぬ、このことに座し兄小普請《こぶしん》白井平右衛門勝昌《しらいへいえもんかつまさ》は、死刑に処し……木挽街雑劇の座元長太夫、その俳優新五郎は共に流刑、竹之丞座の俳優半四郎は追放、商人善六は島に流さる、その他連及して、親戚にあづけらるゝ女房六十七人」(『徳川実紀』七巻三七一)と、武士・商人らをも巻き込む大規模事件となった。

　三月一二日には「このほど遠流に処せられし絵島、月光院殿こひたまふにより、内藤駿河守清枚《ないとうするがのかみきよかず》にめしあづけられ、封地信濃国高遠《たかとう》に贈るべしと仰下さる」(『徳川実紀』七編三七二)と、絵島が仕えていた側室月光院の願いにより減刑され、信濃高遠(長野県伊那市)に流されることが決定した。新五郎は八丈島(東京都八丈町)に流刑となり、山村座は廃絶、関係者一四〇〇名が処罰された。江戸城大奥と歌舞伎俳優とのスキャンダルは、大規模事件として社会に広まったのである。

　同年三月一三日、幕府は町年寄を通じて「一木挽町長太夫舞台桟敷、同建具穴倉幷諸道具其外品々、同人居宅同建具同土蔵穴倉衣類諸道具、御払入札被仰付候間、望之者ハ明後十五日五時半時場所江参、品々致見分入札可仕旨、町中不残可被相触候、巳上、三月十三日　町年寄三人」と、木挽町の山村座劇場を解体し、生島居宅と合わせて建具・諸道具・衣装などを希望者に入札させることを触れている。そして追記として、「同四月、右長太夫儀、御城御女中絵島殿一件之儀ニ付、芝居宅相潰レ、此節ゟ木挽町堺町葺屋町芝居桟敷、二階三階御停止、桟敷一通りニ被仰付候」(『江戸町触集成』四九一〇号)と、その理由として絵島生島事件を記し、解体された山村座以外の芝居小屋についても二階三階を取りやめることを触れている。

　同年三月には、残る三座の劇場規制が強化された。すなわち、「一近年以来境町・木挽町狂言芝居二階三階惣屋根を構へ、衣服等美麗を尽し、其外両所之茶屋等迄結構に及ひ、諸事制外の事共出来候処、急度制止無之候」(『御触書寛保集成』二七三三号)と、観客席の二階、三階を取り除き元通りの一階とし、大きな屋根や華美な異類も禁止し、周辺の茶屋も豪華になり、諸事「制外」(ルール破り)となっている、と指摘している。同月、これと同じ内容を含む「覚《おぼえ》」が出され、「一芝居之屋根、雨天之節も近年ハ狂言罷成候様ニ仕候、是も前々之通ニ屋根かろく可致事」と、雨天上演も可能な大きな屋根を禁じ、「一狂言暮ニかゝり、あかりをたて仕候儀堅無用ニ仕、七半時分に八仕廻候様ニ可致事」（『御触書寛保集成』二七三三号）と、上演が夜灯りを使うようになる以前の午後五時頃には終えるように達した。

山村座の廃止により、江戸の劇場は、堺町《さかいちょう》の中村座、葺屋町《ふきやちょう》の村山（市村）座、木挽町の森田（守田）座の三座となり、以後幕末まで「三座体制」が続くことになる。

享保～寛政期の展開

一八世紀前半、八代将軍吉宗が主導した享保改革では、幕府は江戸・京都・大坂の三都の大劇場の興行を許した。認められたのは、江戸では堺町の中村座、葺屋町の市村座、木挽町の森田座の三座、京都では四条河原（京都市中京区）の都万太郎座と早雲長太夫《はやくもちょうだゆう》座の二座、大坂では道頓堀《どうとんぼり》（大阪市中央区）の中の芝居と角の芝居の二座である。これらは、中世までの旅芝居（移動小屋）とは異なる常設の大劇場（定小屋システム）の確立であった。多くの観客を集め、回り舞台など整備された舞台機構を駆使し、娯楽性の高い舞台が展開された。女方の中村富十郎《なかむらとみじゅうろう》や瀬川菊之丞《せがわきくのじょう》が活躍した。江戸では、宮古路豊後掾《みやこじぶんごのじょう》から常磐津《ときわづ》・富本《とみもと》・清本《きよもと》の豊後三派が生まれた。

他方、上方・江戸の地域を越えて歌舞伎の二つの新たなジャンルが確立した。一つは、社会的事件や出来事をテーマとする「世話物」であり、もう一つは歴史的事件・人物をテーマとする「時代物」である。今日流に言えば、世話物はトレンディドラマ、時代物は時代劇である。

幕府は、心中などを美化して描く世話物が風俗悪化を招くことを危惧し、享保七年に心中物吟味の触を出し、翌八年にも心中物禁止令を出し出版統制も行った。吉宗政権は、劇場のみならずテーマやストーリーにも介入し、歌舞伎と庶民の関係をも管理強化したのである。

一八世紀後半の宝暦《ほうれき》～天明《てんめい》期、田沼意次《たぬまおきつぐ》の政治のもと、列島社会は自由化・規制緩和政策により、経済・社会のみならず、文化・芸能・科学・教育などの諸分野も活況を呈した。歌舞伎も、上方では、竹田出雲《たけだいずむ》らの「仮名手本忠臣蔵《かなてほんちゅうしんぐら》」「菅原伝授手習鑑《すがわらでんじゅてならいかがみ》」「義経千本桜《よしつねせんぼんざくら》」などの傑作が生まれ、江戸では「大江戸」「江戸っ子」意識が確立するなか、「助六《すけろく》」「暫《しばらく》」「曽我狂言《そがきょうげん》」など荒事のヒット作が誕生した。役者では、中村仲蔵《なかぞう》の演技が話題になった。

娯楽性を高めた歌舞伎は、この時期三都を始め、名古屋徳川家、金沢前田家、仙台伊達家《だてけ》など大藩の城下町、伊勢古市《いせふるいち》、安芸宮島《あきみやじま》、讃岐金毘羅《さぬきこんぴら》など地方都市に常設劇場が設けられ、常設劇場がない村町にも臨時の小屋を設け興行が行われた。宣伝として、役割番付、顔見世番付、絵本番付、辻番付や役者を批評する役者評判記などが出版され、役者絵、芝居絵、似顔絵などの錦絵《にしきえ》や、劇場の看板絵など情報が町に溢れ、ブームを盛り上げた。人々は、人気役者の髪型や衣裳などファッションの影響をうけ、芝居や役者のセリフや演技を真似することも流行した。

天明七年（一七八七）から寛政《かんせい》五年（一七九三）にかけて、幕府老中の松平定信《さだのぶ》が緊縮財政と倹約を中心とする寛政改革を展開したが、この頃、歌舞伎は農村にも普及していった。幕府は、「在々ニおゐて神事祭礼之節、或は作物虫送《むしおくり》風祭抔《など》と名付、芝居見世もの同様之事を催し、衣裳道具等をも拵《こしらえ》、見物人を集金銀費候義有之由相聞、不埒《ふらち》之事ニ候」と、村々で神事祭礼や虫送りなどの名目で芝居同様の興行を行い、衣裳や道具も作り、観客を集め金銀出費となっており不埒と叱っている。「右様之儀企、渡世ニ致候ものは勿論、其外共風儀あしき旅人商人或は河原もの抔《など》、決而《けっして》村々江為立入申間敷候」と、興行を企画する者や風俗が悪い旅商人たちを村に入れないよう指示した。こうした興行は、「遊興惰弱よからぬ事を見習、自然と耕作にも怠り候からして荒地多く困窮ニ至り、終ニ其果ハ離散之基ニ成候事、右之次第を能弁《よくわきまえ》候様ニ可心懸候」と、悪い風俗を見習い、農業も怠るため荒れ地が増加し困窮化し、最後は離散することになるので弁えるよう命じた。「依之自今以後、遊芸歌舞伎浄瑠璃踊之類、惣而《すべて》芝居同様之人集、かたく制禁たるへく候」と、今後歌舞伎芝居のような人集めを禁止し、「今度右之通相触候上は、若不相止ニおゐてハ無用捨急度《きっと》咎《とが》可有之もの也」（『江戸町触集成』一〇七二四号）と、今回決めたのに止めない場合は必ず処罰すると触れている。そして、最後に幕領は代官・奉行から、私領は領主から寺社領含め、町方・在方《ざいかた》ともに触れるよう命じた。まさに全国令であった。ちなみに、同趣旨の触が天保《てんぽう》一二年一〇月晦日《みそか》にも出されており（『江戸町触集成』一三三九九号）、なかなか徹底しなかったことがわかる。

化政文化と江戸歌舞伎

一一代将軍家斉《いえなり》の文化文政期（化政期）（一八〇四〜三〇）の化政文化は、江戸歌舞伎の全盛期となった。中村座・市村座・森田座の江戸三座の周囲には、多くの芝居茶屋が建てられた。芝居茶屋は客の予約をとり、役者絵や役者評判記を揃えるなどサービスを提供した。代表的作者四世鶴屋南北《つるやなんぼく》（大南北）は、町人の生態を描く世話物のうち特に同時代の実際の出来事をリアルに描く「生世話物《きぜわもの》」、怪奇を描く「怪談物」で評判をとった。この時期の代表的役者として、立役の七代目市川団十郎、五代目松本幸四郎、三代目尾上菊五郎、女方の五代瀬川菊之丞、五代岩井半四郎などが活躍した。このうち、天保一一年「大江戸の飾海老《かざりえび》」と呼ばれたスーパースターの七代市川団十郎が、代々の団十郎が上演した市川家創演の荒事一八作を「歌舞伎十八番」と定めた。

当時の社会を描いた『世事見聞録《せじけんぶんろく》』には、「世の中が芝居のまねをするやうになれり」と記されている。芝居の発信力、影響力の拡大がうかがえる。こうしたブームのもと、関連グッズも売れた。二代瀬川菊之丞（路考《ろこう》）好みのうぐいす色を路考茶、岩井半四郎のかのこや岩井櫛《くし》、松本幸四郎の高麗格子《こうらいごうし》、三代尾上菊五郎のきくごろ格子、その他、芝翫縞《しがんじま》（梅玉）、目玉しぼり（歌右衛門）などが知られる。役者が舞台でつけた衣裳の模様や、好みの化粧品、食品なども流行し、錦絵などの似顔絵も大いに売れた。役者の給金も、座頭《ざがしら》の場合、千両役者をはるかに上回る年俸一五〇〇両を越えた。もし不満ならば舞台を休むと脅して報酬を獲得した。贔屓からの祝儀・贈り物も増え、贅沢《ぜいたく》な暮らしもまた話題となった（東京百年史編集委員会編『東京百年史』東京都発行、一巻）。

他方、市中では女浄瑠璃《おんなじょうるり》・女歌舞伎なども活発化し風俗上問題になった。たとえば、文化二年（一八〇五）九月、「近年町家之内定見世同様ニて、女浄瑠璃と申儀相催し町家之娘共五七人ツヽ相集り、席料を取、浄瑠璃を語り、見物之内好之品有之は、別段料物を請取、其かごろ好ニ応し候由」と、町家の娘たちが集まり、席料を取って女浄瑠璃を演じ、さらに特別料金を取って好みの客と「売女同様之関係」になることもあるとして、町屋はもちろん、宮地や広場などで小屋掛けや、葭簀《よしず》張りで女浄瑠璃を興行することを禁じている（『御触書天保集成』五五四四号）。また、天保二年（一八三一）二月には、先の文化二年令を再触し、後段では「花かるた花合、亦《また》は哥舞伎役者紋尽《もんづくし》抔と唱、めくり札ニ紛《まぎらわしき》敷品種々拵、売捌《うりさばき》候もの有之由、不埒之儀ニ候条、以来売買は堅為相止、定見世と唱、女浄瑠璃等之儀も、早々為相止候様可致」（『御触書天保集成』五五五〇号）と、花かるた、歌舞伎役者尽《づく》しなど札を作り売ったり、定見世の女浄瑠璃も禁止している。市中で幕府の統制下にない素人役者による素人興行が広く展開され、素人歌舞伎に関わる金銭、風俗、関連グッズなどさまざまな問題が起こっていたことに幕府が危機感を持って見ていたことが知られるのである。

水野忠邦と天保改革

天保一二年（一八四一）から一四年にかけて、老中水野忠邦《みずのただくに》は天保改革を展開した。忠邦は、幕府財政の再建に向けて、緊縮・倹約を命ずる一方、奢侈《しゃし》・風俗・思想などを厳しく取り締まった。そのさい、華美贅沢の代表歌舞伎に目をつけた。

おりしも、天保一二年一〇月七日、「堺町勘三郎座《かんざぶろうざ》より火いでゝ、葺屋町その他焼失す」（『新訂増補国史大系・続徳川実紀』二編四四〇）と、堺町中村座から出火し葺屋町にも延焼した。この結果、市村座も焼失した。水野忠邦は、これを好機として中村座と市村座の両座の再建を許さず、芝居についても風俗統制と火災避難の観点から劇場全廃も検討し、町奉行の遠山《とおやま》左衛門尉《さえもんのじょう》景元《かげもと》に意見を求めた。しかし、遠山は強く反対し、芝居小屋の移転ということで結着したのである。同年一二月一八日の達《たっし》によれば、「此度市中風俗改候様ニとの御主意有之候処、近来役者共芝居近辺致住居、町家之者同様立交り、殊ニ三芝居狂言座仕組猥《みだり》ニ相成、右ニ付而は自然市中江も風俗押移、近来別而野郎ニ相成、又は時々流行之事抔多分は芝居ゟ起り候儀ニ候」（『江戸町触集成』一三四三三号）と、風俗統制をしながらも、最近役者が劇場近くに住み、町屋の町人と交際し、特に三座は風紀が乱れ、江戸市中に悪影響が及んでいる。最近は野郎の風俗が広まっているが、これらは芝居を起源とするものである。「依而は往古は兎《と》も角《かく》も、当時御城下市中ニ差置候而は御趣意ニも相戻候事ニ候、一体役者共儀は身分之差別も有之候処、いつとなく其隔も無之様ニ相成候得は不取締之事ニ候」（同前）と、以前はともかく最近は江戸市中に役者を置くことは改革の趣意に反すると移転の必要性を説き、役者とは身分の違いがあるのに、いつの間にかその差が無くなったのは不取締まりと叱っている。「此節葺屋町・堺町両狂言座并操《あやつり》芝居其外右ニ携候町家之分不残引払被仰出候、乍併《ただしながら》弐百年来土着之地ニ相離候付而は、品々難渋《なんじゅう》之筋も可有之哉ニ付、相当之御手当可被下候、替地之儀は取調、追而可及沙汰候、木挽町芝居之儀も追而類焼いたし候歟《か》、普請及大破候節は是又《これまた》可申付候間、兼而《かねて》其旨可存」（同前）と、葺屋町と堺町の劇場と関連する町屋はすべて引き払うよう命じられたが、二〇〇年も住み続けた町を離れるので相応の手当を与えられ、替地も吟味されること、木挽町も同様の措置が取られることを触れている。「尤《もっとも》権之助《ごんのすけ》狂言座之儀は来春興行相始候ハヽ、狂言仕組并役者共猥ニ素人共江不立交候様ニ取締方之義をも厚可相心得候」（同前）と、来春から経営難になった森田座に代わり、新たに河原崎権之助が興行するので、これも役者たちがむやみに市民と交わらないよう指示している。そして、以上の内容を、「右之通被仰渡奉畏候」（同前）と、堺町の中村座勘三郎他が了承している。なお、同史料によれば、了承した翌日の一九日、「北町御奉行遠山左衛門尉様於御白洲《おしらす》、左之通被仰渡、尤右ニ付翌十九日弐丁目八町四方之もの共欠込或は駕籠《かご》訴等ニ而御慈悲願ニ罷出候事」と、歌舞伎興行の存続を願い、駆込みや駕籠訴を行った。

猿若町の成立

火災の翌一三年正月一一日「こたび堺町・葺屋町両狂言座、かつ操芝居、その他その事にあづかりし市人らこと〳〵く引払ひ、替

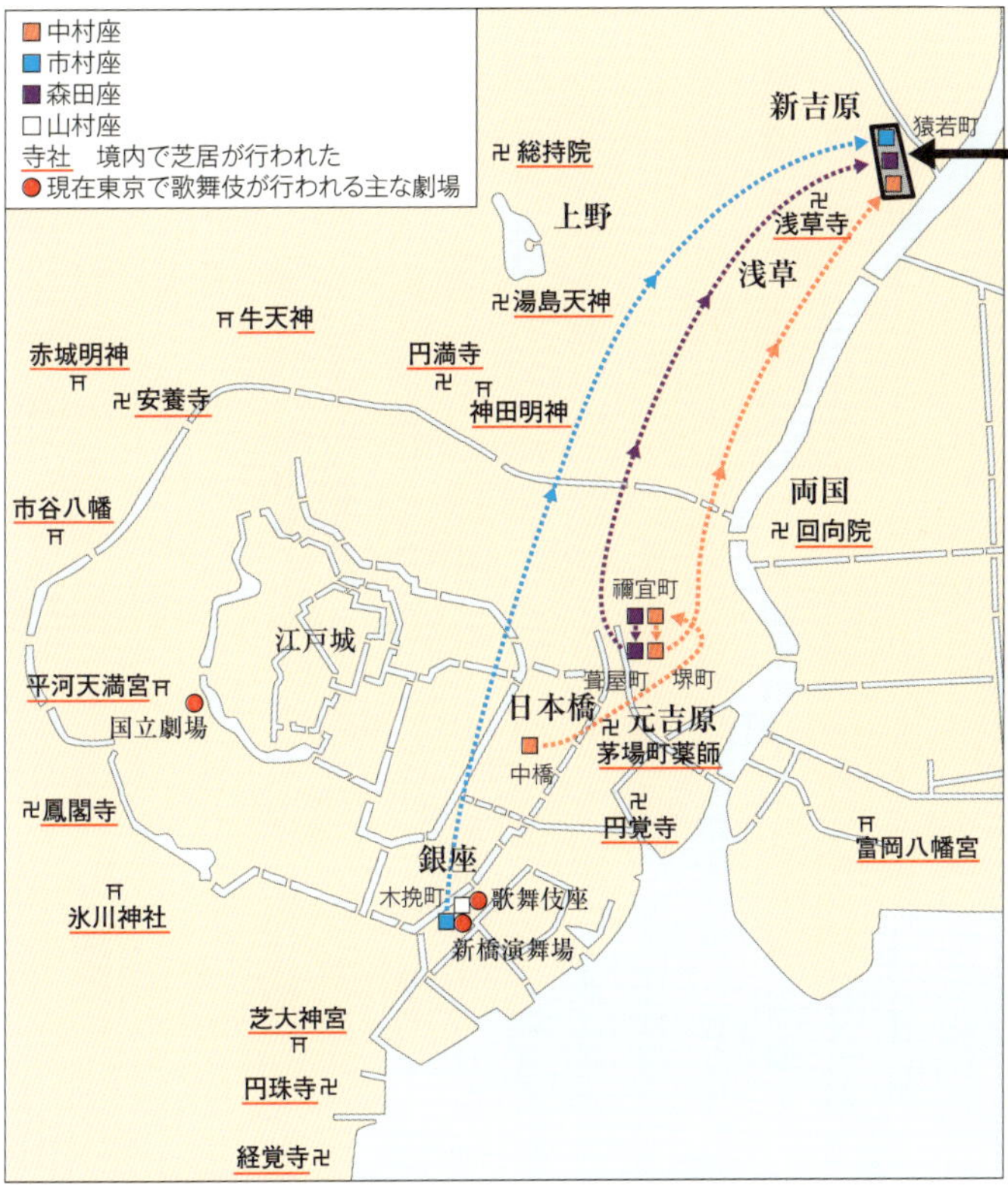

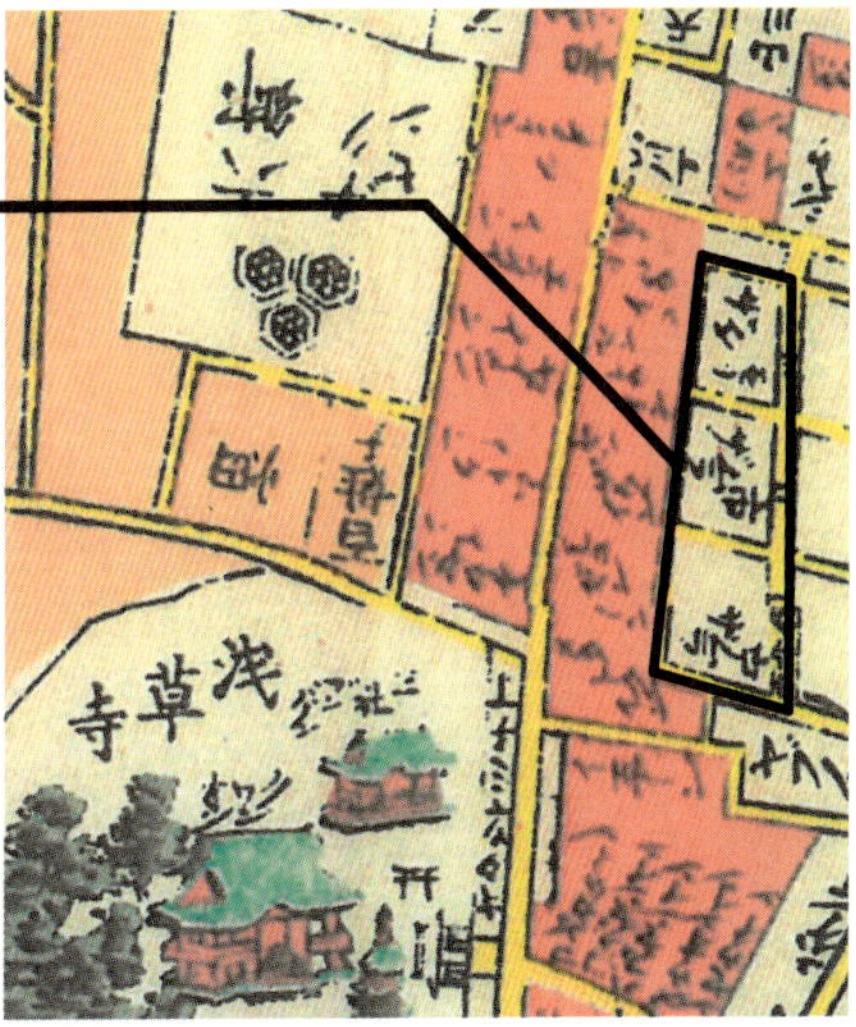

歌舞伎三座の所在地
歌舞伎の座は江戸市中の日本橋近くの木挽町や境町（東京都中央区日本橋付近）にあったが、天保期に猿若町（台東区浅草）に移された（『図説江戸5　江戸庶民の娯楽』竹内誠監修、学習研究社、2003年、より）。右は浅草浅草寺付近の江戸時代の地図の浅草浅草寺付近（「安政六年新刻版江戸古地図」より）。

地は浅草聖天町《あさくさしょうてんちょう》山之宿町西裏なる小出信濃守《こいでしなののかみ》が邸地壱万七十八坪の所たまひ、堺町狂言座勘三郎はじめ十六人に、町奉行所にて伝へらる」（『新訂増補国史大系・続徳川実紀』二編四五一）と、移転先が浅草聖天町（東京都台東区）の丹波園部《たんばそのべ》藩主小出《こいで》美濃守英教《ふさのり》の屋敷（下屋敷）一万余坪に決まり、芝居二座の他、操芝居関係者も移住することが決められた。小出家は、代地として廃寺となった雑司ヶ谷《ぞうしがや》の感応寺跡（豊島区）を与えられた。なお、二座には移転料として五五〇〇両、休業中の補償として六〇〇両が下された。新町名は、江戸芝居の開祖とされた猿若《さるわか》勘三郎に因《ちな》み猿若町《さるわかちょう》とされた。

二月三日には「去年十月、堺町葺屋町の芝居焼失後、両座并操人形座、浅草山の宿小出様御下屋敷の地へ引き移るべき旨の公命二月三日同所にて替地を下し給はる」（『増訂武江年表全』）と、あらためて二座に、浅草山の宿町の小出屋敷跡を替地とすることが知らされた。

移転と同時に、役者たちはさまざまな規制を受けた。座頭役者の給金は年五〇〇石と制限され、湯治・参詣名目の旅行と、遠国での興行は禁止された。外出のさいは、寒暑にかかわらず網笠をかぶることを義務づけた。

天保一三年三月、ただ一軒残り、興行をつづけていた河原崎座の「景清」の興行中に、七世市川団十郎（この時期は「海老蔵《えびぞう》」を名乗っていた）が逮捕された。舞台で実物の甲冑《かっちゅう》を用いたこと、自宅で長押《なげし》作《つくり》にし赤銅なまこの釘かくしを使い、庭に御影石《みかげいし》の燈籠《とうろう》を多数置き、土倉《どそう》に総金箔の不動尊像を安置し、奈良細工・木彫彩色の雛《ひな》道具を飾っていたことなどが理由であり、身分をかえり見ない奢侈であるとして、六月二五日江戸十里四方追放となった（木村涼『七代目市川團十郎の史的研究』吉川弘文館、二〇一四年）。

さて、同年九月の触には、移転の内容が知らされた。猿若町月

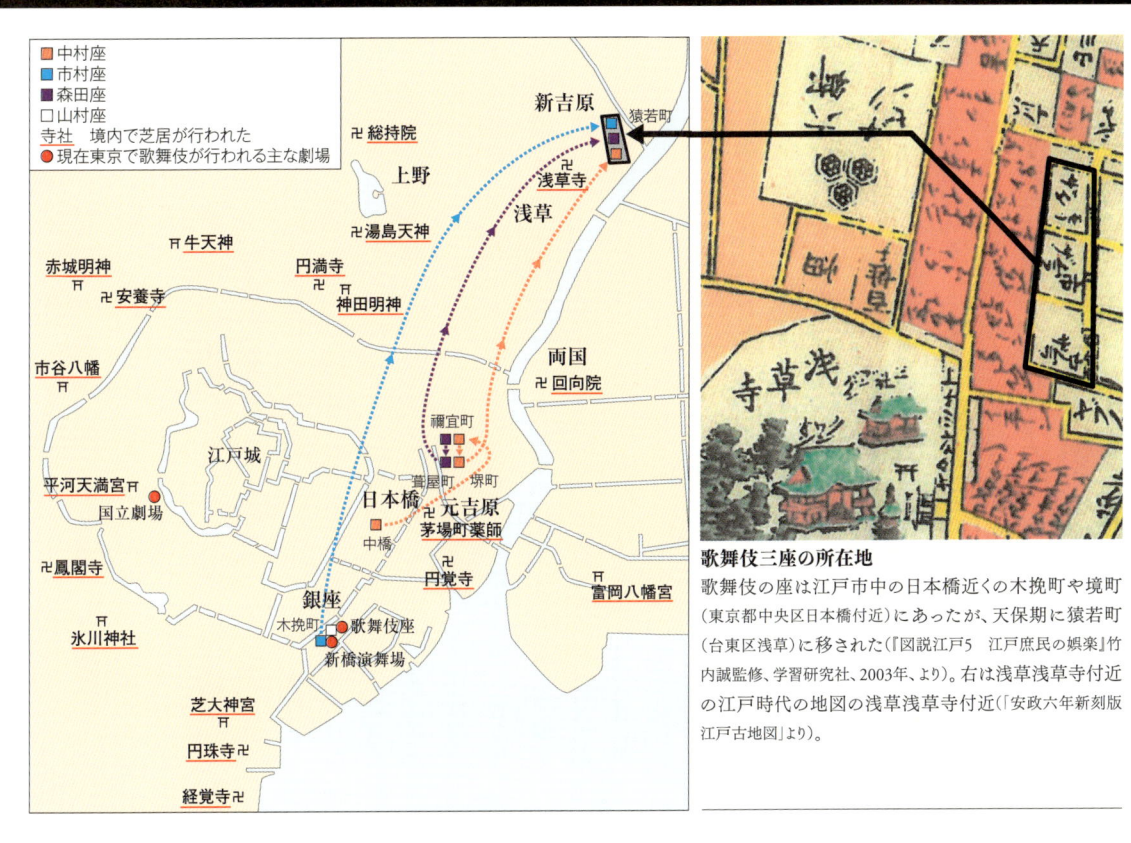

行事と名主が、町奉行所の指示を浅草山之宿町の名主後見の兵蔵を通じて知らされた。すなわち、「此度堺町・葺屋町芝居町替地猿若町之義、一ト構ニ被仰付候間、新吉原町之振合を以、以来木戸并番屋其外番屋其外井戸下水家前板囲等之類、新規并修覆共願出不申補理」と、猿若町への移転にあたっては、一か所に統合のうえ、明暦三年の大火後に行われた「新吉原町之振合《ふりあい》を以」と吉原から新吉原への移転と同様に、木戸、番屋、下水、家前の板囲いなどの費用は私費とすること、「且又《かつまた》町火消人足之儀も、元町は壱番組之内は組合ニ有之掛隔候間、元町は是迄之通ニ致置、猿若町之儀は是又新吉原町同様、町内限り非常為手当人足六人并芝居出方之内ニ而弐十人、都合弐十六人を定メ置度旨、名主五郎兵衛相願申立候趣、北御奉行所江申上候処、新吉原町之振合を以願之趣(通)被御聞置」と、火消組合は一番組に属するが、元の堺町・葺原町から遠いので、これも「新吉原町同様」(『江戸町触集成』一三七二三号)と、芝居町限りで行うことを申し上げたところ、北町奉行は「新吉原町之振合を以」とこれも新吉原と同様にすることで認められた。さらに、北奉行所は、「尤木戸并番屋其外板囲等は、兼而《かねて》市中江被仰渡候御定法も有之ニ付、猥ニ丈尺建広等不致、都而《すべて》非常之障ニ不相成様致、且非常手当人足之儀も町内限り防方厳重ニ備置、勿論糺之節申立候通、抱入候人足共は町火消人足共を除、町内限り消防為致、近辺組合町火消共かけ付候ハヽ、右火消人足共江火口相渡、場所混雑不致様差引可致、但猿若町手当人足之義ニ付、目印致置可申候、右之趣北御奉行所屋差図を以申渡之」(同前)と、木戸・井戸・番屋・板囲などについては、江戸市中の「定法」に従い、勝手に拡大したりせず、火事などのさいの活動の妨げにならないようにすること、火消組合は独立で受け持ち、火災のさいは、抱人足や周辺からの駆付け人足と混乱しないように、猿若町の地元人足は、目印を付けるように命じている。芝居町の猿若町移転は、新吉原をモデルに行われたのである。ここで注目すべきは、吉原(遊廓)と猿若町(芝居町)が、『日本国語大辞典』の「悪所」の項目に、「江戸時代、遊里や芝居町をさしていう」とあるように、江戸時代いずれも「悪所」と呼ばれていたことである。この場合の「悪」は「道徳、正義、法などに反すること」「望ましくない、好ましくない、快くないなどの意を表わす」(『同書』)語であり、幕府が吉原と芝居町を同一基準で捉え、浅草寺北裏という同一地域で管理しようとしていたことが知られるのである。

天保一三年一二月六日には、狂言座と芝居附料理茶屋他の者たちが、北町奉行の遠山景元に対して請書を提出した。その前半部は、先の天保一二年一二月触と同内容であるが、後半に、「其後追々取払方申付候処、役者共ふり付狂言作者等一同猿江町江一纏《まとまり》ニ住居いたし、日々通ひ相勤候ニ付而は、往々不取締之基ニ付、今般芝居ニ携り候町屋之分共引払被仰出、猿若町三丁目地所為替地被下、元木挽町狂言座江は元地之地坪ニ準シ、於同町地所永代被下、其上御手当金弐千七百五拾両被下候間、其旨を存難有奉存ヘク」(『江戸町触集成』一三八一四号)と、猿若町には役者のみならず、振付師・狂言作者などがまとまって住むこととされている。

移転後の天保一四年三月一〇日、町奉行の鳥居甲斐守耀蔵《とりいかいのかみようぞう》が、芝居附茶屋・家主・取扱名主に対して以下の触を出した。すなわち、「狂言座芝居、猿若町江引移相成候後、未明ゟ致興行、暁ヲ掛見物之者罷越候ニ付、茶屋共之内致心得違、遠方之見物人止宿為致候者も有之哉ニ相聞、以之外之事ニ候、右は全風聞迄之義ニ可有之候間、先ツ今般ハ令宥免、不及吟味沙汰候、已後《いご》町役人共見廻り心付、右体之者有之候ハヽ、早々可訴出、此上如何之取沙汰相聞おゐては召捕吟味之上、当人は勿論町役人迄も可為越度条、

芝居小屋の様子

江戸中村座の舞台の様子。屋根で小屋全体が覆われているので、享保以降の小屋で、明和2年（1766）に演じられた「仮名手本忠臣蔵」の第十段目「天川屋義平」の場面が描かれている。（鳥居清経画、Library of Congress.Prints & Photographs Division.［LC-DIG-jpd-02137］）

遂吟味不取締之義無之様可致　卯三月」（『江戸町触集成』一三八八七号）と、猿若町移転後、上演が未明に開始されることから、早朝から客が茶屋を利用し、あるいは遠方の客を宿泊させていると聞く。これは噂話しということで吟味はしないが、以後は町役人が見廻り、該当者がいたら申し出、さらに噂が出たならば捕らえて吟味し、当人だけでなく町役人まで越度《おちど》とするのでしっかり取り締まるように指示している。歌舞伎開始の早朝化とこれに対応する前泊が問題となっていたことが知られる。

芝居町成立の背景には、役者と市民の交流が活発化し、歌舞伎の派手な風俗が社会に広まっていた状況があった。幕府は、役者と市民の生活を隔離したのである。他方、市谷《いちがや》八幡（東京都新宿区）、芝神明（同港区）、湯島天神（同文京区）など神社の境内で興行する宮地芝居も禁止した。大坂でも天保一三年に芝居小屋を五座に限っている。

歌舞伎界への統制は続いた。最後に猿若町に移転した河原崎座は、一四年五月五日を初日として「天神記」「忠臣蔵」を上演したが、三代尾上菊五郎の早野勘平《はやのかんぺい》の鉄砲が親譲りの木製であったが、実物そっくりであるとして没収され、菅丞相《かんじょうそう》の衣裳の華美も含めて過料の刑を受けた。

澤村訥升《さわむらとっしょう》と中村歌右衛門は余荷《よない》金（役が多い場合の割増金）を望んだという理由で科料一〇貫文、要求に応じた中村勘三郎、市村羽左衛門、河原崎権之助は科料六貫文、歌右衛門はさらに相撲《すもう》見物をしたという理由で手鎖《てぐさり》の刑、澤村宗十郎らは編み笠を被らず市中を歩いたという理由で科料三貫文、女方尾上菊五郎、坂東しうか、吾妻藤蔵《あずまとうぞう》らは市中の銭湯《せんとう》の女湯に入ったとして罰された。歌舞伎界への徹底的弾圧であった(『東京百年史』一巻)。

江戸歌舞伎の達成

幕末期、生世話物の世界では、河竹黙阿弥《かわたけもくあみ》が悪党・悪人を描く白波物《しらなみもの》(盗賊を主人公とする作品)を書き、四代市川小団次が写実的演技でこれを演じた。社会への影響力も大きく、江戸末期に成立した『賤《しず》のをだ巻』には、「三味線《しゃみせん》のはやりなること夥多《おびただ》しきことにて、歴々の子供惣領《そうりょう》よりはじめて次男三男三味線ひかざるものなし、野も山も毎日朝から晩まで音の絶ゆる間なし、此上句、下方《しもかた》といふものになりて、歌舞伎芝居の鳴物の拍子を素人がよりたかりてうつなり、其の弊止みがたく、素人狂言を企て所々の屋敷々々にて催したり、歴々の御旗本河原者の真似して女かたになり、立敵《たてかたき》役にて立さわぐ戯《たわむ》れなり」と、市中では多く人々が三味線を習い、三味線や鼓《つづみ》の音が絶えず、素人歌舞伎を所々の屋敷で催し、旗本から下層民を演じ、女方や敵役も演じているという。庶民の熱狂ぶりが知られる。

同時に、歌舞伎熱は政治・社会への批評・批判力を高めた。元禄一六年(一七〇三)、幕府が直前の赤穂《あこう》事件に関して、「近き異変を擬する事なすべからず」とテーマに描くことを禁止したことを対象に、宝暦八年(一七五八)には、「あの口に　戸が立てられぬ　門左衛門」(小池一二九)と、近松門左衛門の言として幕府を批判している。また、正徳四年の大奥老女絵島と山村座役者生島新五郎の密会事件に関係し、事件直後に幕府が劇場の桟敷の二階三階を禁じたこと(『御触書寛保集成』)をふまえ、安永五年(一七七六)には、「三ンがいの　さじきから　いよ新五郎」(小池二九九)と、禁止以前の三階から罰された役者生島に声を掛ける歌を詠んでいる。これらはいずれも、幕府への批判であり、芝居のシーンが庶民意識を成長させたことが知られる。

江戸時代、「徳川の平和」とともに成立した歌舞伎は、経済発展やリテラシー向上という社会成熟の波に乗り、幕府の繰り返しの統制・弾圧を受けつつも庶民が育てる一方、歌舞伎により庶民も、日本の社会と歴史を見る視座と方法を獲得した。そして、それは今日まで続き、日本社会の「和風」「日本風」などと呼ばれる生活意識・習慣を基礎に、一体感《アイデンティティ》や精神性《エートス》の一部を形成する要因になった。

【参考文献】

郡司正勝『かぶき論叢』(思文閣出版、一九七九年)

小池章太郎『増補新訂・考証江戸歌舞伎』(三樹書房、一九九七年)

脇田晴子『女性芸能の源流――傀儡子・曲舞・白拍子――』(角川選書、二〇〇一年)

武井協三『江戸歌舞伎と女たち――』(角川選書、二〇〇三年)

国立劇場調査要請部他編『かぶきの本』(独立行政法人日本芸術文化振興会発行、二〇一〇年)

◈歌舞伎の歴史

元号 西暦	芸能史	中村座とその控櫓	市村座とその控櫓	森田座とその控櫓	山村座
慶長期 一六〇〇頃	この頃、女歌舞伎が盛んになる	慶長期、勧進興行の諸座が上方から江戸へ下る。中橋などが興行地帯となり、常設の劇場の創立へとつながる。			
寛永元 一六二四		猿若勘三郎が中橋に猿若座(後の中村座)の櫓をあげたとされる			
寛永6	女歌舞伎が禁止され、若衆歌舞伎が注目される				
寛永9		禰宜町へ移転したとされる			
寛永11			村山又三郎が村山座を開場		
寛永19				この頃、初代河原崎権之助が木挽町で河原崎座を開場か	木挽町で山村座が開場
慶安4 一六五一		下堺町(後の堺町)へ移転したとされる(享保10年「江戸三芝居由緒書」)初代勘三郎、江戸城内で数度にわたり芸を披露	上堺町(後の葺屋町)へ移転か		
承応元 一六五二	若衆歌舞伎が禁止される				
承応2	野郎歌舞伎が始まる				
明暦3 一六五七	大火後、公許の劇場の興行地を上堺町・下堺町・木挽町に限る布達	明暦の大火により猿若座焼失 官許の劇場として猿若座、市村座、森田座、山村座が「江戸四座」と呼ばれる。	明暦の大火により市村座焼失		
万治3 一六六〇				森田太郎兵衛が木挽町で森田座を開場	
		17世紀前半の歌舞伎舞台は能舞台と同様の構造が受け継がれた。客席は正面の土間と2階部分の桟敷に分かれ、屋根は桟敷にしかなく雨天時には上演できなかった。			
寛文4 一六六四	続き狂言が生まれ、舞台の引幕が使われ始めたとされる				
寛文8			この頃、市村宇左衛門が村山座の興行権を譲り受け市村座と改称か	森田座座元二代目森田勘彌と河原崎座座元二代目河原崎権之助が相座元興行(元禄期まで)	

元号 西暦	芸能史	中村座とその控櫓	市村座とその控櫓	森田座とその控櫓	山村座
延宝元 一六七三		「四天王《してんのう》稚立《むちごだち》」を上演し、初代市川団十郎が荒事を創始したとされる			
		荒事は、豪快なものを好む気風の新興都市・江戸で受け入れられ、初代市川団十郎が人気を得る。			
宝永元 一七〇四	初代市川団十郎が舞台上で刺殺される				
宝永6					
正徳3 一七一三					4月 「花館《はなやかた》愛護桜《あいごのさくら》」上演。助六を二代目市川団十郎が演じ、江戸における「助六」の初演とされる
正徳4		3月、江島生島事件のため、江戸三座に対して楽屋等における遊興の禁止、灯火利用の禁止などの命令が下される。			2月 江島生島事件により廃絶を命じられる。以後、江戸は三座となる。
享保8 一七二三		2月 創業100周年の寿興行			
享保9	近松門左衛門没	江戸三座に対して塗家造・海鼠壁・瓦葺屋根の防火を重視した構造に改めることなどが布達される。この頃、江戸三座がすべて全蓋様式となる。			
享保19		控櫓(三座が興行不可能な場合、代わりに興行が公認された座)興行が始まる。		森田座が借財で休座、河原崎座が控櫓として公認される (控櫓による興行の始まり)	
享保20	この頃、花道が常設されるようになる			河原崎座が控櫓として興行	
元文4 一七三九	流行していた豊後節が風紀を乱すとして禁止される				
延享元 一七四四		2月 創業120周年の寿興行		11月 森田座再興	
延享3	「菅原伝授《すがわらでんじゅ》手《て》習鑑《ならいかがみ》」初演				
延享4	「義経千本桜」初演 常磐津節が生まれる	5月 「菅原伝授手習鑑」を中村座で初演	5月 「菅原伝授手習鑑」を市村座で初演		
延享5/寛延元	「仮名手本忠臣蔵」初演 富本節が生まれる	5月 「義経千本桜」を中村座で初演			

寛延2 一七四九		6月「仮名手本忠臣蔵」を中村座で初演	5月「仮名手本忠臣蔵」を市村座で初演	2月「仮名手本忠臣蔵」を森田座で初演
		三大名作（「菅原伝授手習鑑」「義経千本桜」「仮名手本忠臣蔵」）をはじめ、人形浄瑠璃として初演された作品が歌舞伎化される。この頃、人形浄瑠璃が全盛期を迎え、「歌舞伎はあれど無きがごとし」とまで言われる。		
宝暦3 一七五三	並木正三が上方でセリを使う	3月「京鹿子《きょうかのこ》娘《むすめ》道成寺《どうじょうじ》」（長唄所作事）初演		
宝暦4			3月「義経千本桜」を市村座で初演	
宝暦8	並木正三が上方で廻り舞台を使う			
宝暦12				3月「義経千本桜」を森田座で初演
		17世紀後半頃になると、廻り舞台、花道、セリ、がんどう返しなどの舞台の工夫が進んだ。		
明和3 一七六六			9月「仮名手本忠臣蔵」で初代中村仲蔵が新たな趣向で斧定九郎を演じ評判となる	
安永2 一七七三		2月　創業150周年の寿興行		
天明3 一七八三			創業150周年の寿興行 地代滞納のため劇場を取り壊し休座、5年の約定にて桐座に興行権を譲る	
天明4			11月　桐座が控櫓として興行。「積恋《つもるこい》雪《ゆきの》関扉《せきのと》」（常磐津舞踊）を初演	
		18世紀に長唄や常磐津節などの三味線音楽が盛んになり、歌舞伎にも取り入れられて「娘道成寺」や「関扉」などの所作事へと発展する。		
天明7		八代目の娘婿であった十代目勘三郎、借財の多さに恐れをなし出奔		
天明8			11月　市村座、再興顔見世	
寛政2 一七九〇				河原崎座が控櫓として興行

元号 西暦	芸能史	中村座とその控櫓	市村座とその控櫓	森田座とその控櫓	山村座
寛政5	この年、顔見世がすべて控櫓となり、「江戸の名物を失ひしと劇通は歎きけり」と言われる。	10月 借金のため休座、5年の約定にて都座に興行権を譲る 11月 都座が控櫓として興行	借金のため休座、5年の約定にて桐座に興行権を譲る 11月 桐座が控櫓として興行		
寛政7		「五《ご》大力《だいりき》恋《こいの》緘《ふうじめ》」（初代並木五瓶作）を江戸で初演 この頃、江戸三座の舞台の破風屋根や大臣柱が取り除かれるようになる（能舞台の構造からの脱却）。			
寛政9		11月 中村座再興			
寛政10			11月 市村座再興	1月 森田座再興	
寛政12				河原崎座が控櫓として興行	
文化元 一八〇四	化政期に黙阿弥の生世話物が人気を博す			7月 「天竺《てんじく》徳《とく》兵衛《べえ》韓噺《いこくばなし》」（四代目鶴屋南北作）初演、大当りをとる	
文化3	初代桜田治助没				
文化5	初代並木五瓶没 この頃、変化舞踊が流行	11月 上方より下った三代目中村歌右衛門が出演、大当りとなる		3月 森田座再興	
文化10				5月 創業150余年の寿興行	
文化11	清元節が生まれる				
文化12			不入り続きのため休座、5年の約定にて桐座に興行権を譲る	河原崎座が控櫓として興行	
文化13			3月 桐座が控櫓として興行		
文化14			1月 桐座焼失、仮普請にて3月より興行を行うも不入り続きのため休座 9月 都座に櫓替	11月 森田座再興	
文政元 一八一八			9月 玉川座に櫓替		
文政2				河原崎座が控櫓として興行	
文政4			11月 市村座再興		

文政5				11月　森田座再興
文政6				河原崎座が控櫓として興行
文政8		7月　「東海道四谷怪談」（四代目鶴屋南北作）初演		
文政12	四代目鶴屋南北没			
天保3 一八三二	七代目市川団十郎が歌舞伎十八番を定める			
天保4				11月　森田座再興
天保8				河原崎座が控櫓として興行
天保12		中村座の楽屋から失火し、堺町・葺屋町などへ延焼 天保改革の一環として、天保12年に江戸三座をはじめすべての劇場に対して浅草・聖天町（後の猿若町）への移転が命じられる。また、翌13年には人気役者であった五代目市川海老蔵（前名七代目団十郎）が江戸十里四方追放となる。		
天保13		10月　猿若町にて興行開始	9月　猿若町にて興行開始	
天保14				5月　猿若町にて興行開始
安政2 一八五五		10月、安政の大地震により江戸三座が焼失。		12月　森田座再興
安政5	この頃、白浪物の流行	ペリー来航など不安な世相の中、二代目松林伯円《しょうりんはくえん》が盗賊を主人公とした講釈で人気を博すと、二代目河竹新七（後の黙阿弥）がこれを歌舞伎化した白浪物を次々と上演する。		守田座と改称
安政7			1月　「三人吉三廓初買」（河竹黙阿弥作）初演	
嘉永6 一八五三		5月　「与話情浮名横櫛《よはなさけうきなのよこぐし》」（三代目瀬川如皐作）初演		
文久2 一八六二			3月　「青砥稿花紅彩画」（河竹黙阿弥作）初演	
慶応2	四代目市川小団次没			
明治元 一八六八			明治維新	

歌舞伎用語解説

大石学

【あ行】

合方・相方（あいかた）◉唄を伴わない三味線《しゃみせん》だけの演奏。役者の舞台出入りや台詞《せりふ》の合間に行う。

合引（あいびき）◉舞台上の黒く塗った椅子。役者が立ったりすわったり、しゃがんだりするさいに用いる。役者は大きく美しく立派に見えるように浅く座る。黒子《くろご》が用意するが、黒子と同じで舞台では無いものとされる。

浅葱幕（あさぎまく）◉定式幕が開いた中にある全面浅《あさ》葱色《ぎいろ》（黄色がかった薄水色）の幕がある場合、舞台が昼間であることを示す。「チョン」の柝《き》の音とともに浅葱幕が落とされる（「振り落とし」）と舞台は鮮やかな光景となり、観客を魅了する。逆に一瞬にして舞台を隠す「振り上げ」もある。

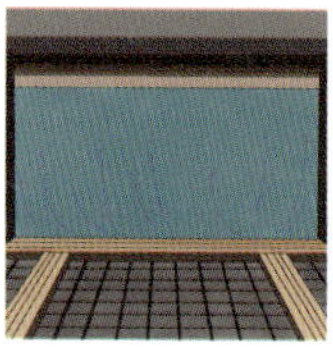
浅葱幕

当祝（あたりいわい）◉興行が成功した千穐楽《せんしゅうらく》に、興行者から芝居関係者に配られる袋。「当り振舞」ともいう。赤地の袋に白字で「大入り」と書いた袋に金銭を入れて配った。

荒事（あらごと）◉江戸歌舞伎の代表的様式。初代市川団十郎の創始。荒々しく、誇張的な扮装《ふんそう》や演技が特徴。恋愛をテーマとする「和事」と対になる。

荒事

祝い幕（いわいまく）◉贈り幕とも。役者の襲名《しゅうめい》など記念の舞台に、ひいき（支援者）が贈る幕。舞台にふさわしく華やかな作りになっている。

大太鼓（おおだいこ）◉雨、風、雷、波の音などの効果音を大太鼓で表す。

大道具（おおどうぐ）◉舞台の上の動かせない物。建物や附属の門、木戸、樹木、石、草花の他、床の敷物などで、地面を鼠色《ねずみいろ》の布で表現する地すべり、海や川の波の絵を表現する浪布、雪が積もった様子を表現する雪布など、山や田畑、土手など景色の絵も大道具になる。上演中は幕引きも担当する。

大向う（おおむこう）◉舞台から最も遠い所の見物席。舞台全体が見渡せて料金も安いことから、常連が陣取る場所であった。台詞の合間や見得《みえ》のシーンで大向こうの客が声をかける。かけ声は、「成駒屋《なるこまや》」「成田屋《なりたや》」などの屋号、「紀尾井町《きおいちょう》」「神谷町《かみやちょう》」などの役者の住所、「五代目」「三代目」などの名跡《みょうせき》の代数、「待ってました」「たっぷり」などさまざま。かけ声は、芝居を盛り上げるとともに、客席と舞台とを一体化する効果がある。

思入（おもいいれ）◉役者が台詞を語らず、その場の心理状態を表現する演技。台本では「思い入れよろしく」などと記され、役者の表現力に委ねられる。

女方（おんながた）◉女性の登場人物を演じる役者。

【か行】

楽屋（がくや）◉役者、作者、衣裳、床山《とこやま》、大道具、小道具などが控える場所。江戸時代には身分や職務により部屋が分れていた。楽屋に祀られている稲荷明神《いなりみょうじん》を仕切る最下層の役者と、その部屋を「稲荷町」、当時女方の部屋があった二階を三階建てが公許されていなかったため表向き「中二階」と言った。

霞幕（かすみまく）◉白地に青い霞模様の小さな幕。舞台の進行上、不要になった物や人を隠して、舞台から退場させるために用いる。

顔寄せ◉戯作者《げさくしゃ》、役者、演奏家、裏方などが集まる儀式。江戸時代にはこのときに附帳が渡された。大入りを祈って手締めをする。

書抜き（かきぬき）◉台本の中から、ある役者の台詞だけを書き出したもの。表紙には役名と役者名を書く。江戸時代には主役でも台本は持たず書抜きだけで稽古《けいこ》した。狂言作者が作る。

型（かた）◉決まった演出方法。各役者や家に伝わる芸の伝統にもとづく。演技だけでなく、衣裳、かつら、小道具、大道具、音楽など多分野に及ぶ。

かったり◉かつらの曲げの根の部分に栓《せん》を差し込み、演技中に栓を抜くと髷《まげ》が崩れる仕掛け。立回りや切腹シーンなどで用いる。

かつら屋◉役者の頭の大きさ・形に合わせて、土台となる台金《だいがね》を銅をたたいて作り、髪の毛を刺した布を貼る職人。

かつら屋

仮花道（かりはなみち）◉舞台に向かって右側の臨時の通路。江戸時代は常設であった。花道と仮花道で役者が向き合い、客席を川に例え、花道を土手として台詞を言い合うシーンなどは、迫力に富み観客を魅了する。

がんどう返し◉屋敷などを後ろに倒し、その底に描いた次の場面のセットを見せる大仕掛けな仕組み。同時に床から新たなセットをせり上げてくる場合もある。

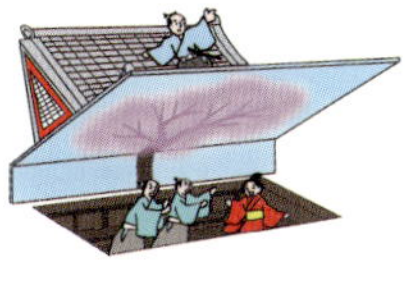
がんどう返し

柝（き）◉拍子木。幕を開けたり閉めたりする際に拍子木を床に打ち音を出す。回り舞台が回るさいや、せりの上下のさいなどもこれを打ち演出効果を高める。

金方（きんかた）◉芝居興行の資金提供者で、一座のなかで座元《ざもと》に次ぐ権力を持つ。座元は世襲であるが、資本は持たない場合が多く、代わりに吉原の妓楼主《ぎろうしゅ》や豪商などが出資し金方となった。

義太夫狂言（ぎだゆうきょうげん）◉もとは人形浄瑠璃《じょうるり》（文楽《ぶんらく》）のために書かれた作品が、ヒットして歌舞伎に作り変えられたもの。

義太夫節（ぎだゆうぶし）◉三味線の伴奏で舞台の進行を語って聞かせる語りの一つ。上方で生まれたことから関西弁で語る。三味線は棹《さお》が太く、胴が大きく、分厚い撥《ばち》で叩くように演奏するので力強い音が伝わる。台詞の部分は役者や竹本《たけもと》が語り、その他の情景や心情などを義太夫節が謡《うた》う。

きまり◉立回りの途中などで、重要人物が一瞬静止しポーズを取ること。

着肉（きにく）◉体を大きく見せるために、布の中に綿を入れて衣装の下につける。力士役や入墨《いれずみ》などを書く場合などに使う。

狂言作者（きょうげんさくしゃ）◉歌舞伎の台本を書く人。附帳や書抜きも作成。杵《きね》打《う》ちなど舞台進行も行い、舞台で使う書状や達なども作成する。楽屋の入口近い所に部屋を持った。

着肉

清元節（きよもとぶし）◉三味線の伴奏で舞台の進行を語り聞かせる語りの一つ。江戸で生まれ、軽くておしゃれな雰囲気が特徴。舞踊の伴奏として使われることが多い。

隈取（くまどり）◉白い顔に色を使い血管が浮き出たように見せる化粧。力強さを示す赤い筋の紅《べに》隈《ぐま》は正義の味方、青筋の藍隈《あいぐま》は悪者、茶色の筋の代赦隈《たいしゃぐま》は鬼や妖怪などを表わす。

黒子（くろご）◉芝居のスムーズな進行のため、必要な道具を出し入れしたりする役。鳥や鼠などを差し金に付けて動かし、舞台効果を高めたりもする。全身黒い衣装で勤めることに由来する。舞台では、いないことにする。

黒御簾（くろみす）◉舞台の下手（左手）の黒い壁に囲まれた小部屋。長唄の三味線、唄をはじめ、大太鼓、鼓《つづみ》、太鼓、笛などの鳴物《なりもの》楽器により構成される。演者は観客に顔を見せずに演奏する。情景や心理描写の他、音楽、雨、風、雷、波の音などの効果音も表す。

クドキ◉女方が大切な人を気遣ったり悲しい気持ちなどを表す台詞。三味線に合わせて歌うように語る。

下座（げざ）音楽◉舞台に向かって左側、下手に位置する簾《すだれ》のかかった黒い箱部屋での、演奏のこと。附帳（スコア）は附師《つけたて》が作成した。

稽古（けいこ）◉しぐさをつけない「本読み」、しぐさをつける「立ち稽古」、音楽がつく「附立《つけたて》」「総ざらい」、役者が衣裳・かつらをつけ、大道具・小道具がセットされた「舞台稽古」へと進む。

消し幕（けしまく）◉赤や黒の小さな幕。舞台の進行上、不要になった物や人を隠して、舞台から退場させるさいに用いる。

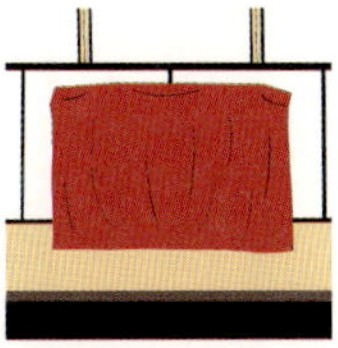
消し幕

けれん◉宙返り、早変わりなど見栄《みば》え、エンターテイメ

けれん

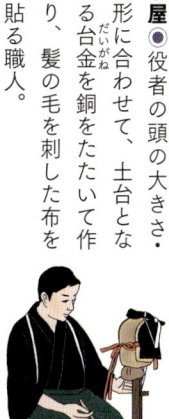

ント性の高い演技。

後見（こうけん）◉舞台で小道具を渡したり、衣裳の着付を手伝うなど役者の演技を手伝い、進行をスムーズにする役。全身真っ黒な衣装を着た黒子が行う。

口上（こうじょう）◉舞台から観客に向かい挨拶や報告を行うこと。役者の襲名・改名・初舞台などを名目に行う。

小道具（こどうぐ）◉舞台上の動かせる道具。役者が使う扇子《せんす》・財布・手ぬぐい・筆などの持ち物、煙草盆《たばこぼん》、茶碗・土瓶などの食器、草履《わらじ》・下駄《げた》などの履物、冠・烏帽子《えぼし》などのかぶり物、ついたて、火鉢《ひばち》、こたつ、仏壇、神棚、建具、行《あん》燈《どん》などの家具、駕籠《かご》・牛車《ぎっしゃ》などの乗物、刀・槍・槍・弓矢・鎧《よろい》・兜《かぶと》など武具などのこと。職人は制作とともに、これらの修理も行う。

五本車鬢（ごほんくるまびん）◉かつらの一つ。髪の両側の鬢《びん》が、カニの足のような形に固めた毛を五本ずつ尽き出したもの。

子役（こやく）◉歌舞伎中の子役を演じる役者

五本車鬢

【さ行】

桜（さくら）◉桃色の紙を桜の花びら形に切って舞台に散らすための小道具。

作者部屋（さくしゃべや）◉狂言《きょうげん》作者の執務室。附帳や書抜きを制作した。頭取《とうどり》部屋の隣にあるか、頭取と同室のこともあった。

差し金（さしがね）◉細く長い黒く塗った棒。先に蝶々《ちょうちょう》、鳥、鼠《ねずみ》などをつけて動かす道具。人魂を飛ばす際にも使われる。黒子同様舞台上では無いものとされる。

差し金

仕掛け物（しかけもの）◉大道具。小道具。衣裳。かつらなどで観客を驚かす効果をねらったもの。舞台の家屋が一瞬で崩れ落ちる「屋台崩し《やたいくずし》」などはその例。

時代物（じだいもの）◉江戸時代より前の時代の人物や出来事をテーマに描いた作品。

芝居茶屋（しばいじゃや）◉劇場付属の店。上等席の観劇予約は、芝居茶屋を通して行われた。芝居茶屋の主人の多くは、座の帳元（座元の代理人）を兼業し、興行に関与する者も多かった。大小の格式があり、表茶屋は芝居町の道に面し、裏茶屋は楽屋新道に面していた。裏茶屋は人目を避けて会う客が利用した。明和《めいわ》年間（一七六四〜七二）の三座の芝居茶屋の数は、中村座が大茶屋（表茶屋）16軒、小茶屋（裏茶屋も含む）15軒、市村座は大茶屋10軒、小茶屋15軒、森田座は大茶屋7軒であった。

三味線（しゃみせん）◉舞台を盛り上げるメロディーを演奏する楽器。

襲名（しゅうめい）◉歌舞伎の家に生まれ、家に昔から伝わり、父や祖父が名乗った名前を受け継ぐこと。

純歌舞伎（じゅんかぶき）◉人形浄瑠璃の題材を取り入れた作品（丸本物《まるほんもの》）ではなく、最初から歌舞伎のために作られた作品。

初日（しょにち）◉興行の第一日目。出演者や関係者にとって無事に開幕できたことを祝う日。互いに祝辞を述べあう。

定式幕（じょうしきまく）◉狂言幕ともいわれる。黒、柿色（茶色）、萌葱色《もえぎいろ》（濃緑）の三色の縞模様《しまもよう》の幕。黒の代わりに紺、萌葱の代わりに白を使うこともある。定式幕は、江戸幕府から許可を受けた芝居小屋であることを示し、江戸では山村座、中村座、市村座、森田座の四座（「江戸四座」）であったが、正徳《しょうとく》四年（一七一四）の絵島生島《えじまいくしま》事件で山村座が取り潰《つぶ》され、「江戸三座」になった。ちなみに、三座の三色の右からの並びは、中村座が紺・柿・白、市村座が紺、柿、萌葱、森田座が萌葱、柿、紺であり、今日一般的に見られるのは森田座のもの。

定式幕

すっぽん◉舞台や花道の役者を乗せ、エレベーターのように上下させる装置。「せり」のうち、花道の「せり」を「すっぽん」とよぶ。すっぽんが首を出し入れすることに由来するとも言われる。すっぽんを使うのは、妖怪《ようかい》・幽霊・動物など人間とは異なる異界の者たちで、観客が注目するなか、除々に現れたり消えたりして演出効果が大きい。

すっぽん

捨て台詞（すてぜりふ）◉台本にない演技の合間を埋めるアドリブのセリフ。

世話物（せわもの）◉市中の出来

世話物

事を描いた作品。

せり◉舞台や花道で、床を四角に切りエレベーターのように役者を上下させる装置。舞台や花道などに大小いくつもあり、思わぬ所から現れたり消えたりして演出効果を高める。

千穐楽・千秋楽（せんしゅうらく）◉一つの興行の最終日。略して「楽」ともいう。一般には千秋楽と書くが歌舞伎では「火」の字を避けて「穐」を使う。江戸時代には秋興行と顔見世興行のさいに、役者一同が舞台に並んで口上を述べ、太夫元（劇場主）が千秋楽の舞を舞ったことに由来する。

【た】

立回り（たちまわり）◉捕り物、喧嘩《けんか》、殺人、対決など登場人物同士が、刀などの武器を使って対決する演技。音楽のリズムとともに大きな見せ場となる。型が決まっており、リアルさよりも面白さや様式美が重んじられる。

立師（たてし）◉立回りの動きをつける役。経験を積んだ役者が受け持つ。

だんまり◉暗闇《くらやみ》のなかで、何人もの役者がセリフなしで、スローテンポで演じる。

着到板（ちゃくとうばん）◉楽屋入口の頭取部屋の前に置く役者の出勤簿。長方形の白木板に芝居の順に出演役者の名が記されている。役者は楽屋入りの際、自分の名前の板の上部の穴に竹釘をさして出勤したことを示す。

注進（ちゅうしん）◉舞台で表現できない合戦の様子を、派手な身振りと台詞で表現する演出の一方法。

宙乗り（ちゅうのり）◉ロープに吊《つ》るされた役者が、客席の上を飛ぶパフォーマンス。忍者、妖術使い、妖怪、幽霊、動物の化身など特殊能力を持つ役が演ずる。けれんの一つ。

チョボ・チョボ床（ちょぼどこ）◉義太夫狂言の太夫と三味線の総称。上演中の場の状況や人物の心情を表現するナレーション役。浄瑠璃本に点《ちょぼ》を打ったことに由来するという。舞台上手上の御簾《みす》が下がった場所が演奏場所。「チョボ床」とも言われる。

チョボ・チョボ床

附師（つけし）◉音楽の演出を担当する。演目全体の唄、合方、鳴物を選び、曲目やきっかけを記した「下《しも》座《ざ》附帳《つけちょう》」を作成する。

づくし◉長ぜりふのつらねの一種で、役者や魚、鳥などの名前を織り交ぜていう台詞のスタイル。

附帳（つけちょう）◉狂言作者が、演目とともに小道具、衣裳、かつら、床山《とこやま》など必要なものを書くノート。これを裏方の職人たちに渡して準備を進める。

つらね◉本筋にあまりかかわりのない長台詞。

つり枝（つりえだ）◉舞台を飾る春の梅や桜、秋の紅葉などを横一列に並べる景色。

出囃子（でばやし）◉舞台に出て演奏する長唄囃子《はやし》連中。舞台正面にひな壇を設け、上段下手に唄《うた》方《かた》、上手に三味線方、下段に囃子方が、上手から笛、小鼓《こづつみ》、大鼓《おおつづみ》、太鼓《たいこ》の順に並ぶのが一般的。

道具帳（どうぐちょう）◉裏方の大道具担当の職人が作成する。客席から見た舞台全体を縮小した見取り図のデッサン帳。舞台装置図。

道具幕（どうぐまく）◉場面の転換時に、次の場面が現れるまで舞台上の作業を一時的に隠すために、山や波などの風景を描いた幕。芝居を継続させ、観客の興味をつなげる仕組み。

頭取（とうどり）◉楽屋の取締り、表方との取り次ぎを担う。江戸時代は、座元《ざもと》（劇場主）の代理として古参《こさん》の役者が兼ね、権威をもっていた。楽屋の入口近くの頭取部屋にいる。着到番（役者の出勤簿）を管理し、一段高い所にある頭取座に開場から終演まで詰め、全体を統括し諸事に対応した。

遠見（とおみ）◉大道具の背景画のこと。観客から見ると山、川、田畑、神社仏閣、町並み、土手などが遠近法によって立体的に描かれる。

遠見

ト書き（とがき）◉台本の中で、台詞ではなく登場人物の演技や感情などを指定する部分。「ト思案して」など、「ト」から書き出すことに由来する。

常磐津節（ときわづぶし）◉三味線の伴奏で舞台の進行を語って聞かせる語りの一つ。江戸で生まれた演奏。軽くておしゃれな雰囲気が特徴で、舞踊の伴奏として使われることが多い。

床山（とこやま）◉かつらの髪型を結う。上演のさいにはかつらの着脱も行う。

トンボ◉歌舞伎独特の作法の一つである宙返り。立回りのさいに使われる。

【な】

長唄（ながうた）◉三味線とあわせて場面を盛り上げる。

中売り（なかうり）◉舞台の幕間《まくあい》に弁当、饅頭《まんじゅう》、おこし、蜜柑《みかん》、茶などを売り歩く人。桟敷番《さじきばん》ともいい、明和年間（一七六四～七二）に中村座が25人、市村座26人、森田座17人であった。

中日（なかび）◉興行日程の真ん中の日。役者が関係者に中日祝儀の名目で心付けを渡す習慣がある。

人形振り（にんぎょうふり）◉姫や娘が恋人を思う激しい気持ちをわざと人形のように表現すること。文楽作品の人形のように、表情を作らず動きもぎこちない演技の方法。

人形振り

乗り（のり）◉義太夫狂言で三味線に合わせて台詞を言ったり演技をすること。雰囲気を盛り上げる効果がある。

【は行】

俳優（はいゆう）◉舞台で演技をする人の総称。役者。歌舞伎役者も俳優とよばれる。

花道（はなみち）◉舞台に向かって左側の観客席を貫く常設通路。元は観客が役者にお祝い（花）を渡す通路であり、花道の名称はこれに由来するとされる。役者が客席の中の花道を通って舞台と行き来するシーンは、見せ場になる。

早変わり（はやがわり）◉役者が同一場面の舞台上で短時間に変身すること。衣裳、職業・年齢・男女の違いを変える。一人の役者が何役分も早変わりする演目もある。

はら芸（はらげい）◉台詞や動作無しで考えたり、怒りや悔しさを表わすパフォーマンス。

引抜き（ひきぬき）◉二枚の衣裳を重ねて着ておき、止めていた糸を引抜き一瞬にして衣裳を変える早変わりのテクニック。

ぶっ返り（ぶっかえり）◉舞台の上で一瞬にして衣裳を変える演出。引抜きと同じテクニックで上半身の衣裳を裏返して垂らし下半身を覆う。人物が性格を変えたり、本性を見せたりするシーンで使う。肩の部分で前と後ろに割れて、下に着込んだ衣裳とひとつながりになるように作られている。

ぶっ返り

振付師（ふりつけし）◉踊りなどの動きを役者に型をつける。

文楽回し（ぶんらくまわし）◉舞台上手の揚幕《あげまく》よりも前で出語りをする場所。

本水（ほんみず）◉江戸時代の夏の公演のさい、雨のシーンで本物の水を降らせ、観客に涼しさを感じさせるパフォーマンス。

【ま行】

幕内（まくうち）◉舞台の幕の内側。役者、頭取、作者、床山、大道具、小道具など、劇場の業務をする人々をさす。観客に対して直接サービスする表方の対語。楽屋内《うち》ともいう。

幕外（まくそと）◉舞台の幕の外側。観客から見ると、幕の手前で行う演技。たとえば、花道の七三の舞台に近い場所に役者がいるシーンで幕が引かれ、俳優がフォーカスされることもある。

回り舞台（まわりぶたい）◉舞台の床《ゆか》を丸く切り抜き、心棒で回転させて建物や人物、シーンなどを変える機構。幕を下ろさずに舞台を転換するため時間短縮になり、ストーリーを断絶させない効果をもつ。

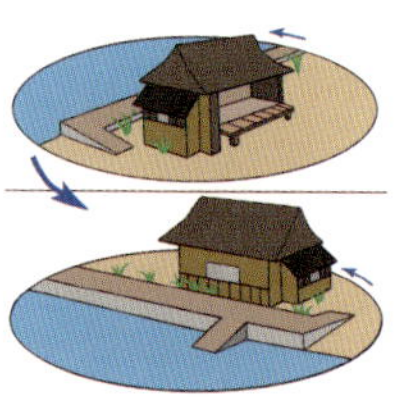
回り舞台

見得（みえ）◉怒ったり驚いたり気持ちが高揚《こうよう》した際に、動作をぴたっと止めてポーズを作る。観客の目が集中して、クライマックスの効果を高める。

見得

物語（ものがたり）◉過去のことを語って聞かせる会話スタイル。

【や】

雪（ゆき）◉薄い和紙を約1センチ四方に切り、雪のように天井から降らせる小道具。

雪音（ゆきおと）◉実際には音のない降雪を、太く短い撥《ばち》で大太鼓をたたくことにより、かえってリアルに表現する。

屋号（やごう）◉歌舞伎家に伝わる成田屋・音羽屋《おとわや》などの呼び名。家族・系列・弟子たちも同じ屋号を名乗る。舞台に登場する時や、見得をきる時など、客席から称賛や期待の気持ちをこめて屋号を呼ぶかけ声がかかる。

【ら行】

雷車（らいしゃ）◉雷の音を、木の車を並べた雷車を床にころがして、ごろごろと表現する。

連名（れんめい）◉「れんみょう」ともいう。看板などで、出演する役者の名前を順に書き並べること、または並べたもの。上位の役者名を最初か最後に書き、ランクをもとに名前を並べる。役者だけでなく、長唄・鳴物・浄瑠璃の太夫、三味線などの演奏者、狂言作者などの名前も入る。

六方（ろっぽう）◉花道を歩くパフォーマンス。手や体の大きな振付とともに、足を大きく踏み出して花道を歩く。「飛び六方」は、はやる気持ちを示して飛ぶように走る。「泳ぎ六方」は、水中を泳ぐスタイルで歩く。「狐六方」は、狐のように歩く。「傾城《けいせい》六方」は花魁《おいらん》などが高下駄《たかげた》を履き外から内へと大きく足を動かす八文字という歩きかたですすむ。

六方

【わ】

和事（わごと）◉男女の恋愛の甘いシーンを描く演出様式。

和事

渡り台詞（わたりぜりふ）◉複数の役者が一つの台詞を順番にリレー式に渡していき、最後に全員で同じ台詞を斉唱するスタイル。幕開きの中間や腰元などが使う。

割り台詞（わりぜりふ）◉花道、仮花道、舞台などの役者が、それぞれの台詞を交互に述べるパフォーマンス。

〈イラスト：山谷和子〉

【参考文献】

『淡交ムック・歌舞伎入門』（淡交社、一九九七年）
小池章太郎『増補改訂・考証江戸歌舞伎』（三樹書房、一九九七年）
国立劇場調査要請部他編『かぶきの本』（独立行政法人日本芸術文化振興会発行、二〇一〇年）

妹背山婦女庭訓

——いもせやまおんなていきん

上村正裕

逆賊として描かれる蘇我入鹿

古代の歴史的題材を扱った演目を「王代物」と呼ぶが、本作品は六四五年の乙巳《いっし》の変で中大兄《なかのおおえの》皇子《おうじ》（後の天智《てんじ》天皇）によって殺害された蘇我入鹿《そがのいるか》について描いた王代物の浄瑠璃《じょうるり》である。明和《めいわ》八年（一七七一）正月の大坂竹本座（大阪市中央区）での初演を皮切りに、江戸では安永《あんえい》七年（一七七八）以来演じられている。

赤穂浪士《あこうろうし》討ち入り事件の代表作「仮名手本忠臣蔵《かなてほんちゅうしんぐら》」と並んで人気狂言となった本作品は、蘇我入鹿を中心とした天智帝期の権力争いおよび悲恋物語が軸となっている。蘇我入鹿が逆臣というイメージは今日においても我々に染みついていると思われるが、この歌舞伎による影響も小さくないと思われる。まさしく本作品で描かれる入鹿は、数々の横暴を働いた。まずは、そのあらすじをまとめてみたい。

役者絵

歌舞伎の役者のブロマイドといえるもの。上から「菅原伝授手習鑑」「仮名手本忠臣蔵」「妹背山婦女庭訓」「仇討曽我物語」

（立命館大学ARC蔵、arcUP5324）

初段

天智帝が盲目となり、蘇我蝦夷《そがのえみし》が権力をふるうところから始まる。蝦夷は天智帝が政務を執ることができないため、自らがその代行を務める旨を表明する。加えて、子の入鹿も病床に引きこもっており、さらに鎌足《かまたり》については「深く考えもせず虚病と称し、政務を放り出して隠居する考えである。早くから帝へ申し上げ、今日は鎌足を呼び出し、事を糺《ただ》すことに結論が一致した」と、追い落としを図る。

召し出された鎌足は、蝦夷に春日の社壇に奉納した一箱を示され、蟄居《ちっきょ》すると返答する。その箱の中には、一つの鎌が入っており、「男子誕生平天下」と書き付けられていた。鎌足は外《がい》戚《せき》となり、ひいては天下の乗っ取りを企《たくら》んでいると糾弾《きゅうだん》されたのである。

続いて春日野の社頭に近い小松原へと場面が移る。野遊びに出た大判事《だいはんじ》清澄《きよずみ》の息子・久我之《こがの》

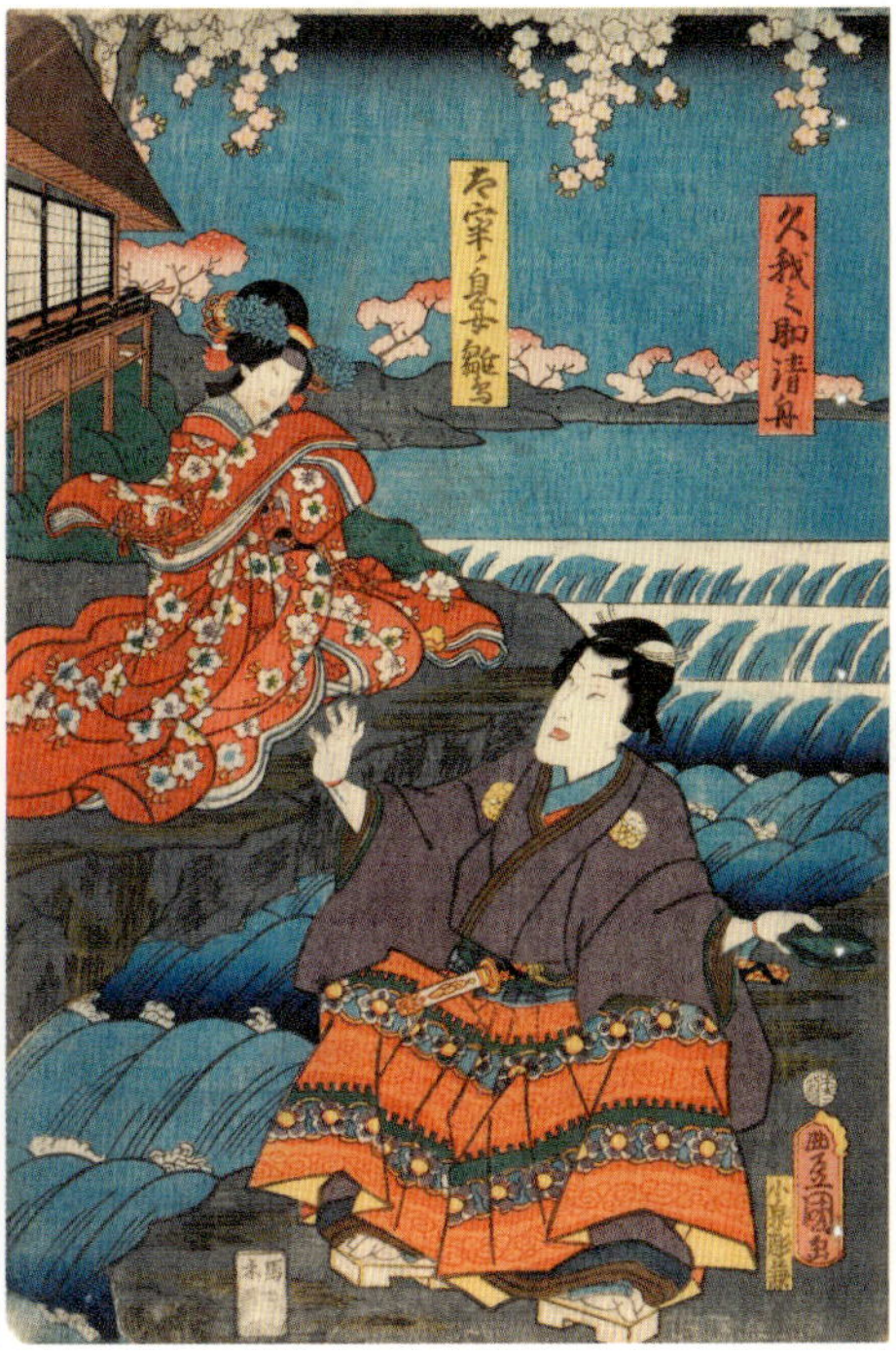

右：久我之助清舟・雛鳥
両者の悲劇的な最期は、本作前半のクライマックスである。
（立命館大学ARC蔵、arcUP3580）

左：入鹿大臣
天智帝からの王位簒奪《さんだつ》を図るなど逆臣としてのイメージを本作でも体現している。
（立命館大学ARC蔵、arcUP3454）

助《すけ》と、一目で恋に落ちる。太宰少弐《だざいのしょうに》の娘・雛鳥《ひなどり》が雨宿りで出会い、一目で恋に落ちる。そこに入鹿の家来である宮越玄蕃《みやこしげんば》が現れて、二人の家は領地争いによる敵対関係であったことが判明し、雛鳥は落胆する。

そこへ天智帝の寵愛《ちょうあい》を受ける采《うね》女《め》の局《つぼね》が禁裏《きんり》の御殿から失踪《しっそう》したとの知らせが入る。この采女は鎌足の娘である。「采女様が御行方知れずというのか。ムムいずれにしてもさほど遠くへ行かれまい。貴殿方はこれよりすぐに所々の出口を調べよ。私は山手を探索いたそう」。久我之助は、玄蕃に対してこのように提案する。実は久我之助は采女を手引きしていたのであり、そのまま入水《じゅすい》したということにして姿をくらますことになった。

場は蝦夷の邸宅へ切り替わる。酒宴が開かれているこの邸宅に、二人の僧が入ってくる。彼らは入鹿の仏道修行のためにやってきたのであるが、蝦夷はそれを咎《とが》め、首を斬ろうとする。僧らは「あなた様が仏嫌いとはまったく夢にも存じませぬこと。命はお助けくださいませ」と青ざめた顔になる。結局衣服をはぎ取られるなどして門前に追い払われるが、そこに久我之助がやってくる。彼は采女の付人だったので、入水の真偽を確かめるために呼び出されたのである。

その後、蝦夷は橘姫《たちばなひめ》（入鹿の妹）らから入鹿の仏道修行に理解を示すよう訴えを受けるが、蝦夷は「仏法という外国の邪法の術」に頼る入鹿を指弾する。その蝦夷もついに、切腹することになる。蝦夷に帝位をかすめる企てありとの風聞が帝の耳に届いており、勅使《ちょくし》阿倍中納言行主《ゆきぬし》が事情を問いにやってきたのである。蝦夷の謀反は入鹿によって帝に密告されており、証拠となる連判状を示された以上、切腹するほかなかった。

しかし、入鹿も反逆の心を持っていた。仏法帰依《きえ》により悪事を疎《うと》んでいるように見せかけ、蝦夷に注目が集まる間に叢雲《むらくも》の剣を奪い取っていたのである。

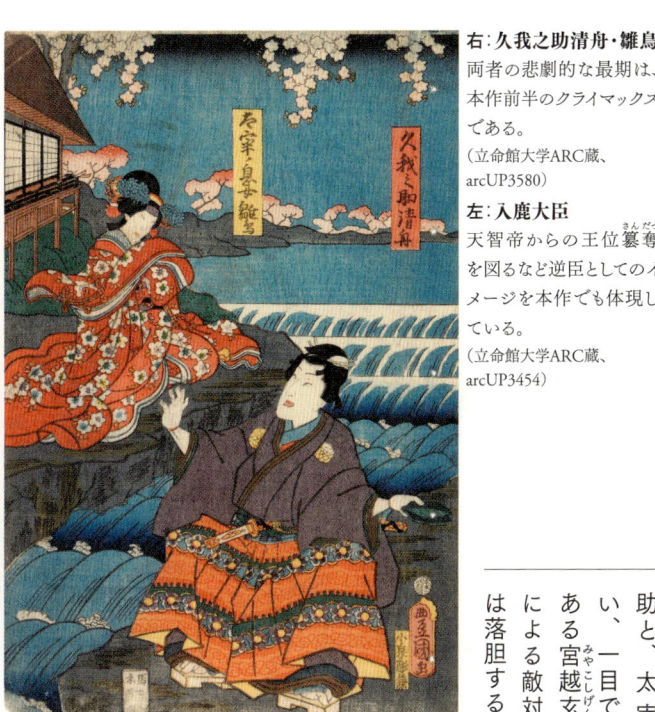

二段

帝は采女が入水した猿沢《さるさわ》の池（奈良市）に行幸《ぎょうこう》する。帝が悲しんでいると、鎌足の子・淡海《たんかい》が現れる。帝は節会《せちえ》における失態により、勅勘《ちょっかん》を蒙《こうむ》って内裏《だいり》を離れていたのであるが、帝を守るために勅勘の赦免を願い出たのである。帝は赦免を受け入れ、再会を喜んでいたが、そこに入鹿の内裏急襲を知らせる使者が訪れる。淡海は策を巡らし、帝を連れ去ることにした。

続いて、狩人の芝六が登場する。この芝六は帝と淡海をかくまっていた。そこに「入鹿大王《おおきみ》」が派遣した役人が乗り込んできて、鹿殺しの罪を糾弾する。その罪を被ったのは芝六の子・三

右:ふか七
鎌足の使者として入鹿の館にやってくる。漁師を名乗るが、実際は鎌足の家来である金輪五郎今国。
(立命館大学ARC蔵、arcUP2175)

左:橘姫
入鹿の妹ながら、入鹿の成敗に一役買う。入鹿の成敗後、鎌足と結婚する。
(立命館大学ARC蔵、arcUP0309)

作だったが、そこへ鎌足が采女を連れて現れる。鎌足は采女を興福《こうふく》寺《じ》の山奥にかくまっていたのであった。刑罰の地に掘り穿《うが》つ土中から内侍所《ないしどころ》の神鏡と神璽《しんじ》の御箱が発見されたことで三作の命は助かったが、神鏡の輝きに帝の目はついに開くことになる。

三段

舞台は太宰《だざい》の後室定高《さだか》の太宰館へ。定高は先立たれた太宰少弐の妻で雛鳥の母である。ここに入鹿が訪れ、奈良の職人や商人・芸人を受領する。入鹿は大判事清澄《きよずみ》を呼び出し、采女をかくまっているのではないかと尋問する。さらに大判事と定高双方が采女をかくまっているとの嫌疑をかけるに至り、潔白であるなら、定高には雛鳥の入内《じゅだい》、大判事には久我之助の出仕といった難題を要求した。

場面は吉野川へと移る。吉野川を挟んで、大和の妹山は太宰の領地、紀州の背山は大判事の領地であるが、それぞれに雛鳥と久我之助が住んでいる。お互い恋心を持ちながら、二人とも川を渡ることができないでいた。そこへ大判事と定高がやってくるが、両者ともに自らの子の命を取る覚悟であった。決心した久我之助は切腹し、入内を拒否した雛鳥も定高により首を斬られ、大判事側に届けた。悲劇性あふれる、本作前半のクライマックスである。その後、大判事も久我之助の介錯《かいしゃく》をする。

四段

場面は三輪の里(奈良県桜井市)での井戸替え。入鹿に追われている浪人淡海はここにいた。続いて、入鹿の新造の御殿へ。酒宴を催しているところに、難波《なにわ》の浦の漁師、鱶七《ふかしち》がやってくる。鎌足の使者であり、鎌足は入鹿への臣従を考えているという。入鹿は不審に思い、鱶七を殺そうとする。そこへ橘姫と求女に扮した淡海がやってきて、橘姫は入鹿が奪った宝剣を高殿から奪い取るが、入鹿はそれに気づき、高殿に駆けつける。橘姫は宝剣を下に投げ捨てると、淡海がそれを受け取り、入鹿家臣の玄蕃らがそれを阻止しようとする。入鹿は橘姫に斬りつけるが、笛の音に入鹿の気力は消え、宝剣は鎌足の手に入る。

玄蕃らは淡海によって討ち取られ、目を覚ました入鹿も霊妙な焼鎌で鎌足によって首を斬られた。その首はそのまま虚空に上り、火炎を吐きかけ、飛ぶ鳥のように駆け回った。

五段

逆賊である入鹿は成敗され、都は江州志賀に移された。鎌足には執政の権限が与えられ、淡海と橘姫は結婚するように勅があった。また、大判事は三作を養子にするようにとの命があった。平和な時代が訪れた。

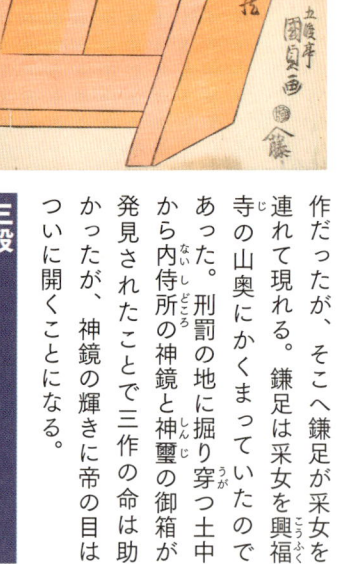

創造された「逆臣・蘇我氏」

乙巳の変

六四五年の乙巳の変によって、蘇我氏が滅亡したとされる。中《なかの》大兄《おおえ》皇子と中臣鎌足《なかとみのかまたり》が共謀し、蘇我入鹿を暗殺したという著名な事件である。これは中国の唐が朝鮮半島への進出の動きを見せたことから、東アジアが緊張状態に陥り、そうした国際的契機にもとづいて国内の体制変化が生じたと考えられている。その上で実行されたのが、大化改新である。この中央集権化を目指した政治改革がどこまで史実なのかは、『日本書紀』に記されている、いわゆる改新詔《かいしんのみことのり》をどの程度歴史的事実とみなすか、という問題と密接不可分である。

中大兄皇子らに斬りつけられた蘇我入鹿は皇極《こうぎょく》天皇に向かって、「臣、罪を知らず」と訴えたらしい。皇極天皇が中大兄に事情を尋ねると、入鹿が皇位を傾けようとしていたという(『日本書紀』皇極天皇四年六月戊申条)。

乙巳の変

入鹿の首が飛んでおり、著名。(「多武峯縁起絵巻」、談山神社蔵、奈良国立博物館画像提供)

蘇我氏は天皇になろうとしたのか

この中大兄の発言からすると、入鹿はあたかも天皇になろうとしたかに思える。「妹背山婦女庭訓」においても、皇位簒奪《さんだつ》を果たした入鹿は「入鹿大王」となっている。本当にそのような大それたことを考えていたのであろうか。蘇我氏には、専横記事と呼ばれるものがいくつか存在しているので、それらを読み解くことによって検討したい。

入鹿の権力は大変強大だったらしい。『日本書紀』皇極天皇元年(六四二)正月辛未条に「皇后即天皇位《あまつひつぎしろしめ》す。蘇我臣蝦夷を以て大《おお》臣《おみ》と為《な》すこと、故《もと》の如し。大臣の児入鹿〈更《また》の名は鞍作《くらつくり》〉、自ら国の政を執りて、威は父より勝れり」とある。

また、同年一二月是歳条によると、蝦夷が「己《おの》が祖廟《そびょう》」を葛城《かつらぎ》(奈良県御所《ごせ》市)の高宮に立てて、八佾《やつら》の舞を行い、さらには生前のうちに双墓《ならびのはか》を今来《いまき》に造営している。そのうち一つを蝦夷の墓(大陵《おおみささぎ》)とし、もう一つを入鹿臣の墓(小陵《こみささぎ》)とした。この時問題になったのは、八佾の舞は臣下が行ってはならないものであること、それから墳墓造営

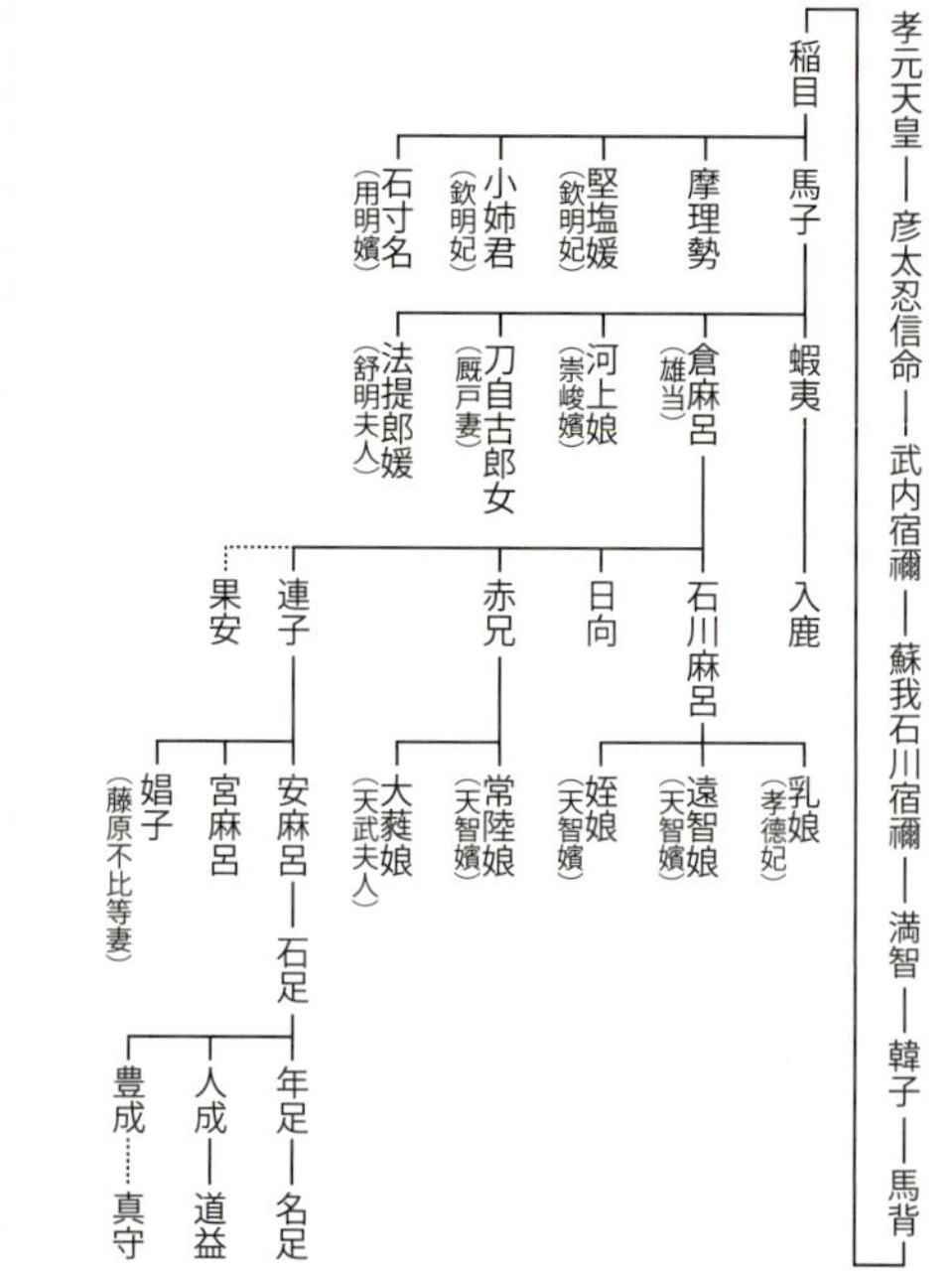

●蘇我氏系図(佐藤長門『日本史リブレット人　蘇我大臣家』より転載)

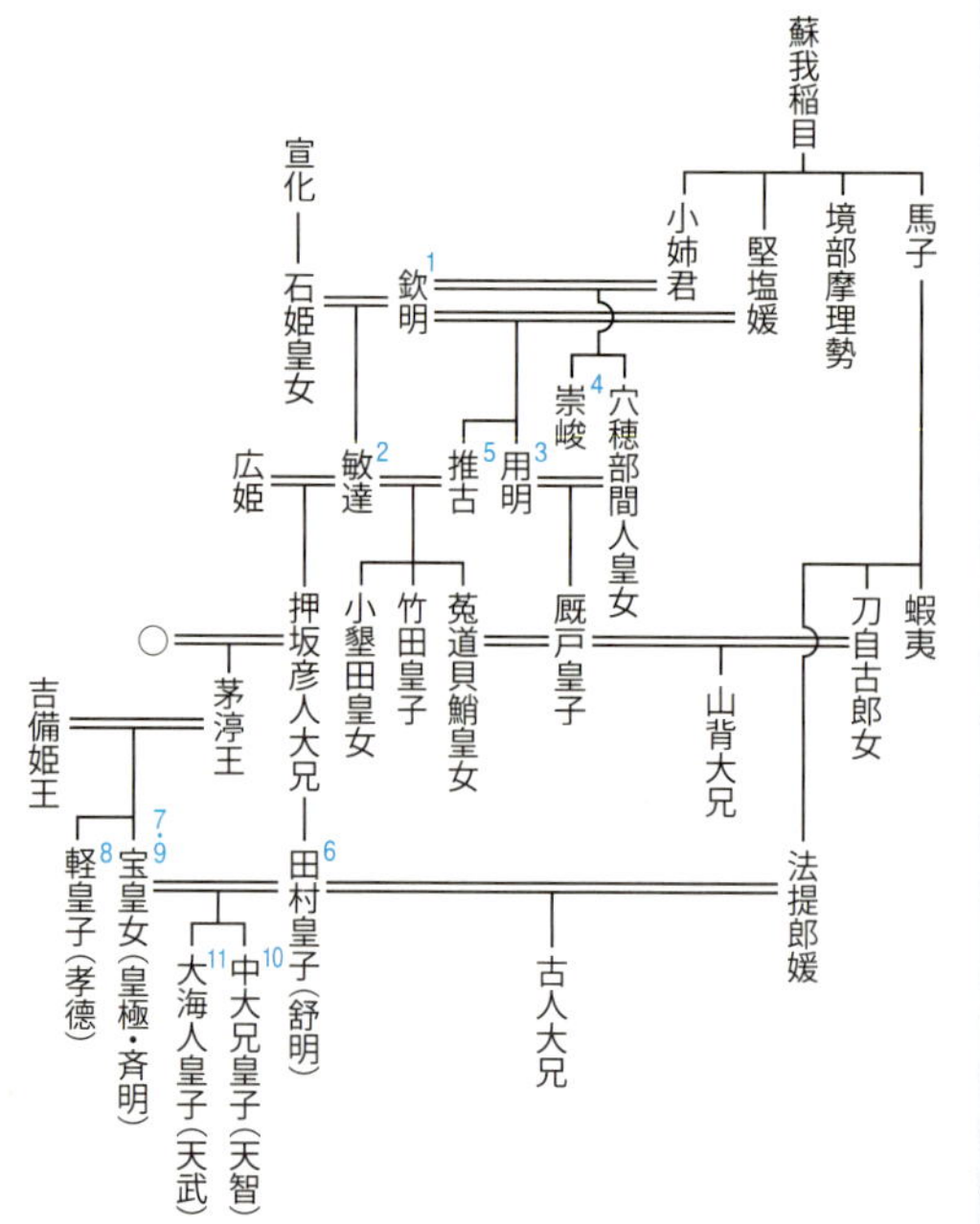

●天皇・蘇我氏系図(吉村武彦『女帝の古代日本』より転載)

が上宮《かみつみや》の乳部《みぶ》の民、すなわち上宮王家の部民《べみん》を使役したこと、これである。時に、上宮大娘姫王《かみつみやのいらつめのみこ》(春米女王《つきしねのひめみこ》／厩戸王《うまやとのおう》の娘)が激怒し、蘇我氏の専横を批判している。

もう一つ、蝦夷が病で出仕できなかった時、私的に紫冠を子の入鹿に授けて大臣相当の地位としたという記事(皇極天皇二年〔六四三〕一〇月壬子条)、蝦夷と入鹿が甘樫岡《あまかしのおか》(奈良県高市郡)に「上の宮《み》門《かど》」「谷《はさま》の宮門」という家を並べて造営し、その家を要塞化したほか、蘇我氏の男女を王子《みこ》と呼ばせたという記事(皇極天皇三年〔六四四〕一一月条)がある。

そもそも紫冠は、推古天皇一一年(六〇三)に始まった冠位十二階の対象外であり、「少治田宮《おはりだのみや》に御宇《あめのしたしろ》しめしし天皇(推古《すいこ》)の世、上宮厩戸豊聡耳命《かみつみやうまやどのとよとみみのみこと》、嶋大臣(蘇我馬子)と共に天下の政を輔《たす》けて、三宝を興隆し、元興《がんこう》・四天皇等の寺を起《た》つ。爵十二級を制す。大徳、少徳、大仁、少仁、大礼、□□〔少礼〕、大信、少信、大義、少義、大智、少智」(『上宮聖徳法王帝説』)という記述からすれば、蘇我馬子は冠位十二階を制定し、その授与対象である中央豪族層に授ける立場であったことが判明する。すなわち、蘇我氏は群臣の中でも大王側に位置していた存在なのである。

そして、上記の蘇我氏専横記事は皇極紀に配置されていることから、蘇我氏の専横が乙巳の変を引き起こした、言い換えれば、乙巳の変を正当化する『日本書紀』編者の意図があることが指摘されている。さらに、漢籍による修飾の可能性という点にも留意する必要があろう。『日本書紀』推古天皇三二年(六二四)一〇月癸卯朔条には、馬子が葛城県《あがた》の割譲を推古天皇に要求したと伝えるが、やはりこれも史実とは考えがたいとされている。蘇我氏の専横については、より慎重に見極める必要があるのである。

一方、蘇我氏が殺害した天皇として、崇峻《すしゅん》天皇がいる。『日本書紀』崇峻天皇五年（五九二）一一月乙巳条には「東漢直駒《やまとあやのあたいこま》をして天皇を弑《しい》せしむ」と、明確に記されているのである。しかし、随所に蘇我氏批判をちりばめている『日本書紀』は、崇峻天皇殺害への非難を記していない。よって、政策的な対立により馬子の「王殺し」を群臣が承認したとの見方が通説となっており、蘇我氏の専横という点を排除して、王位継承を主導する立場を考慮すべきものと思われる。

とすると、王位簒奪を平然と行った本作品の入鹿の姿は虚構であると言わざるを得ない。「豊浦《とゆら》大臣ノ子蘇我入鹿世ノ政ヲ執レリ。其振舞宜《ふるまいよろし》カラズ」（『愚管抄《ぐかんしょう》』巻二）、「蘇我蝦夷の大臣〈馬子の大臣の子〉ならびにその子入鹿、朝権を専にして皇家をないがしろにする心あり。（中略）蘇我の一門久く権をとれりしかども、積悪のゆゑにやみな滅ぬ」（『神皇正統記』）といった後世の歴史書に見られるように、蘇我氏の逆臣像は拡大解釈によって定着していったのである。『愚管抄』巻三は、こうも言っている。「コノ崇峻天皇ノ、馬子ノ大臣ニコロサレ給テ、大臣スコシノトガモヲコナハレズ、ヨキ事ヲシタルテイニテサテヤミタルコトハイカニトモ、昔ノ人モコレヲアヤメサタシヲクベシ」。つまり、馬子が崇峻天皇を殺害したことについて何ら処罰が下されず、むしろよいことをしたとなっていることに、昔の人も怪しんだ、と。ただし、蘇我氏に批判的な『日本書紀』が黙して語らないということは、馬子の行為は群臣層から理解されていたとみるべきであろう。

このように、近年の歴史学の成果では、蘇我氏の再評価が進んでいるのである。

豊浦寺跡（奈良県高市郡明日香村）

蝦夷は仏教を敬遠？

本作品の初段で、蝦夷は仏道修行をしている入鹿を指弾《しだん》し、「仏法という外国の邪法の術」とまで言っている。ここまでくると、蘇我氏と物部氏《もののべし》による崇仏《すうぶつ》論争を想起させるが（今日では崇仏論争は否定的にみるのが一般的となりつつある）、これは本当なのだろうか。蘇我氏と仏教という視点でみてみると、「大臣（蝦夷）、長直《ながのあたい》をして大丹穂《おおにお》山に桙削《ほこのき》寺を造らしむ」（『日本書紀』皇極天皇三年（六四四）一一月条）とあるように、寺院の造営を行っているので、仏教に否定的であったとは考えにくい。そもそも、蘇我氏は稲目《いなめ》が向原寺、馬子が法興寺《ほうこうじ》や龍泉寺《りゅうせんじ》を造営している。特に馬子が造った法興寺（飛鳥寺）は、朝鮮半島・高句麗《こうくり》の清岩里廃寺《せいがんりはいじ》、あるいは百済の王興寺との関係性が指摘されており、飛鳥寺の国際性、蘇我氏の開明性といった評価が与えられているのである。

そのように考えると、蝦夷が仏教を敬遠していたり、否定的だったりしたということはなく、仏道修行イコール政治を省みないようなマイナスなイメージのもとに創り出された虚構と位置づけられる。

そのほかの史実と虚構

全体的に本作品は史実と異なり、荒唐無稽《こうとうむけい》な仕上がりになっている観がある。例えば、天智天皇の盲目も歴史的事実ではなく、天智天皇に蘇我蝦夷や入鹿が仕えたということもない。天智天皇が中大兄皇子として蘇我入鹿を討ったというのが、史実としての乙巳の変なのである。また、鎌足の子として登場する淡海は、「淡海公《たんかいこう》」という諡号《しごう》を持つ不比等《ふひと》のことと考えられるが、不比等が生まれたのは斉明《さいめい》天皇五年(六五九)のことであり、乙巳の変よりも後で、この登場設定には難がある。

そして、淡海が入鹿の妹である橘姫という人物と結婚したというのも史実ではなく、橘姫という人物すら実在しない。ただ、蘇我連子《むらじこ》の娘である娼子《しょうし》が不比等との間に、武智麻呂《むちまろ》・房前《ふささき》・宇合《うまかい》を産んでおり、入鹿ら本宗家《ほんそうけ》とは異なる蘇我氏出身とはいえ、蘇我氏の女性は奈良時代においても散見する。また、蘇我連子の系統は石川氏と改姓し、公卿《くぎょう》を出す家柄として奈良時代では一定の地位を築いていた。これは見逃せない事実である。ちなみに、不比等の母を車持国子《くるまもちのくにこ》の女(与志古娘《よしこのいらつめ》)とする一方で、天智天皇の皇《こう》胤《いん》とする説があるが、信じがたい。あるいは、このあたりの話にアレンジが加わったのかもしれない。

それから、天智天皇が盲目になって執政できないというのは、平安時代中期(摂関期)の三条天皇を想起させる。外孫敦成《あつひら》親王(後の後一条天皇)を即位させたい藤原道長《みちなが》は三条天皇に対し、再三退位

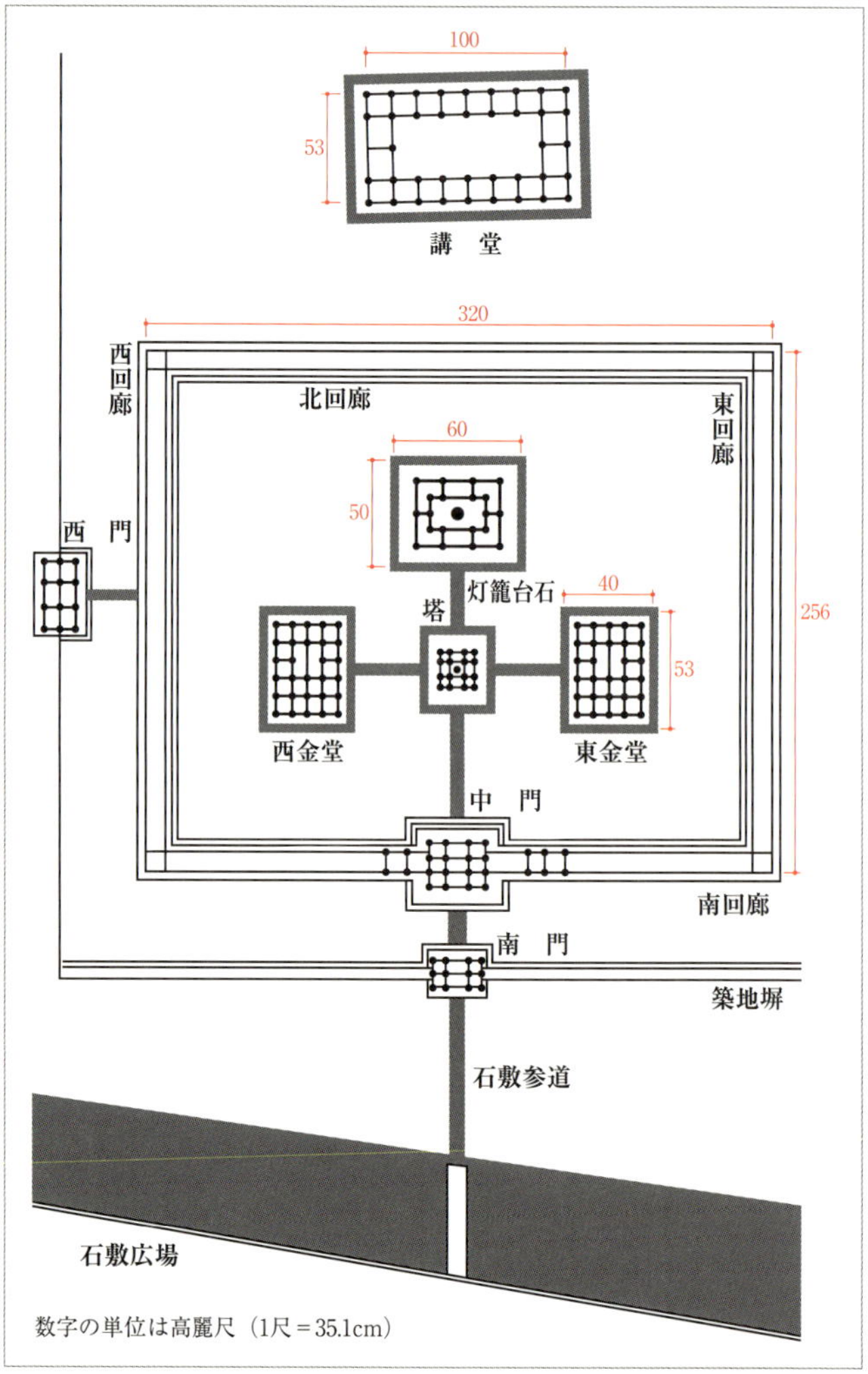

現在の飛鳥寺と飛鳥寺伽藍推定図
（推定図は黛弘道編『古代を考える　蘇我氏と古代国家』より）

を要求しているが、三条もさすがに眼が見えなくなってしまったとなっては、退位を選択せざるを得なかったのである。無理筋なストーリーのように見えて、実はよく創られている部分もあるといえよう。江戸時代の天皇といえば、学問を第一とする禁中《きんちゅう》並《ならびに》　公家諸法度《くげしょはっと》に代表されるように、江戸幕府によって抑圧された存在であった。そうした当時の天皇観が投影されているものと思われる。

なお、鎌足が執政の地位についたというのも、乙巳の変の後、鎌足が内臣《ないしん》に任命されたという、『日本書紀』孝徳《こうとく》天皇即位前紀、皇極天皇四年（六四五）六月庚戌条や『家伝　上』大織冠伝《だいしょっかんでん》にもとづいたものと考えられる。確かに、大織冠伝を見ると、乙巳の変の立役者は鎌足のように描かれているが、皇極天皇退位によって即位した孝徳天皇のもとでは、内臣としての具体的な動向を知ることができない。鎌足の地位はあくまでも中大兄（そして、即位した天智天皇）の側近であり、その働きが顕著となってくるのは斉明天皇の死去直前から白村江戦前後、すなわち六六三年前後であることが分かっている。ここには乙巳の変が律令制の前提となる大化改新と連動する重要な体制変革であり、そこに鎌足が深く関与しているという「ストーリー」を『日本書紀』において示す、という政治的意図が見え隠れしているのである。

年	元号	事項
五〇六	武烈天皇六年	蘇我稲目誕生
五三六	宣化天皇元年	蘇我稲目が大臣に就任
五三八	宣化天皇三年	仏教公伝（元興寺伽藍縁起幷流記資材帳・上宮聖徳法王帝説）
五五一	欽明天皇一二年	蘇我馬子誕生
五五二	欽明天皇一三年	仏教公伝（日本書紀）、蘇我稲目、向原家を寺とする
五七〇	欽明天皇三一年	蘇我稲目死去
五七二	敏達天皇元年	蘇我馬子が大臣に就任
五八四	敏達天皇一三年	蘇我馬子、河内石川宅に仏殿を造営（龍泉寺か）
五八五	敏達天皇一四年	蘇我馬子、豊浦寺を創建（焼失した向原寺の再建）
五八六	用明天皇元年	蘇我蝦夷誕生
五八七	用明天皇二年	丁未の役（蘇我・物部戦争）
五九二	崇峻天皇五年	崇峻天皇暗殺
五九六	推古天皇四年	飛鳥寺（法興寺）完成
六〇三	推古天皇一一年	冠位十二階制定
六二一	推古天皇二九年	厩戸王死去
六二四	推古天皇三二年	蘇我馬戸が葛城県割譲を要求
六四二	皇極天皇元年	蝦夷が祖廟と双墓を造営し、八佾の舞を行う
六四三	皇極天皇二年	蘇我蝦夷が入鹿に紫冠を授与
六四四	皇極天皇三年	蘇我蝦夷、桙削寺を造営
六四五	皇極天皇四年	乙巳の変
六五九	斉明天皇五年	藤原不比等誕生
六六九	天智天皇八年	藤原鎌足死去

藤原鎌足・不比等像
中央が鎌足、向かって左が不比等
（奈良国立博物館蔵、ColBase〔https://colbase.nich.go.jp〕）

奥州安達原
——おうしゅうあだちがはら

渡邉裕太

作品の成立と伝来

「奥州安達原」は、平安時代に現在の東北地方で起きた、前九年合戦《ぜんくねんかっせん》(前九年の役《えき》)に由来する物語である。

構成は全五段。浄瑠璃《じょうるり》作家の竹田和泉《いずみ》、近松半二、北窓後一、竹本三郎兵衛の合作であり、初演は、宝暦《ほうれき》一二年(一七六二)人形浄瑠璃として、大坂の竹本座で上演。翌年に歌舞伎が江戸の森田座で上演された。

今日では、三段目「環宮明御殿《たまきのみやあけごてん》の段《だん》」の切《きり》の「袖萩祭文《そではぎさいもん》」はしばしば上演されるが、他の場面が演じられる機会は少ない。

大序

◇鶴《つる》が岡仮屋《おかかりや》の段《だん》

康平《こうへい》五年(一〇六二)、源 義家《みなもとのよしいえ》(八幡太郎《はちまんたろう》義家)の鶴が岡の仮屋に、勅使《ちょくし》の大江維時《おおえのこれちか》がやってくる。維時は、奥州の流人中納言則国《ちゅうなごんのりくに》を恩赦《おんしゃ》で帰国させるが、源氏の任国につき処理せよとの勅命《ちょくめい》を伝え、神器《じんき》の十握剣《とつかのつるぎ》が見つからないのに、狩りに明け暮れるのは不忠で、直ちに上洛《じょうらく》すべしという。維時の発言に対し、義家の家来の権頭景成《ごんのかみかげなり》や瓜割四郎《うりわりしろう》が言い争う。そこへ、小林の郷民が、番《つが》いの鶴を十組に献上に来る。義家は喜び、小林の岡を鶴が岡と名付け、武運を祈り、金札《きんさつ》を付けて解き放した。

◇吉田社頭《よしだしゃどう》の段

皇弟の環《たまき》の宮は匣《くしげ》の内侍《ないじ》に伴われて、吉田神社に参拝する。遊女の恋絹は、宮の警護をしている恋人の生駒之助《いこまのすけ》を見つけ口説くが、瓜割四郎に邪魔《じゃま》をされる。

鳥さしが内侍に付文《つけぶみ》をし、周囲が騒いだ隙に内侍は宮を連れて逃げた。宮のお守《も》り役の平《たいらの》直方《なおかた》が駆けつけ、鳥さしを取押さえると、内侍へ宮を盗み出すように依頼した書状を見つけ、維時の仕業《しわざ》と気付き押収した。

◇八幡太郎義家館《やかた》の段

義家は、再び陸奥国《むつのくに》の鎮守府《ちんじゅふ》将軍に就任することとなり、お祝いで人が集まっていた。維時は恋絹を義家の館へ向かわせ、自分も館を訪問し、義家の妻で直方の娘の敷妙《しきたえ》に、父を討つようにと迫る。

恋絹は廓《くるわ》から逃げてきており、身請《みう》け人らが館へ追ってきた。生駒之助は義家に変装するが見破られ、義家の妹の八重《やえ》幡姫《はたのひめ》が見請け金を払い、事なきを得る。しかし恋絹の守り袋の中の書付から、義家の敵である安部貞任《あべのさだとう》の妹と分かり驚愕《きょうがく》する。

歌舞伎「奥州安達原」
八幡太郎義家
演じるのは八代目市川団十郎。
(五渡亭国貞画、阪急文化財団蔵)

歌舞伎「奥州安達原」
老女岩手
演じるのは五代目市川海老蔵。
(五渡亭国貞画、阪急文化財団蔵)

歌舞伎「奥州安達原」
阿部貞任と八幡太郎
(歌川豊国画、阪急文化財団蔵)

義家が現れ、流人ら赦免《しゃめん》し、則国の子の則氏《のりうじ》に中納言任官の勅を伝える。装束を改めた則氏は、義家に十握剣の紛失、環の宮の行方、義家の義父の平直方の処遇について尋ね出て行く。生駒之助は、敵の妹と恋仲になった罪で追放されるが、義家は二人で貞任らの行方を探すように伝える。

第二

外ヶ浜《そとがはま》の段

外ヶ浜に住む善知鳥文治《うとうのぶんじ》と妻お谷は、子の千《ち》代《よ》童《どう》が大病を患い、医者から人参がないと助からないと言われた。文治は、代官から金札の鶴殺しを禁ずるお触れを聞き、金札ならば人参が買えると考える。お谷は医者からの帰り道、金貸し南兵衛《なんべえ》から借金の形にと連れ去られそうになるが、漁師の長太に助けられて家に帰る。

善知鳥文治住家《すみか》の段

文治の留守に、再び南兵衛がやってきて借金の返済を迫る。文治が帰ってきて、金札を渡し残金を待つよう懇願《こんがん》し、南兵衛は寝入りこむ。文治は鶴殺しを見つけた褒美《ほうび》が金一〇枚と聞き、お谷に南兵衛を罪人に仕立てた訴状を代官所へ持たせる。

お谷が外へ出ると、文治は千代童とともに、安部頼時《あべのよりとき》の位牌《いはい》へ読経《どきょう》を行う。すると南兵衛が烏帽子《えぼし》姿で現れて合掌《がっしょう》する。文治は頼時の家来で、千代童は貞任の子であることを、南兵衛は貞任の弟の宗任であることを打ち明けた。

文治は犯人として捕らえられ、千代童は驚き死んだ。お谷は字が読めない事を利用して事実を記した訴状を持たせていた。宗任は、自分が犯人だと名乗り、自害する文治を止め、義家に近づくために罪人となって上洛する。

歌舞伎「奥州安達原」安達ヶ原のばば
演じるのは五代目市川海老蔵。（五渡亭国貞画、阪急文化財団蔵）

第三

朱雀堤《しゅしゃかづつみ》の段

ある日の夕方、京七条にある朱雀堤に目の見えない母親の袖萩《そではぎ》とその娘が住んでいた。袖萩は直方の娘であったが、ある浪人と駆け落ちしたことで勘当《かんどう》されていた。

外の土手で、直方と八重幡姫が出くわし、そこに瓜割四郎から追われている生駒之助と恋絹がやってきて、驚き、逃げようとする。直方は二人を呼び止め、恋絹は、生駒之助と八重幡姫の祝言《しゅうげん》の盃を交わさせたいというと、小屋の中から袖萩が出てきて、かけた器にお酌をする。

四郎は、誘拐《ゆうかい》の犯人を捜すべく小屋に来て、袖萩たちを外に出させる。直方は袖萩の姿に驚き、四郎が勝手に捜査することを詰《なじ》る。家臣が来て、維時の使者から詮議は明日までと伝えられた事を報告し、直方らは急ぎ館へ帰る。袖萩は父と気づき、娘の手を取り追いかける。

◆**環《たまき》の宮明《みやあき》御殿《ごてん》の場**（敷妙《しきたえ》使者《ししゃ》・矢の根）

敷妙が義家の使者として、直方の屋敷にやってくる。敷妙は、宮誘拐の取り調べの期日は本日までで、義家は役目により勅諚《ちょくじょう》をもって討つと伝えた。直方は義家を褒めたたえ、敷妙を使者に立たせた心遣いに感謝した。

義家が館にやってくる。直方は義家に、吉田神社で鳥さしから押収した手紙を見せ、共に犯行は貞任、宗任兄弟によるものだと確信する。義家は、鶴殺しの罪人が、宗任の特徴と一致するので、館を召し連れ訊問《じんもん》するという。

中納言則氏が勅使としてやってくる。しかし、義家は宗任を呼び寄せ詮議《せんぎ》を始めた。宗任は白をきるが、義家は、宗任の父、安部頼時《あべのよりとき》が、源 頼家《みなもとのよりいえ》に向けて放った時の矢じりを見せ、庭に投げる。宗任はじっと眺めると、則氏が宗任に対し、何も知らないだろうと言って、白梅の枝を見せ、その名を尋ねた。宗任は知るはずもないと言いながらも、矢じりを口にくわえ、流れる血で白旗に「わが国の　梅の花とは　見つれども　大宮ひとは　いかがいふらん」と記した。則氏は、歌を詠む器量から宗任に違いないと答えた。そして宗任は矢じりを義家めがけて投げ返す。義家は更に調べがあると、奥の間へ連れて入る。一方で則氏は、直方に責任を取って腹を切るように迫った。

◆**環の宮明御殿の段**（袖萩祭文《そではぎさいもん》）

雪の降る中、袖萩と娘は、直方の館の庭の戸にたどり着く。直方は袖萩と知らず、戸を開け驚く。妻の浜夕《はまゆう》や腰元《こしもと》たちが尋ねるが、追い返せと命じた。浜夕が戸を開けると互い驚き絶句し、腰元たちは追い出そうとする。浜夕は、物乞いなら祭文を語るよう言い、袖萩はこれまでの経緯《いきさつ》と詫びの気持ちを歌う。直方は会いたい気持ちを隠して帰らせようとする。袖萩は、お君に一言かけてほしいと願うが、直方は浪人と駆け落ちしたことを詰る。袖萩は、自分の夫も元は身分のある侍として、本名を書いた書付を渡した。「奥州安部貞任」との書付に直方は驚き、証拠の手紙と同筆であることから困惑した。

袖萩のもとに宗任がやってきて、父を討てと刀を渡す。そこに義家が追ってきて、宗任に関所の手形を渡して逃がした。

直方は責任をとり切腹し、袖萩は渡された刀で自害する。則氏はそれを見届け退出しようとするが、陣太鼓《じんだいこ》が鳴り義家が登場する。そして則氏が貞任と見破り、宗任の歌のわが国は奥州、梅の花は兄を意味し、血判に源氏の白旗を汚して復讐《ふくしゅう》を誓う意味だと語った。宗任は観念し刀に手を取るが、義家は決戦はまた改めて戦場でといい、袖萩との最後の別れをするよう促す。

歌舞伎「奥州安達原」恋ぎぬ
演じるのは尾上栄三郎。
（五渡亭国貞画、阪急文化財団蔵）

第四

◆**道行千里の岩田帯**

生駒之助は薬売りに変装し、恋絹と共に環の宮を探して奥州へ下る。

◆**奥州白河の関の段**

白河の関に到着するが、関守《せきもり》の瓜割四郎にみつかり逃げる。四郎は追うが、病のため、ぐにゃりと体が思うようにならず、取り逃がしてしまう。そこへ、あんぽん丹の薬売りが通りかかり、薬を飲むと四郎の体が元に戻った。薬売りは茶を飲むと元に戻るといい立ち去る。その様子を見ていた生駒之助らは一計を案じ、恋絹が四郎の前に出て水を欲しがり、四郎に茶を飲ませて逃げた。

◆**一つ家の段**

安達が原に一軒のあばら家があり、老婆が住

歌舞伎「奥州安達原」生駒之助
演じるのは沢村訥升。
（五渡亭国貞画、阪急文化財団蔵）

んでいる。ある日、娘が一人で歩いていると、薬売りが近づき、一緒にその家へ行く。老婆は礼を言って薬売りを締め出すが、薬売りは裏の藪垣《やぶがき》に隠れ様子をうかがう。夕方、生駒之助と恋絹が老婆に一夜の宿を頼む。老婆は家に招き入れると、恋絹は腹が痛いと訴え、臨月《りんげつ》だと伝える。老婆は外れにある庄屋に良い薬があるから、生駒之助に買いに行こうと誘う。そして恋絹に閨《ねや》を決して見ないようにと言い残し、二人は外へ出る。

　恋絹は老婆の言葉が気になり閨を覗《のぞ》くと、死体の山に驚く。そこに老婆が一人で帰ってきて、腹の中の赤ん坊が欲しいと告げ、恋絹の腹を切り裂き胎児を取り出す。すぐに生駒之助が戻って来たため、老婆は胎児と恋絹の守り袋を持って奥へ隠れる。生駒之助は驚き、奥の襖《ふすま》を開けると、中は御殿であった。御簾《みす》の中には環の宮が、そして老婆が十二単に緋《ひ》の袴《はかま》の姿でかしづいていた。老婆は、安部頼時の妻（岩手《いわで》）であり、お家再興のため、金を奪い、貞任、宗任に宮を誘拐させ、奥州の内裏《だいり》を作ろうとした。しかし、言葉を話すことができず、治すために胎児の血を得ようとしていたところに、生駒之助らが通りかかったと言った。生駒之助は、恋絹が岩手の娘と知っているかと尋ねると、守り袋で知ったと言い涙を流した。

歌舞伎「奥州安達原」
阿部宗任とその妻袖萩
（歌川豊国画、阪急文化財団蔵）

　岩手は先ほどの娘を呼び出すと、出てきた匣の内侍は、血の器を谷底に落とした。すると谷の岩は血に染まるが、水が逆巻上がり清め払ってしまう。汚れも嫌い跳ねのける十握剣は谷底に隠されていると告げた。

　驚く岩手に、内侍は、義家の子の八若を環の宮と称し、病と偽ってきた。そして自分は、義家の末弟新羅三郎義光《しんらさぶろうよしみつ》と名乗りをあげた。また、襖の奥より薬売りが出てきて義家の命により奥州に下った鎌倉権五郎景政であると名乗った。岩手は無念さと後悔から自害し、谷へ身を投げた。

◆谷底の段

　義光は十握剣を探すために谷底へ下ると、安部の兵に襲われるが、すぐに征服した。山影より十握剣を手に貞任が出てきて、宗任を解放し、宗任の命を助けた義家の恩義として、義光に剣を渡す。そして不孝を岩手に詫びる姿に、義光は褒《ほ》めたたえ、戦場での再会を約束する。また、生駒之助の勘当を解いて一同は安達原を後にする。

第五

◆小松が柵の段

　義家は、義光、景政らとともに安部貞任、宗任兄弟の立てこもる小松が柵に押し寄せる。

　義家は貞任と対峙し、貞任が恩を忘れずに十握剣を返したことをたたえ、自分の首を取り頼時に捧《ささ》げるよう告げる。貞任は腹に刀を刺し、三〇年来の父の敵と思う心が解けたと語り、宗任を義家の家臣に入れてほしいと願った。義家は宗任を臣下に入れ、家の再興を命じた。景政は瓜割四郎を引き連れてやってくる。四郎は逃げようとするが宗任に殺された。そして、謀反《むほん》の張本人の維時は生駒之助に捕らえられて幕が下りる。

奥州安達原の史実

『奥州安達原』の舞台

「奥州安達原」は永承《えいしょう》六年(一〇五一)～康平五(一〇六二)に現在の岩手県を中心として起きた、前九年合戦《ぜんくねんかっせん》(前九年の役《えき》)を舞台にした作品である。登場人物は、実在する人々になぞらえてはいるが、内容はフィクションである。そして、題目に「奥州安達原」とあるように四段目に岩手県の「黒塚」、また二段目は青森県の「善知鳥《うとう》」の伝説を踏まえて、作品が展開している。この項目では、前九年合戦の史実について、『陸奥話記《むつわき》』や『扶桑略記《ふそうりゃくき》』などから紹介しつつ「黒塚伝説」について解説する。

合戦にいたるまで

前九年合戦とは、奥六郡と呼ばれた、胆沢《いさわ》、和我《わが》、江刺《えさし》、稗貫《ひえぬき》、紫波《しわ》、岩手《いわて》の各郡を治める安部頼時《あべのよりとき》や子の貞任《さだとう》、宗任《むねとう》と源頼義《みなもとのよしいえ》を将軍とする朝廷との戦いである。朝廷は、行政の拠点として陸奥国府《むつこくふ》を多賀城《たがじょう》(宮城県多賀城市)、軍事基地として鎮守府《ちんじゅふ》を胆沢城(岩手県奥州市)に置き、統治していたが、安部氏が朝廷へ税や貢物《みつぎもの》を送らず、六郡で人々から物資を奪取するようになり、衣川《ころもがわ》以南にも、武力で勢力を伸ばしてきた。そのため永承六(一〇五一)陸奥守藤原登任《むつのかみふじわらのなりとう》は、安部頼良《あべのよりよし》(頼時の旧名)と鬼切部《おにきりべ》(宮城県大崎市鳴子温泉鬼首《なるこおんせんおにこうべ》付近)で戦うが、登任軍は敗退し戦死者が出た。

源頼義陸奥守に就任

登任軍の大敗に驚いた朝廷は、武勇に優れた源頼義を安部氏追討のため陸奥守《むつのかみ》と鎮守府将軍《ちんじゅふしょうぐん》に任じ、頼義は子の頼家とともに下向した。翌年、頼義が着任するとすぐに、上東門院《じょうとうもんいん》(藤原彰子《しょうし》)の病気のため大赦《たいしゃ》が行われ、安部頼良は罪を許された。頼良は喜び、頼時《よりとき》と名を改め、金や馬を贈り恭順《きょうじゅん》した。

任期の終わる天喜《てんぎ》四年(一〇五六)、頼義が胆沢城から多賀城へ帰る途中、藤原時貞《ときさだ》の子の光貞《みつさだ》、元貞《もとさだ》が、安部貞任に襲われたことを知り、貞任を罰しようとした。父の頼時は貞任が愚かなことをしたとしても殺されるのは耐え難いとして頼義から離反、衣川の関を封鎖し、頼義軍が攻めるのを阻止した。

しかし、頼時軍も一枚岩ではな

「奥州安達原」関係地図

く、頼時の婿の藤原経清《つねきよ》、平永衡《たいらのひでひら》は頼義軍についたが、頼義は永衡を疑い殺した。経清は、頼時軍が多賀城へ襲撃するとのデマを流し、頼義を退却させたうえで自身も逃げるなど、混迷を極めた。朝廷は、新たに陸奥守を任命するが合戦を理由に辞退された。源頼義を再任し、追討を命じた。

安部頼時の戦死

天喜五年（一〇五七）頼時は、頼義軍側についた安部富忠《あべのとみただ》の説得中に、富忠軍の矢にあたり、鳥海《とりうみ》の柵で戦死した。子の貞任、宗任と頼義の戦いは続き、黄海《きのみ》の戦いで、義家が奮闘するも、頼義軍は大敗した。その後も、陸奥国の人々は軍役につかず、頼義軍は苦戦を強いられる。貞任は、陸奥国内の各郡で、朝廷に収める物品の略奪を行っていた。

合戦の終焉

康平五年（一〇六二）、頼義は国守の任期が切れたのちも陸奥国府に残り続け、朝廷内で問題となっていた。そして、出羽（山形県、秋田県）で勢力を持っていた清原光頼《きよはらのみつより》、武則《たけのり》の協力を仰ぎ、安部貞任・宗任《むねとう》の軍勢と戦った。小松《こまつ》の柵（岩手県一関市付近）では、宗任が八〇〇騎を率いて攻めてきたが、頼義軍は撃退することができず、坂東《ばんどう》（関東地方）出身で頼義直属の軍が、決死の戦いを挑み勝利した。小松の柵が落とされたのち、頼義軍は長雨と兵糧の不足に悩まされ、貞任軍が反撃に出た。頼義軍は短期決戦に持ち込み、貞任軍が退却。頼義軍はその機に乗じ、衣川の関、鳥海の柵、厨《くりや》川《がわ》の柵、姥戸《うばと》の柵を攻め落とし勝利した。藤原経清は処刑され、安部貞任は瀕死《ひんし》の重傷を負い、頼義の詰問中に死んだ。宗任は逃げたが数日後に降伏し、伊予国《いよのくに》（愛媛県）を経て大宰府《だざいふ》（福岡県太宰府市）に流された。貞任、経清の首は京へ送られた。

多賀城碑（国宝）
天平宝字6年（762）建立。左の東屋に納められている。

多賀城跡（宮城県多賀城市）

『奥州安達原』の史実

「奥州安達原」では、安部頼時は源頼義に殺され、貞任・宗任兄弟が復讐と家の再興に奔走したが、実際には頼時は一族に討たれ、貞任も合戦で戦死している。また、生駒之助といった主要人物も創作で史実ではない。しかしすべてがフィクションとは限らず、源頼義は、平直方の外孫で血縁関係にあり、鎮守府将軍の役職も頼義が就任している。また小松の柵の戦いは、貞任が活躍した戦いで、戦後に宗任は流罪となり命は助かるなど、史実に近く描かれている箇所も多い。『陸奥話記』は軍記物として、人気のある作品であったことから、「奥州安達原」は史実から離れすぎず、一方で「黒塚伝説」などの話を巧みに使いながら、一つの物語を作りあげたのだといえよう。

次に「黒塚」伝説について紹介する。

「黒塚伝説」の初出と変遷

「黒塚」伝説の記録の初出は、平安時代中期の歌人で三十六歌仙の一人の平兼盛《たいらのかねもり》が読んだ次の和歌である。

みちのくの あたちのはらの くろつかに
おにこもれりと きくはまことか

この歌は、寛弘《かんこう》二年(一〇〇五)頃に成立した『拾遺和歌集』巻第九、五五九番歌として収録されており、「安達原の黒塚」の原点といえる。詞書《ことばがき》をみると、名取郡(名取市周辺)の黒塚に住む源重之《みなもとのしげゆき》の妹に送った歌である。源重之は兼盛と同じく三十六歌仙の一人で、父の源兼信《かねのぶ》は安達郡(福島県二本松市周辺)に土着した説もあり、兼盛が重之の妹たちを「安達原の鬼」と表現したと解釈されている。天暦《てんりゃく》五年(九五一)頃に成立した『大和物語』(第五八段)にも同じ歌が収録されている。

中世になると、能としての「黒塚」が成立し、鬼姿が登場する。能「黒塚」では、那智《なち》の東光坊阿闍梨祐慶《とうこうぼうあじゃりゆうけい》が山伏と能力《のうりき》(荷物の運搬者)と共に諸国行脚《あんぎゃ》をしていたが、奥州安達原で日が暮れ、老女に一夜の宿を求める。老女は薪をとるために外へ出るが、閨《ねや》は決して覗《のぞ》かないように伝える。その老女の言葉が気になった能力が、死体の山を見つけ驚き、別の宿を探すために慌《あわ》てて外へ出る。そして、祐慶らも中を覗き、鬼女の住処と気づき逃げ出すが、老女が鬼となり、祐慶らに襲いかかる。祐慶らは呪文を唱え、弱りはてた鬼女は姿を消すというストーリーになっている。

このストーリーは、近世以降の浄瑠璃、歌舞伎、長唄《ながうた》、舞踊などその後の作品へと影響し、今日に至っている。

地域伝承に残る黒塚

次に各地に残る伝承について考えたい。「安達原の鬼」としてまず挙げられるのは、福島県二本松市(旧安達《あだち》郡)の黒塚伝説である。現在に伝わる物語を『二本松市史 民俗編』(二本松市、一九八六年)からみてみよう。

京のある公家《くげ》に仕え、口のきけない姫の養育にあたっていた岩《いわ》手《て》という名の乳母《めのと》は、妊婦の肝《きも》が妙薬《みょうやく》と聞き、安達が原の岩屋で妊婦のあらわれるのを待った。ある日、伊駒之助《いこまのすけ》夫妻がやってきたが、急に産気づき、伊駒之助は急ぎ薬を求めて離れた。その隙に岩手は妊婦を襲うが、岩手は妊婦の持つ守り袋を見て、かつてわが子に渡したものであると気づき驚愕《きょうがく》した。その後岩手は鬼婆となり、旅人を襲うようになった。

神亀《じんき》三年(七二六)熊野の修験者《しゅげんじゃ》である東光坊阿闍梨祐慶《とうこうぼうあじゃりゆうけい》は安達が原で、一夜の宿を岩手の住む家に求める。岩手は焚火《たきび》にするため柴を取ってくるが、寝間は決して見ないようにと注意した。祐慶は不審に思い、覗き見ると、死体の山を見つけ、逃げ出した。岩手は祐慶が逃げ出したことから鬼となって祐慶を襲った。祐慶は如意輪観音《にょういりんかんのん》に祈願し、鬼婆を呪い殺した。黒塚はその鬼婆を葬った場所である。

鬼婆の生い立ちと東光坊祐慶に退治される二つの内容から構成される。この話の、前者は、歌舞伎「奥州安達原」の内容に近く、後者は能「黒塚」に類似する。そして、鬼婆を葬ったとされる黒塚は、阿武隈川《あぶくまがわ》のほとりに現存し、近くには、祐慶が鬼婆退治に用いた如意輪観音を祀る観世寺や鬼婆が住んだとされる岩屋もある。

この黒塚は名所として知られており、俳人松尾芭蕉《まつおばしょう》は、『奥の細道』に「黒塚の岩屋一見し」と記しており、『曾良《そら》旅日記』から元禄《げんろく》二年(一六八九)五月一日に訪問したことがわかる。また、二本松藩士の成田頼直《なりたよりなお》は、文化元年(一八〇四年)に完成させた『松藩捜古《しょうはんそうこ》』において、和歌の名所として紹介し、道興准后《どうこうじゅごう》が文明一八年

（一四八四）から翌年にかけて旅の旅を記した『廻国雑記』の和歌を引用し、「中古よりは安達が原に鬼すめりと言伝しものと見ゆ」と述べている。

同藩士の大鐘義鳴《おおかねよしなり》は、天保《てんぽう》一二年（一八四二）に地誌『相生集《あいおいしゅう》』に紹介しているが、「浄瑠璃本より出でたる事ならん」と考え、武蔵《むさし》国足立郡大宮《くにあだちぐんおおみや》（さいたま市）が本当の黒塚である可能性を述べている。そこで、次に足立郡に伝わる「黒塚伝説」をみてみよう。

足立郡の「黒塚」伝説も、安達郡の後者とほぼ同じで、鬼婆を東光坊阿闍梨祐慶が退治する話である。『新編武蔵風土記稿』（文政《ぶんせい》一三年〔一八三〇〕成立）によると、大宮村内にある東光寺の鐘に数百年前、熊野那智山祐慶師が大宮に宿泊した際に、黒塚という古塚から様々な妖怪《ようかい》が出てきて人々を悩ましていたので、法力《ほうりき》を以て伏せたとの元禄九年（一六九六）の銘文があると記している。そして、東光寺は東光坊祐慶が悪鬼を呪伏《じゅぷく》するために建てた坊社に由来するとしている。

黒塚（福島県二本松市）

鬼婆の住家であったといわれる岩屋（福島県二本松市、観世寺）

また『諸国里人談《しょこくりじんだん》』では、「武蔵国足立郡が本所」と、『江戸名所《えどめいしょ》図会《ずえ》』でも、「世俗、奥州の安達が原とするは誤りなるべし」としている。以上の記述から足立郡が本物で、安達郡は偽物なのであろうか。『新編武蔵風土記稿』では、足立郡の黒塚について、「奥州安達郡の黒塚に擬して黒塚と唱え始めし」との説も記している。また、『相生集』では『古舘弁』という安積郡《あさかぐん》（福島県郡山市周辺）、安達郡の歴史書から引用として、足立郡の黒塚は、鎌倉時代の御家人の安達盛長《あだちもりなが》が足立郡の領地を得たときに安達郡から移した説もあると紹介している。

このように、江戸時代の文献を振り返るだけでも、安達郡説、足立郡説、移転説など様々な説があり、その賛否が論じられてきた事がわかる。浅草（東京都台東区）の浅茅ヶ原《あさじがはら》や青森県の安達が原の「鬼婆伝説」など、全国各地に類似した話が見られ、特に青森県の場合、前九年合戦に関係し、源義家の家来の安達の話として伝わっている。

黒塚の史実とは？

以上のように、「黒塚」伝説を作品の成立と地域の伝承を紹介してきたが、何が史実であるかは判然としない。何かしらのきっかけがあって生まれ、全国的に普及した能や歌舞伎と結びつきながら、各地に伝説として残ったと考えられる。しかし、「みちのくの安達原にこもれりと」の一節から、「安達原の鬼」はその姿を変えつつも、今日にいたるまで千年以上の間にわたって受け継がれ、そして関連する史跡等が保存されてきたことは紛れもない事実である。古代を舞台にした作品は、史実を立証することが難しい。しかし、断片的に残された史料や作品を手掛かりに調べると、意外な発見があり、地域の歴史を学ぶ楽しさにつながると考える。

平家女護島——へいけにょごのしま

野村朋弘

海士千鳥（藤川友吉）
（西光亭芝国画、016-0104）

丹左衛門元保（市川蝦十郎）
（「故人市川団蔵十七回忌追善狂言」、西光亭芝国画、016-0103）

『平家物語《へいけものがたり》』を演劇化した代表作の一つ

歌舞伎において源平合戦を描いたものは多い。そのなかでも『平家物語』を題材として、今日もっとも多く上演されている演目の一つが、「平家女護島」である。享保《きょうほう》五年（一七二〇）八月一二日に大坂の竹本座で人形浄瑠璃《にんぎょうじょうるり》として初めて演じられている。作者は近松門左衛門《ちかまつもんざえもん》である。平家の逸話《いつわ》を題材としており、平清盛《たいらのきよもり》の暴虐《ぼうぎゃく》から悶死《もんし》にかけての時期を主軸としていながら数々のエピソードを盛り込んでいる。なかでも俊寛《しゅんかん》・文覚《もんがく》・常盤御前《ときわごぜん》・牛若丸《うしわかまる》たちの話が盛り込まれている。演題の「平家女護島」とは常盤御前が「吉田御殿《よしだごてん》」に次々に男を引き入れるという伝説を取り入れたものである。全部で五段あり、とくに二段目の「鬼界ヶ島《きかいがしま》の場」は俊寛を主人公とし、歌舞伎では独立して上演される。『平家物語』の「足摺《あしずり》」では俊寛の悲劇が描かれており、謡曲《ようきょく》の「俊寛」でも、そうした哀れな姿を脚色している。しかし近松は原作通りに描こうとはしなかった。罪が許されて都に帰ることができるようになったにも関わらず、自身の意思で島に残る設定とした。人間的な苦悩をさらに描き出したのである。まずは「平家女護島」総てのストーリーをみていこう。なお文中の台詞

「**平家女護島**」（いずれも早稲田大学演劇博物館蔵）

俊寛（市川団蔵）
（西光亭芝国画、016-0106）

瀬尾　太郎（中村歌右衛門）
（春好斎北洲画、016-0105）

は「名作歌舞伎全集」第一巻『近松門左衛門集』（東京創元社、一九六九年）による。

初段目

最初は六波羅《ろくはら》の場面であり、平家一門の平重《しげ》衡《ひら》は南都焼き討ちを行って凱旋《がいせん》してくる。戦利品は東大寺大仏のくびと、源義朝《みなもとのよしとも》のされこうべ、いわば頭蓋骨《ずがいこつ》と、俊寛の妻であるあずまやである。これらを父である清盛に差し出す。清盛はあずまやをみて、その美しさに見惚れて宮仕えを強要するのであった。次に場面は六条河原となる。河原にさらされた南都東大寺の大仏のくびから文覚がおどりでて、警護をしていた侍の難波《なにわ》と瀬尾《せお》をけちらして義朝のされこうべを奪い取り立ち去っていく。六波羅に話は戻り、清盛はあづまやに執着して妾にしようとするものの、夫である俊寛に対して操《みさお》を立ててあづまやは自害してしまう。俊寛の召使いであった有王丸《ありおうまる》が六波羅の邸宅に切り込んでくるが平教経《のりつね》に諭されて引き返していく。

二段目

場所は鳥羽の作り道に変わる。教経は石清水代参のため男山に向かっている途中、鬼界ヶ島の流人赦免《しゃめん》の使者となった丹左衛門《たんさえもん》尉基康《じょうもとやす》と瀬尾太郎兼康《せおたろうかねやす》と出会う。島に流された俊寛・藤《ふじ》原成経《わらのなりつね》・平康頼《やすより》のうち、俊寛一人が赦免されないことを教経は知り、自ら俊寛の赦文《ゆるしぶみ》を書いて二人へ渡す。そして歌舞伎で演じられる鬼界ヶ島の場面となる。大太鼓が「波音」を、笛が「一声」を奏でて、義太夫の語りから始まる。「元よりもこの島は鬼界ヶ島と聞くなれば、鬼ある所にて、今生《こんじょう》よりの冥土《めいど》なり」。紺碧《こんぺき》の大海原に白い波紋が描かれた舞台である。島に流された三人は都の便りを待ちわびていた。寂しい生活のなかで成経は島の海女《あま》である千鳥と親しくなり、俊寛が仲人となって盃事《さかずきごと》を挙げていた。喜ぶ三人の前に、赦免の船が到着する。「やあやあ、先だって鬼界ヶ島に流人となりし丹波《たんばの》少将《しょうしょう》成経、平判官《はんがん》康頼やおわするっ」と使者である兼康が声を掛け二人に対し赦免の旨を伝える。俊寛だけは名前が呼ばれない。自分だけなぜ許されないのか泣き叫ぶ俊寛に、もう一人の使者である基康が現れ、俊寛の赦免を申し渡す。しかし成経の妻となった千鳥の乗船は許されなかった。千鳥と成経は悲嘆にくれるなか、俊寛はみかねて、かつまた自身の妻であるあづまやが清盛のため自害したことを知り、身代わりとなることを決意する。千鳥の代わりに島に残ることを使者の兼康に相談するも邪険《じゃけん》に拒まれてしまう。俊寛は兼経を殺害してしまう。その罪によって俊寛は自ら島に残ることとなって、都へ帰る三人の船を一人寂しく見送る。「思い切っても凡夫心《ぼんぷしん》」、俊寛は船影を追って「おーい、おおぉーい」と叫んでしまう。

俊寛
市川段五郎の演じる俊寛
（歌川豊貞画、立命館大学ARC蔵、arcUP9466）

三段目

場面は六波羅の小松の第。平重盛《しげもり》は病の床に伏しており、慰めとして早乙女《さおとめ》の田植をみせたところ、早乙女たちは歌に託して常盤御前の乱行を訴えた。詮議《せんぎ》をすると常磐の侍女笛竹と雛鶴が、御所の裏で道行く男たちに声を掛け誘い込む。常盤は呼び入れた男たちに源氏再興の連判状を見せて承知しなければ殺していた。詮議していた重盛の家臣である弥平兵衛《やへいひょうえ》宗清《むねきよ》は、誘い込まれてみたところ、侍女の笛竹は、実は牛若丸あった。元は源氏の臣だった宗清は牛若丸に源氏の白旗を与えて、挙兵を暗に勧めて逃そうとする。

四段目

鬼界ヶ島から都に戻る船に場面は展開し、成経らの船は備後国《びんごのくに》の敷名《しきな》の浦に着く。ちょうどその頃、清盛は後白河法皇《ごしらかわほうおう》を案内して嚴島参詣《いつくしまさんけい》に向かい、船から法皇を突き落とした。それを見た千鳥は法皇を助けるものの、清盛の熊手《くまで》にかかって捕らえられ、殺されてしまう。しかし様々な因果があり六波羅で清盛は、奇病に罹《かか》ってしまう。あづまや・千鳥の亡霊に悩まされ、ついに没する。

五段目

文覚は平家追討の院宣《いんぜん》を胸に納め、蛭ヶ小島《ひるがこじま》にいる源頼朝《みなもとのよりとも》の許へ急ぐ。途中、仮眠したとき夢で頼朝の挙兵から平家の滅亡までを見るのであった。

「平家女護島」の歴史的事実

鹿ヶ谷事件と俊寛

歌舞伎で演じられる「平家女護島」は、享保五年(一七二〇)に大坂ではじめて上演された。江戸時代から今日に至るまで数多く演じられている。「俊寛」は市川団蔵《いちかわだんぞう》の家の芸だそうだが初代中村吉右衛門《なかむらきちえもん》はそれを継承した。以降、平成・令和の時代でも、歌舞伎の名優たちが「俊寛」を演じている。では江戸時代から今日まで、演じ続けられる「平家女護島」の歴史的な事実とはどのようなものだったのだろうか。

「武者の世」の到来

天台座主《ざす》の慈円《じえん》が記した歴史書、『愚管抄《ぐかんしょう》』には鳥羽院《とばいん》が亡くなったのち、日本国は乱逆がおきて「むさの世」になったと記している。保元《ほうげん》元年(一一五六)の七月に起きた保元の乱では、王家・摂関家《せっかんけ》・武士がそれぞれ親兄弟で対立し合戦が行われた。これは王家や貴族の対立が武士の武力によって解決されることとなり、いやがおうにも武士の時代が到来したことを示すきっかけとなった。その頃、軍事貴族として台頭していたのが平家と源氏である。なかでも平正盛《たいらのまさもり》、忠《ただ》盛《もり》の代から上皇の近臣として力を蓄えていた平家一門は平清盛《きよもり》の代に繁栄の頂点を迎える。清盛は当初、鳥羽上皇に仕えた。鳥羽上皇の死を契機に起きた保元の乱では後白河天皇方に与して勝利する。後白河天皇の側近である少《しょう》納言《なごん》入道信西《にゅうどうしんぜい》と結び、権力を伸張していく。平治《へいじ》元年(一一五九)に起きた平治の乱で信西は藤原信頼《ふじわらののぶより》・源義朝《よしとも》らに討たれるが、清盛は義朝を破り、軍事権門として地位を確立する。永暦《えいりゃく》元年(一一六〇)に武士としてはじめて正三《しょうさん》位《み》の参議《さんぎ》となり、公卿《くぎょう》に列した。仁安《にんあん》二年(一一六七)には太政大臣《だじょうだいじん》となり位人臣を極める。これが世に言う平氏政権である。

鹿ヶ谷の陰謀

後白河法皇の関与も疑われたが、院近臣の西光は処刑、藤原成親は備前国に、俊寛は薩摩の鬼界ヶ島に流罪となった。(「平家物語絵」、岡山県林原美術館蔵、画像提供/DNPartcom)

平家打倒の動き

清盛は平家一門を多く公卿として官

位を独占し、知行国《ちぎょうこく》や荘園《しょうえん》を集積していく。また清盛は摂津《せっつ》大輪田泊《おおわだのとまり》(神戸市)を整備し、宋との交易を行うようになる。こうした平家の伸張に対して王家や貴族、寺社家は次第に不満をもつようになっていく。折しも発生した比叡山延暦寺《ひえいざんえんりゃくじ》の強《ごう》訴《そ》は、治天《ちてん》の君《きみ》である後白河上皇を悩ませ、大輪田泊を見下ろす福原《ふくはら》に居を構えていた清盛を呼び出した。安元《あんげん》三年(治承《じしょう》元年、一一七七)に後白河上皇は清盛に対して延暦寺への攻撃を命じる。こうした後白河上皇・清盛・比叡山と切迫した事態に陥るなかで起きたのが、鹿ヶ《ししが》谷《たに》事件である。

鹿ヶ谷事件

同年の六月に清盛は、突然上皇の近臣である西光《さいこう》を捕らえた。拷問《ごうもん》の結果、清盛に対する暗殺計画があったことがわかり西光は京都で斬首《ざんしゅ》されてしまう。ここから後白河上皇の近臣であった権《ごんの》大納言《だいなごん》藤原成親《なりちか》や法勝寺《ほっしょうじ》執行《しゅぎょう》俊寛僧都《しゅんかんそうず》らが平家に捕縛《ほばく》されていく。成親にいたっては連行された備前で惨殺《ざんさつ》された。この上皇の近親達の謀議《ぼうぎ》が行われたのが俊寛の山荘のあった鹿ヶ谷であり、そのため「鹿ヶ谷の謀議」や「鹿ヶ谷事件」などと呼ばれる。『平家物語』では成親が右近衛大将の地位を望んだものの清盛の次男である宗盛《むねもり》に与えられたことから平家打倒を計画したとされている。しかし実際には上皇の北面の武士である多田行綱《ただゆきつな》らが引き

平清盛(月岡芳年画、東京都立中央図書館蔵)

後白河法皇(東京大学史料編纂所蔵、模写)

年	元号	事項
一一五六	保元元	保元の乱。崇徳院側が敗れ、院は讃岐国に配流。源為義らが斬られる
一一五九	平治元	平治の乱。藤原信頼・源義朝ら、藤原通憲(信西)を殺す。平清盛が信頼・義朝等を破る
一一六〇	永暦元	源頼朝が伊豆国に流される
一一六七	仁安二	清盛が太政大臣となる
一一七一	承安元	清盛の娘、徳子が入内する
一一七四	承安四	後白河法皇が清盛らと嚴島参詣を行う
一一七七	治承元	平家打倒の陰謀(鹿ヶ谷の陰謀)が露見し、藤原成親・成経・平康頼・俊寛らが捕縛される。俊寛・成経・康頼が鬼界島に流される
一一七九	治承三	清盛が後白河法皇の院政を停止し、幽閉する
一一八〇	治承四	源頼政が以仁王を奉じて挙兵 清盛が上皇らを奉じて福原京に移る 頼朝らも相次いで挙兵する 平重衡、南都を攻めて東大寺・興福寺を焼く
一一八一	養和元	平清盛が没す
一一八三	寿永二	平家一門が西海に逃げ、木曽義仲・源行家らが入京する
一一八四	元暦元	一ノ谷の合戦で平家が源義経らに敗れる
一一八五	文治元	屋島の合戦、壇ノ浦の戦いでも平家が敗れ一門が滅亡する 頼朝が従二位に叙され、公文所を政所とする
一一九〇	建久元	頼朝が上洛し、右近衛大将に任ぜられる
一一九二	建久三	後白河法皇が没す。頼朝は征夷大将軍となる

入れられており後白河上皇の関与があったといわれている。上皇も加わった計画のため、公的な処罰は難しく清盛の私刑によって成親や西光は殺されたという。事件によって上皇の政治的基盤は大きく失われることとなった。そして成親の子であった成経と、俊寛・平康頼は鬼界島《きかいじま》に流された。翌二年に成経と康頼は帰京を許されたが、俊寛は許されることはなかった。

俊寛について

俊寛は村上源氏《むらかみげんじ》である。村上源氏は村上天皇を祖とする家で、清和天皇を祖とする武士の家となった源氏とは異なり、摂関家とも関係を結び公卿に列する家柄であった。祖父は大納言雅俊《まさとし》、父は仁和寺《にんなじ》法印《ほういん》の寛雅《かんが》である。祖父の雅俊は正二位権大納言に至り、京極大納言《きょうごくだいなごん》とも呼ばれた。とても信心深かったという。父の寛雅は『尊卑分脈《そんぴぶんみゃく》』によれば法印権大僧都《ほういんごんのだいそうず》の僧位を得ている。また長寛《ちょうかん》二年（一一六四）から法勝寺上座《ほっしょうじじょうざ》を長く勤めている。法勝寺は白河上皇が建立した寺院で慈円《じえん》は「国王の氏寺」と呼んでいる。父が長く法勝寺で勤めていた関係から俊寛は治天の君であった後白河上皇の信頼を得て法勝寺執行《しゅぎょう》に任じられる。かくして俊寛は上皇の近臣としての地位を確立していくようだ。ただし鹿ヶ谷事件が起きるまで、俊寛の具体的な事績について実はあまりわかっていない。遺されている史資料が極めて少ないのだ。鹿ヶ谷事件によって俊寛は捕らえられ鬼界島《きかいがしま》(鹿児島県)に流される。同じく流された成経と康頼は許されたものの、俊寛のみ島への残留が命じられる。それ以降、事績を伝える史料はなく、『平家物語』や『源平盛衰記《げんぺいせいすいき》』などにエピソードは描かれているが、正確なところはわからない。ただし流罪《るざい》三年を経て没したことは確実で、享年は三七であったという。こうした具体的な事績がよく分からず、島に遺されたことが脚色を生み、生きていた時代よりも著名な人物になったといえるだろう。

俊寛僧都故居碑
（京都市左京区、満願寺、pixta）

鹿ヶ谷事件関係地図

義経千本桜——よしつねせんぼんざくら

大久保慧人

義経を通じて描かれる歴史

「義経千本桜」は他の「三大名作」と呼ばれる演目と同様、人形浄瑠璃として初演された作品である。全てを上演すれば一〇時間近くも要するという壮大なストーリーの中でも「渡海屋《とかいや》・大《だい》物浦《もつのうら》」、「すし屋」、「河連法眼館《かわつらほうげんやかた》」の三場面は特に人気で、一年のうちに何度も上演されているためか、戦後の歌舞伎の歴史で「義経千本桜」が最も上演された演目とする統計もある（坂部裕美子『伝統芸能』のいま——戦後歌舞伎・落語興行の計量分析から——」、二〇一四年）。

題名の源義経は主役ではなくむしろ視点人物のような役回りで、源氏方・平家方、貴族・平民、老若男女といった属性に関係なく運命に翻《ほん》弄《ろう》されていく様々な人々の姿が描かれる。

大序から鳥居前まで——義経の都落ち

西国での合戦で平氏を滅した源義経は後白河法皇の御所を訪れ、激戦の末に平教経《たいらののりつね》や知盛《とももり》を初め安徳天皇までが入水《じゅすい》したと戦いの様子を語る。法皇の側近、藤原朝方《ともかた》は義経の兄の頼朝が義経に対して不信感を抱きつつあることに付け入り、兄弟間での抗争を引き起こそうと計っていた。朝方は、法皇から戦勝の褒美《ほうび》として預かった宝、「初音《はつね》の鼓《つづみ》」を義経に取り次ぎ、鼓を打つことになぞらえて兄を討てという法皇の命令だと告げる。受け取らないことは反逆にあたるとも脅された義経は、鼓を打ちさえしなければよいと自邸の堀川御所へ持ち帰る。

そこへ頼朝からの使者川越太郎重頼《しげより》がやってくる。義経に謀反の意思があるかを確かめるために来た重頼は、まず討ち取られた知盛、維盛《これもり》、教経の首として義経から差し出されたものがいずれも偽者の首であったことを問いただす。三者は実は生き延びているが、そのことが明るみに出れば全国に散った平家が再起するきっかけになると答える義経。

重頼はさらなる疑義として、平氏の出身である卿の君《きょうのきみ》を正妻としていることを挙げる。義経は卿の君を守るべく、重頼こそ卿の君の生みの親であり、平家には養子に入ったに過ぎない事実を訴えるが、重頼は義経を陥れようとする勢力のせいでもはや言い訳が立たなくなっていると言う。隠れて話を聞いていた卿の君は二人の前へ駆け出て自害を遂げる。卿の君の犠牲によって、いよいよ義経の潔白を頼朝に証明できるようになったと思われたが、武蔵坊弁慶が館を包囲していた頼朝方の軍勢と競り合い、敵の大将まで討ち取ったとの知らせが入る。義経は妻の死を嘆きながらも、戦いを避けるため京から逃げ落ちて行く。

大序（右上）と堀川御所の段の様子（歌川国輝画、東京都立中央図書館蔵）

館に取り残された静御前《しずかごぜん》と弁慶が義経たちに追いついたのは、一行が伏見稲荷（京都市）に差し掛かったころだった。義経は弁慶の勝手な行動によって卿の君の死が無に帰したと叱責《しっせき》するが、静御前のとりなしもあって弁慶を許す。一方、女の静御前を長旅に伴うことはできないと、形見として初音の鼓を預けて後に残し、立ち去っていく。そこへ義経を追う頼朝の手下がやって来て、静御前を捕らえようとすると、義経の家来・佐藤忠信がどこからともなく現れる。火焔隈《かえんぐま》と呼ばれる隈取《くまどり》や赤い装束の上に大きな仁王襷《におうだすき》を背負うなど、「荒事《あらごと》」という歌舞伎らしく力強い見た目をした役柄の忠信は、立ち廻りの末に悪者たちを一掃する。この様子を見ていた義経は、静御前を救った褒美に自らの鎧《よろい》と源九郎義経という名前を与え、万が一の時には身代わりとなるよう、また静御前を守るように命じ、流浪の旅を続けるのだった。

渡海屋・大物浦——平知盛

義経一行は尼崎にある船問屋・渡海屋に滞在し、九州への船出の日を待っていた。その渡海屋へ、北条時政の家来を名乗る侍二人組が義経の行方を追っていると言って、急ぎ船を出すよう乗り込んでくる。渡海屋主人銀平の女房お柳は、夫が帰ってくるまで待つように頼むが、荒々しい侍たちが聞き入れないので難儀する。その最中へ銀平が戻り、侍たちを力で追い払う。二人組は「魚づくし」と呼ばれる、魚介類のダジャレをつなげた台詞を述べ、コミカルに逃げていく。

追手が来たことを受けて、銀平は今夜のうちに義経たちを船に乗せることとし、支度のため奥へ入る。義経はお柳に対して銀平への礼を述べ、船着き場へと出立する。日が暮れ、支度が整った銀平が再び現れると、一転して真白い甲冑《かっちゅう》を着け、長刀《なぎなた》を携えた姿となっていた。実は銀平は西国の戦いで死んだと思われていた平知盛で、平家一門の敵である義経を討ち取る好機を待っていたのだった。知盛はそれぞれ娘、妻と偽っていた安徳天皇と乳人典侍《すけ》の局《つぼね》に別れを告げ、平家の怨霊の仕業に思われるよう自らと同じく亡者の恰好をさせた家来たちと義経一行を目がけて出陣して行く。

典侍の局と帝は朝廷の正装に身を包み、海上の戦いを眺めながら知盛の戦勝の知らせを待つが、駆けつけた注進二人は待ち伏せを察知していた義経一行の返り討ちに合い、戦況が刻々と絶望的になっていく様を伝える。典侍の局は帝に波の下にこそ極楽浄土があると説いて、入水の覚悟を固めさせる。側に仕えていた官女たちも涙とともに次々と海に身を投げていく。いよいよ二人も飛び込もうとしたその時、義経の家来に止められるのだった。

戦いで血みどろになった知盛が大軍を相手にしながら帝と典侍の局を探して戻ってくる。義経は二人を連れて知盛を待ち受け、出家させようと弁慶に数珠を渡させるが、知盛は生霊のような凄まじさで「討てば討たれ、討たれて討つは源平のならい。生き替わり死に替わり、恨み晴らさでおくべきか」と拒絶する。しかし帝は知盛にこれまでの礼を述べながらも義経の保護を受ける意思を示し、典侍の局も義経に後を任せて自害を遂げる。これを見て知盛は父・清盛の傍若無人の悪行のために一門が地獄のような苦しみを味わうこととなったのだと悟り、自らも死ぬ覚悟を決める。義経を襲ったのは生きた

特徴的な忠信の拵え（中央）（歌川豊斎画、国立劇場蔵）

町人に身をやつしていた典侍の局（左）と安徳天皇（右）
（歌川国芳画、東京都立中央図書館蔵）

怨霊さながらの姿となり、碇とともに海へと飛び込む知盛（中央）
（豊原国周画、国立劇場蔵）

知盛ではなく、自らの怨霊だったと言い伝えよと告げると、巨大な碇を身に巻き付け、海へと飛び込む。

すし屋——いがみの権太

清盛の直系の孫にあたる平維盛は源平の戦の中で行方が知れなくなった後、高野山に生きているという噂が立っていた。これを頼りに、維盛の妻・若葉《わかば》の内侍《ないし》と息子・六代《ろくだい》君《ぎみ》は家来の若武者・主馬小金吾《しゅめのこきんご》を供に連れ、身を隠していた北嵯峨から高野山へと旅に出る。一行は吉野下市村《しもいちむら》の茶屋で一人の旅の男に出会う。男は地面に落ちた木の実を拾って遊ぶ六代君を見て、樹上の実を石で落としてやり立ち去っていくが、自分の荷物と小金吾の荷物とを取り違えて持って行ってしまう。すぐに戻ってきた男は謝りながら荷物を返し、小金吾も中身を確かめ安堵する。しかし男は、自分の荷物に入れていた金が盗まれていると騒ぎ出す。この男は、元は釣瓶《つるべ》ずしという立派な店の跡取り息子でありながら、強請《ゆすり》や騙《かた》りの常習犯となった、いがみの権太という有名なならず者だったのだ。言いがかりだとは分かっていながらも、若葉の内侍に宥められた小金吾は泣く泣く二〇両を渡し、一行は旅を続ける。

権太の悪事を物陰から見ていた妻・小せんは夫に対してまっとうな人間になってほしいと懇願するが、権太は聞き入れず、邪険に扱う。それでも、小せんが連れてきた二人の間の子・善太《ぜんた》に縋《すが》られると、権太も心が絆《ほだ》され、一家は仲良く家へと帰っていく。

若葉の内侍たち一行は茶屋を立ち去った後、追手に見つかり襲撃を受ける。小金吾は二人を守るべく孤軍奮闘するも、とうとう討ち死にする。そこへ幕府の役人から近辺に忍んで来た維盛一家を捕まえるよう言いつけられた帰り道の釣瓶ずしの主、弥左衛門《やざえもん》が通りかかる。弥左衛門は小金吾の死骸に気が付くと、何を思ったのかその首を斬り落として家へと急ぐ。

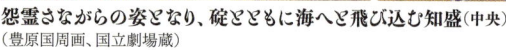

その頃、釣瓶ずしへは権太が来ていた。悪事の数々がもとで縁を切られたはずの家へ戻ってきたことを母・おくらに怒られながらも、権太は嘘をついて金をせびる。弥左衛門が帰ってくると、権太とおくらは慌てて金を店先に並んだすしの空桶の中に収め、家の奥へと隠れる。代わりに弥左衛門を出迎えたのはこの家の使用人・弥《や》助《すけ》だった。持ち帰ってきた首を横にあった別の空桶にしまうと、弥左衛門は弥助を上座に座らせ、深々と頭を下げる。実はこの弥助こそ姿をやつして忍んでいた平維盛なのだった。危険を冒して自らを匿ってくれた動機を問う維盛に弥左衛門は維盛の父・重盛《しげもり》に受けた大恩があることを答える。弥左衛門は幕府の手が迫ってきていることから、明日にも村から逃げるよう維盛に伝え、娘のお里と二人きりにして寝所へ行く。

弥助に恋をしているお里は言い寄るが、弥助はつれなく拒む。そこへ逃げ延びた若葉の内侍と六代君が一夜の宿を借りにやって来る。予想していなかった再会に喜ぶ維盛一家の話を屏風越しに聞いたお里は、弥助の本当の身分を知り、自らの恋が身の程知らずの叶わぬ恋だったことを嘆く。そんな最中へ幕府の将、梶原平三《かじわらへいぞう》景時《かげとき》が検分に来ると知らせが入ると、お里は三人を急いで逃がす。一部始終を窺っていた権太は幕府方に維盛たちの身柄を引き渡して、更に一儲けをするのだと桶を抱えて駆け出していくが、それは弥左衛門が首を入れた方の桶であった。

やって来た梶原に対し、弥左衛門は既に討ち取った維盛の首を入れてあると言って桶を取り出す。弥左衛門は小金吾の死骸を見て思いついた計略のとおり、偽首で幕府側を騙そうとしていたのだ。そこへ権太が縄で縛った若葉の内侍と六代君を連れて戻る。梶原は権太が桶に入れて持参した首を平維盛のものと認めると、褒美として頼朝の陣羽織を与え、維盛の妻子二人を連行し去っていく。憤った弥左衛門は権太を刀で刺すが、実は権太は弥左衛門が用意していた小金吾の首を維盛の首に、自らの妻子を若葉の内侍と六代君に仕立て上げていたことを語る。無事生き延びていた維盛一家も権太への礼のために姿を再び現す。弥左衛門から頼朝の陣羽織を差し出された維盛が、裏地に書かれていた和歌の一部を手掛かりに羽織を裂くと、中から出てきたのは僧侶の装束。これは維盛の父・重盛の計らいで命を救われた頼朝が恩返しとして維盛を助けるために、出家するように、という隠れたメッセージを込めていたのだった。

権太は自らの長年の悪行がよく知られていたからこそ、梶原をも騙すことが出来たと思っていたのが、鎌倉方には最初から見透かされていたことを悟り、絶命する。

河連法眼館——狐忠信

義経は河連法眼という高僧の館に身を寄せており、佐藤忠信と静御前の二人は再び義経に会うべく館のある吉野山へと向かっていた。そんな中、館の義経のもとへ、故郷から参上したと語る佐藤忠信が一人で訪れる。義経は守護を命じた静御前の様子を尋ねるが、この忠信は伏見稲荷での出来事にも全く心当たりがない様子。そこへ更に静御前と佐藤忠信がやって来たという知らせが入るが、実際に姿を現したのは静御前だけであった。静御前も、旅を一緒にしていた忠信には一同の目の前にいる忠信と違う点があったと証言するとともに、道中で初音の鼓を打つと必ず、忠信が忽然と現れたことを語る。義経にこの謎を解くよう命じられた静御前が一人きりになって初音の鼓を打つと、やはりどこからともなく忠信が現れる。怪しい者、と刀で斬り掛ける静御前を留め、この忠信は自らが初音の鼓を作るために殺された二匹の狐の子であることを打ち明ける。狐は親を慕うあまり、佐藤忠信に化けて初音の鼓を持つ静に付き添ってきていたのだったが、本当の忠信に迷惑を掛けてしまったと泣く泣く姿を消す。

義経も親・義朝や兄・頼朝への孝行が叶わなくなってしまった自身の境遇と重ね合わせ、再び姿を現した狐に対し、自らの源九郎という名を改めて与え、初音の鼓を授ける。源九郎狐は義経を狙う悪僧に妖術をかけて一網打尽にすると、飛ぶように去っていく。この後、滅多に上演されない「花矢倉の場」があり、吉野の僧・横川覚範《よかわのかくはん》となって生きていた平教経と、忠信ら義経側の対決が描かれ、物語は大団円となる。

荷物の中から金が消えていると騒ぐ権太（左）と小金吾（右）
（初代歌川国貞画、東京都立中央図書館蔵）

違う桶とは知らずに出て行く権太（右）と兄の悪事を止めようとするお里（左）
（初代歌川国貞画、東京都立中央図書館蔵）

軽々と跳ぶ狐忠信（左）と静御前（右）
（歌川豊国画、東京都立中央図書館蔵）

大物船矢倉 吉野花矢倉 義経千本桜

あり得たかもしれないもう一つの歴史

義経を巡る「史実」

平家との戦いにおける活躍にも関わらず、兄・源頼朝から疎まれ流浪の身の上となった義経の姿は、公的な歴史書よりも軍記物語に詳細に描かれた。前者の例として『吾妻鏡《あずまかがみ》』を見ると、頼朝の軍勢への合流から奥州で自害に至るまでの約九年の間、重要な出来事についてだけ淡々とした記載があるばかりである。対照的に幼少期から義経の人生を劇的に伝えた『義経記《ぎけいき》』や、戦場での義経の姿を描いた『平家物語』の物語は広く人気を集め、さらにその中の逸話の数々が「八島《やしま》」、「舟弁慶《ふなべんけい》」に代表されるような能の作品へと脚色されると、一層親しまれるようになった。

悲運の主人公としての義経像が広く浸透し、「判官贔屓《ほうがんびいき》」という言葉が現代まで残っているのは、一連の物語が、現代から見れば正確な歴史とは言えないものの、人々の間で共通認識として受け止められてきたからであろう。この当時の共通認識を仮に「史実」と呼ぶとすれば、「義経千本桜」という作品は、歴史書の空白を埋めるように発展した「史実」を巧妙に利用し、時に忠実に、時に意表を突くような解釈で提示することで、壮大なスケールを誇る名作となった。

能「舟弁慶」の舞台の様子
月岡耕漁『能樂圖繪 前編 上』(国立国会図書館蔵)

平家の公達たち——知盛、維盛、教経

「義経千本桜」の物語のそもそもの発端は、序幕において提示される、義経が討伐したはずの平家の公達《きんだち》、知盛《とももり》・維盛《これもり》・教経《のりつね》が実はまだ生き延びているという設定にある。この三人について『平家物語』では、知盛と教経が壇ノ浦(下関市)の戦いの中で入水したことが記され、維盛も戦場を離れ高野山に行った後、那智の海へ身を投げるに至る足取りが描かれる。特に維盛の死を聞いた頼朝は、自らの命が重盛の情けで救われたことに触れ、その息子・維盛の命は助けたかったと言ったとされる。維盛が頼朝の意図を汲み、出家するために妻子を残して高野山へと向かう「すし屋」の幕切れはこうした伝承の大筋に沿おうとしていることがわかる。

現行の歌舞伎での上演において、教経が登場する場面を直接見せることは少ない。全五段にも及ぶ人形浄瑠璃の本文は、実の名で名乗りを上げ正体を公にすることを義経に制せられた教経が、世を忍ぶ仮の姿であったはずの横川覚範《よかわのかくはん》として佐藤忠信に討たれる結末となっている。こうして『義経記』「忠信吉野山の合戦の事」に描かれた、義経の命を狙う僧兵・覚範と義経一行を逃がすために敵を一手に引き受けた忠信の勝負が実際の出来事であったことが示され、平教経が入水して果てたという史実も覆されずに終わる。

三人のうちで観客に最も強い印象を残すのは断然、知盛だろう。都を逃れた義経が大物浦《だいもつのうら》(兵庫県尼崎市)から出船した際、嵐によって難破の憂き目に遭ったというのは確かな史実であるが、先に触れた「舟弁慶」はこれをもとに、荒れ狂う海で安徳天皇をはじめとする平家一門の亡霊に取り囲まれた義経一行が知盛の怨霊と対峙する設定を作り上げた。「渡海屋・大物浦」は、それまでの銀平が一転、知盛として初めて姿を現す際の「そもそもこれは、桓武天皇九代の後胤《こういん》、平知盛幽霊なり」という下座での謡をはじめ、細かい文章の数々も「舟弁慶」から直接引用し、この先行作品に倣っていることを明確にしている。しかし「義経千本桜」が「舟弁慶」と大きく異なるのが、知盛は源氏方を騙す奇策として怨霊に変装した生者だった、という点である。いわば史実の裏側を見せた「舟弁慶」の更にその裏側を見せているのだ。

知盛の策略も空しく、女官たちが次々と入水するなど、良く知られた壇ノ浦の戦いを再現するかのように平家が今度こそ滅亡する様子が舞台上で繰り広げられる。深手を負った知盛自身もいよいよ怨霊と区別がつかぬ凄まじい姿となり、戦略としての虚構が現実に近づく。平家一門の悲惨な運命を受け入れた知盛が言い放つ、「父清盛。外戚の望有によって、姫宮を御男宮といいふらし。権威をもって御位につけ。天道をあざむき。天照大神に偽り申せしその悪逆」という台詞は戦前から実際の舞台でカットされることが多い部分だが、「義経千本桜」は安徳天皇が正当な天皇ではなかったという疑念にまで踏み込んで、裏の歴史を語りつづける。

ここまで怒濤の展開を見せた一連の出来事も、知盛が入水の間際に義経に対して「大物の浦にて判官に仇をなせしは知盛が、怨霊なりと伝えよや」と言い残すことで、最後には「舟弁慶」に象徴される「史実」に回収され、観客が目撃した歴史の裏側は幕切れに語られる水面の白波のように消えていくのだった。

荒れる海に翻弄される義経一行と、姿を現す平家の怨霊たち
(歌川国芳画、メトロポリタン美術館蔵)

今に残る釣瓶ずし

軍記物語に語られるような華々しい源平の戦の様子と対照的に、同時代に生きているような人物たちを描いたのが「すし屋」だった。歌舞伎や浄瑠璃においては、歴史的な出来事を扱った演目を「時代物《じだいもの》」、町人たちの生活を取り上げ、初演当時の現代劇とも言える演目を「世話物《せわもの》」と言うが、時代物の大作である「義経千本桜」の中で権太が中心となって展開する一連の場面はほぼ唯一世話物めく場面と言えるだろう。

文楽では、浄瑠璃の本文通り「芳野に残

る名物に維盛弥助といふ鮓屋《すしや》。今に栄ふる花の里。その名も高く顕《あら》はせり」という文句で幕切れとなるが、舞台となった釣瓶ずしは初演から二五〇年以上経った今でも確かに「つるべすし弥助」という名のまま奈良県吉野郡下市町に存在している。吉野の鮓は『延喜式』にも天皇に進上される食べ物として記載があるほど歴史が古いものだが、伝統的にはアユを発酵させた「なれずし」で、現代の一般的なすしのような握り鮨ではない。なれずしを作るために用いた桶が井戸の水を汲む釣瓶の形に似ていることで「釣瓶ずし」という名がよく知られていたようで、舞台で悲劇の演出に大きな役を果たす桶はこれをそのまま見せているのである。

江戸時代、釣瓶ずしは上皇へすしを献上する役回りに指定されていたが、「義経千本桜」が初演された延享四年（一七四七）に桜町天皇が譲位すると久方ぶりに上皇が誕生し、すしの献上も復活することとなった。当時のニュースを機敏に芝居に仕組むというのは世話物の特徴だが、こうして「義経千本桜」も壮大な歴史物語の間に江戸時代の同時代史を取り込んだと言える。

現在のつるべすし弥助（奈良県吉野郡下市町）

『義経風流鑑』の挿絵に見える源九郎狐の姿（中央下）
『義経風流鑑』（東京大学総合図書館蔵）

下市町には、「いがみの権太の墓」も残っている。また古い大阪ことばでは「いたずらっ子」や「腕白者」のことを「権太」という。これらは、「義経千本桜」の登場より前から存在していたことが確かな釣瓶ずしとは反対に、本作が人形浄瑠璃や歌舞伎の人気演目となったことによって後から生れたものであると考えられている。

こうした「すし屋」に関わる多様な事例を鑑みる時、「義経千本桜」は史実を巧みに活かしただけではなく、人気作となったことで実際の土地や人々の生活にも影響を与えていることに気が付く。歌舞伎と史実との関係は、一方が他方のモデルになるというだけの簡単な構図を超え、相互に作用しあって来た。

狐忠信の伝説

「義経千本桜」の中で、時代物としての側面と、世話物としての側面のいずれからも独立しているように見えるのが、源九郎狐にまつわる物語である。「千本桜」以前に出版された『諸国里人談《しょこくりじんだん》』という各国の奇譚《きたん》を集めた本には大和の話として、「源五郎狐」という人間の仕事を手伝った狐の話が載っている。また、軍記物ではあるが『大友真鳥実記《おおともまとりじっき》』にも「後世大和ニ源九郎狐ト云《イヘ》ルハ（中略）和州郡山洞泉寺町洞泉寺ト云《イヘ》ル寺ノ境内ニ住《ジュウ》スト云リ」と書かれてあり、これと一致するように、大和郡山には「源九郎稲荷神社」

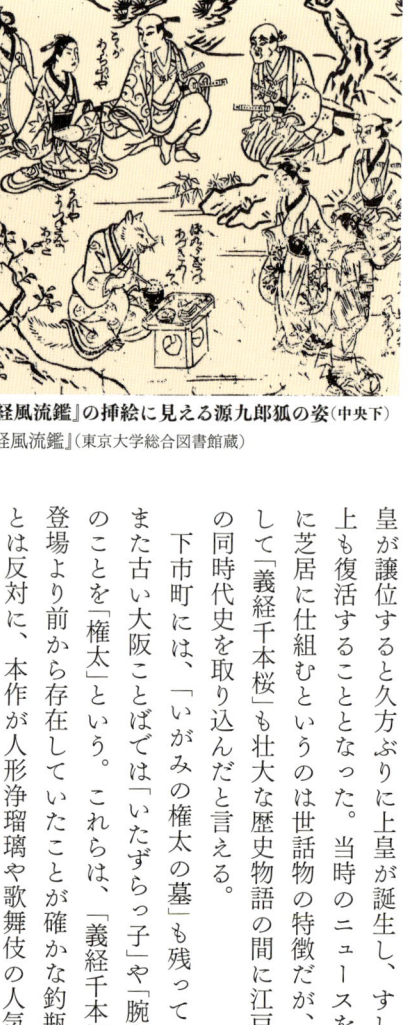

が有り、豊臣秀吉の弟・豊臣秀長が庇護《ひご》したなど、狐の不思議な力に関する伝説が残っている。正徳五年（一七一五）刊行の浮世草子『風流誹平家《ふうりゅうやさへいけ》』『義経風流鑑《よしつねふうりゅうかがみ》』の二部作では、義経から源九郎の名前を授かっていた近江の国の古狐が、義経に化けて分身となったり、妖力を使って堀川御所に攻め寄せる敵を押し返したりと、活躍する様を描くとともに、この狐が大和に官職を得たため、大和の源九郎狐として知られるようになったと、早くも大和の源九郎狐伝説と義経とを結びつけている。

こうした大和に住む霊狐の知名度と、狐の皮で作られた宝の鼓を巡って弥左衛門、弥助という親子の狐が献身的な活躍をする近松門左衛門の先行作『天鼓《てんこ》』などが合わさり、狐忠信の物語が作られたとされる。忠信が慕う初音の鼓の由来や伏見稲荷において静を救ったことなど、狐忠信が関わる話は「義経千本桜」が創造した一種のファンタジーである。

知盛、いがみの権太、忠信の三役いずれを演じても高い評価を受けた二代目尾上松緑は忠信役の芸談として「後半の忠信は出てきた時から狐の気持ちで通します。むろん狐の気持ちだの猫の気持ちなどというのはおかしいんで、本当のところは自分が実際に狐や猫になってみなくては分かりっこない。それを首の使い方、手の使い方、身体のこなしなどいわゆる型でもって、瞬間、けだものらしい演技として表現します」（『松緑芸話』、一九八九年）と語っている。実際に狐忠信の演技には、台詞の頭を高い声で強く発音する「狐言葉」という台詞術や、手先を狐のように細く見せる「狐手」のような工夫が見られる。また狐の持つ不思議な能力を実際に見せるために、忽然と舞台上に姿を現すことができるように大道具に仕掛けを施すなど、「ケレン」と呼ばれる目を引く演出も多い。

これらは世話物の権太や、歴史上の人物である知盛など、実際の歴史や当時の風俗に忠実に演じることで演技の要となるリアリズムを生み出すことができるほかの役とは違い、史実に背景を持たない狐忠信を、本物らしく見せるために歌舞伎役者たちが苦労して磨いてきた工夫であり、芝居の見どころともなっている。

これほど史実とはかけ離れているように思われる狐忠信の物語だが、ほぼ唯一の例外として舞踊の一幕「道行初音旅《みちゆきはつねのたび》」において狐忠信が語る屋島の戦の話がある。狐忠信は、義経を守るため教経の放った矢を受けて死んだ兄・継信《つぎのぶ》の最期の様を踊って見せるが、これは歌舞伎において「物語」と呼ばれる演技の類型の一つで、忠信が実際に見てきた内容を忠実に語るという体裁のもと、身振りで再現するように演じられる。継信が屋島で犠牲となったことはよく知られた出来事であったが、その場に居合わせた本物の忠信ではなく、狐忠信がその様子を知っているというのは本来あり得ない。実は「義経千本桜」の原文は、「忠なる哉《かな》忠。信成《なる》かな信」と「忠信」の二字を読み込んで始まっており、忠信こそがこの物語の主人公であることを暗示している。まるで「義経千本桜」の根幹となる虚構の中核に、一つだけ史実が宿っているようである。

年	元号	事項
一一五九	平治元	平治の乱。義経誕生
一一八〇	治承四	義経、頼朝の軍勢へ合流する
一一八五	元暦二・文治元	屋島の戦い、壇ノ浦の戦い 義経、頼朝と対立し、京を去る
一一八九	文治五	義経、衣川の戦いの末、自害する
一五三〇	享禄三	釣瓶すしの文献上での初出
一七〇一	元禄一四	近松門左衛門『天鼓』初演
一七四七	延享四	桜町天皇、のちの桃園天皇に譲位し、上皇となる 「義経千本桜」の初演
一七四八	延享五・寛延元	「義経千本桜」歌舞伎に移される

勧進帳 ——かんじんちょう

菊池勇夫

勧進帳の初演

義経と弁慶もので人気の高い「勧進帳」は、市川団十郎《だんじゅうろう》(七代)が定めた市川家の芸「歌舞伎十八番」の内として、天保《てんぽう》一一年(一八四〇)三月、河原崎座《かわらざきざ》で初めて上演された。謡曲《ようきょく》(能)の「安《あ》宅《たか》」をもとにした脚本で、「十八番《おはこ》」の内では最も新しい演目である。詞章は並木五瓶《なみきごへい》(三代)、長唄作曲は杵屋《きねや》六三郎(四代)、振付は西川扇蔵《せんぞう》(四代)になる。初演は市川海老蔵《えびぞう》(七代団十郎改名)の武蔵坊弁慶、市川団十郎(八代)の判官《ほうがん》義経、市川九蔵《くぞう》(三代)の富樫左衛門《とがしのさえもん》であった。舞台背景は向こう正面に松を、左右の袖に若竹を描き、能を模した松羽目《まつばめ》物となっている。明治に入り、九代目団十郎によってほぼ現在のかたちができあがった。

奥州下りと安宅の新関

幕が明くと、本舞台に富樫左衛門と太刀持《たちもち》、番卒《ばんそつ》三人が現われる。富樫は、加賀の国安宅の湊の富樫の何某《なにがし》であると名乗り、頼朝《よりとも》(征夷《せいい》大将軍源頼朝、鎌倉殿)と義経(頼朝の弟、判官《ほうがん》)の仲が不和になったので、判官の主従は作《つく》り山伏《やまぶし》(にせ山伏)となって、陸奥《みちのく》(奥州平泉《ひらいずみ》の藤原秀衡《ふじわらのひでひら》のもと)へ下向したとのこと、鎌倉殿(頼朝)はこれを聞いて国々に新関を設けて、山伏をかたく詮議《せんぎ》(取り調べ)せよと厳命したのでこの関を守っている、そのように心得るよう番卒に命ずる。番卒は、このほども(昨日になるが)怪しげな山伏を捕らえて梟木《きょうぼく》(晒《さら》し首用の木)に掛け並べた、修験者《しゅげんじゃ》(山伏)が来たなら即座に縄を掛けて打ち捕らえるなどと応答する。

義経主従は如月《きさらぎ》(旧暦二月)の一〇日の夜、「月の都」(京都)を出立した。海津《かいづ》の浦(琵琶湖北部)に着く。義経は山伏の笈《おい》(衣類・食器など入れる脚付きの箱)を背負い、網代笠《あじろがさ》と金剛杖《こんごうづえ》とを持ち、強力《ごうりき》(荷を負う下男)の姿で登場。続いて伊勢三郎、片岡八郎、亀井六郎、常陸坊海尊《ひたちぼうかいそん》(以上、四天王)、そして武蔵坊弁慶がいずれも山伏の形《な》りで出てくる。義経は、先々に関所があっては陸奥までは思いもよらない、覚悟はとっくに決めている、弁慶の詞《ことば》に従って強力の姿に変えた、計るところがあるかと面々に問う。片岡らは、関所の番卒を切り倒して関を越えると意気込むが、弁慶がしばらく待てととどめる。この関一つ破ってもたやすく陸奥へは参りがたい、そこで義経を痛わしいが強力に仕立てた、笠を深くかぶり、くたびれた体《てい》にして我より引き下って通れば気づかれないだろうと言う。義経主従は弁慶の計略に任せることになった。

勧進帳の読み上げと山伏問答

義経の一行、安宅の関(石川県小松市)に至る。

「歌舞伎十八番之内　勧進帳」

左から判官義経（尾上菊之丞）、武蔵坊弁慶（市川団十郎）、富樫左衛門（市川左団次）。

（豊春楼国周画、「錦絵帖　二帖」の内、国立国会図書館蔵）

弁慶は、南都《なんと》（奈良）東大寺の建立のために国々へ客僧を派遣することになり、我ら山伏は北陸道を引き受けることになったのでこの関所を通ると告げる。富樫は、殊勝《しゅしょう》であるが、山伏については通すのは難しい。その理由は鎌倉殿の命（前述と同じ）があり、この関を守っていると言って拒む。番卒が昨日山伏を三人切ったと言うので、その山伏は判官の首かと弁慶が聞く。そうした問答は無駄《むだ》なこと、一人も通すことはならないと富樫が遮《さえぎ》る。弁慶はこの上は力が及ばない、最期の勤め（この世で最後となる勤行《ごんぎょう》）をなすといって、山伏というのは役《えん》の優婆塞《うばそく》（役の行者《ぎょうじゃ》）の行儀（規則・作法）を受け継いだ即心即仏の体であり、ここでそれを打ち留めるなら熊野権現《くまのごんげん》の御罰があたるのは疑いなしと、「あんびらうんけん」と呪文を唱え数珠《じゅず》を揉《も》んだ。

これを聞いた富樫は、近ごろ殊勝の覚悟である、南都東大寺の勧進《かんじん》（寄付を募ること）と言うなら勧進帳（寄付集めの趣意を書いたもの）を持っているであろう、これを聴聞《ちょうもん》したいと求める。弁慶は驚いたそぶりで、笈のなかから往来物《おうらいもの》（消息《しょうそく》往来、教科書）の巻物《まきもの》を取り出す。そして、おもんみるに、大恩教主（釈迦）は…、と語り出し、聖武《しょうむ》天皇の盧舎那仏《るしゃなぶつ》（奈良の大仏）建立や、治承《じしょう》（一一七七〜八〇）の頃の焼亡について述べ、霊場の再建のために重源《ちょうげん》（法然《ほうねん》の弟子）が勅命を受け諸国に勧進することになった、一紙半銭《いっしはんせん》（わずかの意）でも奉《ほう》財《ざい》（財物の奉納）をするなら、現世《げんせ》の楽、来世《らいせ》の数《す》千蓮華《せんれんげ》（極楽浄土）となるだろうと、高らかに読み上げた。

勧進帳を聴聞したので疑いはないが、事のついでにと言い、仏徒にはさまざまの姿があるが、そのなかで山伏の仏門修行とは何か、と弁慶に問いかける。弁慶は修験の法とは、胎蔵《たいぞう》(大日如来《だいにちにょらい》を慈悲の方面から説く)・金剛《こんごう》(大日如来を智慧《ちえ》の方面から説く)の両部《りょうぶ》があり、嶮山《けんざん》悪所を踏み開き、難行苦行《なんぎょうくぎょう》を積み、悪霊《あくりょう》亡魂を成仏《じょうぶつ》させ、天下泰平を祈禱《きとう》するなどと答える。そして、袈《け》裟《さ》を身にまとい、仏徒の姿でありながら、額《ひたい》にいただく兜巾《ときん》や、金剛杖、腰に帯びた太刀、足にまとう脛巾《はばき》、そういった山伏の出で立ちはどのような意味があるのか、富樫と弁慶との間で問答が繰り広げられる。さらに、形のない陰気《いんき》陽魔亡霊《ようまぼうれい》はどのようにして切るのかという富樫の問いに対して、九字《くじ》真言《しんごん》で切断する、それは「臨兵闘者皆陳列在前《りんぴょうとうしゃかいちんれつざいぜん》」の九字のことで、右の大指で四縦五横に書き(九字を唱えながら空中に縦に横に交互に線を描く)、急々如律令《きゅうきゅうにょりつりょう》(陰陽道《おんみょうどう》などで呪文《じゅもん》の最後に唱える文言)と唱えるのだと説明する。

「春見立当羽子板」の勧進帳弁慶(市川団十郎)

(豊原国周画、「役者錦絵帖」の内、国立国会図書館蔵)

これに感心して、富樫はこのような尊い客僧を疑ってしまい、我の不念《ぶねん》(誤り、不注意)であった、勧進の施主となると言って、番卒に白綾《しらあや》袴地《はかまじ》・加賀絹・袋入り砂金を台に載せて持ってこさせる。これは有り難いと言って受納し、弁慶を先にして足早に歩み始める。

義経打擲と延年の舞

いちばん後を歩く義経を番卒の一人が指し示し、富樫がその強力、止まれと命ずる。弁慶らも一期《いちご》(一生に一度の大事)の浮沈《ふちん》こと立ち戻る。弁慶は刀に手を掛ける四天王を制したうえで、強力め、どうして通らないのだと義経を叱《しか》る。富樫は、その強力は判官に似ていると言うので、こちらから留めた、落居する(真偽がわかる)まで留めておくと言う。弁慶は、腹立たしい、能登《のと》の国にまで行こうというのに、笈一つ背負って後に下がるから怪しまれる、判官どのと怪しまれるのはおのれの行いが拙《つたな》いからだ、憎い憎いと、義経が持っている金剛杖で義経を打擲《ちょうちゃく》して通れと罵《ののし》る。富樫はどのように述べても通さないと言い、四天王は打《うち》刀《かたな》を抜いて勇みかかろうとするのを弁慶が抑えて、このうえにも疑うのであれば、布施物《ふせもの》をすべて預けるのでどのようにでも糺明してよい、ここで強力を打ち殺してみせようと息巻き、金剛杖を振り上げた。

これは先達《せんだつ》(山伏一行を先導する弁慶のこと)、荒げないと富樫が言うので、弁慶は今疑ったのはなぜかと聞く。士卒の者が我に訴えたからであ

「勧進帳」

「河原崎座ニテ興行仕候」とある。

(「歌舞伎十八番乃内」、一勇斎国芳画、国立国会図書館蔵)

「勧進帳」
武蔵坊弁慶（左）と富樫左衛門。
（豊原国周画、国立国会図書館蔵）

「勧進帳」
武蔵坊弁慶（左）と富樫左衛門。
（「歌舞伎十八番之内」、香蝶楼〔歌川〕国貞画、国立国会図書館蔵）

る、番卒の僻目《ひがめ》（見誤り）から判官ではない人を疑ってしまった、打ち殺しなどと早まってはいけない、疑いが晴れた、すみやかに通るようにと促す。弁慶は、大檀那《おおだんな》（富樫）の仰せがなければ打ち殺したものよ、以後は慎むようにと諭す。富樫らは門内に入っていく。

義経は、今日の気転（機転）は凡慮《ぼんりょ》（凡人の考え）の及ぶところではない。我を下人《げにん》のごとくに打って助けたのは天の加護、弓《ゆみ》矢《や》正八幡《しょうはちまん》（弓矢の神の八幡大菩薩）の神慮《しんりょ》と思うとかたじけないと話す。弁慶は、計略とはいえ主君を打擲するのは天罰が恐ろしく腕がしびれた、勿体《もったい》ないと、一生に一度の涙をした。義経と弁慶はこれまでの源平の戦いや頼朝に追われる身となった三年を振り返り、語りながら退散しようとする。そこに、富樫が現れ、少しの間待ってと、客僧たちに「卒爾《そつじ》」（無礼）なことをしてしまった、面目ないので麁酒《そしゅ》（粗酒）を進めようと持参した、杯を差し上げたいと言う。番卒が三方《さんぽう》（食物を載せる台の一種）の土器《かわらけ》に瓢箪《ひょうたん》のなかの酒を注いで富樫が飲み、そして三方を弁慶の前に持っていき、弁慶は御馳走《ごちそう》頂戴すると言って応ずるままに飲み、やがて瓢箪を取り上げて自ら注ぎ飲み干す。酔った思いで弁慶が立ち上がると、富樫に先達、一つ舞《まい》をと言われ、延年《えんねん》の舞（中世寺院で盛んに行われた大法会《だいほうえ》の後の余興《よきょう》）に入っていく。弁慶はもとより三塔（東塔・西塔・横川《よかわ》、比叡山《ひえいざん》延暦《えんりゃく》寺《じ》）の遊僧（遊芸をする僧）で、舞延年の「わか」（若《わか》音《ね》、稚児《ちご》声の稚児舞）を演じていた経験があった。

弁慶は舞いながら、義経らに早く出ていくようにと合図をし、義経を先にして四人が付いて去る。弁慶は笈を背負い、金剛杖を持ち、富樫に一礼する。富樫・番卒が見送りながら、弁慶は六方《ろっぽう》（手を大きく振り、踊るように踏んで歩く所作）を振って、花道を引き上げていく。こうして、虎の尾を踏み、毒蛇の口を逃れた心地がして、陸奥の国へと下って行った。

義経の奥州落ちと安宅の関

――『吾妻鏡』から「勧進帳」まで――

史実としての義経・弁慶

「勧進帳」はあらすじにみたように、源義経と弁慶らの主従が奥州に逃れていく途中、安宅の関で起きた「できごと」を演じた時代《じだい》物《もの》の作品である。その「できごと」が虚構であるとしても、当時、どのようなことがあったのか、確かなところを理解しておく必要がある。義経を中心にみていこう。

義経が生まれたのは平治《へいじ》元年(一一五九)、父は平治の乱で平清《たいらのきよ》盛《もり》に敗れた源義朝《よしとも》、母は常盤《ときわ》で、幼名は牛若《うしわか》といった。頼朝・範《のり》頼《より》は異母兄弟になる。永万《えいまん》元年(一一六五)に稚児《ちご》として鞍馬《くらま》に入り、遮那王《しゃなおう》と称した。承安《じょうあん》四年(一一七四)鞍馬(京都市)を出て、奥州平泉の藤原秀衡のもとに身を寄せた。奥州へ向かう途中、元服《げんぷく》して源九郎義経と名乗った。治承四年(一一八〇)、頼朝が挙兵したと聞き、参陣して頼朝と対面した。

その後、頼朝の命に従い、寿永《じゅえい》三・元暦《げんりゃく》元年(一一八四)、範頼とともに木曽義仲《きそよしなか》を追討し、続いて一ノ谷合戦(神戸市)、屋島《やしま》合戦(香川県高松市)、壇ノ浦合戦(山口県下関市)と翌年(元暦二・文治元)にかけて平氏と戦い、平氏を滅亡させた。そのころが最も勢いが盛んであったが、頼朝の許可なく、京都の治安・取締りを行う検非違使《けびいし》に任じられたことや、義経の自己中心の行動ぶりを非難する梶原景時《かじわらのかげとき》の讒言《ざんげん》などによって頼朝とにわかに不和となり、鎌倉に入ることも許されなかった。義経は叔父の源行家《ゆきいえ》と組み頼朝追討の後白《ごしら》河《かわ》法皇《ほうおう》の院宣《いんぜん》(上皇の命令書)を得て、再起をかけて西国に向かおうとし、文治《ぶんじ》元年(一一八五)一一月、摂津大物《だいもつ》浦(大物浜、兵庫県尼崎市)を船出するが暴風雨で船が転覆《てんぷく》し離散してしまう。

これ以降、義経の消息ははっきりしなくなる。鎌倉幕府の史書『吾妻鏡《あずまかがみ》』文治三年(一一八七)二月九日条に、前伊予守義顕《さきのいよのかみよしあき》(源義経)は日ごろ、所々に隠れ住み、たびたび追捕使《ついぶし》を逃れてきたが、ついに伊勢《いせ》や美濃《みの》などの国を経て、奥州へ赴いた、これは陸奥守秀衡入道《にゅうどう》の権勢を頼ってのことである。妻室《さいしつ》(妻)・男女(子ども)を連れて、みな山伏や児童《ちごわらわ》の仮の姿になっていたと記されている。ここには加賀など北陸道を通ったとはみえないが、「勧進帳」にある、義経一行が奥州へ、弁慶はじめ「作り山伏」となって下っていった

源義経像(岩手県平泉町、中尊寺蔵)

高館の義経堂(岩手県平泉町、pixta)

というのは真実性があるとみてよさそうである。そして文治五年（一一八九）四月三〇日、藤原秀衡亡き後、後を継いだ泰衡《やすひら》に衣川《ころもがわの》館《たち》を襲撃され、義経は自害した。三一歳であった。これも『吾妻鏡』に書かれていることである。

「勧進帳」の中心人物となっている弁慶であるが、『吾妻鏡』にその名が二カ所見えるので、実在した人物であろう。具体的には、前述の文治元年（一一八五）一一月の義経西国落《さいごくお》ちの際、義経に従った二〇〇騎ほどのなかに弁慶法師、および「勧進帳」の四天王のうちの伊勢三郎能盛《いせのさぶろうよしもり》（義盛）の名があり、また片岡八郎弘経《かたおかはちろうひろつね》（『義経記《ぎけいき》』では経春《つねはる》）も関係がありそうである（一一月三日条）。また大物浦での難破により、義経に従う者はわずかに四人、その一人が武蔵坊弁慶であった（一一月六日条）。とすれば、その後の義経の吉野山、比叡山、鞍馬山などの逃避行に弁慶が常に寄り添っていたとみてよい。

「安宅」（狩野春笑画、『能楽図巻』の一場面。元禄頃。国立国会図書館蔵）

『義経記』の北国落ち

義経の北国落ち、奥州下りの道筋がわかるように示したのは軍記物語の『義経記』からである。『義経記』からその後の義経物語がさまざまに派生していった。成立したのは室町時代中期といわれ、巻第七が北国落ちの部分にあたる。「文治二年」（『吾妻鏡』では三年）の二月、義経一行総勢一六人、弁慶を大先達に山伏姿となり、北の方（妻）を稚児に仕立てて、京を旅立った。街道の関所など通過するさい、作り山伏かとたびたび嫌疑《けんぎ》がかけられ、危難が降りかかったが、弁慶の気転で乗り越えていった。ただし、安宅のことは「安宅の渡《わたり》、根上《ねあが》りの松見て」と、渡し場として出てくるにすぎない。とはいえ、「勧進帳」（そのもととなっている謡曲「安宅」も同様）の安宅の関での「できごと」につながっていく要素が他の場所にみられる。

まず、富樫について見れば、白山《はくさん》（加賀一の宮）を参拝したあと、加賀国富樫という所に着いた。ここには富樫介《とがしのすけ》という分限《ぶげん》（富裕）の者がおり、弁慶一人が訪ね、どのような山伏か問われ、東大寺の勧進をしている山伏だと答えている。富樫氏というのは、南北朝・室町時代の加賀の守護で、承久《じょうきゅう》の乱後に加賀の最大の武士勢力となり、分限の者というにふさわしかった。「安宅」では富樫何某とあるのみだが、「勧進帳」では富樫左衛門となっている。近江と越前の国境、愛発《あらち》の中山の麓になる三《みつ》の口《くち》に関所を構えていたのが越前《えちぜん》国の住人井上左衛門であった。その兵士の警戒がきびしく、判官に間違いないと取り囲まれてしまったが、問答のなかでからくも逃れることができた。この井上左衛門とは平泉寺《へいせんじ》（福井県勝山市）での困難を脱したあと道中で逢うことになるが、判官殿と知りながら、いたわしく思い関所を通したのだと語らせている。富樫介と井上左衛門とが合わさって、情けのある「勧進帳」の富樫左衛門像がつくられたともいえる。

越中《えっちゅう》と越後《えちご》の国境倶利伽羅峠《くりからとうげ》（富山県小矢部市）を越えた如意《にょい》の渡《わたり》では、渡守《わたしもり》からあの山伏が判官殿だと指さされた際、弁慶があれは白山から連れてきた御坊《ごぼう》（僧）だ、年が若いために怪しまれる無念さよ、これより白山へ戻れと船から引きおろして扇でさんざんに打ち倒すことがあった。「勧進帳」(「安宅」)の打擲の場面を想起させる。文殊《もんじゅ》ヶ関(念珠《ねず》が関)も関所改めが厳しく、弁慶が義経を「夫《ぶ》山伏」(労役に従事する山伏)に仕立てて、弁慶が二挺《ちょう》の笈《おい》を負わせて、歩け法師と打って責めている。これも義経の強力姿と通ずるものがあるだろう。「勧進帳」(「安宅」)の「安宅の関の場」は、これらの要素をうまく集合させ、これに『義経記』にはなかった勧進帳の読み上げや山伏問答を組み入れてつくり出されたといえそうである。

義経の北国落ち経路(『義経記』〔「日本古典文学全集」、小学館〕などより)

西暦	年号	事項
一一五九	平治元	義経(幼名牛若)生まれる
一一六五	永万元	牛若、鞍馬に入り、遮那王と称する
一一七四	承安四	遮那王、奥州へ赴く。途中、元服して源九郎義経と称する
一一八〇	治承四	兄頼朝挙兵を聞き参陣、駿河の黄瀬川で頼朝と対面
一一八三	寿永二	頼朝の命で、木曽義仲追討のため兄範頼と共に上洛
一一八四	寿永三	義仲軍を破り入京する。義仲敗死 頼朝への平家追討の院宣により、一の谷で平氏を大敗させる
	元暦元	左衛門少尉(判官)・検非違使に任じられ、頼朝の怒りを買う
一一八五	元暦二	平家追討のため西国に向い、屋島で平氏を破る 壇ノ浦で平氏を破る。平家滅亡 梶原景時に讒訴される。鎌倉入りを許されず
	文治元	伊予守となる 頼朝追討の院宣下り、大物浦より西国へ向け船出、難破 頼朝に義経追討の院宣下る (以後、吉野・多武峯・比叡山などに潜伏・流浪)
一一八六	文治二	義行さらに義顕と改名させられる
一一八七	文治三	奥州の藤原秀衡を頼って下り、到着。秀衡死去
一一八八	文治四	頼朝、義経追討を藤原基成・泰衡に命じる
一一八九	文治五	泰衡に攻められ、衣川館で自害

「安宅」から「勧進帳」へ

「勧進帳」は謡曲の「安宅」を歌舞伎風に仕立て直したものであった。「安宅」は、五番立の四番目に演じられる「四番目物」、歴史上の人物を現に存在するものとして扱う「現在物」、直面《ひためん》の男性によるテンポの速い勇壮な「男舞物」に属する。作者不詳であるが、観《かん》世《ぜ》小次郎信光の作ともいう。この「安宅」の影響を受けた芸能や戯作は少なくない。

天保一一年(一八四〇)の「勧進帳」初演にあたっての市川海老蔵の「口上」に、元祖より伝来の「歌舞伎十八番」のうち、安宅の関弁慶勧進帳は、元祖市川団十郎才牛《さいぎゅう》が初めて勤め、二代目団十郎栢莚《はくえん》も勤めたがその後絶えてしまった、それを海老蔵が古い書物などで調べて、初代生誕一九〇歳を記念して復活上演させた趣旨のことを語っている。初代は元禄《げんろく》一五年（一七〇二）、中村座での自作自演の「星合十二段《ほしあいじゅうにだん》」で弁慶の荒事を演じている。「御摂《ごひいきの》勧進帳」（安永《あんえい》二年（一七七三））や「筆始《ふではじめ》勧進帳」（天明《てんめい》四年（一七八四））のように勧進帳を題名につけた作品もある。団十郎が「歌舞伎十八番」を称したのは天保三年（一八三二）であるが、そのような安宅物の展開をふまえて、「勧進帳」を一八番目の作品として世に送り出し、代表作としたのであった。

「安宅」と「勧進帳」の両者の間には、ストーリーがほとんど同じと言っても、登場する人数など細かい違いがみられる。だが、それ以上に興味深いのは、関守の富樫がどのような人物として描かれているのかであろう。関所を通すもなお疑いを捨てきれていないのか、判官として知りながら関所を通したのか、悪者のイメージから情け深い人物へと変容していると思われるが、比較する面白さの一つであろう。

「史跡」としての安宅の関

石川県小松市安宅町に県指定史跡「安宅の関跡」がある。安宅住吉神社の海側にある松林一帯が関の跡であるとして昭和一四年（一九三九）三月一八日に指定された。社地には、その翌年に弁慶と富樫の二人の像が建てられ、平成七年（一九九五）に義経像が加わった。与謝野晶子《よさのあきこ》の「松あほき安宅の砂丘　その中に清きは文治三年の関」と詠んだ歌碑もある。

現在の安宅関の景観
（石川県小松市、アフロ提供）

安宅という地名は、平安中期の『延喜式《えんぎしき》』に安宅駅とみえ、古からの地名であるが、前述のように『義経記』には安宅の渡としかなかった。『義経記』より前の『源平盛衰記《げんぺいせいすいき》』では、寿永《じゅえい》二年（一一八三）の源氏と平家の安宅の合戦で源氏が勝利した様子が記され、平家軍が加賀に乱入したさい、安宅の渡りに馳せ集まり、城を構えて平家を待ったなどとあり、安宅の渡り、安宅の城、安宅の湊と出てくるが、関のことはみえない。安宅の関は存在したのか疑わしく、謡曲「安宅」によって知られ、広まったとみてよい。

近世には、たとえば、富田景周《とみたかげちか》等編『加能越《かのうえつ》三州地理志稿』（三州地理志稿』（天保元年（一八三〇））は、相伝《そうでん》として、「文治二年関を置き源義経を待つ、今、関址《せきあと》は海中にありと云う」と記している。その跡を地上で確認できなかったからか、海中にありとも語られていた。近代になるとそうした海中説は否定され、昭和期には、弁慶の智勇《ちゆう》や富樫の情義が称揚されて、関の比定地が県指定史跡となり、今日に続く観光名所となった。時代がまぎれもなく物語や史跡や名所を作り出してきたのである。

『義経記』（巻七）
寛永12年（1635）刊。
（国立国会図書館蔵）

「三の口の関」の場面

「如意の渡」の場面

「文殊の関」の場面

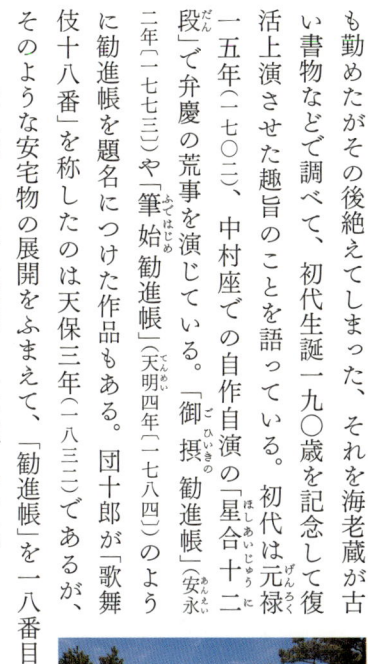

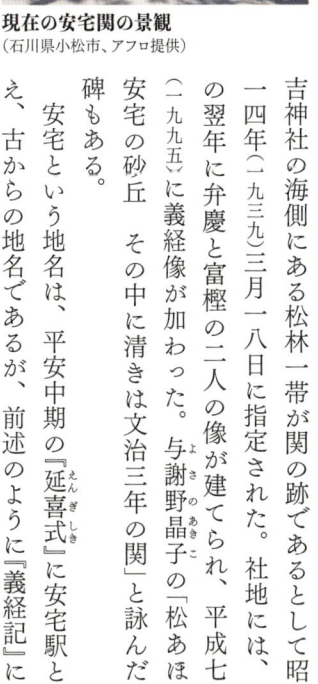

壇浦兜軍記《だんのうらかぶとぐんき》〜阿古屋《あこや》〜

黒石陽子

「〜阿古屋」とする理由

「壇浦兜軍記」は享保《きょうほう》一七（一七三二）年に人形《にんぎょう》浄瑠璃《じょうるり》作品として作られ、大坂の竹本座で上演された。大坂ではすぐに歌舞伎でも上演され、その後人形浄瑠璃、歌舞伎ともに頻繁《ひんぱん》に上演されるようになった。もとは五段構成の作品であったが、全段通して上演されることは少なくなり、次第に三段目の阿古屋《あこや》が重忠により琴、三味線、胡弓を弾かせられ、尋問を受ける場面（「阿古屋の琴責《ことぜめ》」）のみがもっぱら上演されるようになった。現在では人形浄瑠璃文楽、歌舞伎双方ともにこの部分だけが上演される。あらすじでは全段を示し、合わせて現在も上演される「阿古屋の琴責」の見どころについて述べよう。

第一

源平合戦の後、源頼朝《みなもとのよりとも》が天下を鎮め、奈良東大寺の大仏を再建した。その大仏供養に頼朝の名代として妻の政子が上洛することとなり、岩永左衛門と本多近経《ちかつね》が供《とも》することとなった。

一方かつて源平合戦の折、屋島の戦で悪七兵衛景清《あくしちびょうえかげきよ》と箕尾谷四郎国時《みおのやしろうくにとき》が戦い、箕尾谷が敗れた。その後双方ともに行方が知れず、三年が過ぎていた。景清が平家の敵である頼朝を狙っているとの風聞がたっていた。

景清は大仏供養が行われると聞き、頼朝が上洛するに違いないと、僧兵に姿を変えて仮屋を目指して行くが、頼朝ではなく妻の政子であることを知る。本多近経が景清に頼朝の家臣になるよう説得するが、景清は受けつけない。岩永左衛門が家来を連れて景清を襲うが、景清はこともせず、家来を投げ散らすと静かに去っていった。

第二

京都の五条坂（東大路五条西北角）の花扇屋には景清の愛人の遊女阿古屋が勤めていた。阿古屋は景清の子どもを身ごもっていたが、頼朝を討とうという大望を抱いて行動している景清の邪魔《じゃま》になるまいと、そのことを景清に知らせず、また兄の井場の十蔵にも景清のことは一切語らなかった。そこへ景清の本妻である衣笠《きぬがさ》と父親である前の熱田大宮司通夏《みちなつ》が景清の行方を阿古屋から聞き出そうと訪ねてくる。少しも語ろうとしない阿古屋に二人は何としても聞き出そうとするが、実際に阿古屋は景清の行方を知らなかったのである。

花扇屋の主人戸平次は欲深い男で、以前から阿古屋を妻にしたいと思っていた。折しも代官所から呼び出しを受け、景清の居所を明らかに

「阿古屋の琴責」の場面
左に胡弓を弾く阿古屋（市川門之助）、中央に胡弓を聴く重忠（市川団十郎）、右に岩永左衛門（市川蝦十郎）。
（豊国画、早稲田大学演劇博物館蔵、左から、100-4047、100-4046、100-4045）

するため阿古屋を代官所へ差し出すように命じられる。戸平次は阿古屋を自分の女房にし、景清とは関係ないものとして、その代わりに訪ねてきた衣笠を代官所に送り込んで礼金を手に入れようとする。阿古屋は表向きはその考えを受け入れたように見せて、衣笠を逃がそうとするが、代官所からの捕手がやって来て間に合わない。状況を知った衣笠は、戸平次を斬り、その上で自害して景清の妻としての意気地を貫いた。阿古屋は衣笠の潔い行動に驚くが、捕手たちに引っ立てられていった。

第三

京都堀川御所（下京区堀川通五条下ル）では、頼朝の命令によって秩父重忠が宮中の守護役となり、諸民の公事裁判を行っていた。岩永左衛門は重忠の助役と称して景清を探し続けていた。重忠は景清の勇者ぶりを認めており、捕らえた場合も命を取ろうとは思わず、源氏に仕えさせたいと密かに考えていた。

阿古屋が拷問《ごうもん》を受ける時刻となり、引き出されてくる。拷問は一日交代で担当者が変わり、前日は岩永左衛門が担当したが、この日は重忠の当番であった。景清の行方を言おうとしない阿古屋に業を煮やした岩永は、さらに苦痛をさせる拷問をしようと勧めるが、重忠はそれを取り上げず、縛り縄もほどいて、琴・三味線・胡《こ》弓《きゅう》を用意し、それを阿古屋に奏でさせて、その音色から阿古屋が本当に景清の在り処を知らないのかを判断しようとした。

阿古屋が捕らえられて来る以前、浪人で辻講釈をしている阿古屋の兄、井場の十蔵が景清に出会い、その居場所を教えられたので十蔵は阿古屋に知らせようとした。しかし阿古屋は敢えて聞こうとしなかった。なぜならそれを聞けば、もし拷問を受けた場合、苦痛に耐えきれずに思わず答えてしまうことを恐れたからである。知らなければ、たとえ責め殺されても決して景清の在り処は知られることがないと判断していたからだった。阿古屋は三曲を弾くが、重忠はその音色から阿古屋が本当に景清の行方を知らないことを看破する。

一方井場の十蔵と阿古屋の老母は、阿古屋が捕らえられ、拷問を受けていることに心を痛めていた。十蔵は、自分の姿が景清に似ていることから、景清に扮して書き置きを残して切腹すると語る。そうすれば阿古屋は解き放たれる。そして景清が死んだと思えば、鎌倉方も油断をするので、景清が頼朝を討つことも可能になると考えたのだった。老母は悲しい心を隠して十蔵を行かせる。しかしその直後、阿古屋が許されて帰宅する。老母から様子を聞いた阿古屋は急いで十蔵を止めに走った。

老母一人が残されているところへ、箕尾谷四郎国時が景清の行方を尋ねてやってくる。箕尾谷は老母に景清の行方を問いただすが、老母が言いはぐらかしているところに十蔵と阿古屋が戻ってくる。様子を窺っていた十蔵は、自分が景清であると名乗って箕尾谷と打ち合う。しかし戦ううちに箕尾谷は本当の景清ではないことを見破り、景清本人を探し出し、屋島での恥辱を晴らすと言う。

第四

阿古屋は無事に女児を産み、産土詣《うぶすなもうで》にかこつけて都を離れ、景清の行方を尋ねていく。兄の十蔵が追い付き、十蔵がかつて景清から近江の方へ行くと教えられたことを頼りに進んで行く。

一方景清は日雇いの大工に身をやつしていたが、根井大夫希義《ねのいのたゆうまれよし》の隠居屋敷に頼朝が上洛のついでに立ち寄ると聞きつけていた。はからずも乳飲み子を連れた阿古屋と十蔵の一行と辻堂で出逢い、三人は喜ぶ。十蔵は景清に阿古屋と子を預けた上で、自身は東国に向い頼朝上洛の道中に出会ったら、景清と名乗って襲撃し、討ち取られる。そうすれば鎌倉方は安心するので、景清は易々と頼朝を討てるだろうと言って、立ち去った。

根井大夫希義の屋敷に景清は入り込み、希義に器用者と気に入られる。普請の仕事のため、希義の命令で屋根に上らされるが、その時希義は急に態度を変え、家臣の者を集めて景清を襲撃させた。希義は景清の正体を見抜いていたのだった。しかし景清はことごとく家臣たちを倒してしまう。

そこに左官の一人と思われていた人物が箕尾谷四郎国時であると言って姿を現した。屋島の戦で敗れた時の恥辱を晴らしたいと、景清に挑みかかる。激しく組み合うが、景清は敢えて箕尾谷に縛られた。それというのも、実は景清と箕尾谷は幼い時に別れ別れとなっていた実の兄弟であった。箕尾谷は二歳の時に養子に出され、源氏方に仕える身の上になっていた。景清はそれを実父から知らされていたが、箕尾谷は知らされていなかった。景清は箕尾谷が自分を捕らえることで、再び源氏に仕える道が開けると考え、自ら捕らえられ、鎌倉へ引かれていくことを選ぶのだった。

第五

景清は扇が谷の詰牢に入れられていた。警固の番は一夜替わりに岩永左衛門と根井大夫希義が担当となった。岩永が当番の日に景清は牢破りをし、姿を消したため、岩永は狼狽《うろた》える。そこに景清が捕らえられたとの報が入るが、連れられてきたのは景清に瓜二つの井場の十蔵だった。頼朝と重忠が到着し、頼朝は岩永の怠慢を叱責する。

景清は両眼を自ら抉《えぐ》り出し、盲目となって阿古屋に手を引かれてやってくる。景清は頼朝に仕えることはどうしてもできないとし、自分の首を打つよう頼朝に首を差し伸べた。岩永は牢破りをされ、取り逃がした言い訳に景清の首を自分が打つと言う。景清は盲目ながら岩永と組んで討ち果たす。頼朝は十蔵に自分に仕えるように言い、景清には日向勾当《ひゅうがこうとう》の官を与えた。

みどころ

現在、歌舞伎や人形浄瑠璃文楽で上演されるのは、あらすじの第三の前半部分だけである。

阿古屋が捕らえられ、重忠の前に引き出されて、琴、三味線、胡弓の楽器を奏でて唄い、重忠がその音色を聴いて、阿古屋の心の内を判断するという場面である。

　秩父重忠は江戸時代の演劇作品では多くの場合、優れた人物として描かれており、「壇浦兜軍記」でも「道に曇らぬ十《ま》寸《す》鑑《かがみ》。智仁の勇士とかがやけり」と記されている。対して岩永左衛門は卑怯《ひきょう》で傲慢《ごうまん》な悪役として登場する。この二人が交代で公事裁判を行うが、岩永がひたすら暴力に訴えて責めることしかしないのに対し、人の心が分かり情けある武士の重忠は、岩永が思いも寄らない方法で阿古屋の心の内を確かめ、判断するのである。

　第二の後半、景清の本妻である衣笠が、父親の大宮司と阿古屋を訪ねてきて、景清の行方を知ろうとするが、衣笠は戸平次の悪だくみに利用されそうになる。衣笠は本妻としての誇りと意地の元、景清の在り処を探られないために、戸平次を斬って、自害する。阿古屋は衣笠のその壮絶な最期を目の当たりにして、衣笠の景清に対する強い思いに衝撃を受ける。それゆえ阿古屋は重忠と岩永の前に引き出されても、遊女としての気の張りと、愛する景清を守り切ろうとする強い覚悟により、少しも弱いところを見せないのである。

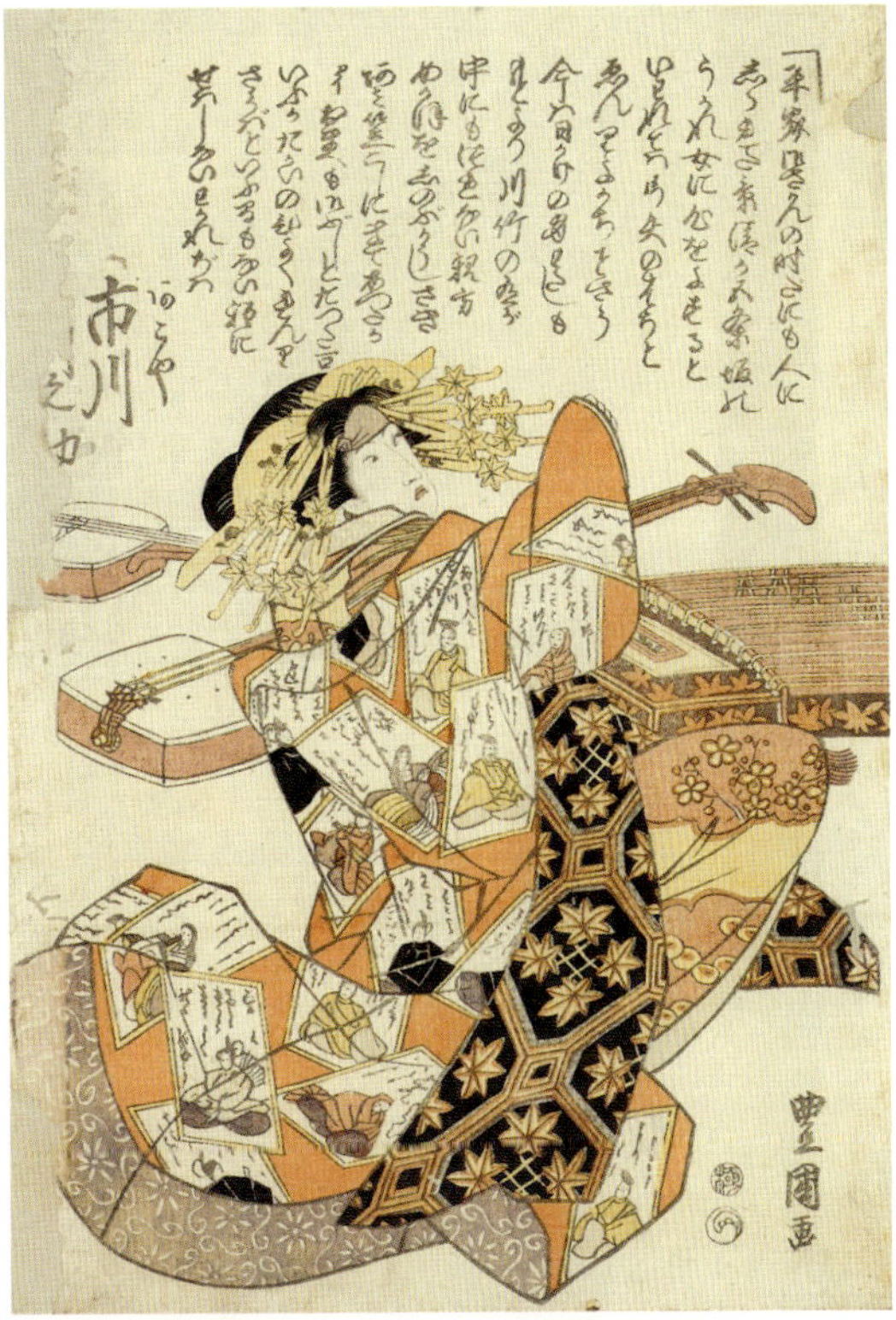

阿古屋（市川門之助）
（豊国画、早稲田大学演劇博物館蔵、100-4058）

　舞台では、歌舞伎の女形による遊女としての華やかで美しい扮装にまず目を奪われるが、覚悟を究め、凛《りん》とした阿古屋の姿に注目したい。次に重忠からの問いに、琴・三味線・胡弓を奏でながら、景清を思いながらも、本当に景清の行方を知らない阿古屋の心のありようを三曲の演奏と演技から感じ取りたい。また重忠の、事の道理を踏まえながらも、人の情けを十分に弁え、音曲の知識にも長けて音曲を解することにも通じているという魅力的な人物像を鑑賞したい。さらに悪役の岩永左衛門は、歌舞伎の場合悪役を象徴する赤《あか》面《つら》という化粧で、人形のような動きで演出される。そのコミカルな演技も歌舞伎独特の面白みとして感じることができる。

史実と景清伝承の構築

阿古屋という人物の造形

阿古屋とは何者か

「壇浦兜軍記」で現在でも上演されるのは「阿古屋の琴責」の部分だが、そもそも阿古屋とは歴史上実在の人物であったのか、というとそうではない。その一方で、この作品で阿古屋が命がけで愛した悪七兵衛景清は、歴史上実在の人物である。「壇浦兜軍記」という作品で、この二人の人物が取り上げられ描かれるまでの背景には、歴史的記事とともに、各時代の芸能によって語り継がれ、演劇に繰り返し取り上げられることによって伝承が形成されていったという状況がある。

景清に関わる歴史的記事

景清の生没年は分からず、平家の家人《けにん》であった藤原忠清《ふじわらのただきよ》の息子と考えられている。『吾妻鏡《あずまかがみ》』寿永《じゅえい》三(一一八四)年二月七日の条の一谷合戦の平家軍を列挙する中に「悪七兵衛景清」の名前がある。『平家物語』(覚一本)の巻四「橋合戦」・巻七「北国下向」・巻八「室山《むろやま》」・巻十「藤戸」巻一一「鶏合、壇浦合戦、内侍所《ないしどころ》都入《みやこいり》」などに名前が挙げられているが、景清に関する詳細な記述はない。しかし巻一一「弓流」には、景清の戦いぶりに触れた部分があり、短い記事ではあるが後世に大きな影響を与えた。

「錣引き」の逸話

『平家物語』巻一一「那須与一、弓流」では屋島合戦の様子が次のように描かれる。平家方から小船が一艘海上に漕ぎ出され、船上には扇の的がしつらえられており、美しい女房が陸の源氏方に向って手招きをする。源義経《みなもとのよしつね》からの厳命により、那須与一《なすのよいち》が見事に扇の的を射落とす。するとそのあまりの見事さに平家方の老武士一人が舞いだす。義経の命により、与一はその武士を射倒す。これを見た平家方から三人の武士が渚にあがって戦いを挑んで出る。そのうちの一人が悪七兵衛景清である。景清は源氏方の三穂屋十郎《みおのやのじゅうろう》と渡り合う。三穂屋は叶わないと思い、逃げようとするが、景清は追いかけ、三穂屋の兜の錣《しころ》(兜の鉢の両側に垂れた部分、首を覆うもの)を掴もうとする。掴まれまいと三穂屋は逃げるが、三度掴み外して四度めに景清は錣を掴む。両者の力比べとなり、動きはしばらく止まった状態になるが、ついに錣が兜からちぎれて三穂屋は逃げうせる。そして景清は勝利の名乗りをあげる。この「錣引《しころび》き」の逸話が、後の景清伝承の核の一つとなっていく。

「壇浦兜軍記」の「兜軍記」とはこの「錣引き」の逸話を暗示したもので、その上でこの二人が実は兄弟であったという、史実にはないフィクションの物語を展開しているのである。

芸能が作り上げた景清伝承

『平家物語』ではわずかな逸話しか記されなかった景清であるが、その後、芸能においてはさまざまな物語が生み出されていった。

そもそも『平家物語』に描かれた多くの逸話は、中世の芸能である能や幸若舞《こうわかまい》の題材として取り上げられ、『平家物語』で描かれていた事件や人物について、さらに解釈を施し、主人公の心情を深く解釈して表現したり、新たな物語を展開させたりしていった。そうした中世の芸能が創り上げた作品世界も含めて、近世に入ると浄瑠璃や歌舞伎がさらに当代の視点からの解釈を施し、人物の造形や事件の展開も複雑化させ、重層的な作品世界を創り上げた。景清に関わる逸話もそうした流れの中で展開し、『平家物語』には書かれることのなかった沢山のエピソードが作り出されて継承され、新たな展開を付け加えられて成長し、伝説として定着していったといってよい。それは史実に基づくものではなく、むしろ長い時間の中で人々が創り出していった景清像といえるだろう。次に中世の芸能である能、幸若舞、さらに近世の芸能の浄瑠璃、歌舞伎の順に景清を扱った作品を紹介していく。そして「壇浦兜軍記」「阿古屋の琴責」の阿古屋が、それらの景清を扱った作品の中でどのような位置にあるのかを検討してみよう。

中世の芸能（能・幸若舞）

能『大仏供養』（『奈良詣』）は、景清が大仏供養参詣の折を狙って、源頼朝を襲撃しようとする話である。

悪七兵衛景清、三保谷四郎国俊の錣曳能図（歌川延一画、東京都立中央図書館蔵）

景清は平家滅亡以降世を忍ぶ身となり、無念の思いを抱き続けていた。清水参籠《きよみずさんろう》の折に奈良の大仏供養の話を耳にする。頼朝をねらう好機と考えた景清は、事を起こす前に母に暇乞《いとまご》いに行く。その後大仏供養が行われる当日、景清は春日の宮子《みやつこ》をよそおって頼朝の近くまで進んだが、見咎《みとが》められる。頼朝の警固の者たちが景清と見破り、景清は名乗りをあげて正体を明かし、警固の者たちと奮戦するが、勝ち目がないと見て霧隠れの術を用いて姿をくらました。

能「景清」は日向の国宮崎に流された後、盲目となって琵琶法師になっていた景清の元へ娘が訪ねてくるという話である。

景清の娘人丸は、幼少の時に別れた父景清が日向《ひゅうが》に流されて生存していることを噂で知る。人丸は供の者と鎌倉から日向へ向い、景清を探し尋ねる。人丸は出会った老人に父景清を知らないかと尋ねるが、知らないと答える。里の者が人丸を景清の元に連れてきて親子の対面となる。景清は人丸に請われて屋島の戦での「錣引き」の有様を語り、その後涙ながらの別れとなる。

頼朝が大仏を再興し、開眼供養が行われたことは『吾妻鏡』建久六(一一九五)年三月の条にあり、また三月一三日に頼朝が参詣したことが知られる。能『大仏供養』はこの史実を踏まえているといえよう。一方「景清」は日向の盲僧集団などによって作られた景清の伝承が元になっていると考えられている。

幸若舞「景清」

幸若舞とは『平家物語』・能とともに中世の人々に楽しまれた芸能の一つである。数人の語り手が動きを伴いながら比較的長い叙事的物語を語る。「景清」はその中の一曲で次のような内容である。

景清は大仏供養の折に頼朝を狙うが、秩父重忠に見とがめられ、頼朝襲撃に失敗する。景清はその場から逃亡する。景清には都に九年連れ添い、二人の息子をもうけた阿古王という妻がいた。頼朝の命で景清探索の高札がところどころに立てられた。北野詣をした阿古王はこの高札を見つけて驚き、初めはこの高札を引き抜いて捨てようかと思うが、心を翻して頼朝に景清の居場所を訴え出ることとする。折しも景清が清水参詣の前に久しぶりに阿古王の元を尋ねる。すっかり心を許して酒に酔い、伏している景清の様子を見て、阿古王は頼朝に訴え出る。頼朝の兵が押し寄せる中、景清は阿古王の裏切りに気づき、二人の息子を手にかけると兵を打ち倒し、熱田の大宮司を頼って下っていった。

景清は熱田大宮司の娘をも妻にしていることから、阿古王は景清がそこに逃げたであろうことを頼朝に再度訴え出る。しかし頼朝は二度も夫を訴え出た阿古王を憎んで処刑した。

頼朝の家臣梶原景時は熱田の大宮司を虜《とりこ》として、景清が姿を現すのを待っていた。舅を助けようと景清は姿を現し、捕らえられ、舅を助ける。その後いったんは牢破りをし、清水参詣をした景清は、自ら死を覚悟し、六条河原で梶原源太に首打たれる。ところが景清の身代わりに観音が立っていたことが分かり、景清は頼朝に許され、宮崎の庄を与えられる。

東大寺転害門(奈良市、pixta)

幸若舞「景清」では能とは異なるさまざまなエピソードが加えられていく。景清の観音信仰のこと、景清の妻や子ども舅のこと。とりわけ景清には二人の妻がいるという設定になっており、京の妻阿古王は自分と子どもの将来のために、夫景清を裏切って訴人するという話になっている。阿古王は二度めに訴人した時には、かえって頼朝に憎まれ、処刑されてしまう。これらの要素は近世の芸能に継承されながら、また新たな展開を生み出していった。

近世の芸能(浄瑠璃・歌舞伎)

近世に入るとさらに新たな芸能が誕生してくる。浄瑠璃と歌舞伎である。浄瑠璃は『平家物語』を語っていた琵琶法師のレパートリーとして、新たな物語を開拓する中でできてきた語り物と考えられている。はじめは扇などで拍子をつけながらの語りだけだったようだが、その後三味線を用いるようになり、さらに人形操りと結びついて人形劇として確立していった。長い歴史を持ち、作者近松門左衛門が登場する前の浄瑠璃を、古浄瑠璃と称して分類している。

「壇浦兜軍記」よりも前に景清を扱った作品は、古浄瑠璃「かげきよ」浄瑠璃「出世景清」（貞享《じょうきょう》二〔一六八五〕年）「鎌倉袖日記」（元禄《げんろく》〔一六八八～一七〇四〕頃か）「蓬莱源氏《ほうらいげんじ》」（宝永《ほうえい》〔一七〇四～一七一一〕初年）「大仏《だいぶつ》殿万代礎《でんばんだいのいしずえ》」（享保《きょうほう》一〇〔一七二五〕年）がある。

古浄瑠璃「かげきよ」は幸若舞「景清」を殆ど踏襲した内容だが、語り方や音楽性などが幸若舞とは異なっていた。それが近松門左衛門作の「出世景清」になると、景清の妻であった阿古王の描き方に大きな変化が起こる。名前もこの作品から阿古屋となった。阿古屋は清水坂《きよみずざか》の遊女という設定で、景清との間には二人の男子があった。一方景清には熱田の大宮司の娘小野姫という妻もあった。景清が阿古屋を尋ねてきた折、阿古屋の兄十蔵は景清を鎌倉方に訴人しようと言うが阿古屋は夫を訴人することはしないと兄を説得する。しかし景清の留守中、小野姫からの景清宛の手紙が届き、それを読んだ阿古屋は嫉妬にかられる。その様子を見て十蔵は景清を訴人することを勧め、阿古屋は思わず十蔵に従ってしまう。後に阿古屋は牢に入れられた景清をたずね、許しを請うが、景清に拒絶されて絶望し、二人の息子を手にかけて、自害する。このように阿古屋という女性を幸若舞や古浄瑠璃のように悪女として描くのではなく、景清を愛するがゆえの心の葛藤に着目しているところが特色である。とりわけ、遊女という立場にあるがゆえに本妻である小野姫からさげすまされたと感じ、たとえ遊女であったとしても、景清との間に二人の息子を設けた自分こそが本当の妻であると自負しようとする阿古屋の心の動きに焦点が当てられている。

阿古屋塚（京都市東山区、六波羅蜜寺）

このようにして造形された阿古屋という女性像が、「壇浦兜軍記」でも継承され、遊女の身分ではありながら、景清への一途な愛を貫こうとする姿が「阿古屋の琴責」として表現された。それが人形浄瑠璃ではもちろん、さらに多くの歌舞伎役者たちの手により、長年にわたって演技や演出の工夫が加えられたことで、舞台芸術としての高い完成度がもたらされたのである。

寿曽我対面——ことぶきそがのたいめん

廣田浩治

曽我兄弟の敵《かたき》討《う》ちを題材にした歌舞伎

鎌倉時代初期の曽我十郎祐成《じゅうろうすけなり》・五郎時致《ごろうときむね》兄弟による工藤祐経《くどうすけつね》の敵討ちはよく知られ、それを題材にした「曽我物語《そがものがたり》」は広く読まれている。東国武士社会や鎌倉幕府政治史と関わって発生した事件とされている。この事件を題材にした歌舞伎が「寿曽我対面」である。「寿曽我対面」は次の二つの場面からなるが、敵討ちの場面はなく、その前の場面が演じられる。

鶴岡《つるがおか》石段の場

満月の夜、鎌倉の鶴岡八幡宮《はちまんぐう》(神奈川県鎌倉市)で、工藤祐経の家臣八幡三郎行氏《やはたさぶろうゆきうじ》の奴《やっこ》(下部《しもべ》の弥《や》太平《たへい》)が、同じ祐経の家臣近江小藤太成家《おうみことうたなりいえ》の中間《ちゅうげん》(奴)の藪平《やぶへい》に、密書を渡すように迫る。藪平はこれを拒否し、争いになる。弥太平は、三郎と不和の小藤太が、ともに工藤家の押領《おうりょう》を企む剣《つるぎ》沢弾正《ざわだんじょう》左衛門《ざえもん》時連《ときつら》に送る密書とみたのだ。弥太平が密書を奪って逃げ、藪平が追いかける。二人は疲れて休息するが、その隙に弥太平は藪平を蹴《け》って逃げ、藪平は密書を奪われまいと弥太平を追いかける。

日が替わり満月の夜、鶴岡八幡宮の石段で八幡三郎と近江小藤太が出会う。ともに祐経の武運祈願のための代参・参籠《さんろう》である。八幡三郎は、先の密書を出して小藤太に見せ確認を求める。小藤太はその密書を見ずに自分に返すように求めるが、三郎は読まないうちは返せぬと言う。言い争いになり二人は互いに抜刀《ばっとう》して争う。

そこへ八幡三郎の若徒《わかと》(下級家臣)梅沢文内《うめざわぶんない》の女房のお関が、工藤家の紋入りの提灯《ちょうちん》を持って現れ、自分に任せて争いを止めるよう仲裁する。三郎・小藤太ともに矛《ほこ》を収める。

「鶴岡石段の場」の元になる話は「曽我物語」にはみられない。「曽我物語」では、八幡三郎と近江小藤太(物語では大見小藤太)は、工藤祐経の命で曽我兄弟の父河津三郎祐通《かわづさぶろうすけみち》を射殺《いころ》したが、その直後に祐通の父伊東祐親《いとうすけちか》の報復を受け、祐親の

近江小藤太・大磯の虎・八幡三郎の図

左から、やわた(三津五郎)、とら(伝之助)、小藤太(幸四郎)。

(早稲田大学演劇博物館蔵、001-1218)

子九郎祐清《くろうすけきよ》に射殺されている。「鶴岡石段の場」は三郎・小藤太が鎌倉幕府成立後も生きていて鎌倉で争い、「曽我物語」に登場しない奴たちや若徒の妻が活躍するという構成になっている。

工藤館《やかた》対面の場

鎌倉の工藤祐経の館で大名(御家人《ごけにん》)たちが集うなか、曽我兄弟が祐経に対面する話である。祐経は鎌倉殿《かまくらどの》源　頼朝《みなもとのよりとも》の覚えめでたい大名で頼朝から一臈職《いちろうしき》(御家人の筆頭)に任じられ、富士の御狩の総奉行《そうぶぎょう》でもある。大大名の工藤の権勢ぶりは肩を並べる者がない。

工藤館に小林朝比奈義秀《こばやしあさひなよしひで》、梶原景時《かじわらかげとき》・景高《かげたか》父子ら大名が招かれる。大名たちは祐経への機嫌取りと一臈職就任の祝儀のために参上し、諸士の別当《べっとう》である景時にも追従する。河津祐通(祐《すけ》康《やす》)の遺児である曽我兄弟が貧乏暮らしで、兄弟の養父曽我祐信《そがすけのぶ》が昔気質のため祐経に媚《こ》びへつらえないことを、大名たちは嘲笑《あざわら》う。

そこに祐経、八幡三郎、近江小藤太が現れる。朝比奈が祝詞を述べ、梶原父子も鎌倉の世を寿《ことほ》ぐ。祐経に招かれた白拍子《しらびょうし》の大磯《おおいそ》の太夫《たゆう》職《しき》の虎《とら》、化粧坂《けわいざか》の少将《しょうしょう》が名乗り、大名たちも順々に祝詞を述べる。

朝比奈が祐経に、常々頼んでいたように曽我兄弟の二人への対面を求める。祐経は了解し、朝比奈が曽我兄弟を呼ぶ。大名たちは曽我兄弟の粗末な姿を笑うが、祐経は兄弟を近くに呼び、兄弟を見て父の祐通に似ていると語る。

これ以前、安元《あんげん》二(一一七六)年の一〇月、まだ伊豆の流人《るにん》であった頼朝のために、伊豆《いず》・相模《さがみ》の若武者たちが催した伊豆国奥野(静岡県伊東市)の狩りの帰途、祐通が近江小藤太・八幡三郎に射られ落馬して死んだことが語られる。

曽我兄弟は兄の十郎祐成、北条時政《ほうじょうときまさ》の烏帽《えぼ》子子《しご》となった弟の五郎時致とともに、祐通の子と名乗る。兄弟は祐経を親の敵として恨みを募らせるが朝比奈に制止される。祐経は祐通を討ったのは奥野の狩りの時の相撲《すもう》の敵である俣野《またの》景《かげ》久《ひさ》であり、自分に覚えはないと言う。近江小藤太・八幡三郎もいきり立つが、祐経は曽我兄弟は朝比奈の連れてきた者だとして二人を制止する。

虎と少将が盃を用意し、兄弟は祐経が与えた盃を受ける。祐経は兄弟に恨みがあっても自分は鎌倉殿の覚えめでたく、三か荘(伊豆国の伊東・河津・宇佐美(静岡県伊東市・河津町))の大名も味方であるから、やせ浪人の兄弟では自分に刃向《はむ》かえまいと言う。また源氏代々の名刀友切丸《ともぎりまる》を養父の祐信が失い、それが見つからないうちは鎌倉殿の囚人同然だと言う。

そこに兄弟の家臣鬼王新左衛門《おにおうしんざえもん》が現れ友切丸を持参する。兄弟は祐経を討とうとするが祐経はこれを制止し、富士の御狩の総奉行を勤めるまでは討たれるわけにはいかないと語る。兄弟はこの場での仇討ちを諦《あきら》めるが、祐経は兄弟に「年玉《ねんぎょく・としだま》」として狩場の切手を与え、それを持って狩場で恨みを晴らせと言う。兄弟は祐経に狩場での再会を約束して立ち去る。

「工藤館対面の場」は祐経が曽我兄弟に富士の狩場で討たれることを約束したも同然の筋書きである。兄弟と祐経の対面の結末が仇討ちへと必然的につながる予定調和的な幕切れとなっている。もとより「曽我物語」では曽我兄弟と祐経の対面という話はなく、「寿曽我対面」の創作である。

「吉例《きちれい》寿曽我」

「吉例寿曽我」も「曽我物語」を題材とした歌舞伎である。これには「寿曽我対面」と同じく「(鶴岡)石段の場」と「工藤館対面の場」がある。その間に兄弟が育った曽我(小田原市)などを舞台に、友切丸を持参した鬼王新左衛門を中心にした話がある。

鬼王新左衛門住家の場

頼朝は曽我の重宝の太刀、友切丸の献上を命じるが、祐成はその太刀を揚《あ》げ代の担保に一〇〇両で質入れし、兄弟の義父祐信は頼朝の怒りを買い、畠山重忠《はたけやましげただ》にお預けとなる。祐成は質入れを母の満江《まんこう》に言い訳できずに出て行っており、時致も北条時政の館に行っている。友切丸を質にした百足屋金兵衛《むかでやきんべえ》は鬼王新左衛門の住家に押しかけ、満江や鬼王の弟の団三郎《だんざぶろう》に一〇〇両を返さねば太刀は梶原景時に売ると迫る。満江は鬼王吉左衛門が戻るまで待つように金兵衛に伝える。

満江や鬼王の妻の月小夜《つきさよ》の暮らしの世話をしている金兵衛は、月小夜に言い寄る。月小夜は夫の鬼王が帰るまで待つように言う。金兵衛が待つ間に、町人の梅沢屋小五郎兵衛《うめざわやこごろうべえ》が現れ、月

「花櫓橘《はなやぐらたちばな》曽我」
江戸時代末期の歌舞伎の場面。
左から、小林朝比奈、五郎時致、
十郎祐成、工藤祐経、大磯のとら。
(「花櫓橘曽我」、豊国画、
早稲田大学演劇博物館蔵、006-2848)

小夜のために鬼王と縁切りの金を持参する。月小夜は肝煎《きもいり》の忠八、瑞徳寺《ずいとくじ》和尚を欺《あざむ》いて金を出させていた。月小夜の義妹、十六夜《いざよい》が戻り、月小夜は十六夜の持ってきた小袖にあった近江小藤太の密書(祐経家臣久須美弥太夫《くすみやだゆう》あて)を読み、近江の謀略を知る。そこに金兵衛が月小夜に言い寄るが、鬼王が帰ってきて百足屋に一〇〇両を返し太刀を取り戻す。金兵衛は曽我の貧乏屋敷にはもう用はないと言って立ち去る。団三郎は太刀をもって祐信のいる畠山の屋敷に知らせに向かう。

鬼王と月小夜は満江に太刀を取り返したことを知らせようとするが、箱根の閉坊《とじぼう》という僧が現れ、盗みを見逃してもらう代わりに昨夜小磯《こいそ》(神奈川県大磯町)の辻番《つじばん》で鬼王に渡した一〇〇両を返すか太刀を寄こせと要求する。鬼王は閉坊を曽我の屋敷に匿《かくま》うが、閉坊から昨夜小磯で大《おお》藤内《とうない》を殺して富士野の狩場の切手を盗んだ者のちぎれた片袖を見せられ、月小夜の片袖と気づく。鬼王は世話をしてくれる十六夜に想いを語るが、これを見た月小夜が鬼王と十六夜を責める。そこに小五郎兵衛が現れ、月小夜とは深い仲だと語る。鬼王と月小夜は言い合いになるが満江が仲裁に入り、月小夜と小五郎兵衛、鬼王と十六夜の縁組を仲立ちする。

金兵衛は受け取った一〇〇両が偽物と気づき、昨夜梅沢の湯屋で近江小藤太の密書を失った岩瀬《いわせ》(久須美弥太夫の妻)と一緒に鬼王の家に来る。岩瀬は昨夜盗まれた小袖を月小夜が着ていることを知る。さらに宇佐美十内《うさみじゅうない》ら捕り方が現れ、鬼王を捕えようとする。鬼王への嫌疑《けんぎ》は、昨夜の小磯の切通《きりとお》しでの盗人閉坊を逃がし匿ったことと、辻番で大藤内を殺し切手を奪った疑いであった、閉坊も姿を現し、自分は宇佐美の配下で全ては曽我の者を糾明するために仕組んだと語る。鬼王の懐《ふところ》から血の付いた袱紗《ふくさ》に入った切手が落ち、その切手も偽物とわかる。

そこに小五郎兵衛が現れ、自分は祐経の弟伊《い》豆次郎祐兼《ずじろうすけかね》と名乗る。祐兼は詮議の役目のため町人に身をやつしていた。月小夜は持っていた

はた右衛門・月小夜・鬼王
左から、はた右衛門（松本幸四郎）、
月小夜（岩井半四郎）、
鬼王（坂東三津五郎）。
（豊国画、
早稲田大学演劇博物館蔵、001-0771）

密書の内容を語り、大藤内や金兵衛もその謀略の一味であると明らかにする。祐兼は近江小藤太の謀略に加担した罪で宇佐美に命じて岩瀬を捕縛し、閉坊にも本物の切手を盗んだ疑いをかける。そして祐兼はさきほど妻とした月小夜を離縁する代わりの金だとして、太刀の代金一〇〇両を金兵衛に渡す。鬼王は主人の敵の祐経の弟祐兼の情けは受けられないとするが、祐兼は討つことができるなら曽我兄弟に祐経を討たせよと言い、岩瀬らを引っ立てて立ち去る。

一件落着の後に十六夜は、人を騙《だま》して金を取る自分の罪は重いとして、月小夜に自分を勘《かん》当《どう》してくれと頼む。十六夜は生き別れた実父を頼って出ていくと言い、月小夜は十六夜を勘当する。

十六夜は鬼王・月小夜・満江に密書を渡す。密書の内容は、祐経の富士野の狩での仮屋の落ち度により、祐経の養子犬坊《いぬぼう》（近江小藤太の実子）に伊豆の三か荘《しょう》を領知《りょうち》させる陰謀が書かれていた。さらに十六夜と犬坊が双子の兄弟で、十六夜の父が小藤太であることが知られ、十六夜は出ていく。密書を奪おうと岩瀬と金兵衛が再び現れるが、鬼王は金兵衛を討ち取り、満江が岩瀬を捕える。

小動木《こゆるぎ》縄手《なわて》の場

十六夜は鬼王の家から逃げた閉坊と旅をともにする。小動木（神奈川県寒川町）で閉坊は鬼王がすり替えたにせ金の代わりに十六夜をもらったと言う。向こうからきた団三郎と出会い、閉坊は団三郎を返り討ちにして殺すが、誤って十六夜を斬ってしまう。鬼王が十六夜を追って駆け付け、閉坊を討ち取る。倒れた十六夜は鬼王に狩場の切手を渡し、鬼王の介錯《かいしゃく》で死ぬ。

この話も「曽我物語」にはなく、「曽我物語」の兄弟の家臣鬼王丸をモデルにした鬼王新左衛門とその妻・義妹を中心に、質入れした太刀を取り戻すストーリーである。話が進む中で一〇〇両を返す経緯の裏側や小磯での事件の謎が明らかになり、息もつかせぬどんでん返しの展開が続く。最後は予想もしない劇的な幕切れを迎えるのも興味深い。

『曽我物語』と曽我兄弟事件

——物語と史実——

曽我兄弟の歌舞伎は『曽我物語』を題材にしている。祐経の家臣八幡・近江や兄弟の家臣鬼王・団三郎は、『曽我物語』の八幡三郎・大見小藤太・鬼王丸・丹三郎《たんざぶろう》がモデルである。しかし『曽我物語』はあくまで物語であり、史実とはいい難いところが多い。とはいえ事件の史実に迫るには『曽我物語』を読むことが欠かせない。

❸ 工藤祐経と筥王の対面

❹ 母、時致を勘当

❼ 祐経を討つ

❽ 祐成と仁田忠常

『曽我物語』のストーリー ——真名本《まなぼん》『曽我物語』——

『曽我物語』には、鎌倉期に成立した真名本《まなぼん》『曽我物語』十巻や、南北朝・室町期に成立した仮名本《かなぼん》『曽我物語』十二巻がある。事件の経緯は物語の古態《こたい》を示す真名本をもとに論じられることが多い。

【巻第一】平安時代末期、伊豆国伊東荘(静岡県伊東市)は伊東助継《すけつぐ》の所領であった。その一族で伊豆国河津(静岡県河津町)を領した助親《すけちか》(伊東祐親)は、助継が病死するとその子で娘万劫《まんごう》の夫助経(工藤祐経)の在京中に伊東の所領を奪い、子の助通《すけみち》(河津三郎祐通)に河津の所領を譲る。伊豆国奥野(伊東市)で武士たちが狩りを催し、伊豆の流人であった頼朝も参加する。伊豆国大見荘(静岡県伊豆市)に帰った祐経は家

（二代目歌川広重画、「曽我物語図会」、国立国会図書館所蔵）

❶ 祐通射られる

❷ 母と一万・筥王兄弟

❺ 虎と祐成

❻ 時致と化粧坂の遊女少将

臣の八幡三郎・大見小藤太に祐通の殺害を命じ、祐通は狩りの帰途に八幡・大見に射られて死ぬ。

【巻第二】祐経の死を知った妻（河津の女房・満江）は悲しみに暮れ、夫の死後に男子を産む。その子は祐通の弟伊東九郎祐長《すけなが》（祐清）の養子となり御房《ごぼう》と名乗る。河津の女房は祐親の勧めで子の一万《いちまん》（後の祐成）・筥王《はこおう》（後の時致）を連れて、相模国曽我荘（神奈川県小田原市）の曽我助信《すけのぶ》（祐信）に再嫁する。八幡・大見は伊豆国狩野《かのう》（静岡県伊豆市）で祐親の命を受けた祐清に討たれる。一方、頼朝は祐親の在京中にその娘（八重姫《やえひめ》）との間に男子千鶴《せんつる》をもうける。祐親は激怒して千鶴を殺害、娘を頼朝から取り返す。祐親の討手を逃れた頼朝は伊豆国北条（静岡県伊豆の国市）の北条時政のもとに移る。

【巻第三】頼朝は時政の娘万寿《まんじゅ》（後の政子《まさこ》）と恋仲になる。時政は政子を伊豆国目代《もくだい》の山木兼隆《やまきかねたか》に嫁がせるが、政子は伊豆山権現《いずさんごんげん》（静岡県熱海市）に逃れ、時政も頼朝と政子の結婚を認める。頼朝の側近安《あ》達盛長《だちもりなが》は、頼朝が日本国の北と南の堺である外の浜・鬼界《きかい》が島を踏んで立つ夢、すなわち頼朝が日本国を治めることを意味する夢を見る。この後、頼朝は挙兵して兼隆を討ち、関東武士を糾合して鎌倉に入る。頼朝に敵対した祐親は頼朝に召喚されて自害し、祐清は追放されて平氏軍に加わり討死にする。

【巻第四】鎌倉殿頼朝は日本国を平定し、祐経も伊東荘のほか多くの所領を有する。一万・筥王兄弟は祐経を父祐通の敵と考え、養父祐信に飽き足らず武芸に勤しむ。兄弟の母は二人の行いを嘆き、祐経の報復を招かぬよう、祐信の育ての恩に報いるよう兄弟に説く。しかし兄弟は敵討ちの密談を重ねる。一万は元服して十郎祐成と名乗る。母は筥王を箱根権現《はこねごんげん》（神奈川県箱根町）の僧とするため、箱根別当《べっとう》の弟子とする。箱根権現に祐経の滅亡を祈る筥王は、頼朝の箱根参詣に随行した祐経と出会い、祐経は筥王に僧の

年	元号	事項
一一七二	承安二	曽我十郎祐成、生まれる。幼名は一万
一一七四	承安四	曽我五郎時致、生まれる。幼名は筥王
一一七六	安元二	伊豆河津の領主で曽我兄弟の父河津祐通（祐泰・三一歳）、工藤祐経のために射られて死す 祐通の妻（河津の女房、満江）、御房を生んだ後、一万と筥王を連れて相模国曽我荘の曽我祐信に再嫁する 源頼朝、北条時政の娘（万寿、後の政子）と恋仲になる
一一八〇	治承四	頼朝、挙兵して、鎌倉に入る 曽我兄弟の祖父伊東祐親、頼朝に召喚され自害。その子祐清は追放されて平氏軍に加わり、後に討ち死 一万（九歳）と筥王（七歳）、祐経に恨みを抱き敵討ちを志す
一一八四	元暦元	一万（一三歳）、元服して十郎祐成と名乗る
一一八五	元暦二	筥王（一二歳）、母の意志で僧となるべく箱根別当に入門する
一一八七	文治三	筥王（一四歳）、頼朝の箱根参詣に随行した祐経と対面
一一九〇	建久元	頼朝、上洛して後白河法皇に対面、右大将に任官 筥王（一七歳）、僧の道を捨てて曽我の里に戻る 祐成（一九歳）、筥王を伴い時政の館に参る。筥王、時政を烏帽子親として元服。五郎時致と名乗る 曽我兄弟の母、五郎時致を勘当する
一一九一	建久二	祐成（二〇歳）、異母兄弟の京の小次郎に敵討ちの協力を拒否される 祐成、大磯の遊女虎（一七歳）と恋仲になる
一一九三	建久四	頼朝、上野国三倉野・信濃国長倉・下野国那須野・駿河国富士野で狩りを催す 五月二八夜、曽我兄弟、富士野の神野旅館で祐経を討つ。祐成（二二歳）は討たれ、時政（二〇歳）は捕らえられる 五月二九日、時致は頼朝の尋問を受け、祐経の子犬房丸に斬首される 六月一日、頼朝、祐成の妻（虎）を尋問。兄弟の弟の僧（御房・律師）を召喚。僧は後に自害。頼朝、兄弟の養父曽我祐信を宥免 六月七日、頼朝、兄弟の弔いのために祐信に曽我荘の年貢を免除 六月一八日、虎、祐成のための法要を箱根山別当行実坊で営み、出家（一九歳）、各地の寺社を巡る 八月二〇日、京の小次郎、範頼の粛清に連座して討たれる

道を勧める。筥王はどうにもできず恨みを募らせ、兄祐成のいる曽我の里に戻る。

【巻第五】祐成は筥王を伴い、年来親しくしている北条時政に面会、筥王は時政のもとで元服し五郎時致と名乗る。兄弟は伊東の縁者である三浦義澄《みうらよしずみ》・和田義盛《わだよしもり》らのもとで遊ぶ。曽我の里に戻った時致を母は勘当する。兄弟は異父兄弟、京の小次郎に敵討ちの話を持ちかけるが拒否される。母は兄弟に結婚すれば敵討ちの意志も無くなると諭す。兄弟は宿《しゅく》の白拍子《しらびょうし》・遊女《ゆうじょ》と親しくなれば、鎌倉と伊豆を行き来する祐経を狙いやすくなると考え、祐成は大磯宿（神奈川県大磯町）の遊女の虎に通う。頼朝は巻狩《まきがり》の開催を命じ、兄弟は祐経一行の通行を知るがなすすべもない。頼朝は浅間山麓の三倉野《みくらの》（群馬県）・長倉（長野県）で狩りを催す。狩の警固は厳重で兄弟のつけ入る隙はない。

一一九四	建久五	母と虎、兄弟の一周忌を催す
一一九五	建久六	曽我の里で兄弟の三回忌。母と祐信、出家
一一九九	正治元	母、曽我の里で死去
一二三八	嘉禎四	虎（六四歳）、曽我の里で往生

●曽我兄弟関係系図

伊東祐継―工藤祐経―犬房丸
伊東祐親―万劫（＝工藤祐経）
伊東祐親―河津三郎祐通（祐泰）
伊東祐親―九郎祐清
伊東祐親―八重姫
河津三郎祐通（祐泰）＝河津の女房（満江）
河津三郎祐通・河津の女房の子：十郎祐成（一万）＝大磯の虎、五郎時致（筥王）、御房（律師）
曽我祐信＝河津の女房（満江）―京の小次郎
八重姫＝源頼朝―千鶴
北条時政―万寿（政子）＝源頼朝

曽我兄弟の墓（曽我八幡宮の近く。静岡県富士宮市）

工藤祐経の墓（静岡県富士宮市）

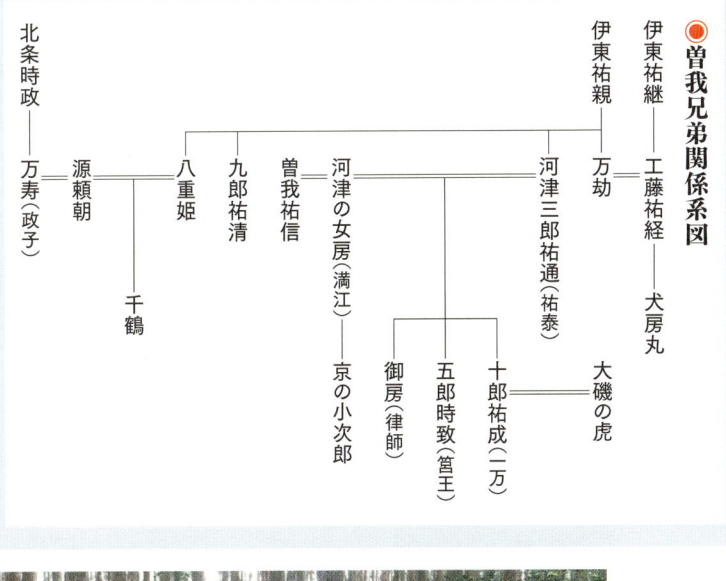

【巻第六】続いて頼朝は下野国那須野《しもつけのくになすの》(栃木県)で狩を催したが、ここでも兄弟はなすすべもない。頼朝は富士野《ふじの》(静岡県)での狩りを決め、兄弟は富士野での敵討ちを決意、縁者の三浦余一《みうらよいち》に敵討ちを打ち明ける。余一はこれを頼朝に訴えようとするが、兄弟の思いを知る畠山重忠に制止される。祐成は大磯の虎に敵討ちを打ち明け最後の時を過ごす。兄弟は曽我の里に帰り母に許しを請い、母も時致の勘当を解く。

【巻第七】兄弟は母に別れを告げて出発、箱根権現で祈願する。箱根別当は敵討ち後の後生の訪いを約束する。兄弟は三島社(静岡県三島市)でも祈願を行う。途中で兄弟の心は千々に乱れる。富士野に移動中の頼朝は曽我兄弟の敵討ちを知り、迎え討つように命じるが、兄弟は行方をくらます。

【巻第八】富士野の狩が始まり、祐経が祐成の近くに現れるが兄弟は祐経を取り逃がす。巻狩の夜、祐成は祐経の井出(富士宮市)の屋形に入り、祐経が父祐通を討ったと語るのを聞く。

【巻第九】宿所を出た兄弟は縁者の和田義盛・朝比奈義秀のもてなしを受け、畠山重忠から激励を受ける。兄弟は母への文を従者の丹三郎・鬼王丸に持たせて曽我の里に帰す。五月二八日夜、兄弟は屋形に打ち入り祐経を討ち取り、外に出て御家人たちと切り合うが、祐成は仁田忠常《にたただつね》に討たれ、時致は生け捕られる。五郎は頼朝の尋問を受け、祐親を滅ぼし祐経を重用した頼朝に遺恨があり、頼朝を討ち取ろうとしたと語る。頼朝は時致を許し用いることも考えるが結局は死罪とし、時致は祐経の子犬房によって処刑される。

【巻第十】兄弟の敵討ちと死は曽我の里に伝えられ、母と祐信は嘆き悲しむ。兄弟の首は頼朝の命令で曽我の里に届けられる。頼朝は鎌倉に帰還の途中、曽我祐信に曽我荘の年貢を免除して兄弟の母に与える。兄弟の弟の御房(伊藤禅師《ぜんじ》)は敵討ちを知って自害する。兄弟の異父兄弟、京の小次郎は頼朝の弟範頼《のりより》の謀反《むほん》に関わる追討で命を落とす。大磯の虎も祐成の死に接し、曽我の里を訪れ兄弟の母とともに悲しむ。母と虎は箱根に赴き、別当のもとで兄弟の法要を営み、虎は出家し諸国の寺社をめぐる。母と祐信は兄弟の三回忌を済ませて出家し、母はその四年後に往生する。虎はその母や尼たちと曽我の里で勤行《ごんぎょう》と説法の日々を送り、六四歳で大往生を遂げる。

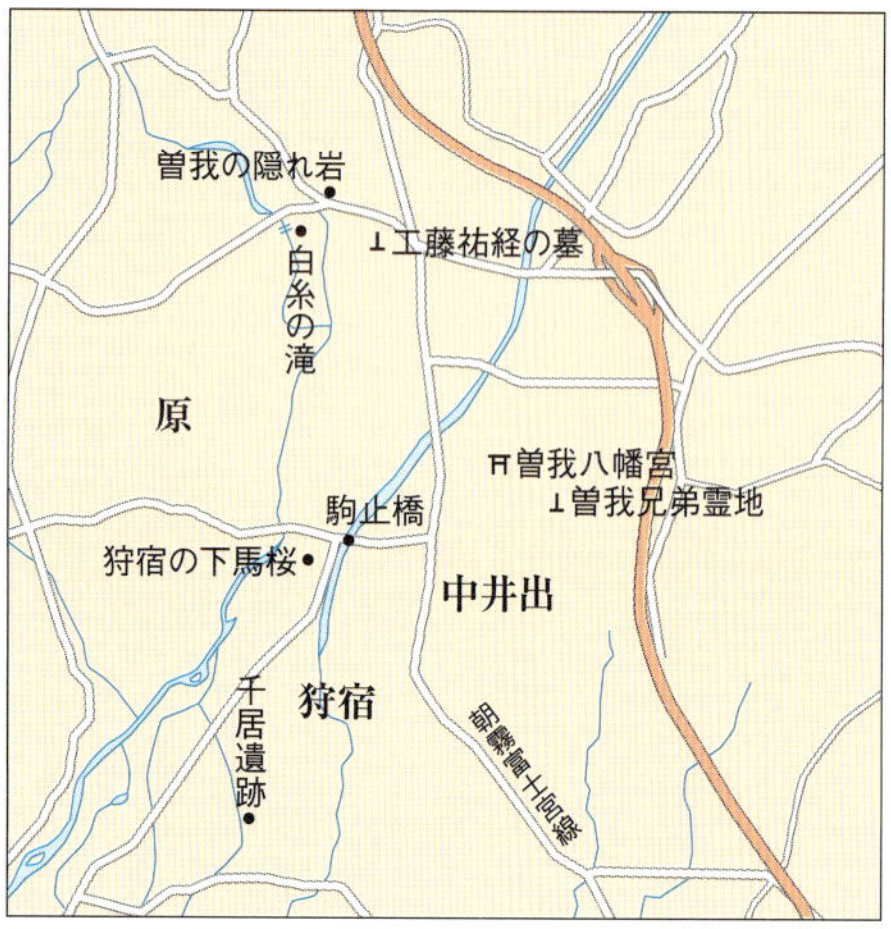

曽我兄弟関係地図

曽我兄弟事件の背景——『吾妻鏡《あずまかがみ》』と鎌倉幕府成立史——

曽我兄弟事件の基本史料である鎌倉幕府の歴史書『吾妻鏡《あずまかがみ》』によれば、建久《けんきゅう》四年(一一九三)五月一五日、頼朝は御家人を率いて富士野の旅館に入り、一六日より狩を催した。二八日夜、曽我兄弟は富士野の神野の旅館に推参して工藤祐経を討った。その後、祐成は御家人たちと斬り合い仁田忠常に討たれ、時致は小舎人童《ことねりわらわ》に捕らえられた。二九日、時致は頼朝の尋問に対して、父河津三郎祐泰《すけやす》(『曽我物語』では祐通)の雪辱《せつじょく》のため祐経を討った、祖父祐親が頼朝の処罰を受けた恨みがあり、頼朝に拝謁《はいえつ》して自害するつもりであったと述べた。頼朝は内心で時致を宥免《ゆうめん》しようと考えたが、祐経の遺児犬房丸の訴えにより時致を引き渡し、時致は処刑、梟首《きょうしゅ》された。

頼朝は祐経が招いた遊女からも事情を聞き、兄弟が母に最後に送った文を召し出した。六月一日、祐成の妾の虎（大磯の遊女）を召し出したが罪がないため釈放した。兄弟の弟の僧（律師《りっし》）は、父の死後に祐清ついでその妻が再嫁した源氏一門の平賀義信《ひらがよしのぶ》に育てられ、頼朝は越後国《えちごのくに》（新潟県）にあったこの僧を召し出したが、僧は甘縄《あまなわ》（鎌倉市）の近くで自害した。兄弟の養父曽我祐信は敵討ちに関与せず宥免され、頼朝は兄弟の弔いのため祐信に曽我荘の年貢を免除した。虎は祐成の死後に箱根別当行実坊《ぎょうじつぼう》で仏事を営み一九歳で出家した。八月二〇日、兄弟の異父兄弟、京の小次郎は頼朝に粛清《しゅくせい》された範頼に連座して殺された。

以上の『吾妻鏡』の記事に対して『曽我物語』では筥王が祐経から話しかけられる、兄弟が事ある毎に祐経をつけ狙う、知人縁者に敵討ちを打ち明ける、兄弟が頼朝の狩りを追って機会をうかがう、頼朝に敵討ちを見抜かれ姿を隠す、敵討ち直前に御家人たちのもてなしや激励を受ける、敵討ち前に祐経の口から父の殺害を聞くなど、物語的な脚色が随所にみられる。ただし『吾妻鏡』の記事も、『曽我物語』のもとになった説話に依拠した箇所があり、信用し難い箇所があるとみなされている。

とはいえ『曽我物語』巻第一～第三は、東国武士社会と鎌倉幕府成立前史を語る貴重な史料である。武士の社会は伊東・河津・工藤一族の抗争にみるように、一族が血で血を争う世界でもあった。祐親の恨みを買った流人頼朝については、安達盛長の夢を通してその天下平定が暗示され、頼朝の挙兵と成功により伊東氏は没落した。祐親の自害と祐清の追放の記事は『吾妻鏡』『曽我物語』ともに近似している。

有力武士の嫡男《ちゃくなん》である父を失った曽我兄弟は、小規模武士の庶《しょ》子《し》へと地位を低下させた。祐経は『吾妻鏡』でも頼朝の寵臣《ちょうしん》として活躍する。曽我兄弟が北条時政に接近し、時致が時政のもとで元服したのは『吾妻鏡』『曽我物語』ともに共通する。これにより兄弟は低下した地位の回復を目指したと考えられる。

この経緯から祐経殺害の背景に時政がおり、頼朝も兄弟の標的でその黒幕を時政とする説がある。しかし時政が頼朝側近の祐経の殺害に関与した可能性はあるにせよ、婿《むこ》の頼朝の殺害を企てたとは考え難いとする批判もある。

建久年間は鎌倉幕府が確立する一方で、頼朝への不満が御家人の間に生じていたとされる。現に敵討ち直後に頼朝の弟範頼が粛清されている。敵討ちの背後に頼朝政権を揺るがす謀略をみる見方があり、頼朝はその動きを逆手に取って粛清を進めた可能性がある。

曽我兄弟事件は、物語や歌舞伎と区別された史実を見出すことがなかなか難しい事件である。『曽我物語』に説話的性格があり、幕府の正史である『吾妻鏡』の記事も『曽我物語』と近似していて、全面的な信頼をおくことができないからである。その史実に迫るには、すでに指摘されるように、『吾妻鏡』『曽我物語』やそれらがもとにした史料（記録・説話）の批判を通して、史実を丹念に拾い出す作業が今後も求められる。

助六由縁江戸桜——すけろくゆかりのえどざくら

黒石陽子

場所は江戸の新吉原、仲之町《なかのちょう》三浦屋の店先である。多くの人々が行き交う中を、一人の老婆が、通りかかる遊女たちの提灯《ちょうちん》を見ては確かめていた。この老婆は曽我兄弟の母満江《まんこう》で、三浦屋かかえの遊女、新吉原でも名高い揚巻《あげまき》を探して、提灯に描かれている紋を見て回っていたのだった。その揚巻の所へ通い詰めているが、揚巻が一向になびこうとしないので、腹を立てているのがかんぺら門兵衛である。門兵衛は満江を揚巻の母と勘違いし、揚巻を取り持つように頼むが断わられ、乱暴を働こうとする。そこに揚巻の友人の遊女白玉が入って止め、満江を救う。

白酒売りの新兵衛がやってきて宣伝口上を述べたて、この白酒を飲むと恋が叶うと言って客を集め、白酒を売りつける。新兵衛は花川戸《はなかわど》助六という男を探しており、白玉に自分を助六に会わせてほしいと頼む。

三浦屋かかえの遊女たちが次々と登場して店先に立ち並び、揚巻のことを噂していると、そこへ生酔《なまよ》いの揚巻が登場する。満江は提灯の紋を見て揚巻と判断し、話しかける。揚巻は満江が助六の母と気づき、二人だけで話すこととした。満江は助六が喧嘩《けんか》ばかりしている様子を心配し、揚巻から助六に喧嘩をやめるように言ってほしいと頼む。そして、日頃からの助六への助力や世話に感謝して、二人の仲を母として認めると言う。揚巻は満江を自分の部屋へ案内させた。

やはり揚巻に惚れている、異名を髭《ひげ》の意久《いきゅう》と称する老人がやってきて、揚巻に言い寄るが、揚巻はそれを跳ね返す。腹を立てた意久は揚巻の恋人助六の悪口をさんざんに言う。それを聞いて怒った揚巻は、次のように意久に悪態《あくたい》をつく。「意久さんと助六さんをこうマア並べて見たところが、こちらは立派な男振り、こちらは意地の悪そうな男つき。たとえてみようなら、雪と墨、硯の海も鳴門の海も、うみという字に二つはなけれど、深いと浅いが間夫《まぶ》と客。間夫が無ければ女郎は暗闇。くらがりで見ても、助六さんと意久さんを取り違えてよいものかいなあ」。意久はさらに腹を立て、刀の柄に手をかけるが、白玉がその場を収めて、揚巻を連れていく。

そこへ、助六が黒小袖、紫の鉢巻、蛇の目の傘という出で立ちで登場する。喜んだ遊女たちが一斉に助六に吸い付け煙草《たばこ》を手渡す。それを羨《うらや》んだ意久は、自分も一服煙草が飲みたいという。助六は「なんときついものか。大門《おおもん》をぬっと面《つら》を出すと、仲の町《ちょう》の両側から、近付きの女郎の吸い付け煙草が、雨の降るような」と自慢すると、遊女たちから貰った煙草のきせるの内の一本を、わざと足先に挟んで突き出すが、意久は相手にしない。

かんぺら門兵衛が憤慨しながら浴衣《ゆかた》で帯も締めずに店先に現れる。親分の髭の意久に挨拶すると、風呂場で遊女に背中を流してもらおうと待っていたが誰も現れない、と不満をぶちまける。そこにうどん屋の福山の出前持ちが通りかかる。出前持ちにしつこく絡《から》んでいるのを見た助六は門兵衛の腕をねじあげ、うどんを門兵衛の頭にかける。切られたと思った門兵衛は動転し、門兵衛の子分の朝顔仙平《せんぺい》が出てきて助六に立ち向かうが、助六にいなされてしまう。

助六は何とか意久に刀を抜かせようと喧嘩をしかけ、挙句《あげく》の果てには自分の履いている下駄《げた》を脱いで、床几《しょうぎ》に腰かけている意久の頭に載せる。さすがに憤った意久は、思わず刀の柄に手をかけるが刀を抜かず、子分たちをけしかけ、助六は応戦する。

白酒売りの新兵衛はその様子を見ていて助六に声をかけた。助六は新兵衛の顔を見て驚く。新兵衛こそは兄曽我十郎祐成《そがのじゅうろうすけなり》だった。助六は実は曽我五郎時致《そがのごろうときむね》であった。

十郎(新兵衛)は実父河津三郎《かわづのさぶろう》の敵討ちを果た

「助六所縁江戸桜」の一場面（いずれも五渡亭国貞画、早稲田大学演劇博物館蔵）

けいせいしら玉（岩井紫若）、
朝かほ仙平（坂東三津右衛門）
（002-1077）

髭の意休（坂東三津五郎）、
かんぺら門兵へ（沢村しやばく）
（002-1076）

三浦やあけ巻（岩井条三郎）、
揚巻の助六（市川団十郎）
（002-1075）

そうと、一八年間の歳月をともに過ごし、いよいよ五月下旬の富士の巻狩りに大願を果たそうとしているのに、日々喧嘩に明け暮れているのはどういうつもりかと問い正す。

すると五郎（助六）は養父の曽《そ》我祐信《がのすけのぶ》が紛失した源家の重宝友切丸《ともきりまる》を探し出して養父を救うために、喧嘩をしかけては刀を抜かせ、友切丸を探索しているのだと説明する。

事情を理解した十郎は誤解したことをあやまる。自分もともに喧嘩をしかけて友切丸を探すので、喧嘩のやり方を教えてほしいと頼み、五郎から指南《しなん》を受ける。

そうしているところへ、揚巻が満江を武士姿にし、編み笠をかぶせてともに出てくる。兄弟は母とは気づかずに、早速に二人で喧嘩をしかける。編み笠をはずさせて、母と知った二人はびっくり仰天し、十郎は隠れようとするが、逃れられず、母は五郎だけではなく十郎までがともに喧嘩をしかけていることに唖《あ》然《ぜん》とし、亡夫河津三郎に申し訳が立たないので自害すると言い張る。兄弟は母を押しとどめ、喧嘩の訳を説明すると、母も納得した。しかし短気な五郎を心配して母の紙《かみ》子《こ》を五郎に着せる。満江は乱暴をすると紙子が破れるので、それは母の身を傷つけるのと同じことであると諭し、十郎とともに去った。

二人は残されるが、助六が揚巻は意久を客にしたのではないかと疑うので、言い争いになるものの、すぐに仲直りした。

そこへ意久がやってきたので、助六は揚巻の打掛《うちかけ》の裾に隠れ、揚巻と意久のやりとりを聞いている。意久が助六の悪口を言うので、助六は身を隠したまま意久の足の毛を抜く。意久は助六と知って引きずり出し、助六が曽我五郎と知って扇で打ち、兄弟で実父河津三郎の敵を討ち、それだけではなく源頼朝も討つようにと諫《いさ》める。その時には自分も力を貸すと言って意久は思わず刀を抜いて香炉の台をまっぷたつにした。その刀を見て助六は探していた友切丸であることを確認する。

遊廓が店じまいする午前三時頃、意久は取り巻きを連れて帰途についた。その時、待ち受けていた助六は意久に切りつけ、友切丸を奪い返す。意久は実は頼朝の命をねらう平家の武将伊賀の平内左衛門だった。意久が切られたと知って遊廓《ゆうかく》の者たちが騒ぎ立てる中、助六は天水桶《てんすいおけ》に身を隠したあと、揚巻に助けられて廓の外へ逃れた。

江戸の歌舞伎と『曽我物語』

「助六由縁江戸桜」とはどういう作品か

「助六由縁江戸桜」（宝暦《ほうれき》一二〔一七六二〕年江戸市村座初演）は現在上演される歌舞伎演目の中でも、江戸の地で上演されてきた歌舞伎の特色をよく表している作品である。それは『曽我物語』の物語世界を枠組みにしながら、当時の現代的な話題を組み込んで作品世界を創作するというもので、江戸時代の、特に江戸という土地の歌舞伎の中で創り出された独自な作劇法だった。

曽我兄弟の敵討ち

曽我十郎五郎の兄弟は、実父河津三郎《かわづのさぶろう》の敵工藤祐経《くどうすけつね》を源頼朝《みなもとのよりとも》が催した富士の巻狩りの折に討ち果たした。建久《けんきゅう》四（一一九三）年五月二八日のことである。この事件は実際に起きたこととして『吾妻鏡《あずまかがみ》』に記されており、『曽我物語』にはこの敵討ちが起こるまでの種々の事件や経緯、兄弟の死後について詳細に描かれている。

「曽我物語」の芸能への影響

『曽我物語』は後の中世・近世の芸能に大きな影響を及ぼした。能では「元服《げんぷく》曽我」「小袖曽我」「禅師曽我」「調伏《ちょうぶく》曽我」「夜討曽我」の他二十数曲が作られた。幸若舞《こうわかまい》でも「切兼《きりかね》曽我」「元服曽我」など七曲、そして古浄瑠璃《こじょうるり》でも「ゆいせき諍」「こんげんそが物がたり」などが作られ、近松門左衛門が「世継《よつぎ》曽我」を皮切りに一〇作品作っている。また、歌舞伎は京坂でも江戸時代の早い時期には七月の「盆曽我」といって曽我物が上演されたが、次第に上演が少なくなった。それに反して江戸では、上演が途絶えることなく、やがて初代市川団十郎が曽我五郎を演じて人気を博し、さらに二代目団十郎が正徳《しょうとく》六（一七一六）年正月「式例和《やわらぎ》曽我」で「助六実は曽我五郎」という形で演じた。

助六・揚巻のモデル

助六と揚巻のモデルの実説は複数あり、定説はない。元禄《げんろく》年中（一六八八〜一七〇四）に大坂の豪商万屋《よろずや》の長男助六が、大坂新町（大阪市西区）の遊女揚巻のところに通いつめて勘当《かんどう》を受け、揚巻も他の客に請け出されそうになって、二人は大坂の千日寺（大阪市中央区）で心中するという事件が起きた。この事件が京坂で浄瑠璃や歌舞伎で取り上げられて劇化された。さらにこれを二代目市川団十郎が江戸風に仕立てて「助六」が誕生したと言われる。また、同じ頃江戸の花川戸（東京都台東区）に助六と名のる男伊達《おとこだて》がおり、京坂の助六と名前が同じなので、京坂の助六揚巻心中と重ね合わせたとする説。さらに同じ頃、粋人《すいじん》として知られた江戸の浅草辺の商人の大口屋暁雨《ぎょうう》と京坂の助六を重ね合わせたとする説もある。また大口屋暁雨のなじみの遊女松枝《まつがえ》を揚巻と重ね合わせたという説や、正徳年中（一七一一〜一七一六）に新吉原の三浦屋に総角《あげまき》という名の遊女がいたという説もある。このように多数の説があり、定まるところはないのだが、実際に起きた心中事件の後、何回も浄瑠璃や歌舞伎で取り上げられており、当時興味を持たれた事件であったといえよう。

江戸歌舞伎における「世界」の発想法

江戸の地の歌舞伎の特色は、一七〇〇年代の初めになると、正月には必ず曽我狂言（『曽我物語』を題材としたもの）を上演するようになったことである。当時江戸には三つの劇場があったが、その三座ともに必ず上演した。

新吉原江戸町二丁目　佐野槌屋内黛突出シ之図
（一恵斎芳幾画、国立国会図書館蔵）

まず正月の演目では『曽我物語』の時代設定で舞台化するが、上演が続いて次の話を書き足して上演する際には、時代設定は当代のものとなる。『曽我物語』の登場人物も当代の人物の「〇〇実は曽我の五郎」といった形で結び付けられていく。『曽我物語』の内容は生き続けながら、そこに当代の時間と内容が結び付けられ、重ね合わされるという作劇法なのである。「助六由縁江戸桜」では曽我五郎は当代の助六となり、曽我十郎は当代の白酒売り新兵衛となる。

なお当代の髭の意久は実は伊賀の平内左衛門となっているが、この人物は『曽我物語』には登場しない。『平家物語』（巻一一内侍所都入）によれば平知盛《たいらのとももり》の乳母子《めのとご》で、壇ノ浦の合戦で知盛とともに入《じゅ》水《すい》したとされる。また伝承によっては源頼朝を狙ったというものもある。この点では『曽我物語』に『平家物語』の要素も絡ませているということであろう。

以上のように、ある物語の内容を話の大枠にすることを、江戸時代の狂言作者は「世界」という言い方で説明している。「助六由縁江戸桜」は「曽我」の「世界」に助六と揚巻の恋を組み込むことで、新たな物語の展開を作ったのである。

舞台には満開の桜に彩られた江戸時代の新吉原の雰囲気が再現され、立女形《たておやま》と言われる当代一の女形《おんながた》役者が揚巻を勤める。絢爛《けんらん》たる衣装を身にまとい、意久に対して堂々と悪態をついて江戸の遊女の心意気を表わす。男伊達の粋《すい》である助六は、荒々しい荒事《あらごと》に加えて柔らかみの加わっているところが特徴である。さらに遊廓を通り過ぎていくさまざまな人物たちの、それぞれのキャラクター表現も、歌舞伎ならではのものである。

吉原仲之町の景色
（歌川広重画、「東都三十六景」の内。国立国会図書館蔵）

傾城反魂香《けいせいはんごんこう》～吃又《どもまた》——

池田芙美

あらすじ

「傾城反魂香」は、元は近松門左衛門（一六五三～一七二四）作の人形浄瑠璃で、室町時代の絵師・狩野元信《かのうもとのぶ》（一四七七?～一五五九）の一五〇年忌を当て込んで書かれた。題名にある「反魂香」とは、漢の武帝が香を焚いて、亡き夫人の面影を見たという故事が由来となっており、本演目に登場する狩野元信の前に、かつての恋人・遠山《とおやま》が亡霊となって現れる場面があることから、この名がつけられた。物語は上中下の三段から構成されており、とくに上段の「土佐将監閑居《とさのしょうげんかんきょ》の場」、通称「吃又《どもまた》」の人気が高く、上演回数も圧倒的に多い。

「土佐将監閑居の場」のあらすじは次のとおりである。

土佐将監光信《みつのぶ》は宮中の絵所《えどころ》に仕えていたが、帝《みかど》の怒りにふれ、現在は山科国《やましろのくに》に隠れ住んでいる。ある日、光信の家の外に虎が現れる騒ぎが起きる。この虎は、土佐派と並ぶ絵師の一門である狩野派の元信が、近江国《おうみのくに》の大名・六角《ろっかく》家のお家騒動に巻き込まれた際、悪人を追い散らすために襖《ふすま》に描いたもので、絵に魂が入り、襖を抜け出て光信宅までたどり着いた、という経《い》緯《さつ》があった。光信は、日本に虎がいるはずがないため、これは元信の絵に魂が入ったものだと見抜く。そこで、弟子の修理之助《しゅりのすけ》が、この虎を筆でなぞり、見事に虎の姿をかき消した。この功績が讃えられ、修理之助は免許皆伝《めんきょかいでん》となり、土佐の苗字が与えられる。

一方、もう一人の光信の弟子である浮世又平《うきよまたへい》は、土佐の苗字を名乗ることが許されないため、大津絵《おおつえ》を描き、貧しい生活を送っていた。又平は弟弟子に先を越されたことを知り、自分にも土佐の苗字を与えてほしいと師に懇願《こんがん》する。又平は生来の吃音《きつおん》があるため、光信にうまく話すことができず、代わりに饒《じょう》舌《ぜつ》な女房のおとくが訴

「浮世又平奇特」

歌舞伎役者を大津絵の画題に見立てている。右端が浮世又平（四代市川小団次）。

又平は徳川斉昭《なりあき》、若衆は一橋慶喜《ひとつばしよしのぶ》、福禄寿は13代将軍徳川家定をなぞらえていると評判になった。

（歌川国芳画、東京都立中央図書館蔵）

「東海道五十三對」（大津）岩佐又兵衛
詞書きは松尾芭蕉「大津絵の筆のはしめは何仏」の句に「応需広重写」とあって、「鬼の念仏」「藤娘」「槍を持った奴」の絵を広重が描く。下は、国芳が描いた歌舞伎「傾城反魂香」の一場面。
（歌川国芳画、滋賀県立図書館蔵）

えかける。しかし、光信からは、「修理之助は絵の実力で土佐の苗字を得たのであり、功績のない又平に情けで名字を与えることはできない」と拒否される。折しも、元信の弟子である雅楽之助《うたのすけ》が助けを求めに来たため、功績をあげようと又平は助太刀《すけだち》を申し出るが、光信から却下され、代わりに修理之助が向かうことになる。

すべての望みが絶たれた又平は、夫婦で自害し、せめて戒名《かいみょう》として土佐の苗字を得たいと考え、手水鉢《ちょうずばち》を石塔に見立て、その石面に絶筆となる絵を残すことにする。「是《これ》生涯の名残《なご》りの絵」と覚悟し、自らの姿を描いたところ、この絵が石面の裏から表へと突き抜けるという奇跡が起きる。この奇跡を目にした光信は、又平の絵の実力を認め、免許皆伝となり、「土佐又平《とさのまたへい》光起《みつおき》」と名乗ることが許される。又平も修理之助の後を追って加勢するように光信から申し付けられ、幕となる。

見どころ

本演目には、大きな見所が三つある。一つ目は、免許皆伝を断られた又平が「頼みなく〱又平も、我が咽《のど》ぶえをかきむしり、口に手を入れ、舌を抓《つめ》って泣きけるは、理《ことわり》せめてあわれなり」と、自らののどをかきむしり、口に手を入れて舌をつねり、泣きながら吃音を嘆く場面で、この苦悩の演技が役者の技量の見せどころとされる。二つ目は、死を覚悟した又平夫婦が吃音を憂え悲しむ場面であり、妻のおとくの「手も二本、指も一〇本ありながら、なぜ片輪《かたわ》（「吃り」とする場合もある）には生まれさしゃんしたぞいなア」の台詞がとくに有名である。実はこの台詞は近松の原作には無く、歌舞伎の舞台になってから追加されたものであるが、おとくの心情をよく表している。三つ目は、手水鉢《ちょうずばち》の反対側に絵姿が現れる場面で、先にその様子に気づいた妻のおとくが、又平の手を引いて、石面を突き抜けた絵を指し示し、又平が「嚊《かゝ》、抜けた」と言いながら腰を抜かすところまでが見せ場である。この最後のクライマックスは、吃音を嘆く夫婦の葛藤《かっとう》を経ることによって、一層感動を呼ぶ。

「傾城反魂香」のなかでは、「吃又」のストーリーは本来、脇筋にあたるが、この浮世又平というキャラクターの魅力と、おとくとの夫婦愛にあふれたやり取り、物語の展開の面白さが、高い人気につながっている。

「傾城反魂香」

岩佐又兵衛の虚像と実像

岩浅又兵衛

「吃又」の主人公である浮世又平は、江戸時代初期の絵師である岩佐又兵衛《いわさまたべえ》(一五七八〜一六五〇)がモデルとなっている。又兵衛は通称で、諱《いみな》は勝以《かつもち》という。又兵衛は戦国武将の荒木村重《あらきむらしげ》(一五三五〜八六)の息子として生まれた(近年では、村重の長男・村次の子とする説もある)。織田信長(一五三四〜八二)の家臣であった村重は、信長に反旗を翻《ひるが》すも、失敗に終わる。落城の際、荒木一族はほぼ惨殺《ざんさつ》されるが、数え二歳だった又兵衛は乳母《めのと》により救出され、石山本願寺に保護されたという。成人した又兵衛は、母の姓とされる「岩佐」を名乗り、信長の子・信雄《のぶかつ》に仕えるようになる。この間に、村重の家臣の子である狩野内膳《ないぜん》や、土佐派の絵師に絵を学んだと考えられている。複数の流派の技法を身に付けた又兵衛は、独自の画風を確立し、京都で自身の工房を構えた。

岩佐又兵衛自画像(東京大学史料編纂所蔵、模写)

その後、元和《げんな》二年(一六一六)、三九歳のとき、福井の本願寺派の僧・心願《しんがん》の招きにより、越前北之庄《えちぜんきたのしょう》へと移住する。その背景には、越前国守・松平忠直《まつだいらただなお》からの働きかけがあったともされる。この新天地の福井において、又兵衛はさらに才能を開花させ、数々の代表作が生まれた。

又兵衛の評判は江戸にまで届き、寛永《かんえい》一四年(一六三七)、六〇歳のときに幕府の命で江戸に赴くことになる。徳川家のための制作に尽力するなか、福井に戻ることなく、慶安三年(一六五〇)、七三歳で死去した。

又兵衛が没してから約六〇年後、福井出身とされる近松門左衛門が、「浮世又平」という架空《かくう》の絵師を主人公の一人とした浄瑠璃「傾城反魂香」を発表する。この浄瑠璃があまりにも人気を博したため、「浮世又平」と「岩佐又兵衛」が混同され、虚実が入り混じった又兵衛像が流布し、又兵衛は「浮世絵の祖」として伝説化されていくようになる。そこで以下に、岩佐又兵衛をめぐる史実や言説を整理し、その実像と虚像を紐解いてみたい。

岩佐又兵衛の虚像と実像

「吃又」では、浮世又平は土佐光信(?〜一五二一?)の弟子という設定になっている。もちろん、宮廷の絵所預や室町幕府の御用絵師を務めた光信の活躍期を考えると、又兵衛が光信に直接師事したとは考えにくい。しかし、又兵衛の代表作である「三十六歌仙額」(川越・仙波東照宮蔵)の裏面には「絵師土佐光信末流岩佐又兵衛尉勝以図」という署名が残されており、又兵衛が自身を光信の系譜を継ぐ絵師であると主張していたことは確かである。そして、又兵衛が土佐派の様式を学んでいたことは、作品からもうかがえる。土佐派はやまと絵の伝統を継承する画派であるが、現在確認されている又兵衛作品は『源氏物語』や『伊勢物語』などの古典文学を絵画化した物語絵、および歌仙絵など、やまと絵の画題が大半を占めている。これらの作品を描く際、又兵衛はやまと絵の先達である光信の作品を大いに参照したと考えられる。また、又兵衛作品に光信の影響をみる見解は江戸時代から存在し、戯作者・山《さん》東京伝《とうきょうでん》による『追考浮世絵類考《ついこううきよえるいこう》』(享和《きょうわ》二年〔一八〇二〕刊)では、又兵衛について「土佐光信の画風に倣《ならい》て一家を成せり。世に光信の門人と云《いふ》は誤也」とし、又兵衛は光信の弟子ではないが、その画風を学んだと記されている。京伝が誤情報として紹介した光信門人説の根拠は不明だが、少なくとも当時、又兵衛を光信の弟子とする認識が世の中に広まっており、その伝承をもとに、近松は光信と又平の師弟関係を考案したと推測される。

大津絵と又兵衛

では、浮世又平の人物像については、どのくらい史実を反映しているのであろうか。「吃又」では、又平は大津絵を描きながら生計を立てている。大津絵とは、江戸時代に近江国大津で売られていた民衆絵画で、主に東海道を旅する人々に向けた土産物・護符《ごふ》として販売されていた。主題は仏画や世俗画が中心で、教訓的なメッセージが込められたものも多い。しかし、実際の又兵衛はこのような大津絵は描いていない。にもかかわらず、又兵衛を「大津絵の創始者」とする巷説《こうせつ》があったようで、江戸時代中期の俳諧師・各務支考《かがみしこう》による『本朝文鑑《ほんちょうぶんかん》』(享保《きょうほ》三年〔一七一八〕刊)には、「浮世又兵衛ハ大津絵ノ元祖ニテ」と記されている。また、江戸時代後期を代表する狂歌師・大田南畝《おおたなんぽ》が著した『浮世絵類考』(『浮世絵考証』)の「岩佐又兵衛」の項目にも、「大津絵も此人《このひと》の書出せるなりといふ」という記述がみられる。一方、京伝は随筆『近世奇跡考《きんせいきせきこう》』(文化元年〔一八〇四〕序)において、大津絵は「世に伝えて、浮世又平がかきはじむといへども、たしかなる証《しるし》なし。案《あんず》るに、浮世又兵衛…又平といふは誤《あやまり》なり。…又兵衛が伝を見るに、大津にて売画《ばいぐわ》をかきし事、あるべしともおぼえず。…其《その》画風《ぐわふう》を見るに、大津絵をかくべき風にあらず」とし、伝記や画風からしても、大津絵とは関係がないと結論づけている。

ではなぜ無関係なはずの又兵衛と大津絵が結びつけられたのであろうか。大津宿から京都へと向かう東海道筋の逢《おう》坂峠《さかとうげ》周辺は大津絵の発祥地とされるが、この地に存在した「関蝉丸神社《せきせみまる》」に伝わった古文書「関蝉丸神社文書」のなか

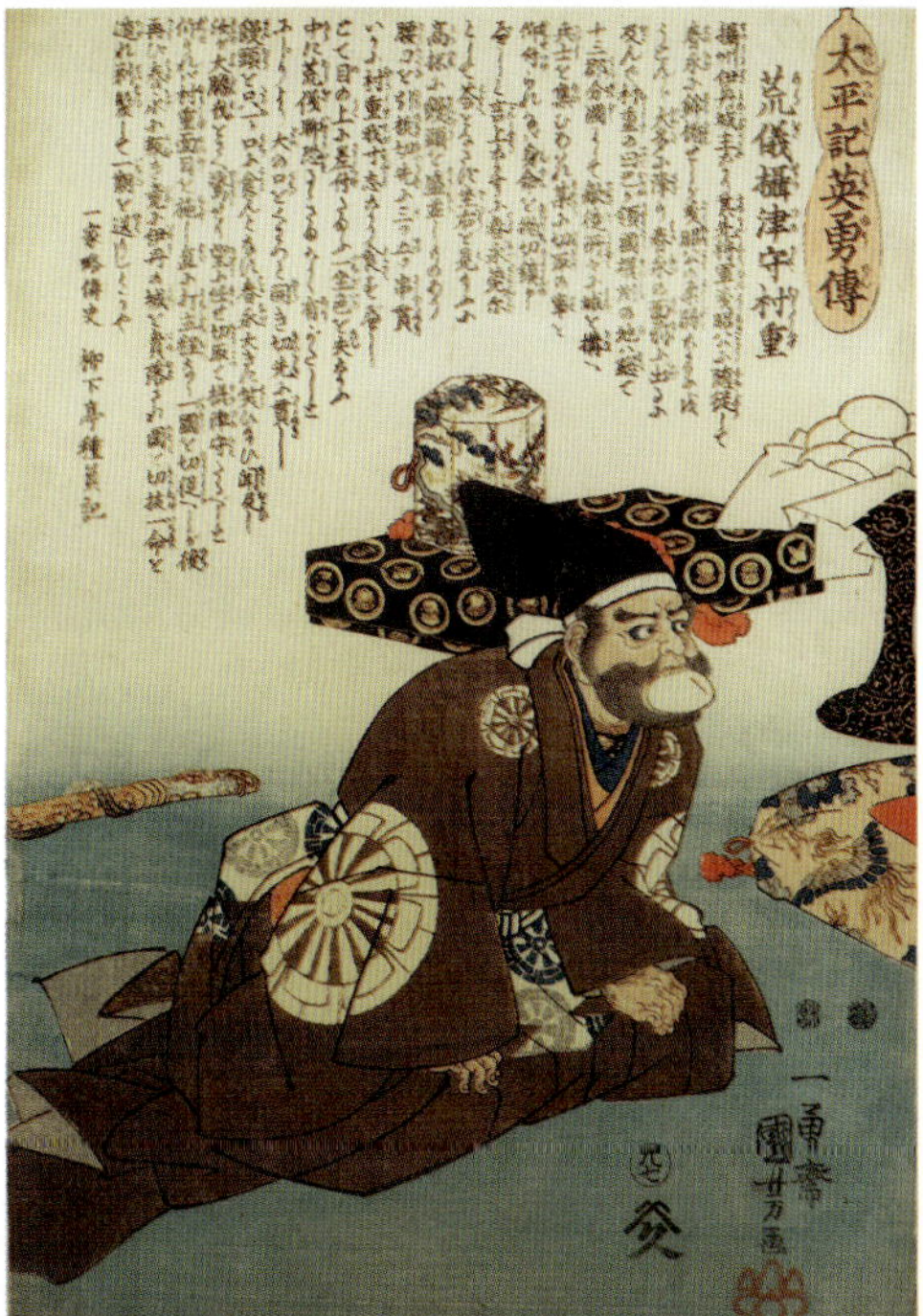

荒木村重
(歌川国芳画、「太平記英雄伝　廿七　荒儀摂津守村重」、市立伊丹ミュージアム蔵)

舟木本「洛中洛外図屏風」（部分）（岩佐又兵衛画、東京国立博物館蔵、ColBase〔https://colbase.nich.go.jp〕）

に、大津絵に関する興味深い記載がある。すなわち、「湯浅亦兵衛《ゆあさまたべえ》」という仏絵師が、神社の前で歌舞伎や浄瑠璃もどきの役者などを描いた絵を売っており、その画風が今の大津絵にも遺《のこ》っているとする。つまり、この湯浅亦兵衛（又兵衛）の「ゆあさ」と、岩佐又兵衛の「いわさ」が混同され、二人の経歴が入り混じり、又兵衛を大津絵と結びつける解釈が広まったとする説である。さらに、京伝が『近世奇跡考』で「大津に又平といふ者ありしを、浮世又兵衛が事にして、かの浄瑠璃をつくりしより、虚説《きょせつ》を伝へしならん」と述べているように、「かの浄瑠璃」こと「吃又」の流行が「大津絵を描いた浮世又平」のイメージを定着させ、「岩佐又兵衛＝大津絵の絵師」という「虚説」の流布に拍車をかけた可能性は十分にある。

浮世と又兵衛

以上、「土佐光信門人説」と「大津絵の絵師説」について考察してきたが、岩佐又兵衛と浮世又平をめぐる虚実の問題をさらに難解にしているのが、役名につけられた「浮世」という文言である。岩佐又兵衛が「浮世又兵衛」と称されていたことは事実だが、この「浮世」という俗称は、「又兵衛は浮世絵の祖であるか否か」という別の大きなテーマとも複雑に絡み合っている。

近世において「浮世」とは、「当世風」「今様《いまよう》の」といった意味で使われる場合が多い。その根底には、現世を肯定し、享楽的に今を生きようとする精神が存在している。又兵衛がこの「浮世」と結びつけられたのは、当世風俗の表現に優れていたことが理由である。そして、又兵衛の次世代に活躍した英一蝶《はなぶさいっちょう》（一六五二〜一七二四）の「四季絵跋《しきえばつ》」には、「歌舞白拍子《かぶしらびょうし》の時世粧《じせいしょう》をおのづからうつし得て世人うき世又兵衛とあだ名す」とあり、この時期にはすでに「浮世又兵衛」という呼称が定着していたことが分かる。また、福井

の岩佐家に伝わった「岩佐家譜」にも、「世態風流」を描いて一家を成し、「浮世又兵衛」と呼ばれたとあり、当世風俗画によって又兵衛に対する評価が確立したことを示唆《しさ》する。さらに、この当世風俗画を浮世絵の源流として明確に位置づけたのが、南畝による『浮世絵類考』で、「能《よ》く当時の風俗を写すを以て、世人呼て浮世又兵衛と云。……按《あんず》るに是《これ》世にいはゆる浮世絵の始《はじめ》なるべし」としている。なお、この南畝の意見に近い認識はさらに前から存在し、浮世草子『風流鏡ヶ池』(宝永《ほうえい》六年[一七〇九]刊)では、「中むかし土佐流」「うき世又兵衛」「近代やまと絵の開山菱川《ひしかわ》」を順に取り上げ、遊女が亡くなった恋人の絵姿をどの浮世絵師に注文しようかと思案する場面が登場する。最後の「菱川」とは浮世絵師・菱《ひし》川師宣《かわもろのぶ》のことであり、『風流鏡ヶ池』の記述には、土佐派から又兵衛を経て、師宣に至るまで、やまと絵の系譜が脈々と続いていることを印象づけようとする意図が感じられる。師宣ら浮世絵師たちは自らの経歴に箔《はく》をつけるため、署名に「大和絵師」という名称を用いることも多く、その宣伝文句に説得力を持たせるためにも、土佐派との間をつなぐ又兵衛の存在は重要であったに違いない。ただし、又兵衛と浮世絵を安易に結びつけることに疑問を呈する見解もあり、南畝の『浮世絵類考』に補記を加えた、浮世絵師・溪斎英泉《けいさいえいせん》の『無名翁随筆《むめいおうずいひつ》』(『続浮世絵類考』)では「浮世人物を画《えが》くの妙手《みょうしゅ》なれば浮世絵又兵衛と渾名《あだな》せしより後世に浮世絵師の称を残せり、俗に是を浮世絵の濫觴《らんしょう》と云ふは音曲演戯《おんぎょくえんぎ》の浮説《ふせつ》に起《おこ》れり」とある。つまり、又兵衛は当世風俗を描くのが得意であったため、「浮世(絵)又兵衛」というあだ名がつけられ、浮世絵の祖かのように言われるが、これは「音曲演戯の浮説」、すなわち近松の「吃又」など演劇によって広まった根拠のない噂にすぎない、と否定的な意見を述べている。言い換えれば、「吃又」があまりにも人気となったため、モデルとなった岩佐又兵衛の実像に関する人々の認識を塗り替えることになったという、異例の逆行現象が起こったことを示している。つまり、フィクションによって生み出された虚像が、実像を覆い隠すほどの力を持ち、「又兵衛浮世絵開祖伝説」を作り上げていったといえる。

　岩佐又兵衛と浮世又平の関係を、実像と虚像という単純な対比のみで語ることは難しい。又兵衛に関する史実や言説が又平を作り上げ、その一方で、又平というキャラクターが又兵衛のイメージを侵食し、虚実が入り混じった「浮世又兵衛」を生み出したのである。

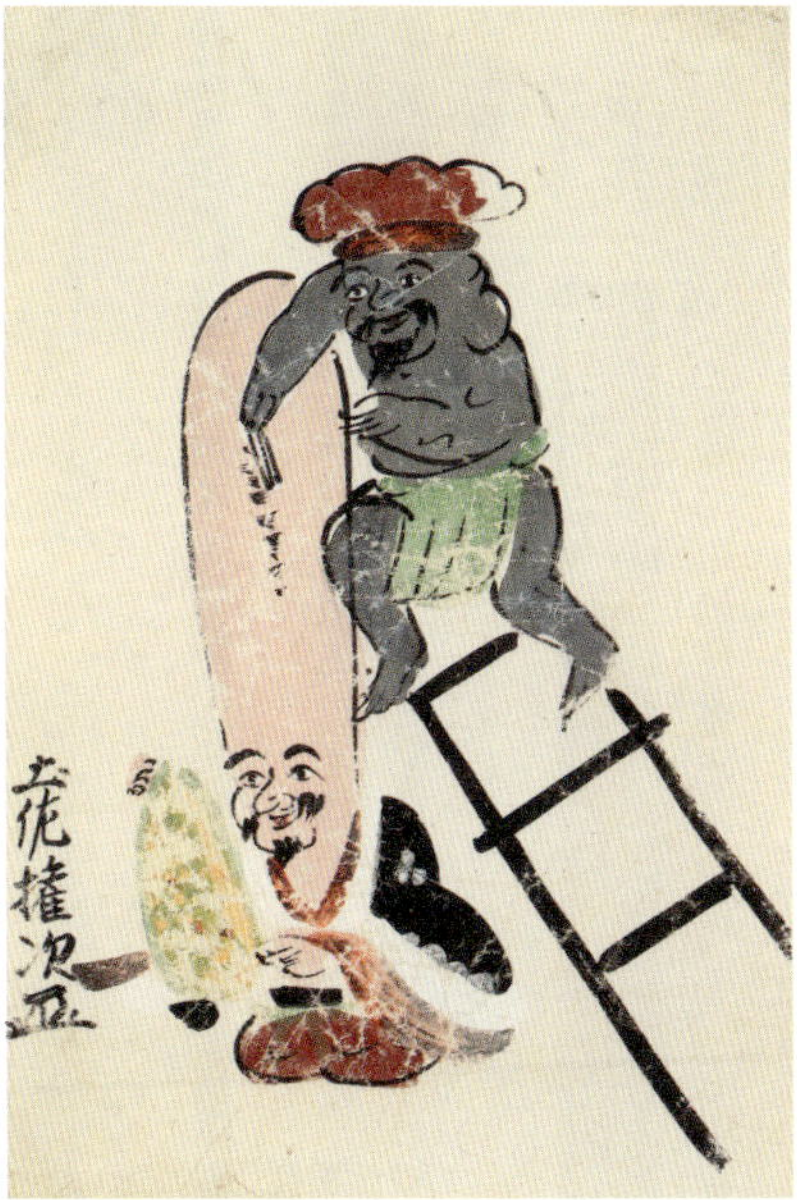

大津絵「外法《げほう》の梯子《はしご》剃り」(大津市立歴史博物館蔵)

絵本太功記――えほんたいこうき

比企貴之

明智光秀を軸とした本能寺の変譚

　天正一〇年(一五八二)六月二日早暁《そうぎょう》、本能寺《ほんのうじ》に宿泊していた織田信長《おだのぶなが》(一五三四〜一五八二)は、家臣のひとりであった明智光秀《あけちみつひで》(?〜一五八二)が率いる軍勢により討ち取られた。世に名高い本能寺の変である。「絵本太功記」は、江戸後期の寛政《かんせい》九年(一七九七)〜享和《きょうわ》二年(一八〇二)に豊臣秀吉《とよとみひでよし》(一五三七〜一五九八)の生涯を描いた読本『絵本太閤記』(文化元年〈一八〇四〉絶板)という考証随筆を下敷きに、その一部を明智光秀の叛逆《はんぎゃく》を主軸として浄瑠璃化《じょうるりか》したものである。構成にあたっては、高松城水攻めや雑賀《さいか》攻めなどにも触れつつ、本能寺の変(六月一日)から光秀が山科《やましな》・上醍醐《かみだいご》付近で命を落とす(同一三日)までの過程を、日を追って一日一冊(一三冊「〇日の段」)に分ける。全冊を通じて一〇冊目の上演が頻繁《ひんぱん》であるほかは、稀《まれ》に六冊目が出るにとどまり、他の冊が歌舞伎で演じられることはほとんどない(平成一七年〔二〇〇五〕には、国立劇場において、光秀に関わる場面を概《おお》ね網羅したかたちで通し上演された)。

一日の段(六月一日)

　二条城での勅使《ちょくし》饗応《きょうおう》の座にて、尾田春長《おだはるなが》(織田信長のこと。尾田、小田とも)は、近習の森蘭丸《もりらんまる》に命じて武智《たけち》光秀(明智光秀)を鉄扇《てっせん》で打たせ、そのうえ光秀の領地没収を命ずる。光秀は叛意《はんい》をかためる。

二日の段(六月二日)

　春長の宿所である本能寺に孫三法師《さんぼうし》が侍女《じじょ》阿野《おの》局に連れられて来て酒宴《しゅえん》となる。一方、奥女中のしのぶ(光秀家臣の斎藤蔵之助の妹)は蘭丸を慕い情交を結ぶ。早暁、本能寺に光秀の軍勢が攻め入り、春長主従らは奮戦《ふんせん》するもついには自害にいたる。しのぶは懐剣《かいけん》でみずからの咽を突き、阿野局は三法師を奉じ逃れてゆく。

三日の段(六月三日)

　備中《びっちゅう》(岡山県西部)高松城では、城主清水宗治《むねはる》が真柴久吉《ましばひさよし》(羽柴秀吉。のち豊臣秀吉)の水攻めの奇策により窮地《きゅうち》にあった。宗治家臣の浦辺山三郎《うらべやまさぶろう》は父の仇を討つべく、玉露《ぎょくろ》(宗治の妹)の手引きにより城に忍び込み、仇敵《きゅうてき》である林丈左衛門を討ち果たす。本望を達した山三郎はみずからも死なんとしたところ、宗治夫妻に諭《さと》されて思いとどまる。そうして玉露と夫婦となった山三郎であったが、久吉の首級をえて功名を挙げんとし、水をくぐって敵将加藤清正の陣に潜り込む。

四日の段(六月四日)

　高松城の救援に参じた小梅川隆景《こうめかわたかかげ》(小早川隆景)軍であったが、久吉の水攻め作戦に手をこまねいていた。そうした折、安徳寺恵瓊《あんとくじえけい》(安国寺恵瓊)・玉露が連れ立って参着し、隆景に久吉との講和を勧める。隆景は傍で瓜《うり》(=尾田〈織田〉木瓜の紋)を鳩がついばむのをみて、春長身辺における事変の発生を予感し、和睦《わぼく》を決心する。

五日の段(六月五日)

　久吉陣屋にて恵瓊・玉露と久吉が対面する。そのとき阿野局が本能寺での事変発生を伝えに来て絶命する。宗治が参じて切腹し、水攻めの囲みが解かれ、和睦するやいなや久吉は光秀追討へと踵《きびす》をかえす。

歌舞伎「絵本太功記」の一場面

左から、光秀の妻・みさほ(市川団十郎)、
光秀の子・重次郎光義(中村福助)、
手に軍扇を持つ光秀(中村芝翫《しかん》)、
初菊(岩井松之助)、真柴久吉(板東家橘《かきつ》)。
(豊原国周画、「絵本太功記」、東京都立中央図書館蔵)

六日の段(六月六日)

本能寺において主君春長を弑《しい》した武智光秀は、その後妙心寺に立て籠もった。老母皐月《さつき》はわが子光秀の不忠・謀逆《ぼうぎゃく》を悲しみ、操《みさお》(光秀室)や田島頭《じまのかみ》(光秀家臣)の宥《なだ》めるのもきかず、粗服《ふく》にて立ち去る。良心の呵責《かしゃく》に苛《さいな》まれた光秀は、辞世《じせい》の句を残して死せんとするも、長男十次郎・田島頭らに諫《いさ》められて思い直し、久吉討伐の綸旨《りんじ》をえんとして御所へと向かう。

七日の段(六月七日)

杉の森では鱸《すずき》重成が尾田勢と戦っている。そんな重成のもとに尾田氏との和睦不調のため以前勘当《かんどう》したはずの孫市《まごいち》(雑賀[鈴木]孫市重行)が人目を忍びやってくる。本能寺の変の報を聞き、こんどこそはと切腹し、重成はその首を久吉に届けて講和を請う。

八日の段(六月八日)

故春長の一七《いちしち》ヵ日(初七日)の大法会が営まれるというので参詣人が群集する。光秀配下の甚《じん》助《すけ》は道ばたの茶屋の床几《しょうぎ》に腰掛け威張《いば》っていたところ、おこぶという女が現れるというおかしみの場面が入る。一方、人目を忍びつつ物思いに沈んでいた光秀息男の武智十次郎は、やはり床几に腰掛け、人倫《じんりん》の道の廃《すた》れた世の有様を歎く。そうしたところ十次郎は久吉方へ寝返った甚助ら一団に囲まれ、これを切り伏せると祖母皐月の隠居を訪ねるべく都を落ち延びていく。

九日の段(六月九日)

光秀討伐の軍を進める真柴秀吉は、大物《だいもつ》の浦(尼崎市)に着陣する。地元の百姓を装った光秀家臣の田島頭は、久吉に接近するものの見破られ混戦となる。味方の勝利が危ういとみるや、久吉は僧侶の袈裟衣《けさごろも》などを手早に取ると馬に飛び乗り逃れ去る。田島頭は討ち果たされる。

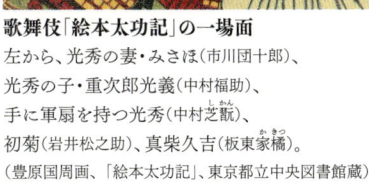

「みたて 絵本太功記」第11回「因果の竹鑓」

左から、夫をいさめてなげく操のまへ（中村富十郎）、はゝを手にかけ大《おおい》にこうくはい（後悔）するたけち光秀（〜三枡大五郎?）、山ざきにてしやうぐ（勝負）せんという真柴ひさよし（中村歌右衛門）（歌川貞芳画、「みたて絵本太功記」、立命館ARC蔵、arcUP9075）

十日の段（六月一〇日）

前段の久吉がそのままの姿で登場し、光秀母の皐月の隠居を訪れる。世捨て人皐月は、尼崎の片田舎のみすぼらしい家にあった。日々、念《ねん》誦読経《じゅどきょう》に勤《いそ》しみ、設《しつら》えた夕顔棚《ゆうがおだな》の下に立ち寄る村人らの話に心を慰める日々である。そんな折、光秀・操・十次郎・初菊《はつぎく》（同室）そして旅僧（変装した真柴久吉）らが、相前後してこの閑居《かんきょ》にて落ち合う。光秀は障子《しょうじ》越しに映る老母の姿を久吉のそれと思い違いし刺してしまう。老母は深手をおさえつつ光秀を引き寄せ、懇《ねんご》ろに人臣の大義（臣下としてあるべき姿）を説いて諭すも、光秀は「一心変ぜぬ勇気の眼色、取付く島もなかりけり」といった面持ちであった。しかし、ちょうど愛子十次郎が手傷を負い合戦から帰還したのをみて、光秀も涙を流さずにはいられなかった。

このように十日の段には主役の光秀が座頭《ざとう》、その室操が立女形、子十次郎が花形役者、かれの許嫁《いいなづけ》の初菊を若女形、そして老母皐月が老役というように一座の俳優が勢揃いする。さらに久吉や正清など添えて顔が揃うこともあり、襲名披《しゅうめいひ》露《ろう》での出し物として選ばれることがある。おのづから「絵本太功記」のなかでもっとも著名かつ上演される段となり、十日の段を指して「太十（たいじゅう）」ととくに呼ばれる。

十一日の段（六月一一日）

光秀の家臣松田政道の柵《しがらみ》は、光秀の落胤《らくいん》である音寿丸（実は政道の子千石）をともなって、夜道を行き、やがて淀堤《よどのつつみ》へと差し掛かる。そのときこれを待ち構えていた久吉家臣で赤山与《よ》三兵《そうひょう》衛《え》が木陰からでてくるが、柵はこれを斬り殺し一路山崎へと急ぐ。

十二日の段（六月一二日）

柵は山崎にいた義父松田利休《りきゅう》（政道の父）を訪ねるとかれに音寿丸を預ける。そこで、政道がみずからに宛てた手紙からその死の覚悟を察すると、柵もまた天王山の戦場へと駆けつけるのであった。政道は森尾義晴（柵の兄。久吉家臣）と戦ったすえ、自刃した。柵が夫の首を持ち帰ると、利休は音寿丸（じつは孫の千石）の首を打つ。そこに久吉が首実検をしにやってきて、利休は切腹をしようとしたところ久吉にこれを制止され、僧形となる。これがのちの茶聖千《せんの》利休《りきゅう》である。

十三日の段（六月一三日）

「神力勇者に勝《しょう》ずといへ共、天遂に是を罰す」。光秀は、筒井《つつい》順慶《じゅんけい》の裏切りにより山崎の合戦に敗れ、ようよう逃れて小栗須（京都市伏見区）の藪《やぶ》に差し掛かったところで百姓らが突き出した竹槍《たけやり》に刺し通され、ついにはみずからの刀を逆手に持ち自身の腹を突き立て引き回す。これに悠然《ゆうぜん》と歩み寄った久吉は、「いかに光秀、主を討たる天罰の報《むく》いを思ひ知つたるか」と光秀の首を打ち落としたのであった。旧暦六月一三日、現在の七月二日のことである。梢《こずえ》にすだく蝉《せみ》の声ばかりが光秀への手向けの経となった。

本能寺の変前後の光秀をめぐる史実

本能寺の変勃発《ぼっぱつ》についての到達点的理解

かつて本能寺の変の原因については、光秀の信長怨恨《えんこん》説が主流であったが、それは必ずしも良質な史料を根拠としたものでなく、以後も光秀の野望説、黒幕説(朝廷関与説、足利義昭《あしかがよしあき》関与説、イエズス会の南欧勢力関与説、本願寺教如《きょうにょ》関与説)などが提示されてきた。

しかし、近年では直接的な手掛かりとなる史料の新発見などを通じて、かつての議論はその方向性を修正されつつある。すなわち、信長による対四国(長宗我部元親《ちょうそかべもとちか》)政策の変更に起因した、織田家内部の勢力関係図の書き換え(光秀から秀吉へというパワーバランスの変化)の発生と、そこに生じた歪《ひず》み(諸将間の派閥抗争)から勃発したと考えるのが、近年の主流な見方である。「絵本太功記」に描かれるような、怨恨を動機とした議論はもはや過去のものといってよい。

山崎合戦

同様に俗に「三日天下」と称される六月一日から一三日に至る光秀の動きは、史料から跡付け可能な史実と本作で描かれたそれとはまるで異なった様相である。

そもそも天正一〇年当時の織田家は、三月下旬には甲斐《かい》国の武田家を滅ぼしこそしたものの、五月下旬にかけ大阪湾岸では信長息信孝《のぶたか》が四国攻めに備え、中国地方では羽柴秀吉が毛利氏と対峙《たいじ》し、さらに北陸でも越中《えっちゅう》国で柴田勝家が上杉氏と対峙するなど、各地に複数の戦線を同時にもつ厳しい政治的状況におかれていた。そうしたなか信長はみずから中国地方に出向き、直接毛利氏《もうりし》と対決することを決意したのであり、そのさい京都の宿所となったのが本能寺(京都市中京区)なのであった。

「一日の段」で光秀は勅使饗応の不手際で打擲《ちょうちゃく》をこうむるが、接待役(徳川家康の)を務めたのはじつは五月一五日のことで、この日のことではない。実際の一日の信長は、朝廷からの勅使および公《く》家《げ》衆《しゅう》らの礼参をうけこれを歓待し、じつに上機嫌であったと伝えられる。恐らく、これが本作「二日段」の酒宴の場面のモティーフとなっているのだろう。このとき西国出陣の計画(信長自身も四日に出陣すること)についても語っている。ちなみに、光秀はこの日の夜に城中にて重臣らを集め叛意を明らかにしたとされる。かくして信長が光秀の急襲をうけたのは、日付が変わって二日未明のことであった。信長弑殺《しいさつ》後、翌「三日」にはすみやかに近江国を掌握《しょうあく》すべく大津へと進んだ光秀であるが、瀬田橋を焼き落とされていたためいったん坂本城(大津市)へと戻り、改めて「四日」に光秀は天下にその威容を誇った安土城《あづちじょう》に入城しこれを占拠している。変勃発まで城を管理していた城将は早々にみずからの屋敷を焼き退去しており、信長の妻妾《さいしょう》や子女らは留守居であった蒲生賢秀《がもうかたひで》がみずからの居城日野へと避難させている。なお、このかん光秀軍は軍勢を北上させており、近江《おうみ》国をほとんどその手中に収めてしまう。いっぽう五月八日以来清水宗治が籠《こ》もる高松城(岡山市)の水攻めにかかっていた羽柴秀吉が本能寺の変の情報をえたのもこの四日のことであったとされる(三日の晩とも)。驚くべきはその後の迅速《じんそく》な対応で、信長弑殺の情報を敵方(毛利氏)が把握する以前、同日中には清水宗治の切腹と互いの分国を設定するという落とし所を設けて和睦してしまったことである。こうして[五日]には、秀吉は織内所在の織田家中の将中川清秀を通じて畿内情勢の把握に努めつつ、一路東進する世に名高い「中国大返し」に取り掛かる。同日の光秀はというと、近江国の席捲《せっけん》はよほどの勢いであったのだろう、興福寺から巻数《かんじゅ》(光秀のために武運長久などの祈禱《きとう》をおこなった証)が届けられている。光秀・秀吉双方の[六日]の動きは明らかでないが、光秀は畿内の政治的掌握に、秀吉はひたすら軍勢の東進に努めていたのだろう。同日中には秀吉はみずからの分国で拠点の姫路城に入城した。本能寺の変の報せに接してからわずか二日目のことであった。ところが、畿内では[七日]には朝廷が光秀に応じるようすがでてきており、吉田社の神官吉田兼見《かねみ》が勅使として安土城に参着し、勅旨の伝達と巻数などの授与をおこない、「今度謀反之存分雑談」したという。[八日]には、光秀は安土城を女婿《じょせい》ともいわれる明智秀満《ひでみつ》に任せて、摂津《せっつ》方面への対応のため京都へと出立している。かれの頭のなかで想定しうる敵対勢力は、四国攻めの準備にかかっていた織田信孝・丹羽《にわ》長秀《ながひで》ていどで、毛利氏と対峙していたはずの秀吉が立ち現れようとは夢にも思わなかったに違いない。その後、光秀は[九日]に入京したさい、名だたる公家衆ら上級貴族や上京・下京の町衆《ちょうしゅう》らの出迎えをうけたという。変後、朝廷にたいし積極的に工作におよんでいたのが結実しつつあった。そのころ秀吉は、この日姫路を出立し東上の途についた。翌[一〇日]、夜中に秀吉は兵庫に到着したようである。同日の光秀の動静は定かでない。(一〇日以前)家臣の斎藤利三《としみつ》より坂本城への籠城《ろうじょう》を進言されるという一幕があったようだが、光秀はこれを拒否し大山崎(京都府乙訓郡大山崎町)・八幡(八幡市)・洞ヶ峠(八幡市)に軍勢を派遣しており、淀川沿いに南進をしようとしているようすが窺える。[一一日]、午前八時頃には秀吉軍は尼崎に着陣したが、明智軍はいまだ大坂までは至っておらず、秀吉は進路を北にとり伊《い》丹《たみ》へと進軍することとした。いっぽう同日、光秀は淀城(京都市伏見区)の普請《ふしん》に取り掛かっており、みずからは勝龍寺城《しょうりゅうじじょう》に入った。一連の動きからも窺えるように、光秀の態度は畿内情勢の安定化と自身の政治的足場固め、ひいては京都防衛で一貫していた。ところが、片やの羽柴軍は、伊丹から西国街道を一点突破で攻め上がり、ついに両軍勢の前哨戦が[一二日]大山崎の地で勃発したのであった。中国大返しの道中、権謀術策《けんぼうじゅっさく》を駆使《くし》して畿内所在の織田家諸将を糾合した羽柴軍は総勢四万にもおよんだといわれる。これにたいし明智軍は一万六〇〇〇ほどであった。[一三日]午後四時頃から始まった合戦について、前出の吉田兼見はその日

坂本城の推定縄張りと石垣
(大津市「坂本城跡発掘調査現地説明会資料」より)

記に「山崎表に至って、鉄放の音数刻止まず」と記す。進撃する羽柴軍にたいし、これを明智軍が鉄砲で迎撃する戦模様であった。光秀も自軍の鼓舞《こぶ》に励んだが、いかんともし難い兵力差により明智軍の敗退は決定的であった。進退窮まり側近から籠城か逃亡かを問われると、光秀は狼狽《ろうばい》のためか、はたまたすでに自失の体であったものか「勝龍寺ハ何方ぞ」と口にしたという。

族滅

山崎の戦いに敗れた光秀はいったんは勝龍寺城に入城したが、伏見のあたりから坂本城を目指そうと、夜陰に紛れてこれを脱出した。その逃避行の途中、光秀は小栗栖(京都市伏見区)で地元農民の襲撃をうけ殺害されたというくだりは、本作でも描かれているようにじつによく知られたエピソードである。ところが、その臨終地については、比較的信頼のおける史料相互でも記載が異なるというのが実状で、「(山科で)一揆ニテタヽキ殺」されたとする説、「山科の藪の中ニかゝミ居」たら首を取られたというもの、「明智くひ勧修寺在所にて百姓取候て出し申し候」などとするもののほか、「醍醐辺」や「上ノ醍醐」とするものもある。こうした臨終地にかんする記述の区々な状況から、こんにちでは小栗栖にて致命傷を受け、山科あるいは勧修寺付近で絶命したという可能性も想定されている。光秀の首は溝に捨てられており、のちに本能寺に晒《さら》された。

なお、明智方の軍兵は久我畷(京都市伏見区)、西岡(京都市西京市)、淀、鳥羽(京都市伏見区・南区・西区)、あるいは丹波方面へと文字通り散りぢりになって逃げていった。これら明智方の落ち武者どもは、各地で討ち取られたようすが諸種の史料に記し残されている。

一方、坂本城にあった秀満は、敗戦の報を聞くと光秀が蒐集《しゅうしゅう》してきた名物や黄金などを秀吉方へと譲り渡し、兄弟および婦女子らを殺害すると坂本城「天主」に火を放ち自刃した。

また重臣であった斎藤利三は、琵琶湖西岸の路次を北へと逃げ、坂本から幾ばくも離れていない堅田《かたた》(大津市)の地で捕らえられた(子息二名はその場で斬首)。京都へと連行された利三は、市中を車で引き回されたうえで、六条河原において首を刎《は》ねられた。主君光秀とともに梟首《さらしくび》となったのち、六月二三日には両名の首塚が粟田口村(京都市東山区)付近に築かれた。

かくして叛臣明智光秀の一族党類は族滅を迎えたのであった。

明智藪
明智光秀が竹槍で農民に刺殺されたとされる山科付近の竹藪。
(京都府伏見区、pixta)

国性爺合戦——こくせんやがっせん

加唐亜紀

はじめに

「国性爺合戦《こくせんやがっせん》」は、近松門左衛門《ちかまつもんざえもん》の書いた人形《にんぎょう》浄瑠璃《じょうるり》である。近松門左衛門というと「曽根崎心中」をはじめとする心中ものが有名だが、この「国性爺合戦」は、近松門左衛門の心中もの以外の代表作といえるだろう。寛文年間（一六六一～七三）に書かれた歴史小説『明清闘記《めいせいとうき》』が評判となり、国姓爺が世の中に知られるようになった。近松自身もこの作品から多大なる影響を受けた。

人形浄瑠璃の「国性爺合戦」は、正徳五年（一七一五）一一月一日から大坂竹本座において初日を迎え、翌々年の享保二年（一七一七）三月まで一七か月もロングランを続けた。現在、演劇は小屋の関係などもあり、どんなに大当たりしてもそのままその作品を上演し続けることが難しいが、江戸時代は、客が入ればずっと同じ作品を上演し続けた。ただし、不入りであればすぐに打ち切ってしまう。

人形浄瑠璃のロングランがまだ続いていた享保元年（一七一六）秋、京都の都万大夫座《みやこまんだゆうざ》で歌舞伎として上演された。人形浄瑠璃や能、狂言、落語など他のジャンルで人気となったものを歌舞伎に直すことは古くから行われており、現在でもシェイクスピアの「十二夜」といった外国の作品や、「ワンピース」といった漫画、「風の谷のナウシカ」などのアニメーション、「ファイナルファンタジー」をはじめとするゲームなど話題となった作品を歌舞伎にして上演している。

明治以前に上演された浄瑠璃や歌舞伎作品にしては、珍しく主人公が異国人の血を引いている。主人公が国性爺と呼ばれるまでの名前が和《わ》藤内《とうない》なのは、和つまり日本でも藤（唐）でも内《ない》という意味らしい。さらには、日本人だけでなく、朝鮮、漢民族である明、満州民族である清など様々な国の人が登場する。日本だけでなく異国をも舞台として主人公が活躍するスケールの大きい作品である。登場人物たちの異国情緒たっぷりのきらびやかな衣装や舞台装置なども、人々の関心を引いたのかもしれない。

さらに歌舞伎では、舞台装置も大掛かりで江

歌川国芳筆「和藤内虎狩之圖」

文禄慶長の役の時に、朝鮮半島に渡った武将たちが虎狩りを行ったとされる。中でも加藤清正の虎退治は有名で、様々な形で取り上げられた。和藤内の虎退治はこれを踏まえたもので、芝居とは関係なく多くの画家が描いた。なお、現在のところ加藤清正が虎狩りをしたという事実は見つかっていない。

（東京国立博物館蔵、ColBase〔https://colbase.nich.go.jp〕）

豊原国周筆「和藤内紅ながし　市川左団次」
異母姉の錦祥女が流した紅を和藤内が見つける「国性爺合戦」の中でも人気の高い場面。この時、和藤内を務めたのは市川左団次。明治座を作ったり、新歌舞伎をはじめたりするなど明治時代の歌舞伎界に大きな足跡を残した。
（東京都立中央図書館蔵）

戸で市川団十郎《いちかわだんじゅうろう》が得意とする荒事と結びついたことが、人気に火をつけた。特に悲劇の美男子八代目市川団十郎や、その弟で明治になって劇聖《げきせい》とあがめられた九代目市川団十郎が前名の初代河原崎権十郎《かわらざきごんじゅうろう》の時に演じて評判となった。そのためか、現在では、荒事の見せ場がある二幕目の千里《せんり》ヶ《が》竹《たけ》の場や三幕目の獅子《しし》ヶ《が》城楼門《じょうろうもん》の場だけが上演されることが多い。

実は、近松の人形浄瑠璃では四幕目や五幕目もある。死の直前華清夫人《かせいふじん》の腹から取り出した思宗烈《しそうれつ》皇帝の遺児を密かに忠臣呉《ご》三桂《さんけい》がかくまい育てていた。これを鄭芝《ていし》龍《りゅう》らが助け、韃靼王《だったんおう》が占拠する南京城を攻める。さらに元明の将甘輝《かんき》を味方につけた和藤内が加わって敵を倒し、思宗烈皇帝の遺児を皇帝の座に就けるところまで描かれているのだが、現在は通し狂言と銘打っても上演されることはまずない。

序幕

◇大明国南京城の皇帝御座所

一七代皇帝思宗烈の后華清夫人が懐妊したことを右大臣の李蹈天《りとうてん》や大司馬将軍呉三桂などの重臣が祝っていた。そこに明になびかない韃靼国から急な使者がやってきた。使者の鎮護大将梅勒王《ばいろくおう》は、和睦しようと提案。和睦の印に華清夫人を韃靼王の后にしたいと申し出た。これに呉三桂は猛反対する。ところが李蹈天は、以前明国が飢饉のときに韃靼から一度だけ願いを叶えるという条件で援助を受けたので、その約束を果たすべきだと主張する。それは李蹈天が私的に結んだ約束だと主張すると梅勒王は怒り、国に帰ろうとした。これを李蹈天が引き止め、「華清夫人を韃靼王に渡せないかわりに」といって自分の左目を刳《えぐ》り出す。梅勒王はあっぱれとほめ、左目を受け取った。

思宗烈はこれに満足して宴会に戻った。しかし、思宗烈の妹梅檀皇女《せんだんこうじょ》は、兄が酒におぼれて政治に関心を示さないことを憂いている。しかも李蹈天を信用しきって、自分を嫁がせることを決めた。一方、呉三桂は、皇帝に李蹈天は邪な奴だと進言するが信じてもらえず足蹴にされてしまう。その瞬間、初代皇帝が書いた額が欠けた。不吉なことが起こるのではないかと構えていると、韃靼軍が攻めてきたので呉三桂は梅檀皇女を連れてこの場を去った。

宮殿内に韃靼軍が攻め込んでくると、守るはずの李蹈天が皇帝を刺した。李蹈天は韃靼と内通し、明を滅ぼそうとしていたのである。左目は、韃靼王に忠誠を誓う証だったのだ。こうして明はあっけなく滅んでしまった

◇肥前国平戸の浦

ところ変わって日本。肥前国平戸《ひぜんのくにひらど》（平戸市）の

歌川国久筆「和藤内三官　河原崎権十郎」「錦祥女　沢村田之助」「伍将軍甘輝　坂東彦三郎」
「国性爺合戦」の主要人物である和藤内、錦祥女、甘輝がそろったところを描いている。和藤内を演じた河原崎権十郎は、明治になって九代目市川団十郎を襲名し、「劇聖」と呼ばれるようになった名優。錦祥女を演じた三代目沢村田之助は、事故がもとで脱疽となりヘボン式ローマ字で有名な医師のヘボンによって両足を切断。その後義足をつけて舞台に立ち、手の指を失って一度は舞台から退いたが後に復活した伝説の女形だった。坂東彦三郎は五代目で、幕末から明治初期にかけて人気のあった役者である。
（東京都立中央図書館蔵）

浦では、口を開いている蛤《はまぐり》をつつこうとして、嘴《くちばし》を挟まれて難儀している鴫《しぎ》をじっと見ている男がいた。これから軍法の奥議を悟った男の名を和藤内という。かつては明の忠臣であったが、皇帝の怒りにふれ、日本にやって来た父と平戸出身の母との間に生まれた。和藤内は、蛤と鴫の争いを明と韃靼との戦いに重ねていた。ふと、和藤内は浜に漂着している唐船に気が付いた。船に乗っていた女性に唐の言葉で話しかけてみると、女性はかつて父が仕えていた明の皇帝の妹梅檀皇女だという。彼女は、明が韃靼に滅ぼされたので命からがら逃げてきたのであった。

　そこに、和藤内の父老一官《ろういっかん》が母渚《なぎさ》を連れてやってきた。老一官はかつて鄭芝龍として明皇帝に仕えていた立場から、和藤内に明国再興のために励むよう促した。唐土には、老一官が前妻との間に設けた娘錦祥女《きんしょうじょ》がおり、五常軍甘輝に嫁いでいる。その甘輝に援軍を頼もうということになり、一同、唐土に向け出発した。

第二幕目

◆千里ヶ竹の場

　唐土に着いた和藤内と渚は、虎が住んでいる千里ヶ竹に迷い込んでしまう。そこには李蹈天に仕える官人たちが、韃靼王に献上するため虎を捕えようと待ち構えていた。和藤内は腕試しと素手で戦い、大神宮《だいじんぐう》のお札の威徳で虎を従わせてしまった。これを見ていた官人たちは虎を横取りしようとする。しかし、和藤内が官人たちのリーダーを放り上げてしまうと、恐れをなしてひれ伏した。降参した官人たちに先導させて甘輝の城である獅子ヶ城に向かう。

第三幕目

◆獅子ヶ城楼門の場

　離れ離れになっていた和藤内たち一向は無事再会することができ、獅子ヶ城にたどり着いた。甘輝はもともと明国の優れた武将として知られていた人物だったが、韃靼王に従っている。固く閉ざされた城門をこじ開けようとする和藤内を老一官が諌めて、甘輝の妻錦祥女との面会を請うと本人が出てきた。老一官は、自分こそは生き別れになった父親の鄭芝龍であると名乗り出る。その証拠に、自分の絵姿を残してきたという。錦祥女はその絵を肌身離さずもっており、親子の再会を喜ぶのだった。しかし、城の主である夫の甘輝が留守の間に身内とはいえ他国者を城の中に入れることはできない。その時、渚が縄付きつまり罪人となって中に入るといいだした。錦祥女は義理の母をそうして預かり、城から黄河に繋がる遣水に父の願いが叶ったら白粉を、叶わなかったら紅を溶いて流すと約束した。

◆獅子ヶ城甘輝館の場

館の主甘輝が韃靼王との面会を終えて帰ってきた。錦祥女はすぐに生き別れとなっていた父とその家族が訪ねてきたことを報告。甘輝はそのことを喜び、すぐに渚に会い話を聞いた。海を越えて名前が伝わるほどの勇者和藤内が義理の甥だったことに感激するが、肝心の援軍要請に対しての返答がない。渚が重ねて問うと、甘輝は、「味方しよう」といいながら錦祥女の喉元に剣を押し当てた。渚は慌てて錦祥女をかばうと、甘輝は、実は韃靼王から和藤内を討つよう命令されたと打ち明ける。そのために大将の身分を貰ったと告白した。だが、その和藤内が妻の義理の弟と聞き、これに味方したとなれば、妻にほだされて弓矢の道を忘れたといわれるのは武将として恥じだという。そういわれないために、妻が死ななくてはならない。

錦祥女は、これに納得したが、渚は、義理とはいえ娘を見殺しにしては、自分ばかりではなく日本人の恥になる。ならば自分も死んでしまいたいと錦祥女と手を取り合って泣き、錦祥女は約束通りに、遣水に紅を流した。

◆獅子ヶ城紅流しの場

城外にいた和藤内は、紅が流れてきたのを発見。援軍要請交渉が不発に終わったことを悟った和藤内は、母を取り戻すために城内に入る。

◆獅子ヶ城元の甘輝館の場

思い通りに事が運ばす和藤内が、城内に暴れ込み、母渚の縄をほどくと、甘輝に味方に付くよう迫った。しかし、甘輝は「女にほだされ味方するのは勇者にあらず」と拒否。二人が剣に手をかけようとすると、「早まるな」と錦祥女が声をかけた。見ると彼女は虫の息だ。さっき流れた紅は錦祥女の血だったのである。動転する人々の中で甘輝が「でかした」と彼女を褒めた。やっと会うことができた父の役に立ちたいと、自分の命と引き換えにして夫に異母弟の味方ができるようにしたのだ。

甘輝は、妻の死を無にはできないと和藤内の味方になることを誓う。もともとは、明国の家臣であった甘輝は、進んで和藤内の味方になるべきだったが、妻にほだされてといわれるのを恐れていたのだった。しかし、妻の死によって憂いがなくなった。これからは党内を将と仰ぐと決め、和藤内に「延平王《えんぺいおう》、国性爺鄭成功《ていせいこう》」と名乗るよう提言した。

『国性爺合戦』
和藤内の異母姉錦祥女が約束通り紅を流すところ。
この場面は人気が高く、多くの芝居絵が作られた。
（国立国会図書館デジタルコレクション https://dl.ndl.go.jp/pid/1301881（参照 2025-01-30））

甘輝と和藤内が勇ましい装束に改めたのを見届けた渚は錦祥女の剣を取り自分の胸に突き立てた。驚く周囲に渚は「これで、韃靼王はそれぞれの母と妻の仇になったことを忘れるな」と言い残す。渚と錦祥女は、二人が和藤内と甘輝とを結びつけ、明国再興の役に立ったことに納得して息を引き取った。

和藤内は、母と義理の姉を失った悲しみを振り払い、甘輝という頼もしい味方を得て、韃靼王を倒すために旅立つのだった。

国性爺合戦　史実

生い立ち

和藤内《わとうない》には、鄭成功《ていせいこう》というモデルがいる。鄭成功は、寛永《かんえい》元年（一六二四）、平戸（平戸市）で鄭芝龍《ていしりゅう》という明《みん》の貿易商と、平戸に住んでいた田川氏の娘の間に長男として生まれた。幼名は福松で、成人してからは森《しん》と名乗った。江戸時代の日本は鎖国では？と思われる方もいるかもしれない。いわゆる鎖国体制が始まるのが、寛永一六年（一六三九）にポルトガル船入港禁止令が出されてから。江戸時代の交易の窓口は長崎、対馬、琉球、蝦夷地と学校で習ったという方も多いことだろう。しかし、江戸時代の初期、寛永一二年（一六三五）唐船の入港を長崎に限定するまで、いわゆる南蛮貿易の中心地は平戸であった。平戸では、長崎の出島のように、狭いところに押し込められることもなく、比較的異国人が自由に現地の人々と交流できたようだ。

大陸に渡る

父の鄭芝龍は、貿易商といっても実態はいわゆる倭寇《わこう》とよばれた荒っぽいことをする仲間で、成功が生まれる前年に平戸へやって来て、息子が生まれたのを機に拠点を平戸に移した。翌年には仲間のリーダーとなったが、寛永五年（一六二八）に明の朝廷から声がかかった。そのため寛永七年（一六三〇）に七歳になった息子の成功を連れて明に移住し、明の高官になった。

この時、妻は日本に残る。成功の弟が生まれたばかりということもあったが、このころ日本人が明に渡ることはとても難しかったのだ。これは、豊臣秀吉が起こした文禄・慶長の役が関係している。文禄・慶長の役という名称は、ひと昔前は「朝鮮出兵」といわれることが多く、秀吉が朝鮮に攻め入ったと思っている人も多いだろう。確かに秀吉は、朝鮮に攻め入ったのだが、真の目的は朝鮮半島の先にある明だった。秀吉のこの戦いを、「唐《から》入《い》り」ともいうことがあるのはこうしたことを踏まえてのことなのだ。このため、日本人が明に入ることは非常に警戒されており、成功の母はこの時、家族と同行することが叶わなかった。文禄・慶長の役では明の領土での戦闘はほとんどなかったが、朝鮮に援軍を送ったために疲弊し、明の国力が落ちたのだから警戒さ

平戸に残るオランダ井戸
平戸市内には、江戸時代初期に西洋と交易していた時代の遺跡が残っている。このオランダ井戸もそのひとつで、オランダ商館跡の近くにある。二つの井戸が現存し、大きい方は屋外からの水汲み用、小さい方は調理用に使用されていたといわれている。（pixta）

れても仕方がないだろう。

明に渡ってからの成功は南京にあった国子監《こくしかん》という中国の最高学府に入学し、勉学に励んだ。国子監は、様々な紆余曲折を経て現在東南大学となっている。

明の滅亡

このまま、父と同じように明の高官になると思われたが、成功の人生を変える事件が起こる。一六四四年、李自成《りじせい》が率いる農民たちが首都北京を占拠、崇禎帝《すうていてい》が自殺し、明が崩壊したのだ。その少し前に国力が弱っている明の東北地方で、女真《じょしん》を統一したヌルハチが後金《こうきん》を建国して明からの独立を宣言、一六三六年には国名を清《しん》と改めた。明は、清に対抗する軍備を整えるため重税を課した。このことがあだとなったのである。李自成は明を倒して順王朝を立てたが、清の軍隊と明の遺臣たちとの戦いに敗れ、わずか四〇日で北京から撤退。一六四五年、農民の自警団に殺されてしまった。

この時、明の武将だった呉三桂《ごさんけい》が清軍を先導して当時天下第一の関と称されていた山海関《さんかいかん》を越えさせて、順治帝《じゅんちてい》を北京に入れた。これにより、清が中国全土を支配することになった。呉三桂は「国性爺合戦」では明の忠臣として描かれているが、実際には明を滅ぼすことに手を貸した逆臣だったのである。

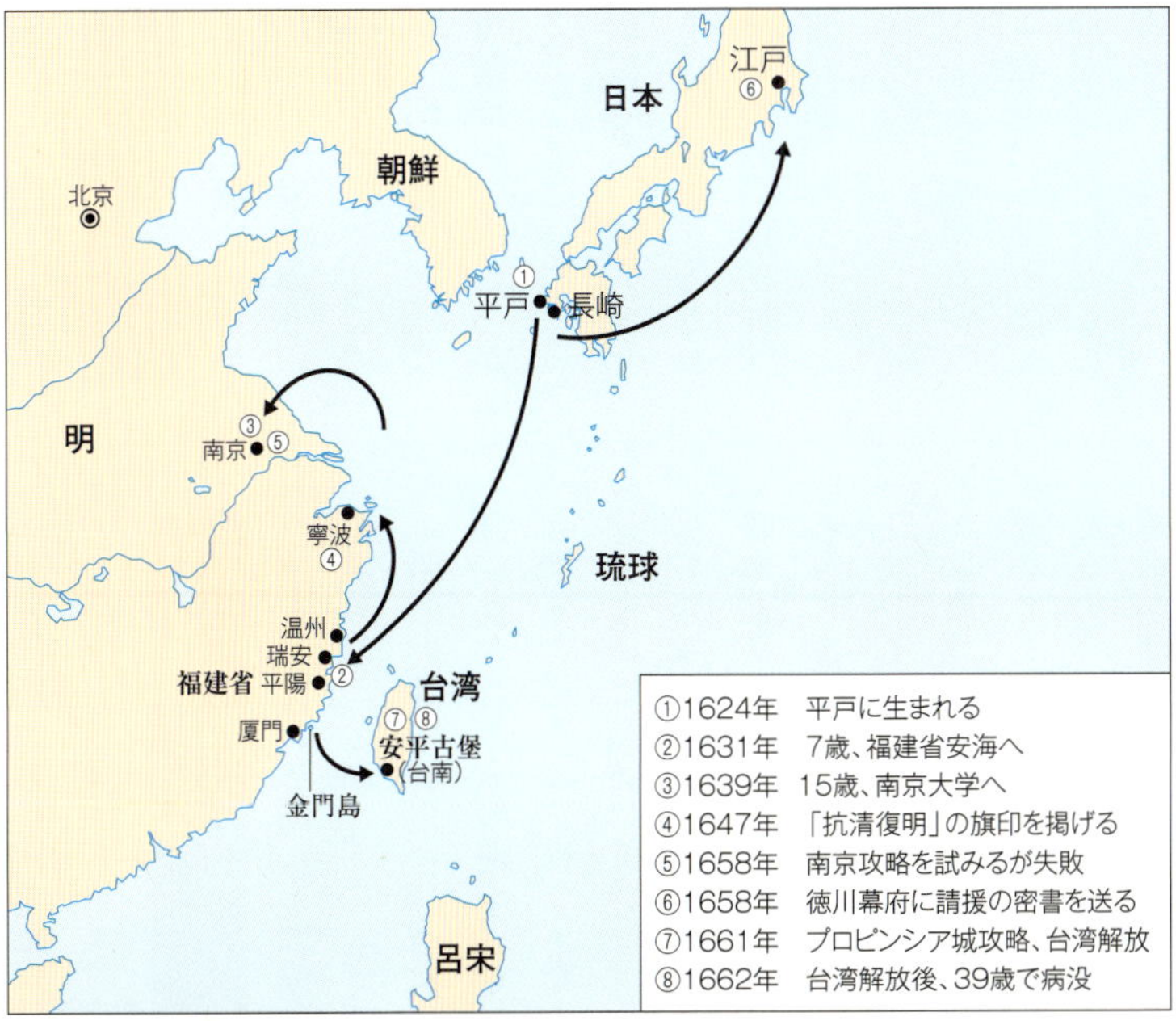

日本
江戸
⑥
朝鮮
北京
①
平戸
長崎
明
③
南京
⑤
寧波
④
琉球
温州
瑞安
②
福建省
平陽
台湾
⑦⑧
厦門
安平古堡
(台南)
金門島
呂宋
①1624年　平戸に生まれる
②1631年　7歳、福建省安海へ
③1639年　15歳、南京大学へ
④1647年　「抗清復明」の旗印を掲げる
⑤1658年　南京攻略を試みるが失敗
⑥1658年　徳川幕府に請援の密書を送る
⑦1661年　プロビンシア城攻略、台湾解放
⑧1662年　台湾解放後、39歳で病没

国性爺関係地図（鄭成功記念館ホームページより）

国姓爺の誕生

しかし、明の遺臣たちは黙って清の支配を受け入れたのではなかった。明の再興を願う一団が抵抗を開始したのである。この一団を南明《なんみん》という。鄭成功は、父芝龍とともにこの運動に参加。日本にも援軍を送るよう求めた。芝龍は亡命政権の皇帝として朱聿《しゅいつ》鍵《けん》を隆武帝《りゅうぶてい》として擁立。隆武帝は芝龍の子鄭成功を「朕《ちん》に娘がいれば娶《めと》せたものを」というほど気に入ったという。成功は娘の代わりに「朱」という皇帝の姓を賜った。皇帝など国を統治する者の姓を「国姓」という。爺は年寄という意味ではなく敬称として使用することもある。つまり「国性爺合戦」の「国性爺」とは、皇帝の姓を賜った者という意味だ。ただし、近松門左衛門の作品が国姓ではなく国性なのは、作者の近松が意図的に変えたとされている。国姓爺では恐れ多いとか、史実ではなくフィクションであることを強調するためだったなど、諸説あるが判然としない。

皇帝の「朱」という姓を賜ったのだから朱成功とするのが正しいのかもしれないが、本人は「朱」は名乗らなかったという。これには恐れ多くてという気持ちがあったからだといわれている。

親子の再開と永遠の別れ

さらに、翌年の正保二年（一六四五）には長崎奉行に庇護を申し出ている。同年、成功の母が日本から中国へと渡り、一五年ぶりの親子の再会となった。しかし、喜んでばかりはいられなかった。芝龍は、再度日本に援軍の要請をする。この年、鄭成功は、隆武帝から招討大将軍に任じられる。だが、清の攻撃に耐えることができず、隆武帝は自刃した。隆武帝が亡くなったことで芝龍は、明には勝ち目がないと思ったのだろう、清に投降した。商人として有能だっただけに、機を見るのが敏だったといえるのかもしれない。鄭成功は父には従わず、明側に残った。この時、成功は父親を必死になって説得したが、芝龍の決意は固く翻らなかったという。

やっと親子がそろった矢先、また、引き裂かれることになったのである。これが芝龍と成功との今生の別れとなった。それどころか、再会したばかりの母はこの時、城から身を投げて自死してしまった。こうして家族はばらばらになったのである。

度重なる悲劇が鄭成功を襲ったが、鄭成功はそれにめげることなく、厦門《あもい》の近くで兵を鍛え、艦船を製造。正保四年（一六四七）、南明の皇帝の座に就けた永暦帝のもと反乱を起こして、厦門島と金門《きんもん》島を占拠、この二ヶ所を拠点とした。この時も日本に援軍を求めた。このころから鄭成功は父の跡を継いで貿易に力を入れるようになった。戦うためには金が必要で、その費用を捻り出そうとしたのだ。中国だけでなく、日本、琉球、台湾、シャム、呂宋《るそん》（フィリピン）などその範囲は広域にわたった。その一方で鄭成功は、日本の鉛や銅も手に入れ、銭や兜、大砲などを作った。海を股にかけて活躍する鄭成功に対して、陸では強い清の軍隊は、海の上では船酔いする者がいるなどして分が悪かった。

台湾解放

こうしている間にも鄭成功軍は重ねて日本に援軍や物資の援助を求めた。しかし、日本では、寛永一六年（一六三九）に、ポルトガル船の入港を禁止し、いわゆる鎖国体制に入っていた。つまり、鄭成功が日本人の血を引き日本で生まれたとしても異国での戦いに援軍を送ることはできなかった。ただし、貿易で武器などを調達するのは黙認していた。

ちなみに、一般にいわゆる鎖国を行っていたため、江戸時代に日本が交易していたのはオランダだけと思っている人が多い事だろう。実際には、朝鮮、中国（明と清）、オランダの東インド会社と交易していたのだ。

明暦《めいれき》元年（一六五五）、鄭成功は、永暦帝から延平王《えんぺいおう》に封じられた。このことから後に鄭成功を祀る廟を延平郡王祠《えんぺいぐんおうし》と呼ぶようになったという。延平王となった鄭成功は明暦三年（一六五七）に、清から南京を奪い返すことを決意した。この時、清は、自分たちの方についた成功の父芝龍を通じて、懐柔しようとした。泉州（福建省泉州市）地方を与える、沿岸の指揮だけでなく、税も任せるなど様々な好条件を示したが、和議には首を縦に振らなかった。このころ、かつて明が滅亡するきっかけをつくった農民反乱に参加した李定《りてい》国《こく》が自分の軍を連れて鄭成功たちの味方についた。

一行は船に乗り、南京に向けて出発。福建《ふっけん》から北上し、平陽《へいよう》・瑞安《ずいあん》と相次いで落としたが、その後の温州、羊山《ようざん》では風雨に悩まされた。特に羊山では、暴風で多くの船と人を失った。この中には成功の子どもも含まれている。甚大なる被害のため、一行は引き返し、船や武器の修理・手入れをすることにした。しかし、このころから逃亡したり、離反したりする者たちが現れ始めた。

万治《まんじ》二年（一六五九）、準備が整い、再び南京を目指して進軍、定関城、寧波《ねいは》などを落とした。こんどは羊山も無事通過することができた。長江を遡り、次々と清軍を倒して、南京のすぐそば観音門までやって来た。しかし、ここで、気のゆるみが出てしまい、清から奇襲を受けて大敗を喫してしまう。この時、頼りとしていた甘輝《かんき》など多くの将を失ってしまった。鄭成功は涙を飲んで厦門まで兵を戻した。

体制を整えるためにまた日本に援軍を要請する。この時には兵の派遣はかなわなかったものの、武器の援助を受けたという。もっとも、鄭成功からの再三にわたる要請に対して密かにわずかではあるが兵や武器を送っていたという説もある。

南京攻略に失敗した鄭成功は、台湾に目をつけた。実は、鄭成功が生まれた寛永元年（一六二四）にはオランダ人が台湾を占拠し、プロヴィンシア城を築いていた。寛文《かんぶん》元年（一六六一）、この城を急襲し、不意を突かれたオランダ人たちは驚いたという。四〇年ちかくも台湾を統治していたオランダ人たちの抵抗は激しかったものの、陥落させた。これにより、台湾はオランダから解放されたのである。鄭成功は、漢民族の血を引く者が、西洋に打ち勝ったとして、現在の中国でも英雄として扱われている。なお、この年、父の鄭芝龍が清によって処刑された。息子の鄭成功を説得できなかったからのようだ。

台湾を手中に収めたものの、台湾に古くから住む高山族《こうざんぞく》と漢民《かんみん》族《ぞく》との融和、農地開拓などを行い、生産性を高めなければならないなど問題は山積みであった。役人たちの規律を正すため私腹を肥やすような部将や役人たちは厳罰に処している。そして、当時呂宋と呼ばれていたフィリピンと手を組んで清を攻撃しようと考えていた矢先、寛文二年（一六六二）病を得て台湾で急死した。精神に異常をきたしたという説もあれば急性肺炎ではなかったかという研究もある。鄭成功死後、息子と孫が政権を保持したが、天和《てんな》三年（一六八三）、清に攻められて鄭政権はほろんだ。

鄭成功記念館の庭に立つ像

鄭成功の生まれ故郷平戸に昭和37年（1962）に台湾から分骨されて、鄭成功が生まれたといわれている丸山公園に祀られていたが老朽化が進んでしまった。そこで令和6年（2024）に、鄭成功が育ったとされる場所に新しい分霊廟が完成した。（フォトライブラリー提供）

安平古堡《あんぴんこほう》

台湾にある鄭成功が拠点とした安平古堡（台南市）は、オランダ東インド会社が台湾支配のために築いたゼーランディア城が母体となっている。三代にわたり鄭氏政権の城として使用された。台湾への修学旅行が増えた現在、多くの日本人が訪れている。（pixta）

東山桜荘子

ひがしやまさくらそうし

大石学

惣五郎伝の典型

江戸時代、農民の代表として自らの命をかけて、領主と渡り合うリーダーは義民と呼ばれた。佐倉惣五郎《さくらそうごろう》は義民の中でも最も有名な人物で、歌舞伎「東山桜荘子」は、その惣五郎を題材とした作品である。多数ある義民惣五郎伝のうち、スタンダードとされる「地蔵堂通夜物語《じぞうどうつやものがたり》」「堀田騒動記」「佐倉義民伝」などをもとに、歌舞伎「東山桜荘子」を補うと、おおよそ次のようなストーリーとなる。

序幕

慶安《けいあん》四年(一六五一)下総《しもうさ》国佐倉藩(千葉県佐倉市)の藩主堀田加賀守正盛《ほったかがのかみまさもり》が没し、子の上野介正信《こうずけのすけまさのぶ》が跡を継いだ。堀田家の国許《くにもと》の役人は、農民に増税を課し、難題を押し付けた。農民たちは、田畑を売ったり、奉公に出たりしたが、困窮は極まった。たまりかねた佐倉藩領の村々名主約三〇〇人は堀田家の江戸屋敷に出訴《しゅっそ》することにした。ところが、一同が船橋(千葉県船橋市)に集合したさい、公津《こうづ》村の名主宗吾《そうご》(惣五郎)が来ない。迎えに行くと、宗吾は急病で遅れるといい、堀田家の江戸屋敷では悪口雑言は言わないよう指示される。

歌舞伎「東山桜荘子」序幕「堀田家門外の場」の芝居冒頭は、その堀田家の江戸屋敷門外で始まる。名主たち「御願いでございます、御願いでござります」と口々にいう。リーダーの一人半十郎は名主中に、「何と皆の衆、斯《こ》うして心を一致して、在所《ざいしょ》を出て来たからは、願ひの叶わぬ内は、一寸も動かぬ気でいさっしゃれ」、「喰うや喰わずの境じゃ、サアサア、皆の衆願わっしゃれ、願わっしゃれ」と呼びかける。しかし、堀田家との交渉は失敗に終わり、そこに遅れて宗吾が到着する。

序幕第二場「堀田家門内の場」では、農民の立場に同情的な佐倉藩江戸家老の植村《うえむら》要人《かなめ》が、ひそかに御家乗っ取りを目論《もくろ》む国許家老《かろう》の金沢勘解由《かげゆ》を説得し、一揆勢と会い、「ヤア、それに控《ひか》えし多勢の中に、高津新田名主木内宗吾と申す者、相詰《あいつめ》おるか」と尋ねる。宗吾が「ハッ、村役宗吾罷《まか》り居りまする」と答えると、要人「願ひの趣き取次ぎ得させん。早う門内へは這《は》い入りませい」と指示する。高津＝公津と村名を同音異字にしている。第三場「堀田家門外の場」では、宗吾が単身乗り込むことを心配する名主たちに対して、宗吾は、「昨夕《ゆうべ》宿で書いたその訴状は、宗吾が一身をかけてのもの……真っ先に命を捨て、百姓の苦しみを助け、二百二十九ケ村の礎《いしずえ》ともなろうと、昨夜宿屋で誓い合うたのは、半十郎、麦作、米次、そなたたちではなかったか」と、命がけの訴訟であることをあらためて確認する。しかし、藩との交渉は再度失敗し、宗吾は、聡明とされる幕府老中の久世大和守《くぜやまとのかみ》への駕籠訴《かごそ》を提案し、名主たちの賛同を得る。

承応《じょうおう》三(一六五四、以下の年代は台本による)年一一月二六日(一〇月二三日とも)、宗吾ら六人の惣代《そうだい》は、久世の駕籠が江戸城西の丸下の屋敷から出てくる機会をとらえ、宗吾が願書を提出した。願書が受理されたことから、惣代六人を残して、他の名主や農民たちは国許に帰った。一二月二日(一一月二日とも)久世の屋敷から呼び出しがあったが、結果は不受理であった。なお、こ

佐倉惣五郎(浅倉当吾)**と子たち**
(歌川豊国画、国立音楽大学附属図書館蔵)

の上訴に関するシーンは、「佐倉義民伝」にはあるが、「東山桜荘子」にはない。

第二幕

その後、六人はついに四代将軍家綱《いえつな》（在職一六五一～八〇）への直訴を決意する。その決行の直前、宗吾は父親の命日に家族と会うため佐倉に向かう。二幕目「印旛沼《いんばぬま》渡《わたし》小屋《こや》の場」では、高津村周辺は厳しい警戒網がしかれているが、渡し守がかつて宗吾の家に奉公していた甚兵衛《じんべえ》であったことから、協力を得てこれを切り抜ける。このさい、宗吾は甚兵衛に対して「とても一ト通《ひとおり》の手段では、二百八十四ケ村の安穏は思ひも寄らぬ。数万人の難儀《なんぎ》ゆえ、大勢の人に成り替り、この此宗吾が身にかえて、やかて村々里々まで、盆正月をさせましょう。かならず案じさっしゃるな」「おゝさ、もしも願ひの叶わぬ時は、命一つをさし出す了簡」と、人々を救う決意を語る。

捕えられた宗吾（中央・浅倉当吾）、**妻おみね**（左・おさん）
子義太郎（中央）、**娘おとき**（右）
（一勇斎（歌川）国芳画、立命館大学ARC蔵、左からarcUP3140、3139、3138）

第三幕

つづく三幕目第一場「木内宗吾内の場」は、家族との再会である。妻さんから、地域の困窮ぶりを聞く。宗吾は、罪が及ぶのを避けるためにさんへの離縁状を差し出す。宗吾が「訴え出るは領主の非違《ひい》、利を持つ身にて非に落ちる。殊に高貴のおん方へ、下賤《げせん》の身にて近付かば、法を乱すの大罪人、たとい願いは叶うとも其身は重きとがめを受け」と、違法行為をするからには、必ず罰されると述べると、さん「そりゃうらめしいぞえこちの人……おなじお前は此国隣国迄《まで》、支配なさんす御領地の、多くの人を助けんと、身をいけにえに今度の願い。わたしもつれそう上からは、そのとが罪を受くるなら、女房のわたしもともどもに」と、離縁を拒絶し、ともに罰せられることを望む。

歌舞伎での渡し守甚平衛
（豊原国周画、東京都立中央図書館蔵）

そして、ついに将軍への直訴決行となる。一二月二〇日（一一月二〇日とも）五つ時（午前八時頃）家綱が上野《うえの》寛永寺《かんえいじ》（東京都台東区）に参詣《さんけい》するさい、宗吾は単身で下谷《したや》広小路《ひろこうじ》黒門前（同前）の三つ橋の一つ中の橋の下に隠れ、行列が通りかかったとき、竹の先に訴状を挟《はさ》み提出する。供《とも》が訴状を受け取ったため、宗吾は安堵《あんど》して宿に戻り、待っていた五人と祝杯をあげる。

第四幕

第四幕「東叡山《ひがしえいざん》直訴之場」では、供の老中松平伊《い》豆《ず》守《のかみ》信綱《のぶつな》（知恵《ちえ》伊豆《いず》）が対応する。伊豆守は宗吾の願書を読み上げる。宗吾「二百八十九ケ村の者御憐愍《ごれんびん》の程願わしう存じまする」。伊豆守「驚き入ったる佐倉の暴政、（卜扨《さて》はといふ思入《おもいいれ》有って、気をかえ）下賤の身を以て、恐れ多くも上様へ対し直訴なすとは不届《ふとどき》至極《しごく》、取り上ぐる事罷《まか》り成らぬ、卜こなし有って願書を懐中になし、包み紙だけ平舞台へ放る。宗吾はかたじけなしと云うことなし」、と。伊豆守は包紙だけ

怨霊となって堀田正信(越前大領政知)を苦しめる宗吾(浅倉当吾)(一陽斎豊国画、城西国際大学水田美術館蔵)

を放って返すことにより、暗に受理したことを示す。

他方、物語によれば、将軍家綱は、帰城後、願書を老中の井上河内守正岑《かわちのかみまさみね》に渡した。懸案は殿中《でんちゅう》で評議され、願書は領主の堀田上野介に下げ渡された。上野介は面目を失い屋敷に戻り、減免《げんめん》を命じ、家臣の責任を問おうとした。しかし、家臣は抵抗し、宗吾一人に罪を負わせ、妻子まで極刑に処することにした。

明暦《めいれき》元(一六五五)年二月一一日、夫婦と男子四人は処刑され、財産を没収された。女子二人はすでに結婚して家を出ていたので罪を免れた。宗吾夫妻は、子が討ち首となるのを見て、自分たちは万民のために死ぬので悔いはないが、幼な児まで殺すのは非道の限りと怒り、のちのち上野介夫妻を修羅場《しゅらば》に引きこむと叫んだ。その後、上野介の妻が懐胎中《かいたいちゅう》に変異が起こり、ついに病死する。上野介は宗吾の霊を弔《とむら》うが、自らも乱心して領地を没収され、ようやくその子に名跡の相続が許される。

大詰

大詰第一場「堀田家詰所廊下の場」では、惣五郎の祟《たた》りを御家騒動とからめて描く。

近習一「何といずれも、此《この》お廊下の行燈《あんどん》(木など枠に紙を貼り、底に油皿を置いて油を燃やす灯火器具)は、薄暗い事ではござらぬか」。同二「されば、此程より御殿の中に怪しき取沙汰《とりざた》、剰《あまつ》さえ我君様には御不例《ごふれい》との仰せ出され」。同三「なお承る所に依れば、夜な夜な物の怪《け》現われて、不思議

の事ども打続き、御悩みも烈《はげ》しき由」、同四「それ故にこそ我々が、宿直《とのい》なすとは申し乍《なが》ら、思えば不気味な」と、堀田家が物の怪に悩まされる状況を述べる。つづけて、この騒動に乗じて堀田家乗っ取りを企む国家老の金沢勘解由《かげゆ》の腹心三橋五平次が語る。五平次「今日俄《にわ》かに国許より、金沢勘解由殿御出府ありしは、豫《かね》て申し合せし通り、堀田のお家を横領なす、大望成《たいもうじょう》就《じゅ》は即ち目前、此五平次が出世の蔓《つる》、愈々《ますます》左様《さよう》相成る時は、差詰《さしづめ》め拙者《せっしゃ》は家老職」ト、懐中より一味の連判状を取出し、五平次「何にいたせ此連判状、一味加担の者共が、血判なしたる秘密の一巻、少しも早く勘解由殿に、お手渡し致したいものじゃ」ト、本舞台へ来る、薄ドロドロになり、鉄網行燈の灯が明滅して、舞台暗くなる。五平太は何者かに遮《さえぎ》られて進み得ぬ思入、手を振ってあたりを払い、五平次「其処《そこ》に居るのは誰だ。退かぬか、退け退け」ト、行き掛けて、尚も進み兼ねる仕草、じっと目を定めて見詰め、五平次「ヤッ、わりゃ宗吾か。ウムー」ト、驚いて花道を逃げ出す、大ドロドロになり、鉄網行燈の中より二つの陰火《いんか》が現われて空中を飛ぶ。

すなわち、御家乗っ取りを企む五平次らが、宗吾の亡霊（二つの陰火は宗吾夫妻をあらわす）により阻止され、秘密の連判状は正義派の上村隼人《はやと》の手に入る。とぼけようとする五平次に対して、宗吾の声「堀田のお家を横領なさんと、金沢勘解由が企てにて、一味加担の連判状」と、内容を明らかにされ、五平次は捕えられる。

大詰第二場「堀田家寝所快異の場」では、病気に倒れた藩主堀田上野介の寝所に宗吾と妻子の亡霊が現れ、一族分家の堀田式部が、上野介の苛政を糺《ただ》す。そして東叡山御成《おなり》りのさいの直訴の対応について、直訴は天下の法度とする将軍の命に背いたことを責める松平伊豆守からの通達を披露《ひろう》し、式部「宗吾が民の困苦を憂い、命を掛けたる義心を察し、領主の仁政あらざる時は、佐倉の領地は没収の御沙汰……民を思いて罪科を受けし、その妄執《もうしゅう》を晴らさせらるゝが、即ち仁慈《じんじ》の御政事かと、憚《はばか》り乍ら存じまする」と問い詰めると、藩主上野介「ア、誤ったり誤ったり、斯《か》かる企みのありとも知らず、国の政事を任かせしは返す々々も我が不念（ト、思入あって）コレ隼人、佞人讒者《ねいじんざんしゃ》の甘言《かんげん》に、一時の迷いは身の不肖《ふしょう》、今こそ夢の覚めたる心地、宗吾の霊を神とあがめ、跡懇《ねんご》ろに弔い得させよ」と、深く反省し、宗吾の神格化を命ずる。式部「ハッ、有難き其仰せ、如何《いか》に惣五郎、霊あらばよッく聞け、汝《なんじ》数千の民を憐《あわれ》み、其命を捨てし其赤心《せきしん》、今ぞ全く貫徹して、悪人亡び御領主にも先非を後悔ありし上は、課役《かえき》を免じて来世末代、佐倉領の守護神と、其名を記録に留め申さん」と、霊になった惣五郎の霊に語りかける。そして最後の台詞、上野介「オゝ民は国家の宝じゃなァ」で幕になる。

惣五郎の代表越訴をもとに、架空《かくう》の御家騒動を加え、史実である堀田上野介の幕府への抵抗、惣五郎の神格化、さらには堀田家改易の可能性などが、巧みに組み込まれた展開となっている。「東山桜荘子」の面白さの一つは、点在する史実を、ストーリーとして仕上げていくスリルとダイナミズムにあるといえる。

佐倉惣五郎越訴事件

「東山桜荘子」の歴史的事実

「代表越訴」の時代

近世において、領主に対して、年貢減免《げんめん》や役人不正を訴える百姓一揆《ひゃくしょういっき》は、時期とともに特徴を変化させた。近世初期（一七世紀初頭）、農民たちは中世以来の既得権を奪われることを警戒する地域有力者の土豪《どごう》などが主導する「土豪一揆」に結集する一方、村から逃亡する「逃散《ちょうさん》」により、自らの要求を訴えた。逃散は、一見消極的な抵抗であるが、農民の逃亡はそのまま労働力・年貢量の低下を意味し、領主にとっては大きな痛手となった。

続く近世前期（一七世紀前半）、行政組織の「藩《はん》」と、生産・生活基盤の「村《むら》」が成立し安定化すると、村や地域の代表が、藩の圧政・苛政《かせい》を、藩を越えて直接幕府（公儀《こうぎ》）に訴える「代表越訴《おっそ》」が特徴となった。代表越訴は、違法であったため代表者は厳刑《げんけい》に処されたが、領主もまた処罰された。代表越訴は、農民が幕府に対して、不正な領主を罰する「公儀」として存在することを期待する証拠でもあり、幕府もまたこれに応じたのである。「東山桜荘子」のモデル佐倉惣五郎《さくらそうごろう》（生没年は諸説あり）や、同時期、上野国利根郡月夜野村《こうずけのくにとねぐんつきよの》（群馬県利根郡みなかみ町）の農民で、藩主真田《さなだ》家の苛政を将軍に直訴《じきそ》し、天和《てんな》元（一六八一）年真田家を改易《かいえき》に追い込み、自らも磔刑《たっけい》に処された杉本茂左衛門《すぎもともざえもん》（磔《はりつけ》茂左衛門、？～一六八二）などは「義民」として知られる。

4代将軍家綱に直訴する佐倉惣五郎
（明治時代に描かれた錦絵「日本義民之鏡」より）

しかし、近世中期（一八世紀前半）、八代将軍吉宗《よしむね》（在職一七一六～四五）による享保《きょうほう》改革が、幕府財政の再建のため増税路線を展開すると、農民は集団で代官所などに訴える「惣百姓一揆《そうびゃくしょういっき》」や「強訴《ごうそ》」を展開した。つづく近世後期（一八世紀後半）の田沼時代には、流通・経済の発展とともに、幕府領や私領の違いを越えて連携する「広域一揆」や、格差拡大により、貧困層が富裕層を襲う「打ちこわし」が増加した。これらは幕末・明治期（一九世紀中期）には、格差是正を訴える「世直し一揆」へと発展した。

惣五郎一件と前期堀田家

さて、代表越訴の典型の佐倉惣五郎の一揆は、伝説・講談《こうだん》・歌舞伎《かぶき》などで社会に広く知られているが、その実態については不明な部分が多い。かつて、児玉幸多《こだまこうた》『佐倉惣五郎』（「人物叢書」、吉川弘文館、一九五八年)は、農村史料と佐倉《さくら》藩主堀田《ほった》家《け》史料を調査し、物語の発端となる下総《しもうさ》国印旛《いんば》郡公津台方《こうづだいかた》村が承応《じょうおう》二(一六五三)年に四七三石余であり、名主《なぬし》を務めたとされる惣五郎家(子孫は木内《きうち》姓を名乗る)が、持高二六石《こく》九斗《と》三升《しょう》、田畑面積約三町《ちょう》六反《たん》、屋敷地八畝《せ》であったことを明らかにした。児玉はまた、佐倉藩堀田家の苛政についても、改易後、幕府が減免措置を公表したことから史実とした。

当時の佐倉藩主堀田正盛《まさもり》(一六〇八~五一、大老《たいろう》酒井《さかい》忠勝《ただかつ》娘を正室にする)は、三代将軍家光《いえみつ》(在職一六二三~五一)に寵愛《ちょうあい》され、寛永《かんえい》十一(一六三四)年二七歳で老中《ろうじゅう》に昇進した。慶安《けいあん》四(一六五一)年四月二〇日将軍家光が没すると、正盛は殉死《じゅんし》し、子の正信《まさのぶ》(一六三一~八〇)が二〇歳で跡を継いだ。そして翌承応元(一六五二)年惣五郎の裁訴事件が起きたのである。この事件の原因、経過についての詳細は不明であるが、承応二(一六五三)年八月惣五郎は刑死し、子ども四人も同時に殺された。その後、惣五郎の祟《たた》りがあるとの噂が起こり、村人が石の祠《ほこら》を建てた。翌三年、藩主堀田正信が平将門《たいらのまさかど》を祭る神社がある将門山《まさかどやま》に惣五郎のために石の鳥居を寄進し、のち「惣吾の宮」と呼ばれるようになった。

しかし、その七年後の万治《まんじ》三(一六六〇)年、堀田正信は、老中に諫書《かんしょ》を提出した。内容は、幕政の乱れと庶民の困窮《こんきゅう》を憂《うれ》い、先に刈谷《かりや》藩主の松平定政《まつだいらさだまさ》が幕府を批判したように、正信も一二万石の領地を幕府に返上し旗本《はたもと》たちに加増することを希望したのである。結局、正信は幕府の許可を得ずに帰国したとして、堀田家は

年	元号	事項
一六五一	慶安四	将軍家光、没す。堀田正盛殉死 堀田正信、佐倉藩主を継ぐ
一六五二	承応元	惣五郎ら久世大和守に駕籠訴する 惣五郎、将軍家綱へ直訴する
一六五三	承応二	惣五郎及び妻、子四人が処刑さる
一六五四	承応三	堀田正信、将門山の神社に惣五郎供養の石の灯籠を寄進
一六六〇	万治三	堀田正信、幕閣に諫状を出す 堀田正信、領地没収されて信濃へ配流さる
一六七二	寛文十二	堀田正信、播磨、のち若狭に移さる
一六七七	延宝五	堀田正信、禁を犯して石清水八幡宮を参詣。のち阿波に配流さる
一六八〇	延宝八	将軍家綱、没す 堀田正信、配流先の徳島にて鋏で自殺
一七四六	延享三	堀田正亮、佐倉に入封する
一七四七	延享四	堀田正亮、将門山に宗吾の宮を再建する
一七五二	宝暦二	堀田正亮、惣五郎の百回忌法要を営み、「涼風道閑居士」の戒名を贈る
一七九一	寛政三	堀田正順、宗吾に「徳満院」の号贈る。口明神に碑文、東勝寺に石塔を建立する
一八〇六	文化三	堀田正時、惣五郎の子孫に田地を与える

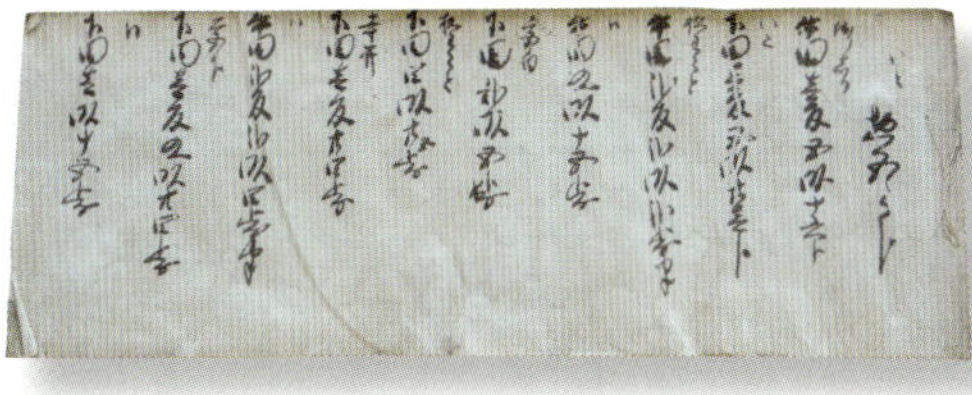
当時の「名寄帳」に記載されている佐倉惣五郎の田畑一覧
(千葉県成田市、鳴鐘山東勝寺蔵)

かつての公津村に建てられている将門明神前の鳥居
堀田正信が寄進したもの。(千葉県佐倉市)

改易され、子の正休《まさやす》が一万俵の俸禄《ほうろく》を与えられた。正信は、配流先を信濃《しなの》、播磨《はりま》、若狭《わかさ》、阿波《あわ》（長野県、兵庫県、福井県、徳島県）と移され、一六八〇（延宝《えんぽう》八）年に四代将軍家綱《いえつな》（在職一六五一～八〇）が没したことを聞くと、最後の配流地の阿波で自殺した。

後期堀田氏の惣五郎顕彰

その後、延享《えんきょう》三（一七四六）年、正信の一族の堀田相模守正亮《さがみのかみまさすけ》（一七一二～六一）が山形から佐倉に入封し、一〇万石藩主となった。正亮は、正盛の子正信の弟で、大老に就任した正俊《まさとし》（一六三四～八四）の子孫である。

翌同四（一七四七）年、正亮は先の将門山の「惣五の宮」を再建した。寛延《かんえん》三（一七五〇）年佐倉藩の農民は、重税を理由に一揆を起こしたが鎮圧《ちんあつ》された。しかし、宝暦《ほうれき》元（一七五一）年藩主正亮は困窮者の救済政策を実施した。翌年八月四日、正亮は惣五郎百回忌の法要を営み、正式に「宗吾（涼風とも）道閑居士」の戒名《かいみょう》を贈った。寛政《かんせい》三（一七九一）年の百四十回忌には堀田正順《まさなり》（一七四九～一八〇五）が徳満院《とくみついん》の号を贈り、口《(郷)》明神《みょうじん》に碑を建て、さらに東勝寺《とうしょうじ》の墓前に石塔を建てた。文化三（一八〇六）年堀田正時《まさとき》（一七六一～一八一一）もまた、惣五郎の子孫の

佐倉惣五郎の旧宅（千葉県成田市）

佐倉宗吾関係地図

台方村利訴衛門《りそえもん》に五石余の田地を与えた。

新たに領主となった後期堀田家は、代々藩主が領内統治の安定のためにあえて惣五郎を顕彰《けんしょう》し、これが先の惣五郎の祟りなどの地域信仰とリンクし、惣五郎伝説が形成されたのである。

以上から確認される史実は以下の四点である。

①近世前期、佐倉藩領に惣五郎という人物がいた

②惣五郎一家は、藩によって処刑された

③藩主堀田正信は惣五郎を祭ったが、その後幕政を批判し改易となり、配流先で自殺した

④近世後期、一族の堀田家が領主となり、以後歴代藩主が惣五郎を顕彰した

惣五郎伝説の形成と成長

惣五郎伝説の成立・成長をみると、処刑から約五〇年後の正徳《しょうとく》五（一七一五）年の序がある佐倉藩士の磯部昌言《いそべまさこと》編『総葉概録』には、公津村の農民惣五郎が処刑される時、冤罪《えんざい》だと藩主を罵《ののし》った話や、惣五郎の祟りが佐倉の堀田家を滅ぼしたため、のち堀田家一族は惣五郎の霊を将門山に祭り、惣五の宮と呼んだとの話を伝えている。現在、将門山には平将門を祭る神社とともに、承応三（一六五四）年に堀田正信が寄進した石の鳥居が存在する。

このの ち文化一一（一八一四）年に旗本小田彰信《おだあきのぶ》が編纂《へんさん》した『廃絶録《はいぜつろく》』（藤野保校訂、近藤出版社、一九七〇年）によれば、当時の説として、「正信

が臣に聚斂《しゅうれん》の者ありて、土民これが為に苦しむ事甚《はなは》し、時に名主惣五(佐倉惣五郎)といへるもの江戸に来り、上野にならせらるゝ時、三枚橋にて訴状を捧《ささげ》て、よりて彼《かの》ものを正信に引渡さる」と、佐倉藩の役人が農民を苦しめたため、名主佐倉惣五郎が、将軍家綱が上野御成《おなり》の際に直訴《じきそ》し、藩主正信に引き渡された。「正信怒り甚敷《はなはだしく》、領主を蔑如《べつじょ》にせし罪軽からずと、向後見懲《きょうこうみせしめ》のためとて、かの妻子五人を誅戮《ちゅうりく》し、のち惣五郎を磔《はりつけ》に行ふ」と、藩主正信は、領主を侮蔑《ぶべつ》したと激怒し、見せしめとして惣五郎一家五人を斬罪とし、惣五郎を磔にした。「惣吾刑に臨み、此恨を報ぜんと怒り罵《ののし》りて死す、後正信狂気して滅亡せしハ、惣吾が怨念のいたす所なるにや、其のちも家に祟《たた》れる事あるにより、惣吾を□(郷)明神『佐倉の入口にある故なりと』とあがめ、年々その祭り今に怠らずといふ」と、処刑にあたり惣五郎は、恨みをはらすと怒り叫び、この後正信が心を病み藩が改易となったのは、惣五郎の怨念によるという。のちも堀田家には祟りが続いたことから、惣五郎を明神として祀り、毎年祭ったという。

現在の宗吾霊堂の本堂(鳴鐘山東勝寺)(千葉県成田市)

佐倉惣五郎の墓(千葉県成田市、鳴鐘山東勝寺)

この社会に流布した説が、伝説・講談・歌舞伎などで、農民仲間のために一家で命を捨てた「義民惣五郎」のイメージを高め、「佐倉義民伝」として知られるようになったのである。

幕末期の嘉永《かえい》四(一八五一)年、三世瀬川如皐《せがわじょこう》作・歌舞伎「東山桜荘子《ひがしやまさくらのそうし》」が江戸中村座で上演され、大評判となった。翌嘉永五(一八五二)年は、惣五郎二百回忌にあたり、歌舞伎「鐘は上野か浅草か、花雲佐倉曙《はなぐもりさくらのあけぼの》」が、大坂竹田芝居《たけだしばい》で上演され、これも評判を得た。安政《あんせい》六(一八五九)年信州《しんしゅう》の百姓一揆の際には、惣五郎の話で仲間の士気を高めたという。明治期、惣五郎は義民として国民的英雄となり、自由民権運動では民権家として扱われるようになった。

極附幡随院長兵衛

――きわめつきばんずいいんちょうべえ

大石学

「極附幡随院長兵衛」は、明治一四年（一八八一）年に河竹黙阿弥《かわたけもくあみ》（一八一六～九三）が書いた歌舞伎の名作である

序幕

まず「序幕・村山座木戸前の場」「同舞台喧嘩の場」で始まる。

舞台上の村山座では、「公平法問諍《きんぴらほうもんあらそい》」が上演されている。その木戸前で旗本奴《はたもとやっこ》の一人が、「おれを誰《だれ》だと思やアがる、憚《はばか》りながら天下の直参白柄組《じきさんしらつかぐみ》の頭《かしら》と呼ばれる水野（十郎左衛門）様の中 間様《ちゅうげんさま》だぞ」と、通行人に無体《むたい》な言いがかりをつけるのを、町奴《まちやっこ》の唐犬権兵衛《からいぬごんべえ》が救う。さらに酒に酔った白柄組は、佳境に達した舞台に乱入して暴れて芝居を中断させてしまう。座の番人の諫《いさ》めるのもきかず、観客も無法な白柄組相手に為す術もなく、ただ見守るだけである。そこに登場するのが、町奴の親分、幡随院長兵衛だ。客席にいた長兵衛は暴れる白柄組を懲《こ》らしめ、外に叩きだしてしまう。その様子を桟敷席《さじきせき》でみていた白柄組の頭、旗本水野十郎左衛門は長兵衛に遺恨《いこん》を抱くようになる。

幡随院長兵衛（五代松本幸四郎）（三代歌川豊国画、東京都立中央図書館蔵）

二幕目

つづく「二幕目・花川戸《はなかわど》幡随内の場」では、浅草花川戸《はなかわど》（東京都台東区）の長兵衛の屋敷に水野家の家老が来て、「主君の迎えが来ても会わないで欲しい、刃《にん》傷《じょう》沙汰《ざた》になれば家名に傷がつく」と懇願《こんがん》するが、長兵衛は「相手を怖《こわ》がり逃げたとあっちゃあ儂《わし》の名折れ」とこれを追い返す。入れ違いに水野の家臣黒沢庄九郎が来て、「遺恨を水に流して町奴と和解したい、ついては藤の花でも愛《め》でながら酒宴を催したい。主君の屋敷にお越し

風呂場で殺される長兵衛

左から、幡随院長兵衛（市川団十郎）、水野十郎左衛門（市川左団次）。（豊原国周画、東京都立中央図書館蔵）

下され」と、誘われる。これは水野の陰謀《いんぼう》、と心配する家族や子分たちに対して、長兵衛は、「弱い者を助けるが男達《おとこだて》の性根《しょうこん》ゆえ、ずいぶんこれまで人を助け、礼をいわれたこともあるが、そのかわり又強い者ならたとえ大名旗本でも後へ引かねぇ町奴、売る喧嘩《けんか》なら何時でも買うので、いくら遺恨を受けるか知れねえ、それゆえこうして達者でいても、明日も知れねえおれが体」と啖呵《たんか》をきり、町奴の心意気を示す。

三幕目

そして、「三幕目・水野邸酒宴の場」「同湯殿《ゆどの》殺しの場」では、水野が策をめぐらし、ついに長兵衛に深手を負わす。そこへ長兵衛の命を受けていた子分たちが、早桶（棺桶《かんおけ》）をもって駆けつける。水野は、「殺すは惜しき」と言いながらとどめをさす。

「大切返し・水道端仕返しの場」では、長兵衛の死をめぐり、白柄組と町奴が入り乱れて斬り合いとなる。そこへ使者として、乗馬の三浦小次郎が、提灯《ちょうちん》を持つ部下とともに登場し、両者を分けて言う。

三浦「かく止めしはほかならず、今日幡随長兵衛が水野の邸へ参りしは、元より死する覚悟にて、あとへ難儀をかけまじと計らいたるに相違なし、しかるに水野は明け六ツ時支配頭へ呼び出され、揚《あが》り屋入りと事極《ことぎわ》まれば、日ならず切腹仰せつけらるゝ趣き、只今伺い参ったれば、最早《もは》や天下の科人《とがにん》に手出しを致す事相ならず」と、長兵衛が自ら犠牲《ぎせい》となることで両者の対立を収めようとしたこと、水野は今朝六時頃《むつどき》呼び出され入牢と切腹が決まったこと、したがって、ここにいる白柄組の面々も罪人となり、町奴たちは天下の罪人に手出しはできないと諭《さと》す。史実は異なり、喧嘩両成敗《けんかりょうせいばい》に近い迅速《じんそく》な裁きが描かれる。

文中の台詞は、河竹登志夫他監修『名作歌舞伎全集十二・河竹黙阿弥集三』（東京創元社、一九七〇年）による。

幡随院長兵衛

——「俠《きょう》」「俠客《きょうかく》」イメージの原型「町奴」「かぶき者」

秩序形成への抵抗

「俠」「俠客」イメージの代表的人物の一人が、幡随院長兵衛（一六二二～五七）である。彼は、近世国家・社会の統治システム・秩序の形成過程において出現した歴史的存在であった。

江戸時代初期、徳川幕府の武力による強圧的な政治＝「武断《ぶだん》政治」によって成立・強化された体制・秩序に対して、さまざまな抵抗がみられた。慶安《けいあん》三年（一六五〇）七月九日、三河国刈谷《みかわのくにかりや》（愛知県刈谷市）二万石の藩主松平定政《まつだいらさだまさ》（一六一〇～七三）は、幕府の圧政を批判し、刈谷城の武器などを幕府に返上すると述べ、自ら出家し江戸市中で托鉢《たくはつ》を行った。一門の大名の異議申し立てにあわてた幕府は、七月一八日これを「狂気の所為《しょい》」として処理し、伊予国《いよのくに》松山（愛媛県松山市）藩主の兄松平定行《さだゆき》に預けて落着させた（松平定政事件）。

ところが、定政の処置が決定した五日後の七月二三日、より深刻な反乱計画が発覚した。牢人《ろうにん》で軍学者の由井正雪《ゆいしょうせつ》（一六〇五～五一）を首謀者《しゅぼうしゃ》とする徳川幕府転覆《てんぷく》計画である。それは、牢人二〇〇〇人が、江戸と大坂、京都の三都で一斉蜂起《いっせいほうき》し、正雪自らは駿府久能山《すんぷくのうざん》（静岡市）で指揮する、という大規模なものであった。しかも、正雪は、幕府が先の松平定政の忠諌《ちゅうかん》を「狂気」として処理したことを批判した。さらに御三家紀州藩主の徳川頼宣《とくがわよりのぶ》との関係も噂されていた。しかし、正雪一味から内通者《ないつうしゃ》が出たため、正雪を含む首脳部は全員処罰され、反乱は未然に防がれたのである（慶安事件）。

事件の発覚に衝撃を受けた幕府は、大名取り潰《つぶ》しの強圧的な「武断政治」から、教化・教育にもとづく秩序化＝「文治政治」へと幕政を大きく転換したのである。

かぶき者の出現

これら武士による政治批判と同時に、社会では秩序形成に対する反社会的行動をとり不満を表明する若者たちが出現した。彼らは、当時「かぶき者」とよばれた。「かぶく」の原義は「傾《かぶ》く」であり、彼らは派手な異形《いぎょう》の風体《ふうてい》で、市中で存在を誇示した。

四世鶴屋南北像　右が南北。
（歌川豊国画、「於染久松《おそめひさまつ》色《うきなの》販売《よみうり》」、立命館大学ARC蔵、hayBK02-0001）

由井正雪像（静岡市、菩提寺）

かぶき者・旗本奴の喧嘩
男伊達を売り物にし、長い刀を差し、顎髭を蓄え、派手な衣装で市中を闊歩した。
（「豊国祭礼図屏風」、岩佐又兵衛画、徳川美術館蔵、©徳川美術館イメージアーカイブ／DNPartcom）

慶長《けいちょう》九年（一六〇四）八月の豊国《ほうこく》大明神《だいみょうじん》の臨時祭礼を描いた「豊国《ほうこく》祭礼図屏風《さいれいずびょうぶ》」には、「いきすぎたりや廿三」（長生きしすぎた二三歳）と記した太刀《たち》をもち、喧嘩をする若者が描かれている。また、慶長一七（一六一二）年には、江戸のかぶき者のリーダー大鳥一兵右衛門《おおとりいちひょうえもん》（大鳥逸平《いっぺい》、大鳥一兵衛《いちひょうえ》とも）が処罰されたが、その大刀の鞘《さや》にも、「廿五までいきすぎたりや一兵衛」と記されていたという（『慶長見聞集』）。戦国時代が終わり、社会秩序が確立・強化されるなかで、当時の若者の閉塞感《へいそくかん》、意地、見栄《みえ》が誇示されている。

慶安元年（一六四八）七月二二日、幕府は町人に対し、長刀《なぎなた》や大脇《おおわき》差《ざし》を帯び、武家奉公人をまねて「かぶく」姿をし、粗暴で無作法な者について、目付衆《みつけしゅう》が見回り、見つけしだい捕らえ、罰することを市中に触《ふ》れている（『徳川禁令考』三一四五号）。

承応《じょうおう》元年（一六五二）正月二〇日、幕府は、かぶき者について次のように触れている。すなわち、大目付の命により市中で役人がかぶき者を捕らえるので、これらを匿《かくま》うことを禁じ、そのうえで「かぶきものといふは、中小姓《ちゅうこしょう》以下の者にて、天鵞絨《ビロード》の襟《えり》ある衣を着し、大撫付《おおなでつけ》、立髪、大鬚《おおひげ》をつくり、太刀、大脇差をさして、遊行《ゆぎょう》するものなり」と、天鵞絨の襟のついた衣服を着て、髪を大撫付（総髪）や立髪（長髪）にし、大鬚をたくわえ、大刀や大脇差を帯びて遊び歩く、中小姓以下の武家奉公人と定義した。しかし、これをまねる町人たちも大勢あらわれた。彼らは、その派手な姿をもって、「奴《やっこ》」「男伊達《おとこだて》」などとも呼ばれた。

同年六月二〇日、幕府は、当時歓楽街として賑《にぎ》わっていた堺町《さかいちょう》（東京都中央区）の少年たちの前髪をすべて剃《そ》らせた。最近、大名や旗本の男色《だんしょく》が横行し、かぶき者を集め、酒の酌《しゃく》をさせ、競って遊ぶことは法を逸脱していると警告した。そして、大坂では保科忠正《ほしなただまさ》の屋敷で、少年たちが盃を交わし、闘争に及ぶ寸前になったことをあげ、幕閣相談のうえ、京都・大坂に対しても、かぶき者の少年たちの取り締まりを発布《はっぷ》している。

明暦《めいれき》三年（一六五七）七月二二日には、「かぶきもの」と称する游侠《ゆうきょう》たちが、半なでつけ（髪を結わずにときつけて後方に流したままにすること）にし、下髭（口の下の髭）をたくわえ、草履取《ぞうりと》りなどの下僕《げぼく》に絹布《けんぷ》の襟や帯など着付けさせて、町を徘徊《はいかい》する風俗を禁ずる「かぶき者禁制」を出している。この時期、武士・町人の身分を越えて、「かぶき者」が市中に横行していたことが知られるのである。

水野十郎左衛門の墓（東京都中野区、功運寺）

幡随院長兵衛と水野十郎左衛門

彼ら「かぶき者」は、集団で「かさつなる」行為を行い、喧嘩などをくり返した。『徳川実紀』明暦三年七月一九日の記事によれば、先の慶安元年（一六四八）の「かぶき者禁制」が出される四日前の七月一八日、「此《この》十八日寄合《よりあい》水野十郎左衛門成之《しげゆき》（一六三〇〜六四）のもとに、「侠客幡随（院）長兵衛といへるもの来り、強《しい》て花街《かがい》に誘引《ゆういん》せんとす、十郎左衛門けふはさりがたき故障《さしさわり》ありとて辞しければ、長兵衛大に怒り、そはをのれが勇に恐怖せられしならんとて、種々罵《ののし》り無礼をふるまひしかば、十郎左衛門も怒りにたえず討すてゝ、其のよし町奉行のもとに告しかば、奉行よりも老臣にうたへしに、長兵衛処士の事なれば、そのまゝたるべきむね老臣より令せられしとぞ」と、旗本奴の水野成之のもとに侠客の幡随院長兵衛が来て、強引に花街に誘った。水野が今日は都合が悪いというと、長兵衛は大いに怒り、それは私の勇気を怖がっているからだとさんざん罵倒し無礼を働いた。そのため、十郎左衛門は怒り、長兵衛を斬り殺し、町奉行に訴えた。町奉行は幕閣に報告したが、幕閣は被害者の長兵衛は牢人なので、十郎左衛門はそのままにすべしと命じた。

罪を問われなかった十郎左衛門であったが、素行《そこう》は改まらず、ついに幕府から罰されることになる。すなわち、寛文《かんぶん》四年（一六六四）三月二七日、「小普請《こぶしん》水野十郎左衛門成之無頼《ぶらい》の聞えあるにより、昨日評定所《ひょうじょうしょ》に召て、松平阿波守光隆に預らけんとせしに、被髪《ひはつ》して袴《はかま》も着せず、其様尤《そのさまはなはだ》不敬《ふけい》なればとて、切腹せしめらる、其母弟は光隆に預らる」（『徳川実紀』）と、十郎左衛門は、幕府の評定所に呼び出されたさい、被髪（髪を結わずに解き乱した状態）で袴も着けなかったため、「尤不敬」として切腹させられた。

三月二八日、「此日水野十郎左衛門成之が二歳の男子を誅《ちゅう》せらる。女子は松平阿波守光隆にあづけらる」（『徳川実紀』）と、十郎左衛門の男子は殺され、女子は阿波徳島（徳島市）藩主松平（蜂須賀《はちすか》）光隆に預けられた。

江戸前期に流行した「かぶき者」であったが、幕府の支配体制が確立し、統制が強化されるとともに、活動は急速に終息していった。第五代将軍綱吉（在職一六八〇～一七〇九）の時代の貞享《じょうきょう》三年（一六八六）、火付盗賊改《ひつけとうぞくあらため》の中山勘解由《なかやまかげゆ》が旗本奴二百数十人を一斉検挙し、厳重な処分をして以後、「かぶき者」の活動は、すっかり影をひそめた。派手な衣装で「異義申し立て」を行った武士・町人などの若者たちからなる「かぶき者」もまた、徳川秩序の確立のもと、歴史の舞台から去ったのである。

明治維新による江戸幕府瓦解《がかい》から十年、旗本不良集団と抗争した町の不良集団のリーダー幡随院は、歌舞伎や講談《こうだん》により、強きをくじき、弱きを助ける「俠客」イメージを確立し、広く庶民の人気を集めていくのである。

年	元号	月	事項
一六一二	慶長一七	七月	かぶき者頭領大鳥一兵右衛門、江戸市中引き回し、磔に処せられる
一六二二	元和八	二月	幕府、喧嘩、火事の野次馬を禁ずる
一六二三	元和九	四月	幕府、大脇差、朱鞘など、異相を禁ずる
一六四四	寛永二一	四月	幕府、刀の寸法や徒など小者の衣類などの法度定める
一六四五	正保二	七月	幕府、大脇差、大撫付け、大額を禁ずる
一六四九	慶安二	二月	幕府、町人の絹着用を禁ずる
		七月	幕府、盆踊りを奨励、喧嘩、争論を禁ずる
一六五一	慶安四	七月	刈谷藩主松平定政、幕府を批判し改易となる 慶安事件起こる
一六五二	慶安五	一月	幕府、市中のかぶき者を捕らえることを大名に通達、匿うことを禁止する
		二月	幕府、町人の帯刀を禁ずる この年、江戸市中に旗本奴、町奴がはびこる
一六五四	承応三	二月	幕府、旗本の男色、足軽・中間の両刀帯刀、華美な衣装を禁ずる
一六五六	明暦二	七月	幕府、市中で無頼をした旗本・御家人の子弟を報告させる
一六五七	明暦三	七月	旗本水野十郎左衛門、町奴幡随院を殺害する
一六六四	寛文四	五月	旗本水野十郎左衛門、切腹を命じられる

伽羅先代萩

——めいぼくせんだいはぎ

佐藤宏之

歌舞伎「伽羅先代萩」の一場面
左から、仁木弾正（板東彦三郎）、沖の井（沢村訥升《とっしょう》）、男之助（市川門之助）、政国（板東彦二郎）、霜千代（板東大助）。
（豊原国周筆、東京都立中央図書館蔵）

現代において、新聞や週刊誌上でしばしば「お家騒動」という見出しを目にすることがある。これは、企業などのある組織内部における派閥争いや対立抗争、相続をめぐる家族内のいざこざを、御家騒動《おいえそうどう》という言葉で表現したものである。

そもそも御家騒動とはなにか。それは「御家」の運営をめぐって起こる騒動を指しており、ここでいう「御家」とは一般に江戸時代の大名家を指した。すなわち、御家騒動とは江戸時代の大名家に起こった騒動をいい、その大名家では藩主やその一族、家老などが派閥をつくり、内紛を繰り広げることがしばしば起こったのである。

なかでも仙台藩《せんだいはん》（仙台市）伊達家《だてけ》で起こった御家騒動はよく知られている。この騒動は二つの事件からなる。最初の事件は、放蕩《ほうとう》にふける三代藩主の伊達綱宗《つなむね》が親族大名や重臣らによって強制隠居させられた事件である。二つ目の事件は、綱宗隠居のあと、二歳の亀千代《かめちよ》が跡を継いだことから、一門の伊達兵部《ひょうぶ》宗勝《むねかつ》と田村右京《うきょう》宗良《むねよし》が後見となったことにはじまる。その宗勝の専横に不満をもった一門の伊達安芸《あき》宗重《むねしげ》が野谷地《のやち》（未開発の原野や湿地帯）の境界争論を理由に幕府に出訴した。その宗重を仙台藩奉行（家老）の原田甲斐宗輔《はらだかいむねすけ》が審理中の大老酒井雅楽頭忠清《さかいうたのかみただきよ》邸で斬殺するという刃傷《にんじょう》事件へと展開した。普通の大名であれば、取りつぶされてもおかしくない事件が、わずか一〇年の間に二度も起きたのである。

のちに「伊達騒動」と呼ばれるこの一件は、大藩である仙台藩で発生した大不祥事だっただけに、社会に大きな衝撃を与えるとともに、その後、文学物・演劇物・歴史物など、多くの作品を生み出すことになった。

この伊達騒動を題材にした最初の歌舞伎は、正徳《しょうとく》三年（一七一三）に江戸市村座《いちむらざ》で上演された「泰平女今川《たいへいおんないまがわ》」だとされているが、安永《あんえい》六年（一七七七）に大坂で上演された歌舞伎「伽羅先代萩《めいぼくせんだいはぎ》」や、翌年に江戸中村座《なかむらざ》で上演された歌舞伎「伊達競阿国戯場《だてくらべおくにかぶき》」（初代桜田治助《じすけ》作）が最も知られている。「伽羅先代萩」の舞台は鎌倉で、奥州鎮守府《ちんじゅふ》の冠者太郎経睦《かじゃたろうつねむつ》が放埒《ほうらつ》な殿となって、大磯の傾城高尾《けいせいたかお》を身請《みう》けする話になっている。しかし、同時期に江戸で上演された「伊達競阿国歌舞伎」では京都が舞台となり、足利将軍義満《あしかがよしみつ》の弟頼兼《よりかね》と島原《しまばら》の高尾という人物設定になっている。その後の「伽羅先代萩」には、室町将軍足利頼兼と江戸吉原の傾城高尾となったものもあり、内容の混淆《こんこう》が見られる。

江戸時代から現代にいたるまで、歌舞伎の伊達騒動もので最も上演されたのが「伽羅先代萩」である。演題にある「伽羅」とは、おもに東南アジア産の沈香《じんこう》という香木《こうぼく》のことで、特に良質なものを伽羅《きゃら》と呼んでいた。すなわち、伽羅は銘木ゆえに「めいぼく」と読ませたのである。藩主綱宗が、貴重品である伽羅を下駄《げた》に使うほど贅《ぜい》沢三昧《たくざんまい》をしたという意味が込められている。「先代」は仙台のこと、「萩」は古代から歌枕《うたまくら》として読まれてきた宮城野萩《みやぎのはぎ》のことで、仙台と重ねている。

「伽羅先代萩」は、全五幕で初代奈河亀助《ながわかめすけ》(輔)、五十五十輔《いそいそすけ》らの作である。安永六年(一七七七)四月一〇日より大坂中の芝居嵐七三郎《あらししちさぶろう》座において初演。梶原景時《かじわらかげとき》(酒井忠清)を初代中村歌右衛門、松ヶ枝節之助《まつがえせつのすけ》(荒獅子男之助《あらじしおとこのすけ》)、秩父重忠(板倉重矩《しげのり》)、泉小二郎定倉《さだくら》(片倉小十郎)を初代中山文七、眼通坊・菅沼小助・常陸坊海尊《ひたちぼうかいそん》(原田甲斐)を初代浅尾為十郎、冠者太郎(伊達綱宗)を嵐七三郎、鶴喜代《つるきよ》(亀千代)を市山太二郎、錦戸刑部《にしきどぎょうぶ》(伊達兵部)・栄御前《さかえごぜん》を中村次郎三、志田十三郎を三代沢村宗十郎、政岡《まさおか》・伊達次郎顕衡《あきひら》(伊達安芸)を初代中山来助《らいすけ》、志方外記《しかたげき》を四代嵐三十郎などがつとめた。

序幕

奥州鎮守府の主、冠者太郎経睦が傾城高尾を身請けする。ところが、高尾は志田十三郎と恋仲のため経睦の意に従わなかった。そこで、経睦は高尾を相模川の船中で吊るし切りにしてしまう。錦戸刑部と泉小二郎は経睦の隠居《いんきょ》と幼君鶴喜代の跡目相続を願い出る。

二つ目

錦戸刑部・常陸坊海尊は鶴喜代の毒殺を企てるが失敗する。乳母の政岡は自分で飯を炊き、鶴喜代を護る。梶原景時の妻である栄御前は病気見舞いと称して毒入りの菓子を鶴喜代に食べさせようとするが、政岡の子千松《せんまつ》が毒味をして倒れてしまう。度会銀兵衛の妻八汐《やしお》は、事の露顕《ろけん》を防ぐため千松をなぶり殺しにする。栄御前は、政岡がこのありさまを見ても取り乱さないことから、噂の通り取り替え子に違いないと思い、政岡を味方につけようとする。床下では、忠臣の松ヶ枝節之助が忍びの者どもを相手に戦い、鎮守府の旗をくわえて逃げる大鼠《おおねずみ》に切りつける。すると、鼠の姿は消え、旗をくわえた菅沼小助が現れた。

三つ目

奥州泉小二郎の屋敷。下向した三木頭によって、政岡と節之助の不義や、顕衡・政岡に叛逆《はんぎゃく》の意ありとの噂などが問題になるが、悪人一味の策謀であることがあきらかとなる。そこで、顕衡は鎌倉へ訴え出ることになる。三木頭は捕

「**歌舞伎座新狂言 伽羅先代萩**」
左から、禿もみぢ(尾上丑之助)、新造高窓(尾上栄三郎)、
三浦屋高尾(中村福助)、足利頼兼(尾上菊五郎)。(香蝶楼画、長野県飯田市、田口恒博氏蔵)

えられ、刑部等の悪事を認めることになる。

四つ目

志方外記は秩父重忠に駕籠訴《かごそ》をする。松ヶ枝節之助は馬子《まご》となり、忍術使いの山伏眼通坊の妹お倉に婿志田十三郎を世話する。一方、医者養仙《ようせん》の仲人《なこうど》で眼通坊に嫁が来るが、この女は実は生きていた高尾であった。十三郎との再会を喜ぶ眼通坊は実は菅沼小助であり、母を殺し、弟平八も斬るが、高尾に鎮守府の旗を奪われる。平八とお倉の血の呪力《じゅりょく》で忍術の力が消滅し、小助は節之助に殺される。

大詰

鎌倉館の大広間で、梶原・畠山の立ち合いのもと、顕衡と海尊とが対決をする。激論の末、問い詰められた海尊は謀って顕衡に斬りつける。ところが、手傷を負い、外記らによってとどめを刺される。

「伽羅先代萩」のかたち

歌舞伎「伽羅先代萩」と「伊達競阿国戯場」をもとにさまざまに作りかえられ、その数はおよそ一〇〇種にも余るといわれる。その大体の筋立ては、この両者を混ぜ合わせたものを中核とし、人名・世界は後者からとり、「飯炊きの場」は前者からとって必ず入れるというような構成となっている。その形式が、花水橋《はなみずばし》・竹の間・御殿・床下・対決・刃傷の六幕に定まったのは、明治一五年（一八八二）一〇月、東京の市村座で、九代目市川団十郎が演じて以来のことであるという。

では、そのあらすじを紹介しよう。

花水橋の場

お家乗っ取りを企む悪者らが奥州の大名足利頼兼（伊達綱宗）に遊女遊びをすすめる。廓《くるわ》からお忍びで屋敷に帰る途中の足利頼兼が、悪臣の仁《に》木弾正《つきだんじょう》（原田甲斐）に加担する黒沢官蔵らに襲われるが、駆けつけた足利家の抱え力士の絹川谷蔵《きぬがわたにぞう》に助けられる。叔父の大江鬼貫《おにつら》（伊達兵部）ら逆臣方にそそのかされ、高尾太夫という傾城に夢中になった頼兼は、その遊蕩を理由に隠居させられる。

竹の間の場

頼兼の跡を継いだ鶴千代（綱宗嫡子の亀千代）の乳母《めのと》・政岡（千松の生母・三沢初子）は、幼君を家中の逆臣方から守るため、男性が近づくのを嫌がる病気と称して男を近づけさせず、食事を自分で作り、鶴千代と同年代の我が子・千松とともに身辺を守っている。その御殿に、仁木弾正の妹・八汐、忠臣方の家臣の奥方・沖の井、松島が見舞いに訪れる。鶴千代殺害をもくろむ八汐は、女医者・小槙《こまき》や忍びの嘉藤太と謀って政岡に鶴千代暗殺計画の濡《ぬ》れ衣《ぎぬ》を着せようとする。しかし、沖の井の反論や鶴千代の拒否によって退けられてしまう。

伊達御殿
（揚州周延画、「東錦《あずまにしき》昼《ちゅう》夜《や》競《くらべ》」、立命館ARC蔵、arcUP7868）

御殿の場

一連の騒動で食事ができなかった鶴千代と千松は腹をすかせ、政岡は茶道具を使って飯《まま》焚《た》きをはじめる。大名でありながら食事も満足に取れない鶴千代の苦境に心を痛める政岡。主従三人のやりとりのうちに飯は炊

「早苗鳥伊達聞書《ほととぎすだてのききがき》」
左から、伊達安芸（初代市川左団次）、原田甲斐（五代目板東彦三郎）、板倉内膳（二代目沢村訥升）。
（豊原国周画、仙台市博物館蔵）

けるが、食事のさなかに逆臣方に加担する管《かん》領《れい》・山名宗全《やまなそうぜん》（大老・酒井雅楽頭《うたのかみ》）の奥方・栄御前《さかえごぜん》が現われ、持参の菓子を鶴千代の前に差し出す。毒入りを危惧《きぐ》した政岡だったが、管領家の手前制止しきれず苦慮していたところ、駆け込んで来た千松が菓子を手づかみで食べ、毒にあたって苦しむ。毒害の発覚を恐れた八汐は千松ののどに懐剣《かいけん》を突き立てなぶり殺しにするが、政岡は顔色ひとつ変えずに鶴千代を守る。

その様子を見た栄御前は鶴千代・千松が取り替え子で、政岡も自分たちの一味であると思い込み、政岡に弾正一味の連判の巻物を預ける。栄御前を見送った後、母親に返った政岡は、常々教えていた毒見の役を果たした千松を褒《ほ》めつつ、武士の子ゆえの不憫《ふびん》を嘆いてその遺骸《なきがら》を抱きしめる。その後、襲いかかってきた八汐を切って千松の敵を討つが、巻物は鼠がくわえて去ってしまう。

床下の場

逆臣方の讒言《ざんげん》によって主君から遠ざけられるものの、それでも御殿の床下でひそかに警護を行っていた忠臣・荒獅子男之助が、巻物をくわえた大鼠（御殿幕切れに登場）を踏まえて「ああら怪しやなア」といいつつ登場する。鉄扇《てっせん》で打たれた鼠は男之助から逃げ去り、煙のなか眉間《みけん》に傷を付け巻物をくわえて印を結んだ仁木弾正の姿に戻る。弾正は妖術《ようじゅつ》を使って鼠に化けていたのである。その弾正は巻物を懐《ふところ》にしまうと不敵な笑みを浮かべて去っていく。

対決の場

老臣・渡辺外記左衛門《げきざえもん》（伊達安芸）、その子渡辺民部、山中鹿之介、笹野才蔵《ささのさいぞう》ら忠臣が問注所《もんちゅうじょ》で仁木弾正、大江鬼貫、黒沢官蔵らと対峙する。裁き手の山名宗全は弾正よりで、証拠の密書を火にくべさえする無法ぶり。外記方の敗訴が決まるかというその時に、もう一人の裁き手の細川勝元《かつもと》（老中・板倉内膳正《いたくらないぜんのしょう》）が登場し、宗全を立てながらも弾正側の不忠を責め、虎の威を借る狐のたとえで一味を皮肉る。自ら証拠の密書の断片を手に入れていた勝元は、署名に施した小細工をきっかけにさわやかな弁舌で弾正を追及し、外記方を勝利に導く。

刃傷の場

裁きを下された仁木弾正は、改心を装って控えの間の渡辺外記左衛門に近づき、隠し持った短刀で刺す。外記左衛門は扇子一つで弾正の刃に抗い、とどめを刺されそうになるが、駆けつけた民部らの援護を受けて弾正を倒す。一同の前に現れた細川勝元は外記左衛門らの働きをたたえ、鶴千代の家督を保証するお墨付《すみつき》を与える。外記左衛門は主家の新たな門出をことほぎ、深傷の身を押して舞い力尽きる。「おお目出度い」と悲しみを隠して扇を広げる。

世間の耳目をあつめた伊達騒動

万治《まんじ》三年(一六六〇)、江戸城の小石川堀《こいしかわぼり》の御《お》手伝普請《てつだいふしん》にさいし、所行紊乱《しょぎょうびんらん》の聞こえの高かった藩主伊達綱村は、伊達家の存続を危ぶむ親族・重臣たちと幕府老中酒井忠清との協議をふまえて、幕府より隠居を命じられ、二歳の長男亀千代(伊達綱村)が家督を継いだ。叔父の伊達兵部少輔宗勝、庶兄の田村右京宗良が六二万石のうちからそれぞれ三万石を分知されて後見に指名され、幕府国目付の毎年派遣の下に藩政が行われた。初めは奉行(家老)奥山大学常辰《つねとき》が権勢をふるったが、兵部(宗勝)は寛文《かんぶん》三年(一六六三)にこれを罷免《ひめん》、幕府老中酒井忠清と姻戚《いんせき》関係を結び、奉行(家老)原田甲斐(宗輔《むねすけ》)や側近出頭人を重用して一門以下の反対勢力を弾圧、斬罪切腹一七名を含む一二〇名余を処分した。寛文六年には亀千代毒殺未遂の噂がたち、医師河野道円《かわのどうえん》父子が殺害された。同八年にも同様の事件がおこったため兵部らの陰謀とする非難が高まった。これにより、宗勝は藩内で孤立するようになった。一方で、一門伊達安芸宗重《むねしげ》(涌谷《わくや》二万石)は一門伊達式部宗倫《むねとも》(登《と》米《め》一万七〇〇〇石)と知行地の境界紛争が続いていた。宗重は兵部派の裁定や宗勝の政治に対する積年の不満を晴らすべく幕府に上訴、家中の上訴もあって寛文一一年(一六七一)二月に幕府の審議が開始された。三月二七日大老酒井忠清邸で兵部派の敗北をさとった原田甲斐が突如伊達安芸に切りつけ即死させ、甲斐もまた斬死する事件となった。兵部ら関係者は他家御預けなどの処分を受け、甲斐一家も切腹を命ぜられ断絶した。

伊達氏略系図

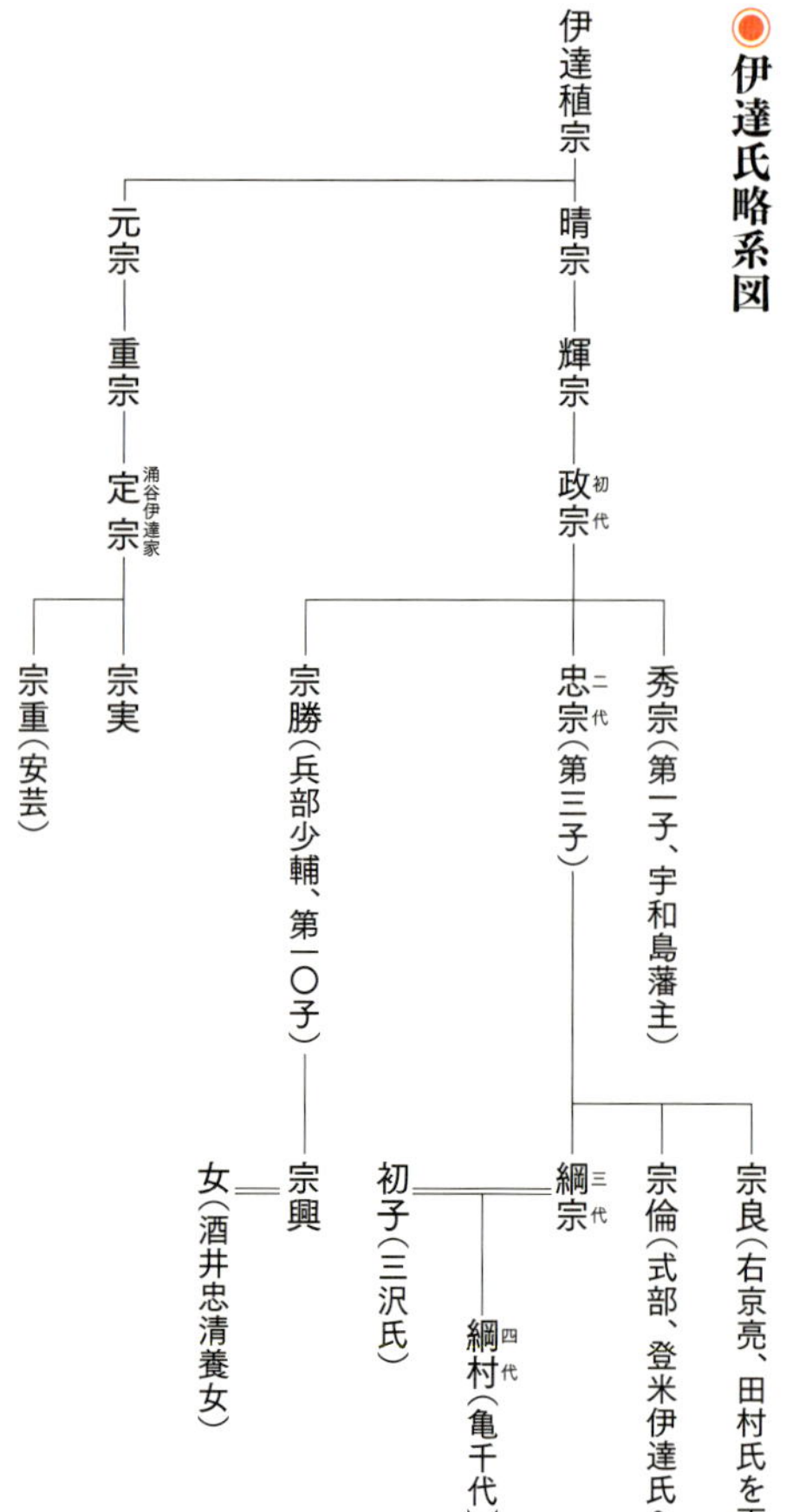

御家騒動の物語化

御家騒動は、騒動が発生するとほぼ同時に、その物語化がはじまり、実録もの・講談・人形浄瑠璃《にんぎょうじょうるり》・歌舞伎など文芸作品の格好の題目とされてきた。騒動を題材として、その内容があたかも真実を含んでいるかのように書き綴《つづ》った小説風の書物(実録もの)が大量に作られ、写本というかたちで流布《るふ》した。伊達騒動に関する実録ものの写本は、これまで一一三種類が確認されている（「兵甲記《ひょうこうき》」「仙台騒動記」「伊達顕秘録」「仙台家中公事物語」「寛濶伊達鑑《かんかつだてかがみ》」「伊達鑑実録」「伊達騒動記」「松平陸奥守綱村家中騒動記」など）。また、人形浄瑠璃や歌舞伎の演目にもなり、一八世紀以降、大名家の騒動をあつかった「御家物」が、人びとのニーズを受けてひとつのジャンルとして文芸作品や演劇のなかに確立した。さらに、明治時代になり、大衆の支持を得た実録ものは、講談のネタとして利用され、それがそのまま近代の講談本の世界へ引き継がれ、やがて時代劇映画の源流となっていった。

文芸作品として脚色されるなかで、「御家」の一大事にさいし、忠臣が現れ、身命をなげうって悪臣を倒し、騒動の禍根《かこん》を未然に断って「御家」の危機を救うという勧善懲悪《かんぜんちょうあく》的でわかりやすいストーリーが人びとに受け入れられやすく共感を呼び、歌舞伎や小説などの文芸作品や映画、テレビ時代劇などのメディアによって定式化された。そのなかで描かれた「虚構」の性質は現代にまで通じるような普遍的なものであるがゆえに、わたしたちの「記憶」のなかにあたかも「史実」であるがごとく刻み込まれていったのである。

三沢初子像

初子は伊達家三代綱宗の側室。亀千代の母。釈迦像を刻んだ伽羅を髷に隠し、子亀千代の息災を願ったという。「伽羅先代萩」の政岡のモデルといわれる。

（東京都目黒区、正覚寺）

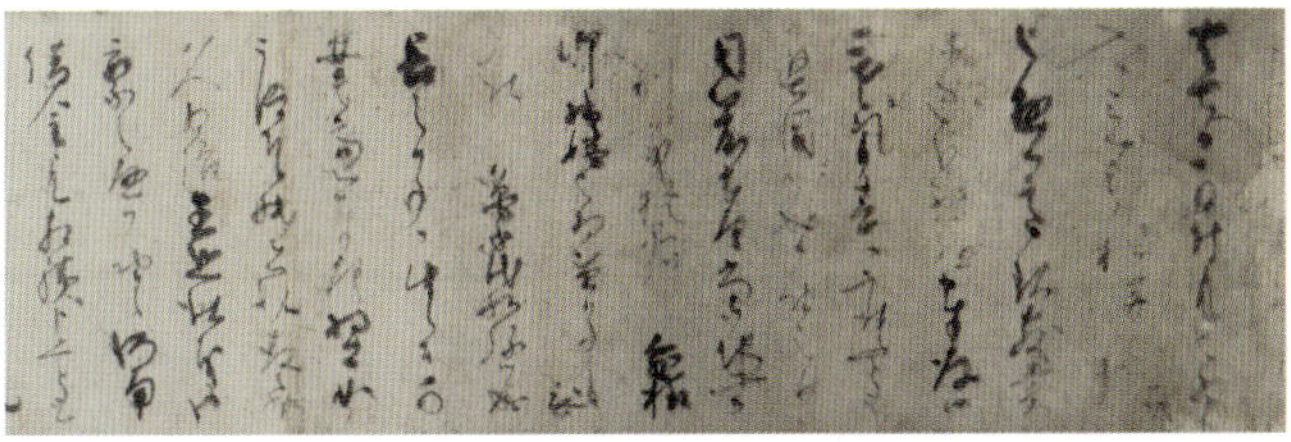

原田甲斐宗輔の書状

甲斐が仙台藩の重臣で伯父の茂庭良元（左月）に宛てた書状。借金や小石川堀普請の困難を述べている。（東北大学附属図書館蔵）

老中酒井忠清と伊達宗勝による乗っ取り陰謀説

万治三年（一六六〇）七月一八日、伊達綱宗は幕府から突然逼塞《ひっそく》を命じられた。伊達家の正史『伊達治家記録《だてじかきろく》』には「十八日、公、故アリ御逼塞」とだけある。ところが、江戸幕府の正史『徳川実紀《とくがわじっき》』には「綱宗、頃日酒色《けいじつしゅしょく》にふけり、家士等が諫《かん》をも聞入れざるよし紛《まぎ》れなければ逼塞せしむべし」と、綱宗が酒と女におぼれて、家臣の諫言《かんげん》にも耳を傾けなかったとの逼塞の理由が示されている。

はたして、酒と女が過ぎたという理由で幕府が逼塞を命じるだろうか。このことが何かほかに表だってはいうことができない理由があるのではないかとの憶測《おくそく》を呼び、さまざまな説が流布していったのである。そのなかでもっとも有名なのが、幕府老中酒井忠清と政宗の子伊達宗勝および仙台藩奉行の原田宗輔が綱宗に飲酒を勧め、放蕩《ほうとう》を理由に隠居に追い込んだとする仙台藩乗っ取り陰謀説である。幕府が外様《とざま》大名の取りつぶしを狙ったとか、藩祖政宗の末子である宗勝が本藩の藩主になる野望をもっていたなどと語られている。

この乗っ取り陰謀説を伊達騒動関係の諸史料を収集して学術的に根拠づけたのが、明治四五年（一九一二）に出版された大《おお》槻文彦《つきふみひこ》の『伊達騒動実録』であった。大槻は、藩主伊達家・田村家・涌谷伊達家・登米伊達家・茂庭《もにわ》家、その他旧臣諸家の調査を行い、旧幕府の大老酒井家・老中板倉家などの子孫宅からも騒動関係史料をかき集めた。その大槻が陰謀説の根拠とした史料が「茂庭家記録《もにわけきろく》」である。「茂庭家記録」は、永正《えいしょう》一〇年（一五一三）の茂庭良直《よしなお》の誕生から寛保《かんぽう》二年（一七四二）の嵩元《たけもと》の死去まで、歴代当主の事績を伝来の文書などをもとにまとめた家史である。編纂者は茂庭氏の家臣遠藤隆之助真《まさ》弘《ひろ》で、完成したのは天保《てんぽう》五年（一八三四）であった。編纂の特徴は、文書・記録と伝聞を明確に書き分けている点にあり、この陰謀説の根拠となった八月一八日条は「伝えて云う」と根拠の不確かな伝聞であったのである。

原田甲斐忠臣説

一方、「伽蘿先代萩」などで従来は悪人とされてきた原田甲斐を主人公とし、江戸幕府による取りつぶしから藩を守るために尽力した忠臣として描くものも現れた。昭和二九年（一九五四）七月二〇日～昭和三〇年（一九五五）四月二一日、昭和三一年（一九五六）三月一〇日～九月三〇日まで『日本経済新聞』に連載され、昭和三三年（一九五八）に講談社より刊行された山本周五郎《やまもとしゅうごろう》の歴史小説『樅《もみ》ノ木は残った』である。その筋書きは、老中酒井忠清が、伊達政宗の末子伊達兵部宗勝を利用して仙台藩の乗っ取り分割を狙う。放蕩を理由にした三代藩主綱宗の強制隠居も、宗勝と酒井が結託した仕掛けであり、酒井は藩内に紛争を起こさせて、そこに幕府が介入し、藩政の不行届を理由に改易《かいえき》することを企《たくら》んでいた。その企みを知った原田甲斐は、身を楯《たて》にして仙台藩を守ることを決意する。原田はわざと宗勝に加担しているような行動をとりながら、彼の動きを制しようとした。原田は酒井と宗勝による仙台藩分割の密書を入手し、これを老中の久世《くぜ》大和守広之に見せ、酒井の陰謀を暴く。秘密が漏れたことを知った酒井は、原田の殺害をもくろむ。伊達宗重訴訟の老中評定を急遽《きゅうきょ》、板倉邸から酒井邸に変更し、酒井の家来が原田や宗重を斬殺する。原田は、仙台藩に累《るい》が及ばぬよう、「宗重はわたしが斬った」と言い残して絶命する。こうして原田は、「伊達宗勝に忠実な逆臣《ぎゃくしん》」ではなく、酒井忠清と伊達宗勝の仙台藩乗っ取りを防いだ忠臣《ちゅうしん》と評価されたのである。

これは映画「青葉城の鬼」（昭和三七年〔一九六二〕）、「樅ノ木は残った」（昭和三八年〔一九六四〕・東京12CH、昭和四五年〔一九七〇〕・NHK大河ドラマ、昭和五八年〔一九八三〕・フジテレビ、平成二年〔一九九〇〕・日本テレビ、平成二二年〔二〇一〇〕・テレビ朝日系）などで映像化され、原田甲斐忠臣説が流布していくのである。

御家騒動を語る史料

御家騒動を語るうえで、その拠り所となる史料は、覚書・日記・書状など騒動の当事者のもとで作成された史料（騒動関係史料）や藩政史料などの一次的な史料と、世間に流布した騒動記や実録などの物語類（二次的な史料）に大きく二分される。騒動自体が、藩や大名にとって恥として受けとめられ、内密に処理されることが多いため、騒動の核心に迫ることができる史料は極めて少ない。一方、物語類は、騒動関係史料や藩政史料からはうかがうことのできない、しかも読み手にとって興味を引くようなトピックを、実際にあった出来事との隙間《すきま》を埋めるものとして盛り込み、あたかもそれが騒動の実像を示す真実を著しているかのように読み物化した。これにさまざまな「虚構」が加わることでストーリーが複雑化し、転写される間にさまざまなエピソードが書き加えられたり、本文が書き換えられたりして、「史実」からかけ離れたストーリーが生み出され、作品の構造そのものが変化することもある。そのため御家騒動は「史実」と「虚構」とが混同され、しかもそれが真実として長らく理解されてきたのである。こうして「虚構」が「史実」と混同されて創られた「御家騒動」像が独り歩きをはじめることになる。

　このような状況のなかで、歴史学研究ではできるだけ「虚構」を打破し、「史実」を忠実に再現することを提起し、これまで歴史学研究の対象となってこなかった御家騒動をその対象へと押し上げた。そのうえでまずやるべきことは、実録ものや文芸作品といった二次的な史料をもとに騒動を分析しないという基本姿勢をとることであり、これにより騒動当時の一次的な史料に基づいて「史実」を確定する実証的な研究が進展した。いわば、「史実のなかの御家騒動」が求められたのである。

　一方、歴史学研究において排除された二次的な史料である実録物や文芸作品は、文学研究でとりあげられた。一事件に関する実録を博捜《はくそう》し整理することを中心とした基礎研究がはじまり、文芸作品のなかに描かれた「虚構」のあり方や、転写される間に内容がふくらみ改変されるという物語の生長・転化、実録から読本・浄瑠璃・歌舞伎など他の文芸ジャンルへの流入など、そこに書かれていることが「史実」であるかどうかは別として、作品のテキストそのものに眼が向けられたのである。それは「物語のなかの御家騒動」をあきらかにすることであったといえる。

御家騒動の物語性

　御家騒動の物語性は、現代に至るまで実録・講談のみならず、小説・映画・テレビ時代劇などの多様なメディアを媒介として、瞬く間に伝播《でんぱ》していくことになる。そのたびに「御家騒動」像が繰り返し再編・整理され、それがやがて「歴史(史実)」と混同されて人びとに認識されるようになる。わたしたち個人の記憶は、長い時間をかけてメディアによって意味づけられ、引用や孫引きが繰り返されるなかで、ある種の共有化された「記憶」として形成される。こうして創られた「記憶」もまた、「御家騒動」像のひとつのかたち、すなわち、「伝承のなかの御家騒動」が作り上げられる。こうした「伝承のなかの御家騒動」は、決して時代や社会の要請、世相を無視して成り立つものではない。近代以降の「御家騒動」像の形成にあたっては、近代以前に形成された歴史の記憶があくまでも基盤として存在しており、近世から近代・現代へと時代の移ろいとともに、なにが読み継がれ(あるいは捨てられ)、どのような変容を遂げたのかあきらかにすることが求められる。その一方で、受け手の側にも一定のイメージがあり、それに支えられたニーズがあってはじめて、小説や時代劇(映画やテレビ)という商業的な行為に結びついていくことにも注意が必要であろう。一〇〇種にも余るといわれる「伽羅先代萩」も、一一三種類が確認されている伊達騒動に関する実録ものの写本も、こうしたニーズに支えられていたのである。

　「御家騒動」が、それぞれの時代のそれぞれの場所で、どのように意義づけられているのか。騒動の発生以降、「御家騒動」が人びとに語り継がれるなかでどのように変化していったのか。それをあきらかにすることは、現代のわたしたちが「御家騒動」に対して抱いている定説が、「史実」だけではなく、その時々の政治や社会、学界・研究の動向や大衆文化(メディア)の現状などによって創りあげられてきたことを浮き彫りにしていくことでもある。

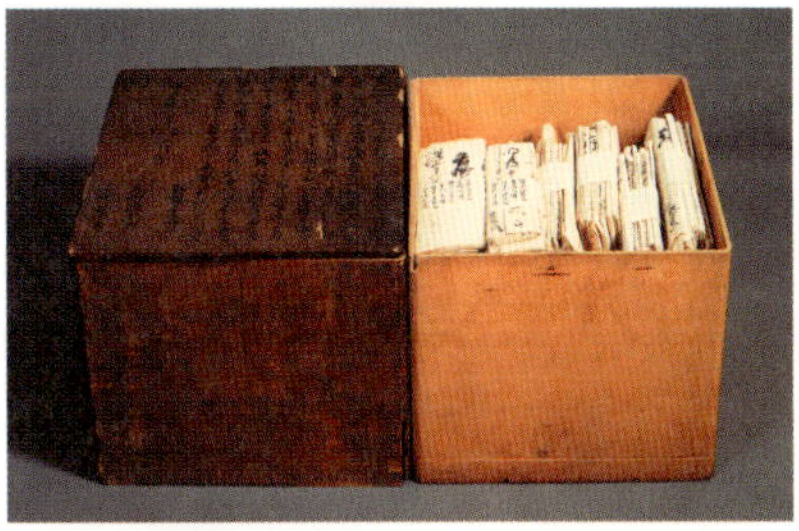

寛文事件関係資料
刃傷事件の事後処理に関する文書が一括して収められた通称「伊達の黒箱」。
(仙台市博物館蔵)

仮名手本忠臣蔵——かなでほんちゅうしんぐら

福留真紀

「忠臣蔵」の誕生

元禄《げんろく》一六年（一七〇三）二月四日、赤穂浪士は切腹した。その一二日後に、江戸中村座で、「曙《あけぼの》曾我夜討《そがのようち》」が上演されたことを始めとし、多くの赤穂事件を素材とした作品が作られた。その集大成とされるのが、元禄一四年の松《まつ》の廊下《ろうか》刃傷事件から四七年目にあたる寛延《かんえん》元年（一七四八）に、竹田出雲《たけだいずも》により作られた人形 浄瑠璃《にんぎょうじょうるり》「仮名手本忠臣蔵」である。すぐに歌舞伎にもなり、大変な人気作品として、現在に至るまで、しばしば上演されている。

大序

◇「鶴ヶ岡社頭兜改めの場」

南北朝時代の『太平記』の世界が舞台である。鶴ヶ岡八幡宮造営のお祝いのため、将軍足利尊《あしかがたか》氏《うじ》の代参として、弟の足利直義《ただよし》がやって来る。迎えるのは、執事の高師直《こうのもろなお》と、御馳走役《ごちそうやく》を命じられた桃井若狭之助《もものいわかさのすけ》と塩冶判官《えんやはんがん》であった。尊氏の命で、敵将であった新田義貞《にったよしさだ》の兜《かぶと》を奉納することになったが、師直はそれに異を唱え、若狭之助と対立し、判官は仲裁に入った。その後、直義の命で、義貞の兜を見分けることが出来る者として、判官の妻顔世御前《かおよごぜん》が召し出される。顔世は以前御所の女官《にょかん》で、兜の取次役だったからである。顔世は、四七の兜の中から、義貞の兜を見つけ、無事奉納される。

皆が去り、その場に、師直と顔世のみとなった。以前から顔世に横恋慕していた師直は、付け文を渡し口説き始める。

「くどうはいはぬ。よい返事聞くまでは。口説いて〱、口説きぬく。天下を立てうと伏せうとも、まゝな師直。塩冶を生けうと、殺さうとも、顔世の心たつた一つ。なんとさうではあるまいか」

顔世が困り果てているところに、若狭之助が現れ、顔世を去らせたため、師直は若狭之助を侮辱した。若狭之助が刀を抜きかけた時、直義の帰還の知らせがあり、その場に戻って来た判官は、再び仲裁に入った。

大序の兜改めの一場面
左より塩冶判官（市川左団次）、顔世御前（岩井半四郎、高師直（市川団十郎）。
（豊原国周画、赤穂市立歴史博物館蔵）

二段目

◇「桃井館力弥使者の場」

桃井若狭之助の家老加《か》古《こ》川《がわ》本蔵《ほんぞう》は、師直と主君のトラブルに心を痛めていた。そこに、塩冶判官の使者として塩冶家の家老大星由良《おおぼしゆら》之助《のすけ》の嫡男《ちゃくなん》の力弥《りきや》が訪れる。判官から若狭之助に対して、師直から指示された明日の登城時刻を伝える内容の口上の使者であった。本蔵の娘小浪《こなみ》は力弥の許《いい》嫁《なづけ》である。本蔵の妻戸無瀬《となせ》は継母《ままはは》だが、小浪を大切にしており、気を利かせて力弥の口上を受けさせる。

◇「桃井館松切りの場」

若狭之助は、本蔵を呼び、明日の勅使《ちょくし》饗応《きょうおう》の殿中で師直を斬る覚悟である

三段目の松の廊下刃傷の場面
脇差しを抜いて高師直に斬りかかる塩冶判官
（香蝶楼豊国画、立命館大学ARC蔵、arcUP1304）

ことを伝えた。本蔵は、それに反対することなく、若狭之助の小刀で庭の松の枝を切り、「さあ殿。まづこの通りに、さつぱりと遊ばせ〳〵」と答える。しかし、本蔵は、主君と家を守るために、師直のもとに向かった。

三段目

◆「足利館門前の場」

本蔵は足利館の門前で、師直に数々の進物を渡した。師直は御機嫌《ごきげん》になり、本蔵はこの日の殿中での行事見物まで許された。

早朝登城してきた塩冶判官につき従ってきたのは早野勘平《はやのかんぺい》である。そこへ顔世御前の腰元おかるがやってくる。顔世の師直への手紙を、判官に渡すためであった。恋仲の二人は、おかるに横恋慕する師直の家臣鷺坂伴内《さぎさかばんない》をあしらい、連れ立って消えていく。

◆「足利館松の間刃傷の場」

若狭之助は、殿中で師直に斬りかかろうとするが、師直は大小の刀を投げ出して、先日の非礼を詫びる。戸惑う若狭之助は、師直に罵声をあびせてその場を立ち去った。

機嫌が悪い師直のところに、判官があらわれる。求愛を拒否する顔世からの返歌が書かれた手紙を渡され、怒りの矛先《ほこさき》が判官に向けられる。

「惣体きさまのやうな。内にばかりゐる者を。井戸の鮒《ふな》ぢやと言ふたとへがある。聞いておかしやれ。かの鮒めが、わづか三尺か四尺の井の内を。天にも地にもないやうに思うて。ふだん外を見ることがない。ところにかの井戸がへに、釣瓶《つるべ》について上がります。それを川へ放しやると。何が内にばかりゐるやつぢやによつて。よろこんで度を失ひ。橋杭で鼻を打つて。即座にぴり〳〵〳〵と、死にます。きさまもちやうど鮒と同じことハ、〳〵」

「鮒侍」とまで言われた判官は、我慢できずに師直に斬りかかるが、後ろから本蔵に抱き留められてしまう。

◆「足利館裏門の場」

おかると忍び逢っていたために、判官の大事に居合わせることが出来なかった勘平は、切腹をしようとする。しかし、おかるに止められ、おかるの故郷の山崎へ行くことになる。

そこに鷺坂伴内が追って来るが、退ける（このエピソードは、四段目の後に「道行旅路の花聟」という清元の舞踊として演じられる）。

四段目

◆「扇ヶ谷塩冶判官花献上の場」

蟄居《ちっきょ》となった塩冶判官を慰めるため、顔世御前は美しい桜を活けた。上使が来るという知らせがあり、家老の斧九太夫《おのくだゆう》と諸士頭の原郷《はらごう》右衛《え》門《もん》が来て、今回の事件をめぐって口論となる。顔世は、師直からの恋文を判官に相談しなかったことがそもそもの始まりであるとして、口論を治めた。

◆「扇ヶ谷塩冶判官切腹の場」

上使の石堂《いしどう》右馬之丞《うまのじょう》と薬師寺次郎左衛門《やくしじじろうざえもん》より「所領没収」と「切腹」の命が知らされる。その際、判官はすでに紋服の下に死装束をまとっていた。判官は、国家老の大星由良之助が到着するまでは誰にも会わないとの意向だったが、切腹の時間が来ても由良之助は現れない。とうとう刀を突き立てたその時、由良之助が到着した。「ヤレ由良之助、まちかねたわやい」「ハア御存生の御尊顔を拝し。身に取ってなにほどか」判官の最期の言葉は、次のようなものだった。

「由良之助。この九寸五分の腹切り刀は汝へ形見。わが鬱憤《うっぷん》を晴させよ」

由良之助は、判官の無念の思いを受け止めた。判官の遺体が菩提所《ぼだいしょ》に送られ、家中では今後について話し合いが始まる。若い家臣は籠城《ろうじょう》・討ち死にを主張するが、家老の斧九太夫は、足利氏に弓を引くのは無分別で、公用金を分配し、速やかに屋敷を明け渡すべきと述べ、席を外した。由良之助は、血気にはやる者を制し、屋敷を立ち退いたうえで、また十分評議をおこなうべきとした。

◆「扇ヶ谷表門城明渡しの場」

菩提所に行って、評議の結果を知らない者たちが、籠城・討ち死にを迫る。

由良之助は、「イヤ〳〵、今死すべきところにあらず。これを見よ、方々」と判官の形見の短刀を見せ、「この刀にて師直が。首かき切って本意を遂げん」と、彼らを制し、屋敷を去った。

五段目

◆「山崎街道鉄砲渡しの場」

早野勘平は、山崎のおかるの実家で、猟師をしながら暮らしている。この日の夜は激しい雷雨で、湿った火縄銃《ひなわじゅう》を抱えて木陰にいた。するとそこに旅の武士が通りかかった。それは、かつての同僚の千崎弥五郎《せんざきやごろう》であった。勘平は、弥五郎に、これまでの後悔を語り、噂に聞いていた仇討の連判状に加えて、武士の面目を立てさせて欲しいと男泣きをする。

弥五郎は、仇討の計画を否定するものの、殿の墓所に石碑を建立しようという計画の資金集めをしていると語る。それとなく、計画があることを知らせたのである。勘平は、おかるの父親の与市兵衛《よいちべえ》は、娘夫婦の不忠を嘆き悲しんでおり、武士に立ち返ることを望んでいるので、事の次第を話せば、田畑を手放してお金を作ってくれるだろうという。それで御用金が調達できると約束し、二人は別れた。

◆「山崎街道二つ玉の場」

一方、おかるの父親の与市兵衛は、五〇両の金をふところに、雨の夜道を歩いていた。これは勘平に内緒《ないしょ》で、夫婦と娘の三人で相談し、勘平を元の武士に戻すために、おかるが祇園《ぎおん》に身売りした代金の半金であった。しかし与市兵衛は、それを何者かに奪われた上、刺し殺されてしまう。

犯人は、斧九太夫の息子で浪人となっていた定九郎であった。大金を手に入れ、ほくそ笑む定九郎に、手負いのイノシシがまっしぐらに突っ込んできた。定九郎は身をかわすが、後ろから二つの銃弾が当たり、背骨から肋骨に抜け、悲鳴をあげる間もなく死んだ。

そこにイノシシを仕留めたと思った猟師《りょうし》が登場。勘平であった。しかし、それは人であり、抱き起したときに、財布に手が当たる。勘平は、天からの授かり物としてそれを持ち去り、千崎弥五郎を追った。

三段目
左から、早野勘平（沢村長十郎）、斧定九郎（市川九蔵）。
（歌川国芳画、早稲田大学演劇博物館蔵、左から、100-0403、100-0402）

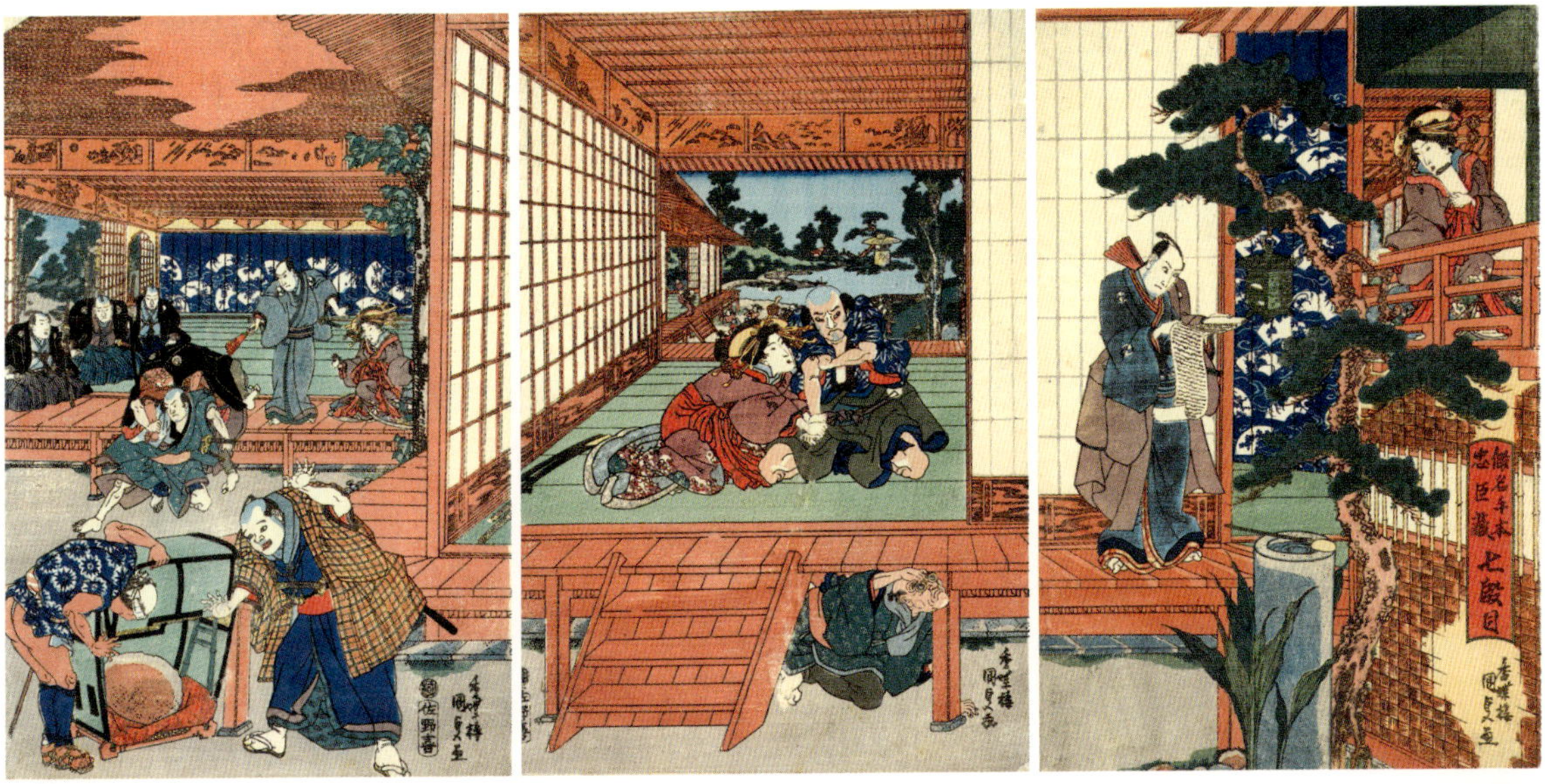

七段目
中央が天川屋義平内、右が大星由良之助。(歌川国貞画、赤穂市立歴史博物館蔵)

赤垣源蔵(月岡芳年画、赤穂市立歴史博物館蔵)

六段目

◇「与市兵衛内勘平腹切の場」

勘平が、千崎弥五郎に五〇両を渡して帰宅し、そこで、与市兵衛がいまだ帰宅しておらず、おかるが祇園に身を売ったことを知る。勘平は、おかるを迎えに来た一文字屋お才の話を聞き、自分が財布を奪った相手が、与市兵衛であったことに気付く。

与市兵衛の血染めの財布を勘平が持っていたことから、勘平も与市兵衛の妻のおかやも、勘平が与市兵衛を殺したと思い込んだ。そこに由良之助の使者として千崎弥五郎と原郷右衛門が来訪した。不忠者のお金は受け取れないとの伝言とともに五〇両を返しに来たのである。

おかやは、勘平は舅《しゅうと》殺しであると訴える。驚く二人に、勘平はすべてを語り、腹に刀を突き立てた。二人が与市兵衛の死骸の傷を改めると、鉄砲ではなく刀によるものであった。郷右衛門は、道で鉄砲疵のある定九郎の死体があったことを思い出し、勘平は、舅殺しではなく、舅の敵討ちをしていたことが、明らかになった。死んでゆく勘平に、郷右衛門は連判状に血判を押させ、四六人目の同志とした。

七段目

◇「祇園《ぎおん》一力《いちりき》茶屋の場」

大星由良之助は、祇園一力茶屋に居続けをして、放蕩《ほうとう》に耽《ふけ》っていた。そこへ、斧九太夫と、高師直の家臣鷺坂伴内がやってくる。九太夫は、師直側に寝返っており、由良之助の心底を探りに来たのである。そのような中、塩冶浪士の赤垣源蔵《あかがきげんぞう》・矢間重太郎《やざまじゅうじろう》・竹森喜多八《たけもりきたはち》と、供の足軽寺岡平《てらおかへい》右衛門《えもん》が、討ち入りの件で話に来るが、由良之助は取り合わない。

その後、力弥が、顔世御前からの密書を届けに来た。由良之助が読もうとすると、そこに九太夫と伴内が来て、一緒に酒宴が始まる。判官の命日の前夜であったが、由良之助は勧められるままにタコを口にし、鶏鍋《とりなべ》までしようとした。九太夫と伴内は、由良之助の敵討ちの意向はないと見るが、先ほど届いた書状が気になり、九太夫は帰ったふりをして、縁の下に身を潜めた。

あらためて、由良之助は、縁側

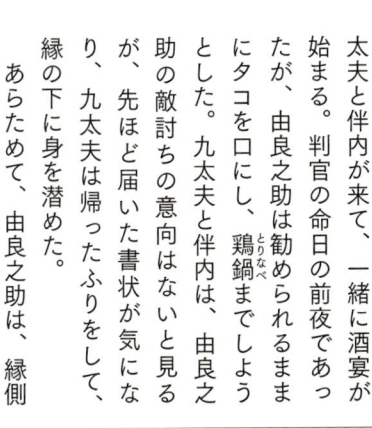

の釣灯籠《つりとうろう》の下で密書を読み始める。しばらくすると物音がした。恋文だと思い、二階から鏡にうつしながら読んでいた、おかるの簪《かんざし》が落ちたのである。由良之助が、あわてて手紙を隠すと、端が切れており、縁の下からも読まれていたことにも気付いた。

由良之助は、急におかるに身請《みう》け話を持ち出す。身請けの三日後には、夫の元に戻してくれるという好条件であった。よろこぶおかるが、夫の勘平に手紙を書こうとしたところ、兄の寺岡平右衛門があらわれた。妹のおかるから事の顛末《てんまつ》を聞いた平右衛門は、由良之助が密書の中身を知ってしまったおかるを亡き者にするつもりであることを察した。そして、妹を自ら殺害することで、連判に加えてもらおうとする。勘平がすでに亡くなっていたことを知らされたおかるは、兄の思いを受け入れた。

兄妹の忠義の志を知った由良之助は、平右衛門を連判に加えることを許可する。そして、おかるには、刀を握らせ、縁の下の斧九太夫を突き刺させた。勘平の代わりに、おかるに手柄を立てさせたのである。

大星由良之助
演じるのは三代目沢村宗十郎（三代歌川豊国画、東京都立中央図書館蔵）

八段目

「道行旅路の嫁入」

加古川本蔵の妻戸無瀬は、娘小浪の大星力弥への思いをかなえさせたいと、母子で山科へ向かっている。

九段目

「山科閑居《かんきょ》の場」

戸無瀬と小浪は、山科の大星由良之助の閑居に到着した。戸無瀬は、由良之助の妻お石に、小浪と力弥に祝言を挙げさせたいと申し出るが、お石は、賄賂《わいろ》を贈って、高師直に諂《へつら》う家の娘は受け入れられないと拒絶し、力弥の代わりに離縁すると述べ、奥に入ってしまった。

どうしても力弥に嫁ぎたいと悲しむ小浪を見て、戸無瀬は夫に顔向けできないと自害しようとする。小浪はそれを止めて、自分が死ぬべきと言い、二人はともに命を絶つことを決意する。

しかし、それをお石が止めた。祝言は認めるが、引出物に加古川本蔵の首を所望したいという。本蔵のために、主君の判官は、本意を遂げられなかったのだから、その首を見ずに、祝言はできないというのだ。

そこへ、外に居た虚無僧《こむそう》の姿をした本蔵が入ってきた。本蔵は、仇討ができない大星父子をひどくののしり、怒ったお石は鑓《やり》を持ち出し、本蔵にあしらわれる。力弥が、鑓を取り上げ、本蔵を突いた。

そこにあらわれたのが由良之助だった。本蔵は、主君の桃井若狭之助を賄賂で救ったことで、代わりに判官に師直の矛先《ほこさき》が向いてしまったことや、あの時判官を抱き留めてしまったことを後悔していると語った。

十一段目の
判官の菩提寺に引き上げる
塩冶浪士一行
（一勇斎国芳画、国立音楽大学附属図書館蔵）

本蔵は、娘の幸せのために、あえて力弥に討たれたのだ。そして、由良之助は、その本心を見抜いていたのである。本蔵は引出物として師直邸の絵図面を渡し、由良之助は、討ち入りの覚悟を示した。

そして、力弥と小浪は、一夜限りの夫婦となった。

十段目

◇**「天川屋義平内の場」**

堺の積荷問屋の天川屋《あまかわや》義平《ぎへい》は、由良之助から討ち入りに使う武器を整えるよう依頼されていた。

ある日、捕り方が天川屋を取り囲んだ。由良之助から依頼された武具を鎌倉へ送っているのではないか、との疑いがかかっているというのだ。捕り方が、義平の息子由松《よしまつ》を人質に取り、刀を突き付けても、義平は、長持ちの蓋《ふた》を開けさせず、口を割らなかった。

そして、「天川屋の義平は男でござるぞ」と啖《たん》呵《か》を切り、由松を奪い返し、自ら殺害しようとした。

そこで由良之助が登場。捕り方は塩冶浪士であり、義平の忠義を試したのである。由良之助は義平の志に感服し、「天」と「川」を討ち入りの際の合言葉とした。

十一段目

◇**「高家表門討入の場」「高家広間の場」「高家奥庭泉水の場」「高家柴部屋本懐焼香の場」「花水橋引揚の場」**

雪の降る中、そろいの火事装束の由良之助をはじめとする塩冶浪士たちは、師直邸に討入った。浪士たちは、広間では師直の息子師泰《もろやす》や、茶坊主の春斎《しゅんさい》、奥庭では和久半太夫《わくはんだゆう》、小林平八郎などと切り結んだ。

そして、とうとう柴部屋に潜んでいた師直を発見し、判官の形見の刀で殺害した。

一同が、判官の菩提寺に師直の首級を供えるため、花水橋に差し掛かると、そこに桃井若狭之助が現れ、浪士たちを心から讃えた。

浪士たちは、晴れやかな気持ちで引き揚げて行ったのである。

赤穂事件

「仮名手本忠臣蔵」の歴史的事実

元禄という時代

赤穂浪士は、討ち入りの翌年の元禄一六年（一七〇三）二月四日、御預けになっていた四家の屋敷で切腹している。その中の一つ、毛利邸では、次のような出来事があった。

毛利邸では、切腹のための脇差の代わりに、扇を紙で包んだものを一〇本用意し、幕府から派遣されていた徒目付《かちめつけ》に照会した。徒目付は、すみやかに目付に確認したところ、扇は無用で、小脇差を準備するように指図されたという。また間新六《はざましんろく》は、肌ぬぎになる前に三宝《さんぽう》を戴き、脇差を取って腹につき立てた（『赤穂浪人御預之記』）。

これらの出来事から「切腹」を形式的なものと考えている様子が見て取れる。間は、肌ぬぎになってから脇差を手に取ると、その時点で首を落とされると考えていたのだろう。実際、松平邸で切腹した大石主税《おおいしちから》は、肌ぬぎになって、介錯人《かいしゃくにん》にお辞儀をして、小脇差を取り上げたところで、首を落とされている（『久松家赤穂御預人始末記』）。水野邸でも、脇差を押し戴いたところで、首を落としたという（『水野家御預記録』）。

それぞれの大名邸で、九～一七名が切腹する、時間的な問題もあったのかもしれないが、少なくとも、武士らしく〝本当に〟腹を切らせるという、観念は薄かったと言えるだろう。

これらのことは、「元禄」という時代を良く表している。四代将軍徳川家綱《いえつな》が、殉死《じゅんし》を禁止したのが、寛文《かんぶん》三年（一六六三）五月二三日のことである。次の五代将軍綱吉により、武家諸法度第一条が「一、文武弓道の道、専ら相嗜《あいたしな》むべき事」から「一、文武忠孝を励まし、礼儀を正すべき事」と変更されている。つまり「戦国の武士」から「泰平の武士」へ変化する時代だったと言えるだろう。

そのことは、武士のあるべき姿を示した「武士道」（道徳）と、この時代の社会的規範である「江戸時代中期の社会秩序」（法）のせめぎ合いを生み出した。その象徴が、赤穂事件だったのである。

松の廊下刃傷事件の真相

浅野内匠頭像
（京都市、黄梅院原蔵、東京大学史料編纂所蔵、模写）

浅野《あさの》内匠頭《たくみのかみ》長矩《ながのり》は、なぜ吉良《きら》上野介《こうずけのすけ》義央《よしなか》に刃傷に及んだのか。

尾張藩士の朝日重章が、当時のうわさを書き残している（『鸚鵡《おうむ》籠中記《ろうちゅうき》』）。それによると、吉良は強欲で、諸大名は賄賂《わいろ》を贈り、儀式などについての教えを乞うていたとのこと。赤穂藩の江戸家老も、賄賂を贈るように献言したが、浅野は、吉良におもねることを拒み、賄賂を贈らせなかった。

すると、吉良は必要なことを教えなくなり、浅野の失態が増えた。しかも吉良は老中に対して、浅野が不調法《ぶちょうほう》で、公家衆《くげしゅう》が不快に思っていると申し上げたという。

ここで、注目したいのは、浅野から吉良への賄賂が無かったため吉良が指南をしなかった、吉良が、老中に浅野の失態を告げ口した、の二点である。

内匠頭の刃傷事件に関する碑
左は切腹した田村右京太夫屋敷の跡地（東京都港区新橋4丁目）、
右は江戸城松の廊下の跡地（皇居内）に建てられている。

吉良上野介木像
（愛知県、華蔵寺蔵。西尾市教育委員会画像提供）

一点目は、よくドラマでも描かれる、賄賂が原因との内容で、当時もうわさされていたことが興味深い。しかし、人にものを教わる時には、御礼をするのは当時の慣行であり、現代の賄賂のイメージとは異なる。ましてや、高家筆頭《こうけひっとう》の吉良は室町将軍の血筋を引く家とされ、従四位上と官位は高いものの四二〇〇石の旗本、対する浅野は、播州《ばんしゅう》赤穂城主五万石である。勅使《ちょくし》饗応役《きょうおうやく》の浅野が、指南役の吉良に贈り物をすることは、ある意味当然の行為だった。

浅野が刃傷事件後に切腹させられた時、赤穂藩の江戸家老は遺体を受け取りにいかなかったというエピソードも残っており、賄賂を進言したのに、それを実行しなかった結果がこれだ、と内心腹を立てていたのかもしれない。よって、慣例から考えて、十分な進物をしていなかったのであれば、それは浅野の失点だろう。

二点目については、他にも同様の内容の史料が残されている。討ち入りメンバーの最高齢であった堀部《ほりべ》弥兵衛《やひょうえ》が書き残した『堀部弥兵衛金丸《あきざね》私記《しき》』によると、江戸城内において多くの人の前で、武士道が立たないようなひどい悪口を言われ、このままにしておくと、後々までの恥辱《ちじょく》と考えたために、刃傷に及んだとのこと。公衆の面前で、恥をかかされたことが、この事件の引き金であったと言えよう。

それでは、元禄一四年（一七〇一）三月一四日、松之廊下の刃傷事件の現場はどのようなものだったのか。

その場に居合わせ、浅野を抱き留めた留守居の梶川《かじかわ》与惣兵衛《よそびょうえ》によると、浅野は、吉良の後ろから「此間《このかん》の遺恨覚《いこんおぼ》えたるか」と声をかけて斬り付けた。吉良が振り返った所をまた斬り付け、逃げようとした所を二太刀ほど斬り、吉良はうつぶせに倒れた（『梶川氏筆記』）。

吉良はすぐさま治療を受け、将軍からお見舞いの言葉を掛けられて帰宅した。一方、浅野はその日のうちに切腹、赤穂藩はお取り潰しとなった。

なぜ幕府は、これほどまで速やかに浅野に切腹を命じたのか。その理由は、梶川が事件後に受けた取り調べから明らかである。老中の阿部正武《あべまさたけ》は、梶川に吉良の行動を確認している。つまり、その時吉良は、脇差に手をかけたか、抜き合わせたかどうか。梶川の答えは、いずれも否であった。

よって、これは浅野からの一方的な行為で、「喧嘩《けんか》」ではない。つまり双方が切腹の処分を受ける「喧嘩両成敗」は該当しない、という判断が下されたのである。

また、事件が起こった日は、幕府にとって大切な勅使・院使との儀礼の当日であった。その勅使饗応役が殿中で刃傷事件を起こし、本来白書院でおこなわれる儀式を、格下の黒書院に変更を余儀なくされたことは、綱吉の大きな怒りを買ったことだろう。

この時、幕府は迷うことなく、浅野に切腹を命じたのだと考えられる。それは、浅野を取り押さえた梶川に、その功績から五〇〇石を与えていることからもわかる。その後、この判断が、次の事件に繋がる事は、この時全く想定していなかっただろう。

現在の赤穂城の門（兵庫県赤穂市、pixta）

大石内蔵助像（東京都港区高輪、泉岳寺）

赤穂城明け渡しまで

元禄一四年（一七〇一）三月一九日、赤穂（兵庫県赤穂市）に、事件を知らせる早飛脚が到着した。筆頭家老大石内蔵助を始めとする国許《くにもと》の面々が、刃傷事件が起こり、浅野が切腹し、浅野家が御取り潰しになったことを知ったのは、この日である。つまり赤穂城を明け渡さなければならない。

連日、大石を中心に議論が繰り返された。まずは、吉良が処分されていないのに、城を明け渡すことに納得が出来ないとして、籠《ろう》城《じょう》して切腹するという意見が多かった。しかし、次席家老大野九郎兵衛《おおのくろうびょうえ》をはじめとする、番頭・物頭・用人といった上級家臣は、これに同意せず離席した。その後、大石は、籠城は幕府に対して、畏《おそ》れ多いので、城の大手で切腹と言う結論を出した。同意して、神文《しんもん》を提出したのは六〇名ほどであった。また、事件の際には江戸に居て、赤穂に戻って来ていた片岡源五右衛《かたおかげんごえ》門《もん》・田中貞四郎《たなかさだしろう》・磯貝十郎左衛門《いそがいじゅうろうざえもん》といった浅野内匠頭の側近たちは同意せず、江戸に帰り、吉良を討つと述べた。

なお、大野九郎兵衛は、城明け渡しが決定した四月一二日の晩、赤穂を離れている。

上級家臣たちが、刀での解決を拒否したのは、江戸でも同じだったようだ。最初から、討ち入りを考えていた堀部安兵衛《ほりべやすびょうえ》・高田郡兵衛《たかだぐんびょうえ》・奥田孫太夫《おくだまごだゆう》は、江戸で埒《らち》が明かないので、同志を求め赤穂に四月一四日に到着した。大石に「吉良が生きているのに城を明け渡すなど、どこに顔向けできるでしょうか。ただ、城を枕として果てるのみです」と主張するが、すでに大石はこの時には、城の明け渡しを決めていた。一度、切腹と言う結論を出したのは、藩内の状況を把握するためだったともいわれている。

大石は、籠城すると、後に浅野大学の指図のようになり、大学の身上が果ててしまうことになりかねず、そうすれば、浅野の名《みょう》跡《せき》まで失ってしまい、これこそが不忠だとし、籠城はやめて、大学の「一分《いちぶん》」が立つようにするため、城の明け渡しを決めたと説明している。それに対して堀部らは、家中の「一分」が立たないと主張、後世までの恥だと主張している。大石は「以後の含みもある」とし、堀部は、ひとまず大石の判断に従い、赤穂城の引き渡しを見届けることになる(『堀部武庸筆記』)。「一分」とは武士の「面目」のことである。

江戸に戻った堀部らは六月二四日の百ヶ日の法要の日、討入りの思いを江戸家老を務めていた安井彦右衛門《やすいひこえもん》に語ったところ、安井に反対されている。

安井は、立場上、幕府の情報を探っていたようで、将軍綱吉の側近柳沢吉保《やなぎさわよしやす》の家臣から、今回の事件で、閉門となった浅野内匠頭の実弟浅野大学長広《あさのだいがくながひろ》について、良く慎んでいれば悪いことはないだろうと聞いていた。そのため、御家を再興することの方が、吉良の首を御覧になるより亡君はお慶びになるはずだから、大学の行方を見届けよう、というのである。

堀部らは、「こんな腰抜けとは思わなかった。亡君に厚恩を受け、取り立てられた家老にもかかわらず、われわれ新参者の三人でさえ義を立て、百年の命を亡君の御為になげうとうとしているのに」と憤った(『堀部武庸筆記』)。

堀部安兵衛像(新潟県新発田市、長徳寺蔵)

この藩士たちの温度差は何か。まず、片岡ら側近たちは、常に浅野の側近く仕え、衆道《しゅどう》の関係であった者もいたようだ。よって、「浅野内匠頭長矩」という個人に対しての思い入れから、切腹ではなく、討入りと考えたのだろう。堀部・高田・奥田は、同じく討入りを目指しているが、理由が異なっている。堀田は婿養子《むこようし》、高田は旗本家の出身、奥田はもと鳥羽藩士という背景から、浅野家への忠義というより、武士としての面目を立てるために討入りを望んでいた。

一方で、切腹に同意しなかった上級家臣たちは、「浅野内匠頭長矩」という個人ではなく、「赤穂藩」に仕えるサラリーマンという意識が強かったのではないか。よって、藩が消滅すれば、大野のように離れていくのである。また、家老職にある大石と安井は、浅野大学の動向に注目している。家臣団のトップとしては、御家再興がまず念頭にあったのだろう。

立場による考え方の違いに、「泰平の武士」の中に含まれる「戦国の武士」の要素の濃淡が読み取れるようだ。

なお、城の明け渡しまでの赤穂の状況を、幕府をはじめ、多くの者たちが注視していた。その視線の一つは、赤穂の瀬戸内海を挟んで南側の高松藩（香川県高松市）から注がれていた。

高松藩主松平頼常《まつだいらよりつね》が、柳沢家家老藪田重守《やぶたしげもり》に宛てた元禄一四年（一七〇一）三月二八日付の書状には、「浅野内匠頭は、狂気の様な振る舞いだったのですから、処罰を受けたのです。浅野の領地はあまり遠くありませんので、早々に家来たちの様子もわかりました。特に変わったことはありません」とあり、同年四月九日付の書状には、「浅野内匠頭の家来も今のところ、静謐《せいひつ》にしている様子です。道理の無い処罰ではなかったのですから、変事が起きるとは思いませんが、備前岡山藩（池田家）では、国境まで大勢の家臣を出しており、姫路藩（本多家）からも室津まで、少し兵を出していると聞きました」などと記され、高松から赤穂までは船で一六里（約六四キロ）と近く、頼常は国許に居るので、何でも用事を言い付けて欲しいとしている（「永慶寺殿源公御実録《えいけいじどのげんこうごじつろく》」）。高松藩主が、赤穂の動向を、将軍綱吉の側近柳沢吉保に知らせているのである。

周辺の諸藩も、赤穂藩の動向を警戒していたようで、岡山藩も赤穂へ隠密を派遣し、明石藩主松平直明《なおあきら》は、参勤交代で江戸へ出発する日を変更している。

彼らの心配をよそに、四月一九日、赤穂城明け渡しは完了した。

討ち入りまで

残務整理の後、大石が赤穂を引き払ったのは、元禄一四年（一七〇一）六月四日のことである。その後、京都郊外の山科《やましな》へ隠棲《いんせい》した。

堀部らが大石に宛てた同年八月一九日付書状に、江戸では「大学様に赤穂の時代のまま五万石が下されても、兄の切腹を見ながら一〇〇万石下されても、中々『人前が成る』ことは難しい」と取りざたされていると記している（『堀部武庸筆記』）。つまり、御家再興だけでは、大学の面目は立たないと、江戸中持ち切りだというのだ。市中でも討入りをするのではないか、とのうわさが流れていたようだ。このころ、すでに「泰平の世」ではあったが、そもそもの武士の荒々しさを持つ「かぶき者」といわれる武士の理想像も求められていた。江戸市中の者たちは、そのあるべき武士の姿を思い描いていたのだろう。

加えて、大名や旗本の評判として、「内匠頭殿の家臣たちは、主人の敵のことなので、なかなか許すことはできないだろう。現在、大学殿が閉門中に討入りすれば、大学殿の面目は立つが、閉門が許されたのちに討入りすれば、大学殿の指示ということになる。それでは、大学殿の御為にならない。家中の者たちが腰抜けであれば、きっと大学殿が吉良邸へ踏み込むだろう」と記している（『堀部武庸筆記』）。

大学の面目を立てるためには、今こそ討入りすべきとの主張である。

このころ、吉良が、鍛冶橋《かじばし》内（東京都中央区八重洲二丁目）から、隅田川の外側の本所松坂町（墨田区両国三丁目）に移転したことから、堀部らは、討ち入りのチャンスであると考えたのだろう。

一方で、大石の山科（京都市山科区）での生活はどのようなものだったのか。浅野内匠頭正室の瑤泉院《ようぜいいん》の用人落合与左衛門《おちあいよざえもん》が書いた『江赤見聞記《ごうせきけんぶんき》』には、大石は活発な性格なので、京都で物見遊山《ものみゆさん》などで、あまりよくない行動もあり、浪費していたとある。意見をする者もいたとか。また、遊興は吉良のスパイが京都に潜入し

吉良邸に討ち入る赤穂浪士(歌川広重画、立命館大学ARC蔵、arcUP4656)**と**
吉良邸の跡地(東京都墨田区両国3丁目)

ていたためのもの、などと記されている。

大石は、変わらず浅野家再興を目指していた。一一月二日には、江戸へ行き、赤穂城受取の際の上使であった大目付の荒木政羽《あらきまさう》・榊原政殊《ばらまさこと》へ浅野大学の赦免歎《しゃめんたん》願《がん》を行っている。

一二月一一日には、吉良の隠居が許可され、上杉家からの養子であった左兵衛義周《さひょうえよしちか》が家督《かとく》を相続した。隠居すれば、必ず本所の邸宅に居るとは限らない。堀田らは、ますます焦るが、大石は、左兵衛を討つ手もあるではないか、などと手紙の中に記している(『堀部武庸筆記』)。

堀部のもとには、同志が集まっていたが、様々な事情から、離脱する者もいた。例えば、元禄一五年(一七〇二)一月一四日に、萱野三平《かやのさんぺい》が自害した。萱野は、刃傷事件の知らせを、早籠《はやかご》で赤穂に伝えた使者の一人である。もと武士でこの時は摂津国《せっつのくに》(大阪府等)で百姓をしていた父が、領主の大島伊勢守からの仕官の口を持ってきたことがきっかけであった。仕官を進める父に、討ち入りの計画があることを話すことができないため、死を選んだようだ(『江赤見聞記』)。また、同年七月一五日には橋本平左衛門《はしもとへいざえもん》が、なじみの曾根崎新地《そねざきしんち》の遊女と心中した。「仮名手本忠臣蔵」のおかる・勘平の物語は、この二人のエピソードが合わさったものである。

そのような中、大石にも決断の時が訪れる。元禄一五年七月一八日に、浅野大学に対して、妻子とともに本家の広島藩浅野家へ御預けとの処分が下り、山科の大石は、二四日にその知らせを受けた。ここに、浅野家再興の望みは絶たれたのである。

二八日、大石は堀部らと一九名で、京都の円山《まるやま》で会合を持ち、討ち入りが決定する。貝賀弥左衛門《かいがやざえもん》と大高源五《おおたかげんご》が、盟約に加わっている同志を訪問し、連盟状から切り取った血判を返却して回り、真意を確かめた。ここで、一二〇名ほどいた同志は、五〇名ほどになったのである。ちなみに、赤穂浪士は約二七〇名いたことから、最終的に、討ち入りを決意した者は、藩士全体の五分の一もいなかったのだ。大石は、一一月五日に江戸に到着するが、そのころから一二月にかけても脱盟する者もいた。

元禄一五年一二月一四日、吉良邸に討ち入ったのは、四七名。ほとんどが下級武士であり、親子が八組で一七名、兄弟など親族が八名いた。

赤穂浪士側は一人の死者も出さず、吉良の首級をあげた。記録によると、わずか一時間ほどで決着している。

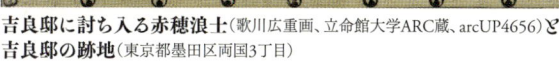

赤穂浪士の切腹まで

浪士たちは、吉良邸の近くの回向院《えこういん》に向かったが、受け入れを断られた。その後、両国橋詰で、上杉家の討手を待ったが、その様子がなかったため、浅野の墓がある芝(東京都港区)の泉岳寺《せんがくじ》に向かった。その途中で、大石は、吉田《よしだ》忠左衛門《ちゅうざえもん》と富森助右衛門《とみのもりすけえもん》を、大目付の仙石久尚《せんごくひさなお》の屋敷に差し向け、事の顛末《てんまつ》を報告させている。吉良邸討ち入りは、幕府への反逆ではなく、主君の為の仇討ちであることを伝えたかったのだと考えられる。また彼らは、泉岳寺へ行く途中で、旧赤穂藩上屋敷の前を通過している。

泉岳寺に到着した時は、四四名。大目付屋敷に行った吉田と富森以外に、姿がなかったのは寺坂吉右衛門《てらさかきちえもん》である。

寺坂は、他の四六名とは立場が異なった。寺坂は吉田忠左衛門の足軽で、陪臣《ばいしん》だった。姿を消した事情については、寺坂が書き残した『寺坂信行筆記』には、事情があってその場を離れた、としているが、大石は、泉岳寺で点呼した際に気付いたといい、吉田は、細川家にお預けになった際事情を聞かれ、不届き者であり二度と名前を聞きたくないと述べたとされる(『堀内伝右衛門覚書』)。また、泉岳寺の四六士の墓は、いずれも「刃○○剣信士」と言う戒《かい》名《みょう》に対して、寺坂は逃げた者という意味の「逐道退身信士《ちくどうたいしん》」となっていることからも、寺坂は、討ち入り後に立ち去ったのであろう。ほかの四六名とは立場が異なるため、同じように行動する必要はないと考えたのかもしれない。

泉岳寺の赤穂浪士の墓

主君内匠頭の墓(右奥の大きい墓、右の写真はその正面)を取り囲んで建てられている。

(いずれも、東京都港区、泉岳寺)

泉岳寺は、浪士たちにお粥《かゆ》と酒を振舞い、温かく対応した。

その後、四六名の浪士たちは、四つの大名家に分けて預けられた。特に、大石以下一七名を引き取った細川家は、藩主の綱利《つなとし》が直接面会し、食事も衣服も十分に支給し、酒やお菓子まで提供したという。綱利は、浪士たちの行動を、武士のあるべき姿として称賛したのである。一方、水野家や毛利家は、扱いをその都度幕府に問い合わせていたため、最初の内は、長屋に閉じ込めるなどしていたようだが、後にそのような措置は解かれたという。

四六名は、元禄一六年(一七〇三)二月四日、切腹を命じられる。松の廊下刃傷事件の当日に切腹した浅野とは違い、吉良邸討ち入りから約二ヶ月の月日が流れていた。

ここまで、時間が必要だったのはなぜなのだろうか。

主君の仇を討つ、という行動は、武士のあるべき姿そのものである。だからこそ、江戸の庶

大石内蔵助の墓(東京都港区、泉岳寺)

民から諸大名まで、その行動を褒《ほ》めたたえたのである。しかし彼らを忠義の士として、罪に問わなければ、幕府が、松の廊下刃傷——事件の際の判断を、間違えたと認めることになりはしないか。そして今度は吉良の親族である上杉家の家臣たちが、赤穂浪士を襲うことになるだろう。そうでなければ、武士の面目に関わることになるのだから。

　そもそも赤穂浪士の行動を法に照らし合わせれば、徒党《ととう》を組んで殺人を犯したことになる。

　この二ケ月は、まさに「武士道」（道徳）と、「江戸時代中期の社会秩序」（法）の間の落としどころを、幕府が探し続けた時間であった。

　幕府は最終的に、赤穂浪士の行動を「徒党」の上、吉良邸に押し込み、飛び道具などを持ち込んで、吉良を討ったことは、幕府を恐れない非常に不届きな行為と断じた。そして「切腹」を命じたのである。

　同日処分が言い渡されたのは、赤穂浪士だけではなかった。吉良義周が、信州高島藩（長野県諏訪市）諏訪《すわ》家にお預けとなったのである。事件当時一八歳だった義周は、長刀《なぎなた》で抵抗し、重傷を負っていた。しかし、幕府は、討ち入りを防げなかったことを咎めたのである。

　松の廊下刃傷事件の時の幕府の判断は、浪士たちに片落ちと見なされたが、このたびの判断は、討ち入りを支持する世間の空気もあり、赤穂浪士だけではなく、吉良側も罪に問うたのかもしれない。

　なお、討ち入りをどのように評価するか。学者によるその賛否の論争は、幕末まで続いている。これは、泰平の世では、「武士道」と「社会秩序」を矛盾なく取り込んで筋を通して理解することが、難しい社会構造になっていたことを表している。

年	元号	月日	事項
一七〇一	元禄一四年	三月一四日	五代将軍徳川綱吉が、江戸城白書院で、年始の御礼で京都から来ていた勅使・院使から御暇の挨拶を受ける
			勅使饗応役の浅野内匠頭長矩が、江戸城松の大廊下で高家筆頭吉良上野介義央を斬り付ける
			赤穂藩家臣に、伝奏屋敷（幕府饗応役の役宅）と鉄砲洲の上屋敷の引き払いが命じられる
			浅野切腹
		三月一五日	浅野長矩弟大学長広が、閉門を命じられる
			浅野長矩が泉岳寺に埋葬される
		三月一九日	赤穂に、事件を伝える使者が到着する
		三月二九日	筆頭家老大石内蔵助良雄は、幕府からの上使（荒木政羽・榊原政殊（大目付））に、吉良の処分について歎願する
		四月一二日	連日の議論の結果、大石内蔵助は、対応を切腹と決定する。約六〇名が神文を提出する。次席家老大野九郎兵衛は出奔する
		四月一九日	赤穂城の明け渡しが完了する
		六月四日	大石内蔵助が赤穂を引払い、京都郊外の山科へ隠棲する
		八月一九日	吉良義央が、鍛冶橋内から本所松坂町へ移転する
		一一月二日	大石内蔵助が江戸に下り、荒木政羽・榊原政殊へ浅野大学の赦免嘆願に行く
		一二月一一日	吉良が隠居を許可され、養子左兵衛義周が家督を相続する
一七〇二	元禄一五年	七月一八日	浅野大学に、妻子とともに本家広島藩浅野家へ御預けという処分が下る
		七月二八日	円山会議。神文返し
		一一月五日	大石内蔵助が江戸に到着する
		一二月一四日	吉良邸討ち入り
一七〇三	元禄一六年	二月四日	細川綱利（肥後国熊本藩）・松平久定（伊予国松山藩）・毛利綱元（長門国長府藩）・水野忠之（三河国岡崎藩）の四家に預けられていた四六名の浪士たちに切腹が命じられる
			吉良義周が、信州高島藩諏訪家へ御預けとなる

碁盤太平記——ごばんたいへいき

石山秀和

はじめに

「碁盤太平記《ごばんたいへいき》」は、赤穂浪士の復習譚《ふくしゅうたん》に取材した作品の一つで、代表作である「仮名手本忠臣蔵」との関連から、いわゆる「忠臣蔵物《ちゅうしんぐらもの》」の一つとして位置付けられている。近松門左衛門作の浄瑠璃であり、「兼好法師物見車《けんこうほうしものみぐるま》」の上巻・中巻に続き、本作は外題こそ異なるが下巻、すなわち連続した作品として発表された。

成立年代は、赤穂討ち入り後の五年後、宝永《ほうえい》三年(一七〇六)大坂の竹本座が初演とされていたが、近年では宝永七年とする説が有力である。初演以来、上演が途絶えていたが文楽《ぶんらく》では昭和四九年(一九七四)に復活上演がなされ、その後もごく稀《まれ》に上演されている。一方の歌舞伎は、初代中村鴈治郎《がんじろう》が大正期に玩辞楼十二曲《がんじろうじゅうにきょく》を制定して、その演目の一つとして渡辺霞亭《かてい》による脚色のもと、しばしば上演されていたが、近年ではほとんど上演されておらず、平成二七年(二〇一五)四月に四〇年ぶりに歌舞伎座で上演された。現在では山科閑居の場のみが上演されている。

本作には、細かな物語の筋書きは異なるものの、前述の「仮名手本忠臣蔵」の主要な人物、塩《えん》冶《や》判官《はんがん》、高師直《こうのもろのう》、大星由良之介《おおぼしゆらのすけ》、息子の力弥《りきや》などが登場しており、「仮名手本忠臣蔵」に先行する作品であることから、「忠臣蔵物」の中でも重要な作品として評価されている。

ここでは原作の浄瑠璃について紹介する。「大星由良之助浪宅」、「高師直屋敷」、「光明寺」の三場面で構成されている。「大星由良之助浪宅」が歌舞伎の山科閑居の場に対応しており、「仮名手本忠臣蔵」の九段目以降に相当する内容となっている。

大正9年11月新富座辻番付(部分)
大正期には、初代中村鴈治郎が玩辞楼十二曲《がんじろうじゅうにきょく》を制定して、本作はその演目の一つとしてしばしば上演されるようになった。配役は大石内蔵助は中村鴈治郎、主税は林長三郎、奴岡平は市川中車となっており、近松の原作とは異なり実名で上演されている。番付中央左には、内蔵助の隠宅の庭先で主税と岡平、縁側には内蔵助がおり、足下には碁盤と散らばった碁石がみえる。(早稲田大学演劇博物蔵)

大星由良之助浪宅の場

物語は京都に隠棲《いんせい》する大石由良之助の居宅に一人の僧侶が訪れるところから始まる。主人の由良之助は不在で、息子の力弥が在宅しているが、囲碁《いご》に熱中して手が離せない。力弥は奉公人の岡平に応対させる。僧侶は大鷲文五郎《おおわしぶんごろう》(大高源五)の書状を持参したと伝えたが、急用があるゆえ書状を渡してすぐに立ち去っていった。続いて順礼《じゅんれい》が由良之助を訪ねてきた。この順礼も書状を持参してきたと伝える。書状は、小《お》寺《でら》惣《そう》内《ない》(小野寺十内)、竹森喜太八(竹林只七)、片山源太(片岡源五右衛門)たちからのものであった。順礼に続いて、早馬で書状を届けてくる者もあらわれた。差出者は原郷右衛門《はらごうえもん》(原惣右衛門)であった。さらに高野聖《こうやひじり》が堀居弥五郎(堀部弥兵衛)からの書状を届けにきた。このほかに伊勢御師《いせおし》や商人などが訪れ、一時に多くの書状が由良之助のもとへ届いた。岡平が日にちを確認すると、その日は九月五日であった。

届いた書状を持参してきた岡平が力弥に対して次のように伝えた。たくさんの手紙が届いたものの、余りに多くて名前が覚えらず、まして字が読めないので、どれが誰からの書状なのか分からないとのこと。力弥は笑いながら父が戻ったら覚えているものを伝えたら良いとしたが、すると今度は岡平宛てに三度飛脚が書状を届けに来た。飛脚は高師直様からの書状なので受取書が欲しいと言い、岡平が自ら筆をとって手渡すとともに、部屋の隅に隠れて長文の書状を読み始めた。

　これを不思議に思った力弥は、岡平を内通者と判断して手討ちにかけ、とどめを刺そうとするが、まさにその時に帰宅した由良之助が力弥を制した。由良之助は内通者と知りつつも、敵方の動静を知るために利用していたのだと説明する。すると、岡平は、自分は寺岡平右衛門といい、足軽ながらも塩冶家に仕えていた者だと告白する。師直の屋敷に出入りして敵討ちの機会をうかがっていたが、由良之助の遊興《ゆうきょう》三昧《ざんまい》の噂が立っているので、師直が油断している今こそが敵討ちの好機であることを伝えに来たと語り始めた。そして、次第に息が絶えそうになるところへ、苦しみながらも屋敷の見取り図を碁盤と碁石を通じて説明するのが本作の見せ場となっている。

　思いがけなく屋敷図を入手した親子のもとに、由良之助の妻と母が部屋に入ってきた。由良之助宅を訪れたのは、はじめは遊興三昧で討ち入りをしない親子を諫《いさ》めるためだとしていたが、図らずも由良之助宛てに届いた書状から討ち入りが近いことを知った二人は、自害することで由良之助、力弥に未練無く敵討ちをすることを伝えるのであった。捨て身の妻・母に感謝しつつ、二人は敵討ちに出立することとなった。

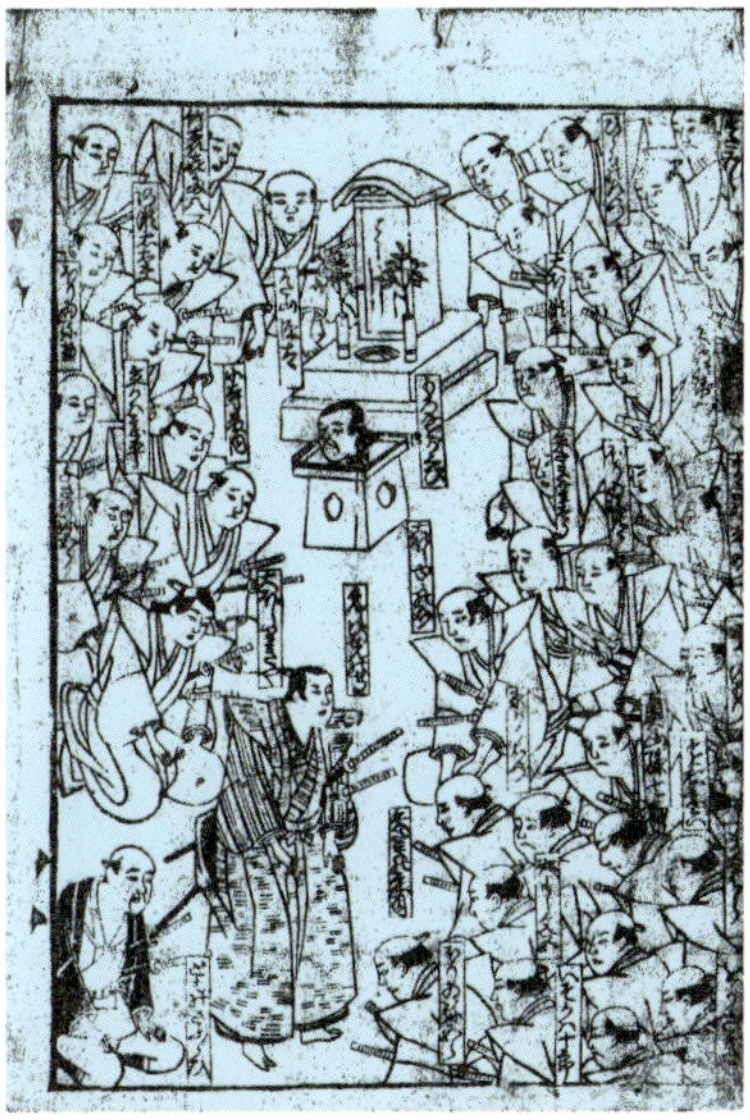

『碁盤太平記』
「碁盤太平記」は初演以来、人形浄瑠璃や歌舞伎ではほとんど上演されることがなかったが、浄瑠璃本が江戸時代に刊行されている。扉絵には塩冶判官の墓前に師直の首を供えている浪士たちの姿が描かれている。内題の上に、「けんこう法師あとをひ」とあり、本作が『兼好法師物見車』の続編であることがわかる。
（刊年未詳、国文学研究資料館所蔵）

高師直屋敷の場

　堅固の屋敷構えの師直屋敷であったが、前述の噂を信じて油断して酒盛りをおこない、すでに夜更けとなっていた。そこへ師直の家臣である薬師寺二郎左衛門公能《きんよし》が屋敷を訪れ、腰抜けとなった由良之助ではあるが、油断することなく夜番するよう屋敷の者へ注意した。時が進み、拍子木の音が鳴る中に、次々と浪士四五人が集結した。前の場面で亡くなった岡平と老齢で参加できない彼の父親を合わせて四七名という設定である。

　合い言葉を決め、討ち入りの途中で出会った門番を切り捨てつつ、見事に門を破り屋敷内に入ることが出来た。目的はただ一つと、師直の首を討ち取れと奇襲を成功させる。味方の被害もほとんどなく、師直の家臣の多くは逃げ去ったが、屋敷中を捜しても師直が見つからない。途中で屋敷の水門に隠れていた薬師寺を討ちつつ、ついに炭小屋で師直を見つけて、首を打ち落とした。由良之助たちは、この首を菩提寺の光明寺に供えるために塩冶判官の墓所へと向かった。

光明寺の場

　師直の首は白無垢《しろむく》に包んで槍に結びつけて運ばれ、光明寺の墓所に供えられた。そこへ師直の嫡子師泰《もろやす》の家臣たちが首を奪い取りに来て光明寺の僧侶を脅迫した。寺僧は幕府によって塩冶家臣の処分が決まるまで、首は渡せないと返答した。そこへ幕府の上使の畠山左京が到着する。幕府の判決は、塩冶の家臣は仁木石堂《にっきいしどう》屋敷に御預けとなるが、本日中に墓所前にて切腹と決まったと伝えた。これをうけて、師泰に親の首が返されることとなった。

　切腹が決まった家臣たちを一目見ようと、多くの人々が光明寺へ訪れてきたが、検使《ちょくし》の名古屋肥前守が到着して、浪士に対して前代未聞の忠臣であるものの、太平の御代を乱したことで切腹の判決となったことを伝えた。なお、判官の一子竹王丸は遺跡相続がなされ、出雲《いずも》・伯耆《ほうき》両国を領地とすることが決まったことも申し伝え、家臣一同皆が喜び、涙の中で主君の墓の前にて自害をして、その忠孝が讃えられて終幕となる。

碁盤太平記

その史実

元禄十四年(一七〇一)三月一四日、赤穂藩主の浅野内匠頭《たくみのかみ》が高家《こうけ》筆頭吉良上野介を江戸城内にて切りつける事件がおこった。内匠頭は即日切腹を命じられ、浅野家は断絶となった。浪人身分となった家臣たちは、翌年一二月一四日に家老の大石内蔵助らが本所の吉良邸に討ち入りをなして、見事に上野介の首を取って敵討ちを成就させた。この討ち入りまでにさまざまな紆余曲折がみられたが、討ち入りまでの出来事を脚色して人々に伝えたのが、近松門左衛門をはじめとした浄瑠璃作者であった。

御家断絶が決定した後、赤穂城の引き渡しを完了させた大石内蔵助は、元禄一四年六月四日に赤穂を引き払い、京都山科に隠棲することとなる。「碁盤太平記」は、この時期の内蔵助の動静に取材している。なお、赤穂事件の顛末《てんまつ》を知る基本史料となるのが、『江赤見聞記《こうせきけんもんき》』という古記録だ。これは内匠頭の正室遙泉院《ようぜいいん》に仕える渡辺与左衛門が当時の文書や記録を用いた信憑性の高い史料とされている。

大石内蔵助の山科隠居と円山会議

赤穂を引き払った内蔵助は浅野家再興に注力することとなる。閉門に処せられている内匠頭の弟で、旗本の浅野大学の赦免《しゃめん》を願い出て、御家再興の機会をうかがっていた。これに対して吉良邸への討ち入りを考えたのが、江戸詰の藩士である奥田兵左衛門、堀部安兵衛、高田郡兵衛だった。

内蔵助はこうした急進派を押さえつつ、江戸にも出向いて浅野大学の赦免を目指していたが、堀部らに同調する家臣もいれば、江戸家老の安井彦右衛門など反対意見を述べる者もあった。浪士たちの考えがなかなか一致しないなかで、元禄一五年七月一八日に浅野大学の閉門は赦免となったものの、大学自身は本家の広島藩へ家族とともにお預けとなり、屋敷も知行も失うこととなった。事実上、浅野家の再興は無くなり、こうした江戸の情勢が内蔵助らに伝えられ、七月二八日に京都の円山にて浪士が集まり、討ち入りが決定される。これがいわゆる「円山会議」である。

離脱者からの書状

会議後、討ち入りまで五ヶ月以上の日数があったが、江戸に下向して続々と集結する者もあれば、討ち入りのグループから離脱する者もいた。内蔵助は大高源五と貝賀弥左衛門を使者として、信頼のおける人物の選定をおこなった。後にいわゆる「神文返し」と呼ばれた行為で、以前に討ち入りの盟約を交わした一二〇名ほどの者たちへ、神文(起請文《きしょうもん》)をそれぞれに返却して計画が中止となったと伝え、これを不服として大石を頼りとしないと腹を立てた者たちを討ち入りに賛同する信頼できる同志とするものであった。

「碁盤太平記」では、九月五日に到着した書状には討ち入りの時節到来とする内容が書かれていたとするが、円山会議後の実際の書状としては、討ち入りからの離脱を伝える書状が多く残されている。たとえば、物頭《ものがしら》進藤源四郎は閏《うるう》八月八日日付けの書状で離脱の旨を内蔵助に伝えている。同じく物頭小山源五左衛門も閏

撞木町の記念碑
（京都市伏見区）

岩屋寺
大石内蔵助の隠棲の地跡にある寺。内蔵助は討ち入り後、邸宅などをこの寺に寄進したという。
（京都市山科区西野山桜ノ馬場町）

八月一〇日離脱を伝えている。このほかにも、酒寄作右衛門、粕谷勘左衛門、岡本次郎左衛門、内蔵助の親類である大石孫四郎なども内蔵助に離脱の旨を伝えている。

内蔵助がこれら離脱する浪士たちを説得している間に、討ち入りを決意した者たちは続々と江戸へ集結していった。内蔵助が遅れて江戸へ下向したのは「碁盤太平記」の九月五日ではなく、一〇月七日のことで、途中箱根神社などで祈願をしながら、一一月五日に江戸石町《こくちょう》に到着した。江戸の各地で潜伏活動を続けながら、討ち入りの準備を始めたのである。

ちなみに、「碁盤太平記」では、内蔵助の遊女との遊興三昧が吉良家を油断させたとあるが、前述の『江赤見聞記』には、「遊山見物」はおこなったものの、島原の遊郭《ゆうかく》などで遊んだという事実は確認できない。

このほか、討ち入りに際して、「碁盤太平記」では妻と母が自害していたが、円山会議の前にすでに妻とは絶縁しており、妻のりくは実家の丹波国（京都府兵庫県の各一部）豊岡藩の家老石束《いしづか》家に子どもとともに返されている。

吉良屋敷絵図と討ち入りの人数と敵討ちの結末

本作の題名ともなっている碁盤を使った吉良邸屋敷の見取り図であるが、大石主税の介錯人《かいしゃくにん》をつとめた伊予《いよ》松山藩の波賀《はが》朝栄《ともひさ》が著した『波賀朝栄覚書』によれば、内蔵助は討ち入り前に新旧二枚の屋敷絵図を入手していた。また、浪士の毛利小平太が吉良邸内に潜入して、それほど堅固な屋敷でもないことが判明している。長屋の数まで詳細に調べて、討ち入りに備えていたことが分かっている。

討ち入り日の決定までに多くの離脱者が出ていた。討ち入りをした実際の人数は何名だったのか。浅野家再興の可能性を探っていた時期は一二〇名ほどいた同志は、「神文返し」の結果五〇名程度になったとされている。『江赤見聞記』では、討ち入り前には四七名の浪士が集結したが、討ち入り後の点呼で寺坂信行がいないことに気付いたとされる。討ち入りの人数は「碁盤太平記」では四五名だったが、実際は四六名、もしくは四七名のいずれかとされている。本懐を遂げた浪士たちに怪我人はなかった。また、吉良上野介が隠れていたのは炭小屋では無く、台所裏の物置だったとされている。

泉岳寺で吉良の首を内匠頭の墓前に供えて敵討ちの報告をしたのは、「碁盤太平記」は史実と同じだが、敵討ちの結末は、御家再興を成就させた作者近松門左衛門の浪士への思いが伝わってくる。

東海道四谷怪談——とうかいどうよつやかいだん

奥田敦子

怪談ものの傑作

誰もが「四谷怪談」または「お岩さま」の名を一度は聞いたことがあるのではないだろうか。

「四谷怪談」は、歌舞伎狂言「東海道四谷怪談」の通称で、作者の四代目鶴屋南北《つるやなんぼく》（一七五五～一八二九）終生の傑作である。文政八年（一八二五）七月に江戸中村座で初演されて以来、歌舞伎の怪談物、世話物《せわもの》の代表作のひとつであるとともに、落語や映画、小説などさまざまなジャンルで作品化されてきた。

この南北が創作した民谷伊右衛門《たみやいえもん》とその妻お岩が繰り広げる愛憎劇《あいぞうげき》は、元禄《げんろく》年間（一六八八～一七〇四）に四谷（東京都新宿区）で実際に起こった事件をもとにしたといわれている。しかしながら、その実際の事件については謎が多く、昔からさまざまに検証が繰り返されてきた。本稿ではまず歌舞伎「東海道四谷怪談」（以下、「四谷怪談」）のストーリーを紹介し、次に文献に記された実際の事件についてまとめてみたい。

「四谷怪談」のストーリー

文政八年初演時の絵本番付が残っており、それによると元禄赤穂《あこう》事件に取材した時代物の「仮名手本忠臣蔵《かなでほんちゅうしんぐら》」（以下、「忠臣蔵」）と組み合わせて、二日間にわたり上演されていた。初日は「忠臣蔵」の大序から六段目までと「四谷怪談」の序幕から三幕目「隠亡堀の場《おんぼうぼり》」まで、二日目は再び「隠亡堀の場」から始めて、「忠臣蔵」の七段目・九段目・十段目となり、続いて「四谷怪談」の四幕・五幕、最後に「忠臣蔵」の十一段目「討入」で終わるという流れであった。三代目尾上菊五郎《おのえきくごろう》がお岩を演じて大評判となり、再演以降は「四谷怪談」単独で上演されるようになったが、その後も「四谷怪談」が「忠臣蔵」と表裏一体となる外伝であることは広く知られている。

序幕

実際の事件は、江戸時代の貞享《じょうきょう》年間（一六八四～八八）から元禄年間にかけて起こったとされているが、歌舞伎狂言の「四谷怪談」では、南北朝時代の暦応《れきおう》元年（一三三八）の出来事として描かれている。それは本伝の「忠臣蔵」が、元禄年間に起こった赤穂事件を南北朝時代の『太平記』に置き換えているのに合わせてのことである。

塩冶判官高貞《えんやはんがんたかさだ》家来の四谷左門《よつやさもん》には二人の娘がおり、姉のお岩は同じ家中の民谷伊右衛門に、妹のお袖《そで》も同じく家中の佐藤与茂七《よもしち》に嫁いでいた。しかし塩冶家が領地没収となり、浪人となった伊右衛門は荒《すさ》む一方、与茂七は討ち入り計画に加わり行方知れずとなっていた。そして年老いた左門と実家に連れ戻されていた身重のお岩が働けないため、お袖は、家計を助けるために昼は、浅草寺《せんそうじ》門前の楊枝《ようじ》店で働き、夜は按摩《あんま》の宅悦《たくえつ》が営む地獄宿（私娼窟）で身を売って暮らしていた。

序幕の「浅草寺境内の場」では、塩冶家の敵である高野師直《こうのもろなお》の用人伊藤喜兵衛《いとうきへえ》が、病身の孫娘お梅を連れて、浅草寺へ参詣《さんけい》にやってくる場面

「東海道四谷怪談」
雑司ヶ谷四ッ谷町の浪宅で傘張りの内職をする伊右衛門（五代目市川海老蔵）と赤子を抱く病身のお岩（三代目尾上菊五郎）。
（歌川国芳画、東京都立中央図書館蔵）

から始まる。お袖が喜兵衛を怒らせて騒動になるところを、与茂七の同僚奥田《おくだ》庄三郎《しょうざぶろう》の家来の直助《なおすけ》権兵衛《ごんべえ》が間に入って、この場をおさめる。同じ浅草寺境内では、貧しい家計の足しに物乞《ものご》いしようとした左門が、周辺の物乞いたちに縄張りを荒らしたという理由で袋叩《ふくろだた》きに合い、その場に来合わせた伊右衛門に救われる。それをきっかけにお岩との復縁を迫られるが、左門は伊右衛門の塩冶家の公金横領という過去の悪事を理由に拒絶し立ち去る。伊右衛門は自分の悪事を知る左門を亡き者にしようと跡を追う。その様子を見ていた喜兵衛一行は、孫娘の恋患いの相手が伊右衛門であることを知る。

一方、かねてよりお袖に懸想していた直助は宅悦の地獄宿でお袖が働いていることを知り、先回りして待っていた。そうとは知らず勤めにやって来たお袖は動揺するが、そこへ別の客の指名がかかったのを幸いにその場を立ち去る。その客は行方知れずとなっていた夫の与茂七で、久々の再会を喜び合う。その様子を見た直助は激怒し、与茂七を殺害しようとその跡を追って退場する。

その後の「浅草裏田《うらたん》圃《ぼ》の場」では、与茂七は同志の奥田庄三郎と待ち合わせをし、庄三郎の携えていた塩冶家の元家老大星《おおぼし》由良助《ゆらのすけ》からの密書と物乞いの身なりを、自らの身なりや持ち物と取り替えて立ち去る。一方、左門の跡をつけてきた伊右衛門は、浅草寺裏の西方に広がる田圃の暗闇で、左門を辻《つじ》斬りに見せかけて殺害する。その後、与茂七の跡をつけてきた直助も、庄三郎を与茂七と思い込み殺害、身元がわからないように顔を切り刻む。お岩とお袖がやってきて二人の亡骸《なきがら》を見つけて悲しみにくれるところへ、伊右衛門と直助が偶然を装って現れ、敵討ちを約束し、お岩は伊右衛門と復縁、お袖は直助と形ばかりの夫婦となる。

第二幕目

「雑司《ぞうし》ヶ谷《がや》四谷町《よつやまち》の場」は、実際に事件が起こったとされる現在の新宿区の四谷では具合が悪いため、雑司ヶ谷の高田《たかだ》四ツ家町《よつやまち》（東京都豊島区の日本女子大学の西方辺り）に伊右衛門の浪宅を設定している。うらぶれた家で浪人の伊右衛門が傘《かさ》張《は》りの内職を行う一方、お岩は産後の肥立《ひだ》ちが悪く床に臥《ふ》せ、按摩の宅悦が身の回りの世話をしている。伊右衛門は貧しい暮らしに嫌気がさしているところへ、宅悦の紹介で雇った小《こ》仏《ぼとけ》小平《こへい》という男が、民谷家先祖伝来の秘薬ソウキセイを盗む一件が起きた。小平は塩冶家家臣の小塩田《おしおだ》又之丞《またのじょう》に仕えていた者で、難病にかかった旧主への忠義のため秘薬を盗んでしまった事情を切々と訴えるが、元来非道な上に鬱屈《うっくつ》

「古今大当戸板かへし」
隠亡堀で伊右衛門（二代目関三十郎）がお岩と小平（三代目尾上菊五郎）の亡骸に出逢う場面。
左図の戸板をめくると右図小平が現れる。（歌川国貞画、早稲田大学演劇博物館蔵、402-0026〔A,B〕）

した伊右衛門は、ガラの悪い浪人仲間に小平の指をすべて折るなどして痛めつけさせ、縛り上げて押し入れに閉じ込めてしまう。そこへ隣家の伊藤喜兵衛の家からお梅の乳母のお槙《まき》がやってきて、お岩の出産祝いの品々とともに見舞いとして血の道の妙薬を伊右衛門に渡す。また来合わせた借金取りにも金を立て替えてくれた。伊右衛門はお岩に促され、伊藤家に礼を述べに向かう。そして、お岩はもらった薬を飲んだが、その途端に苦しみ出す。

隣家の伊藤家では、伊右衛門が立派な座敷でもてなしを受け、喜兵衛からお梅との結婚話を切り出される。さすがの伊右衛門もいったんは断るが、喜兵衛にお岩へ届けた薬が顔を変える毒薬であることを打ち明けられると、高野家への仕官推挙《しかんすいきょ》を条件にお梅との結婚を承諾し、その日のうちに祝言を挙げることになった。

浪宅に戻った伊右衛門は、毒薬で片目が腫《は》れあがり、醜く顔が変貌したお岩に離縁を言い渡し、家を飛び出したところで出くわした宅悦を脅してお岩を誘惑させる。宅悦は刀を手に拒むお岩に不義をしかけるのを断念し、たまりかねて真相を打ち明ける。伊右衛門と伊藤家の仕打ちに怒ったお岩は、身だしなみを整えて伊藤家に乗り込もうとするが、髪を梳《と》かすうちに毒薬のせいで髪が大量に抜け落ちる。「ただうらめしきは伊右衛門殿。喜兵衛一家の者どもも、なに安穏《あんのん》にあるべきや。思えば思えば、エエ、うらめしい。一念通さでおくべきか」と言い放ち、抜け落ちた髪の束をつかむと鮮血がしたたり落ちる。その恐ろしい姿に宅悦は震え上がりながらも制止しようとするが、誤って先ほど揉《も》み合った際に柱に突き刺さった刀にお岩は喉《のど》を切り裂かれ、壮絶な最期を遂げる。驚き逃げ去る宅悦と入れ違いに帰宅した伊右衛門は、小平を押し入れから引きずり出して殺害し、不義密通の罪を着せるため、お岩と小平の亡骸を戸板の表裏に打ち付け、仲間の浪人に手伝わせ川に流してしまう。その直後、喜兵衛と花嫁姿のお梅がやって来る。伊右衛門は平然と惨劇のあった家へ二人を迎え入れ、新妻の顔を見ようとお梅の綿帽子をはずすが、恐ろしいお岩の顔が現れる。驚いて首を斬り落とすとお梅の顔に戻り、

「民谷伊右衛門」
提灯から現れるお岩の亡霊（三代目尾上菊五郎）に驚く伊右衛門（五代目市川海老蔵）
（歌川国芳画、早稲田大学演劇博物館蔵、左から、005-0292、005-0293）

今度はそのことに驚き別室の喜兵衛を呼ぶと、小平の亡霊が現れ「薬を下され」と手を差し出すので、その首も斬り落とすが、またもや錯覚で喜兵衛の首であった。

第三幕目

「十万坪隠亡堀の場」では、十万坪という埋立地にあった隠亡堀《おんぼうぼり》（東京都江東区にある岩井橋付近）で釣りをする伊右衛門と鰻掻《うなぎかき》となった直助が偶然出会うが、直助が立ち去ったあと、伊右衛門のもとへ一枚の戸板が流れてくる。菰《こも》をとると、お岩の死骸が現れて恨み言を述べ、裏返すと小平の死骸が「薬を下され」と指の折れた手を動めかす。この場面は三代目菊五郎が考案したお岩と小平を早変わりで演じる有名な「戸板返し」の演出で知られる。そこへ、直助、与茂七、小平妻のお花が現れ、四人が暗闇のなかお互いを探り合う「だんまり」で幕となる。

第四幕目

「深川三角屋敷《さんかくやしき》の場」では、お袖が直助とかりそめの夫婦として暮らす深川の三角屋敷（東京都江東区深川）が舞台となる。洗濯物を請け負って暮らしの足しとしているお染のもとへ、古着屋が戸板にくくりつけられた女性の水死体が着ていたという着物を持ち込む。それが姉のお岩の着物と瓜二つで、さらに直助が隠亡堀で拾い上げたお岩の櫛《くし》までも見つかり、姉の死を悟る。お袖は姉の敵討《かたきう》ちを頼むため、直助に肌を許すが、そのあと死んだと思っていた与茂七が現れ

「**東海道四谷怪談**」
お岩と小平の亡霊（三代目尾上菊五郎）に驚く
伊右衛門（五代目市川海老蔵）と
怯えるお花（二代目尾上菊次郎）。
（歌川国芳画、東京都立中央図書館蔵）

る。思い悩んだお袖は、直助と与茂七それぞれ手引きをして相手を討たせるふりをし、自ら二人に突き殺される。瀕死《ひんし》のお袖の持ち物から、直助は実の兄妹だったこと、また浅草裏田圃で殺害したのがかつての主人であったことも知り、お袖を刺した出刃包丁《でばぼうちょう》を自らの腹に突き立て自害する。「小塩田隠れ家の場」では、小平の亡霊が旧主の小塩田又之丞のもとへ現れ、民谷家の秘薬ソウキセイを渡し、又之丞の難病が完治する。

第五幕（大詰）

殿様姿の伊右衛門が鷹狩《たかがり》の途中、美しい田舎《いなか》娘に出会って相思相愛となるが、その顔がお岩の亡霊となり、鷹が鼠《ねずみ》となって伊右衛門に襲い掛かるという「夢の場」から始まる。伊右衛門が夢から覚めると、お岩の祟りから逃げ込んだ場所である「蛇山庵室《へびやまあんじつ》の場」という暗い現実世界へと戻る。蛇山とは、本所中之郷《なかのごう》（東京都墨田区東《ひがし》駒形《こまがた》）にかつてあった長建寺脇の地名である。伊右衛門が逃げ込んだ蛇山の庵室では、近所の人が伊右衛門の熱病を鎮めるために集まって百万遍の念仏を唱えている。伊右衛門は門口から出て水辺のほとりに棒を立てて布を張った流れ灌《かん》頂《じょう》に回向の水を注ぎ、お岩を供養するが、そこから現れ出たお岩の亡霊は、抱いていた赤子を渡すと見せかけて、伊右衛門に石地蔵を抱かせ、責めさいなむ。なお、天保《てんぽう》三年（一八三二）以降は、流れ灌頂からではなく、燃える盆提灯《ぼんちょうちん》の中からお岩が現れる「提灯抜け」の演出が評判をとる。また悪に加担した浪人仲間の秋山長兵衛を仏壇《ぶつだん》の中に引き込んで殺す「仏壇返し」の演出も加わる。そして最後に、お岩の怨霊の化身である鼠にまとわつかれた伊右衛門を与茂七は討ち果たし、吉良邸の討ち入りへと雪の中を走り去って行く。

四谷怪談の歴史的側面

実際の事件？伝承？

『於岩稲荷由来書上《おいわいなりゆらいかきあげ》』——幕府に提出された四谷怪談

前項では南北の狂言の大筋を紹介したが、その狂言の元となる事件を記した文献として古くから知られていたのは、『於岩稲荷由来書上』（以下、書上）である。この書上は、『町方書上』の付録として、文政《ぶんせい》一〇年（一八二七）一〇月に四谷伝馬町《てんまちょう》の名主の孫右衛門と茂八郎が幕府に提出したもので、国立国会図書館に所蔵されている。『町方書上』とは、幕府が文政年間（一八一八～三〇）に江戸の地誌編纂のため、各町の名主に命じて、町の方位や起立などさまざまな項目を報告させたものである。

江戸東京博物館友の会翻刻《ほんこく》の『町方書上4（牛込・市谷・四谷・鮫河橋《さめがばし》・麹町《こうじまち》・大久保・柏木・角筈《つのはず》）』（江戸東京博物館友の会、二〇一四年）をもとに、書上の概要をまとめると以下の通りである。

貞享年間に四谷左門町の先手組同心《さきてぐみどうしん》、田宮又左衛門《たみやまたざえもん》（後に伊右衛門に改名）が五四歳で病死した。その一人娘で二一歳のお岩は、性質が頑固な上、重い疱瘡《ほうそう》を患《わずら》い片眼も白く濁るなど醜《みにく》い容貌となっていたため、婿養子《むこようし》のなり手がなかった。何とか摂州《せっしゅう》（大阪府など）出身の伊右衛門という三一歳の浪人を見つけて婚儀に至った。伊右衛門は美男で愛嬌《あいきょう》もあったので、よく手伝いに出入りしていた上役の同組与力、伊藤喜兵衛の妾《めかけ》おことと互いに恋慕の情を抱くようになった。そのうち、おことは伊藤の子を妊娠したが、伊藤は老齢のため伊右衛門に押し付けることを思い立った。おことを気に入っていた伊右衛門も喜んで話に乗り、二人で共謀してお岩を騙《だま》し他家へ奉公に出るように仕向けた。こうして貞享四年（一六八七）七月に伊右衛門とおことは祝言を挙げ、無事にお腹の子も出産し、さらに伊右衛門との間に三人も子を設けた。その話はやがてお岩の耳にも入り、自分が騙されたと知って狂乱となって、奉公先を出奔《しゅっぽん》、田宮家の近くまで行くが入ることができずに行方《ゆくえ》知れずとなった。その後、おことも子どもも変死し、ついに伊右衛門も業病《ごうびょう》で果て、伊右衛門再婚の媒酌人《ばいしゃくにん》をつとめた秋山長右衛門家も不幸が続き、両家ともに断絶。伊藤喜兵衛は養子に跡を継がせるが、養子の二代目喜兵衛が不祥事を起こし入牢の末処刑

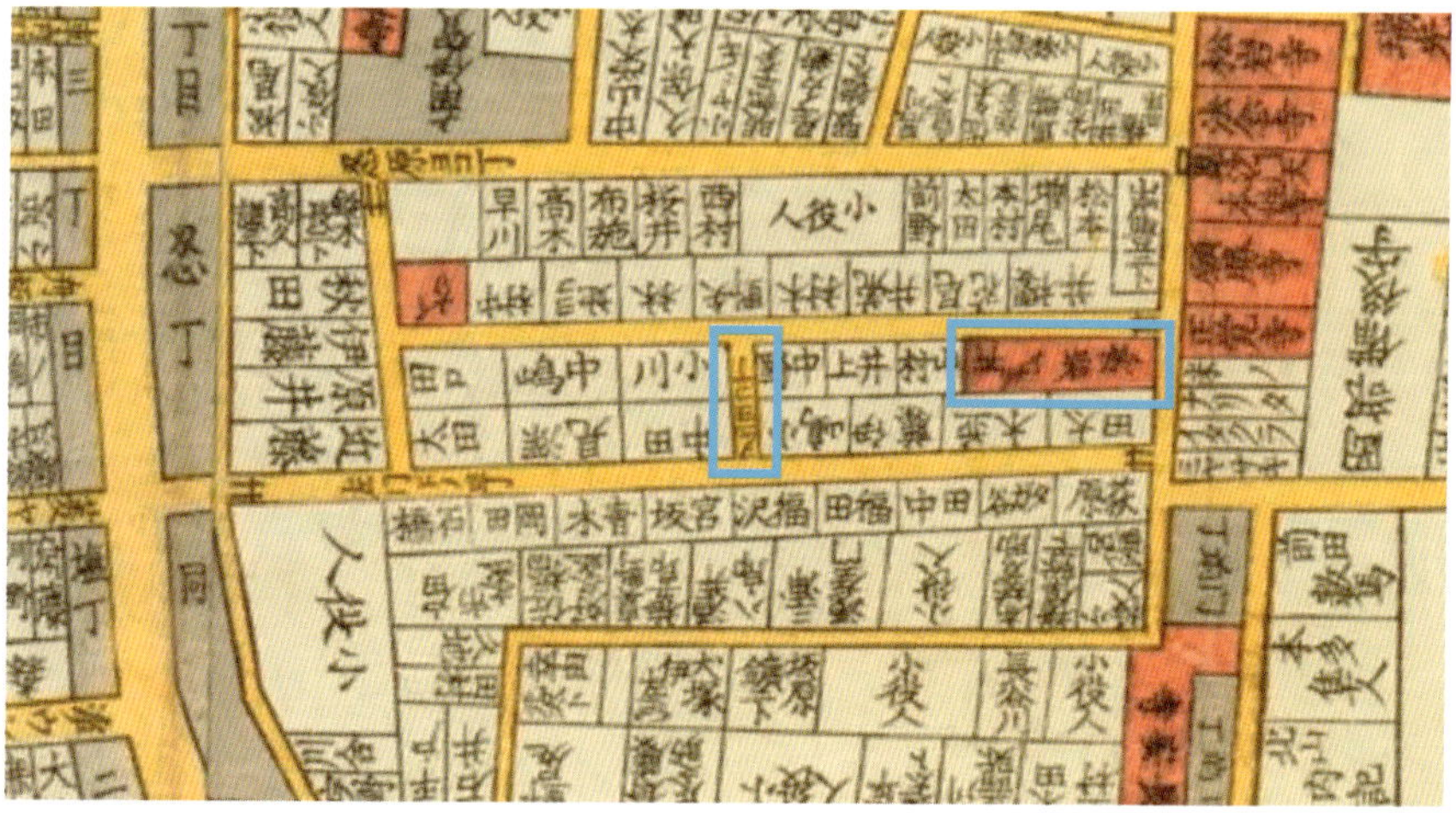

於岩イナリとオニヨコ丁（▭部分）
（「江戸切絵図　四ツ谷絵図」、国立国会図書館デジタルコレクション）

され、この家も断絶した。そうして最終的に一八人もの人々が悲惨な死を遂げたのである。田宮家跡地には元禄末期に浅野左兵衛《あさのさへえ》組の先手組同心市川直右衛門《いちかわなおえもん》が住むが転役し、正徳《しょうとく》五年（一七一五）に羽太清左衛門《はぶとせいざえもん》組の山浦甚平《やまうらじんべい》が住んだが怪異《かいい》が続くため、鮫河橋（東京都新宿区）にあった田宮家の菩提寺《ぼだいじ》である妙行寺《みょうこうじ》（現在は豊島区西巣鴨に移転）に頼み、屋敷内に於岩稲荷《おいわいなり》を勧請《かんじょう》し、追善供養《ついぜんくよう》を行ったところ祟りも鎮まった。さらに、子孫の山浦甚蔵《じんぞう》がお岩狂走一五〇周忌を営もうとして妙行寺に戒名《かいみょう》を頼んだところ、すでに「得証院妙念日正大姉」という立派な戒名の記載が過去帳にあることがわかった。なお、狂乱したお岩が駆け抜けた田宮家近くの通りを鬼横丁と呼ぶようになったという。

以上が書上の概略で、「四谷怪談」との共通点が多く見受けられるが、歌舞伎上演の二年後に提出されたものであることから、『新潮日本古典集成　東海道四谷怪談』（郡司正勝 校注、新潮社、一九八一年）の解説では、「芝居の人気につけ入って書かれたところがある」と指摘されている。芝居人気の影響を受けたとしても、羽太清左衛門など『寛政重修《かんせいちょうしゅう》諸家譜《かふ》』等の公式記録で確認できるような、ある一定以上の身分の侍などを登場させていることから、芝居人気にかこつけて、すべてをでっち上げて幕府に提出できるものなのか疑問である。

『四谷雑談集』——書上に先行する資料の存在

南北の芝居以前に、天明《てんめい》八年（一七八八）刊行の黄表紙《きびょうし》『模文画今《ももんがこん》怪談《かいだん》』、享和《きょうわ》元年（一八〇一）刊行の黄表紙『絵本東土産《えほんあずまみやげ》』、文化二年（一八〇五）刊行の読本『勧善常世物語《かんぜんつねよものがたり》』、そして文化五年刊行の読本『近世怪談《きんせいかいだん》　霜夜星《しもよのほし》』など、「四谷怪談」の元ネタと同じ題材を扱った小説の類があることは、前から指摘されてきた。そこにかねてより実録小説として、その存在が知られていた『四谷雑談集《よつやぞうたんしゅう》』に、年紀が入った写本があることが、諏訪春雄編著『東海道四谷怪談　歌舞伎オン・ステージ一八』（白水社、一九九九年）で紹介され、『四ッ谷雑談集』の信ぴょう性が高まった。その写本とは群馬県高崎市の矢口丹波記念文庫に所蔵されるもので、後序というべき末尾の文の後に「享保《きょうほう》十二丁未《ひのとひつじ》年」の日付と「于時宝暦《ほうれき》乙亥《つちのとい》年六月十三日」という筆写の日付が記されている。これまで原本の出どころも成立時期も不明で、学術的な考察には積極的に使いづらかった『四谷雑談集』が、一気に重要視される存在になった。この年紀が本物とするならば、「四谷怪談」の最も古い原典といえるだろう。

年	元号	事項
一六三六	寛永一三年	初代田宮伊右衛門の妻か娘死去（過去帳より）
一六三八	寛永一五年	初代田宮伊右衛門死去（過去帳より）
一六八四～八八	貞享年中	お岩と伊右衛門結婚、離縁（書上より）
一六八七	貞享四年	伊右衛門と伊藤の妾が結婚（書上より）
一六九四	元禄七年	多田三十郎事件起こる
一七一五	正徳五年	四代目田宮伊左衛門死去（過去帳より） 山浦甚平、田宮家跡地に居住（書上より）
一七一七	享保二年	お岩稲荷勧請（過去帳より）
一七二七	享保一二年	『四谷雑談集』成立（同奥付より）
一七五五	宝暦五年	『四谷雑談集』（矢口丹波記念文庫本）写本される（同墨書より）
一七八八	天明八年	『四谷雑談集』を下敷きにした黄表紙『模文画今怪談』が刊行される
一八〇一	享和元年	同書を下敷きにした黄表紙『絵本東土産』が刊行される
一八〇五	文化二年	同書を下敷きにした読本『勧善常世物語』が刊行される
一八〇八	文化五年	同書を下敷きにした読本『近世怪談　霜夜星』が刊行される
一八二五	文政八年	歌舞伎狂言「東海道四谷怪談」が江戸中村座で初演される 五代目山浦甚平、お岩狂走一五〇回忌が近づき追善供養を計画
一八二七	文政一〇年	文政町方書上『お岩稲荷由来書上』が幕府に提出される

『四谷雑談集』の内容は、ほぼ書上と一致しているが、大きな違いとしては祟りを受けた関係者の末路が詳しく記されている点である。特に伊藤喜兵衛の跡目を継いだ二代目喜兵衛が連座して処罰された事件、『徳川実紀』等の正史に出てくる多田三十郎《ただ さんじゅうろう》事件が記されている点であろう。多田三十郎事件とは、旗本の多田三十郎正房《まさふさ》が、元禄七年(一六九四)四月一六日に友人の兼松又右衛門《かねまつまたえもん》と与力二名とともに吉原遊郭《よしわらゆうかく》に出かけ、気田喜八郎《きだきはちろう》という下級武士と喧嘩《けんか》になり惨殺《ざんさつ》されたのを、兼松らは死体を放置したまま逃げ帰ったため、気田を討たなかったという理由で捕縛《ほばく》され、兼松や与力二名をはじめ関係者が処刑された事件である。この与力のうちの一人が、二代目伊藤喜兵衛なのである。四谷に伝わった武家の妻女が失踪した事件と現実世界とをつなぐものとして、実在の事件が記されているのは手掛かりとして重要である。

また、伊右衛門が鼠に取り殺されるといった鼠の怪異が多く描写されていることなども、書上にはなく「四谷怪談」では見られることから、南北は『四谷雑談集』の影響を受けていると指摘されている。

ただ『四谷雑談集』はあくまでも実録小説であり、完全なノンフィクションではない。広坂朋信は、『実録 四谷怪談——現代語訳「四谷雑談集」』(白澤社、二〇一三年)で、田宮又左衛門の上役として記述に出てくる三宅弥次兵衛《みやけやじへえ》が、四谷左門町の町名の由来となった諏訪左門《すわさもん》の前任者であるにも関わらず登場させている点に疑問を呈している。『寛政重修諸家譜』によれば、三宅は貞享より前の明暦《めいれき》三年～寛文《かんぶん》三年(一六五七～六三)まで先手組組頭を勤めた人物で、年代としても合わない。伝承されたことを記憶したまま曖昧《あいまい》に記されて成立した可能性がある。

史跡として残る「四谷怪談」

田宮家の菩提寺である妙行寺の過去帳や田宮家の墓石、田宮家の子孫が守る於岩稲荷田宮神社《おいわいなりたみやじんじゃ》(東京都新宿区左門町)、その斜め向かいに建つ陽運寺《よううんじ》、もう一つの於岩稲荷田宮神社(東京都中央区新川)といった「四谷怪談」ゆかりの史跡が残されていることも挙げておきたい。なお、中央区新川の神社は、明治一二年(一八七九)に四谷に大火があって元々あった稲荷社が焼失したため、芝居小屋に近く便のよいこの地に再興されたものであったが、新川の神社はそのまま残り、旧来の四谷の地に昭和二七年(一五九二)に戻ってきたのが四谷の於岩稲荷田宮神社である。東京都教育委員会が設置した同社の案内板には、於岩稲荷と呼ばれ四谷左門町の先手組同心田宮家の邸内にあった社であり、初代田宮又左衛門の娘お岩(寛永《かんえい》一三年没)が信仰し、養子伊右衛門とともに家勢を再興したことから次第に人々の信仰を集めたという由来が記されている。これまで述べてきた恐怖の物語とは異なる伝承が田宮家には伝わっているようである。では、あの恐怖の物語の元となる四谷を舞台にした妻女の失踪事件は何代目のときに起こったのだろうか。妙行寺の過去帳が手がかりとなる。三田村鳶魚《えんぎょ》の時代から、綿谷雪、釣洋一、小池壮彦らが過去帳の調査を行っており、解釈の違いが各氏の間で起こっている。

そのことも最新の小池壮彦『四谷怪談 祟りの正体』(学習研究社、二〇〇二年)が、釣の抄訳した『四谷怪談三六〇年目の真実』(於岩稲荷田宮神社、一九九七年)を引用し、わかりやすく説いている。概略を述べると、元和《げんな》八年(一六二二)に没した初代伊右衛門の妻か娘に、寛永一三年(一六三六)に没した於岩(戒名は得證院妙念)という人がいる。初代伊右衛門の妻か娘の没年が寛永一三年となると、四谷の

現存する於岩稲荷田宮神社
(東京都新宿区左門町)

お岩失踪事件が起こるより五〇年以上も前に当のお岩が死去していることになるので辻褄《つじつま》が合わない。『四谷雑談集』が記す時代に合うのは、正徳五年(一七一五)に死去した四代伊左衛門であり、この四代目とその妻を「四谷怪談」の伊右衛門、お岩とするべきであろう。初代とその妻か娘の名前をあてた理由は不明だが、過去帳には田宮家に移り住んだ山浦家が菩提寺を同じくしており、過去帳の田宮家の記載の間に記入されていることも過去帳の読み説きを難しくしている原因だろう。なお、過去帳の入り混じり方から山浦家が田宮家と婚姻関係を結ぶなどして関わり合いながら、於岩稲荷の祭祀者《さいししゃ》としての役割も担っていったと考えられる。この見方はすでに鳶魚が、そしてより整理したかたちで小池が提唱しており、過去帳の配列を見ても理にかなっている。

このほかにも、高田衛や横山泰子らによる切絵図からみた於岩稲荷の位置の変遷をはじめとして数々の興味深い疑問が残るが、何もないところに突如生まれた伝承とするよりも、実際に貞享年間などに四谷界隈《かいわい》で武家の妻女が失踪する事件があったと考えるのが自然だろう。その記憶が人々の中に深く残り、江戸という都市の中で起こるさまざまな事件や人間模様と結びつき、戦慄《せんりつ》しながらも悲しく心惹かれる物語として醸成されていったのではないだろうか。

「江戸の花名勝会 く 五番組 坂東彦三郎 四ツ谷 於岩稲荷社」
左下に「四ッ谷於岩稲荷社」が描かれている。
(三代目歌川豊国・橋本貞秀画、国立国会図書館デジタルコレクション)

博多小女郎波枕～毛剃

はかたこじょろうなみまくら～けぞり

入江清佳

序幕

長門《ながと》の秋の夕まぐれ。小判に銀にと飛び交う西国一の大湊である門司が関・下関。その沖合に停泊した一隻の廻船があった。

この船の頭は毛剃《けぞり》九右衛門という長崎生まれの男で、手下五人を従えている。毛剃は仲間の乗った舟が来ないことに心もとなく、気を紛れさせようと乗客を呼ぶ。ここで姿を現したのが、物腰やわらかな商人小町屋惣七《そうしち》（以下「惣七」）であった。毛剃は自身と仲間たちについて紹介をし、惣七自身もまた長崎の生まれで幼少期に親に連れられ、今は京都に住み、商売のために筑前《ちくぜん》を行き来していると話す。同郷の男に気をよくした毛剃は長崎について、「蘭屋敷《らんやしき》、唐人《とうじん》屋敷、出島《でじま》大村《おおむら》、唐金堂《からかねどう》に眼鏡橋」などの名所や丸山・寄合《よりあい》の遊郭《ゆうかく》についてなど語り出す。なお、ここに出て来る台詞「此の目玉のふとか奴を見て長崎市中で木場唐人という」については、深川の木場に住居しており、大きな目を持っていた、五代目市川海老蔵《えびぞう》（七代目市川団十郎《だんじゅうろう》）を指す、歌舞伎芝居となって以降の創作部分である。興《きょう》に乗った毛剃は、更に「九月七日九日の氏神どん祭り」（長崎くんち）での武勇伝を語る。

次に惣七に話の番が回ってくる。惣七は毎年商いで筑前を行き来するなか、博多柳町の廓《くるわ》で馴染《なじ》みとなった小女郎という遊女と思いを交わしており、今年こそは身請《みう》けして女房にしたいと話をする。これを聞いて突然毛剃は腹を立てる。彼もまた小女郎の馴染みだったのである。毛剃の怒りに惣七はその場を後にした。

その後、唐船とやり取りをした手下の市五郎と三蔵が抜荷《ぬけに》の品を船に乗せて合流する。この男たちは、沖買《おきがい》（抜荷の一種）を行う海賊だったのだ。この現場を、惣七は目撃し、毛剃もまた惣七に見られたことに気づく。見られたからには生かしておけぬと、毛剃は部下に命じて、惣七を海に投げ込むのであった。ここで大きく旋回した船の舳先で仁王立ちした毛剃が、どてらを脱ぎ龍の唐人服を見せて、両手を大きく廻して目をむく豪快な「汐見《しおみ》の見得《みえ》」は本作の見せ場の一つである。

毛剃等海賊に海に落とされた惣七

（豊国国芳画、国立国会図書館蔵）

毛剃の汐見の見得の場面

大正頃までは大まさかりを振り上げて見得が切られていた。

演者は九代市川団十郎。（早稲田大学演劇博物館蔵、201-4925）

二幕目

博多柳町の廓奥田屋から二幕目は始まる。廓では傾城《けいせい》たちが踊りの稽古《けいこ》をしている。この見《み》世《せ》の外にかろうじて生き延びた惣七が、乞食同然のやつれた様で姿を現す。これを見た禿《かむろ》が惣七と気づき小女郎に伝えると、彼女は喜んで惣七を迎えるのであった。一年ぶりに再会した小女郎に、惣七は廻船であった出来事を話し、今度会った時は身請けすると約束したが、その金も奪われ約束を果たせなくなったと嘆く。これに対して、小女郎は命さえあれば私は嬉しいと慰め、二人は見世の奥へ入っていく。

一方で、毛剃等海賊たちが様々な品を手に奥田屋にやってくる。その内容は、猩《しょう》々《じょう》緋《ひ》、鼈甲《べっこう》、ごろふくりん、テレンプ、繻子《しゅす》、麝香《じゃこう》、ゼンマイ人形、氷砂糖と高価な輸入品ばかり。これらは奥田屋の女房や遊女たちに贈られるが、毛剃はその中に贔屓《ひいき》の小女郎がいないことに気づき、来るまで酒盛りをして待とうと見世の奥に進むのであった。

一方、二階の部屋では、惣七が鏡に向かいその後ろに立った小女郎が惣七の髪を梳《す》く。ここが本作の見せ場の一つである、髪梳きの場面である。女が愛する男の乱れ髪を梳く姿は、細やかな男女の情愛を表現している。愛を交わす二人と座敷を隔て障子一重むこうでは、賑やかな宴会が行われている。ここで、小女郎はこの賑やかさが身にこたえ、これまで金が欲しいと思ったことはないが、今日ばかりは惣七と一緒になるための金が欲しいとこぼす。そして、この幸せ者を見てやろうと障子の隙間から隣の部屋を覗《のぞ》くと、目に入ったのは以前「まさかの時に、頼りになりましょう」と声をかけられたことのある、毛剃であった。小女郎は毛剃に金を借りようと思い立つが、惣七は遊女が客に金を借りるのは恥になると止める。これに対し小女郎は、惣七の他に身請けの話があり、これが進めば自分は生きてはいけない、ここは自分に任せておくよう言うのであった。

毛剃九右衛門筑紫之白浪

長門沖での事件を表現している。なお、歌舞伎ではこの場面に小女郎は登場しない。

（長崎歴史文化博物館蔵）

毛剃たちは、奥田屋の遊女はもちろん仲居《なかい》、太鼓《たいこ》持《も》ちなど残らず並ばせ盛大に宴会を行っている。毛剃は自分がこのように羽振りがよいのは、長者経《ちょうじゃきょう》のおかげだと述べて、でたらめの長者経を唱え、遊女たちを喜ばせるのであった。ここに、小女郎が現れて思案顔で毛剃の傍へ座り、折り入って頼みがあると告げ、急に身請けされねばならぬ事情が出来たので、金を貸してほしいと言う。これに対し毛剃は、遊女の身で言いにくいことを頼む小女郎を評価し、千両でも万両でも引き受けると快諾する。この気風の良さに周囲も騒ぎたち、喜んだ小女郎は惣七に礼をさせると呼びに行く。惣七が姿を現すと、惣七と毛剃は思わぬ再会に互いに顔を見あわせる。惣七が生きていたことに手下たちも色めき立つが、毛剃は惣七と小女郎を残し他の人間を下がらせる。毛剃曰く、小女郎の恥を偲《しの》んだ金の無心を無駄にしてはいけない、二人が夫婦となるよう自分が取りはかるので、惣七に自分の仲間になるようにと話をする。惣七は、仲間に入れば家に迷惑をかけるが、断れば小女郎は他の男のものとなるうえ、自身は命を取られると逡巡《しゅんじゅん》する。これに小女郎は、共にいることができなければ生きてはいけぬと訴え、緊迫と苦悩で流れる惣七の汗を懐紙《かいし》でぬぐう。ここで、惣七は心を決め、毛剃の話を承諾した。

三幕目

三幕は、京都・心清町《しんせいまち》の惣七《そうしち》の家から始まる。

恋湊博多諷
奥田屋で再会する惣七(沢村訥升)と毛剃(市川海老蔵)。
互いに刀に手をかけ緊張しているのに対し、
引き合わせた小女郎(岩井杜若)は二人の関係を知らず笑みを浮かべている。
(歌川国貞画、東京都立中央図書館蔵)

博多小女郎(岩井粂三郎)、**小松屋[宗七]**(坂東彦三郎)
毛剃に仲間になるよう迫られ、逡巡し汗を流す惣七。
これを懐紙で拭う小女郎の場面。
(早稲田大学演劇博物館蔵、101-0887)

家の中は乱れており、畳、障子など立てかけ、道具屋数人が家財道具を買い取っている。これは、惣七の父惣左衛門《そうざえもん》(以下「惣佐」)の行いであった。家主の嘉右衛門《かえもん》も何事かと声をかけるが、惣佐は、息子の惣七から便りが無く、人に聞けば西国で大儲けし博多の遊女を身請けしたという。しかし、居場所を突き止めて見ると身の丈にあわない道具ばかりで、正直者だった惣七が親にも言えないとはろくな出所の金ではないと察し、道具を売り払い家は引き払うという。これに、嘉右衛門は、保証人や留守居役《るすいやく》の姥《うば》もいるのでまず会所に行こうと連れ立つのであった。入れ違うように、惣七夫婦は家に戻り、家財が消えもぬけの殻となった我が家に驚く。そこに姥が現れ、事情を説明するのであった。ここで惣七は、抜荷に必要な割符《わりふ》(木片などに証拠となる文字を記し、それを分割したもの)が見当たらない

ことに気づく。これが無くなれば一大事であるが、姥が言うには、惣左の手元にあると言う。姥が帰ると惣七は、惣左の耳にまで噂が伝わったのならば、世間に自分の事が知れ渡っており、身が危険であると考え、頼る人のいる四日市(三重県四日市市)へ逃れるよう小女郎と話をする。そこへ、突然毛剃が現れ、家が空の様子をみてどこに立ち退くのか不審を述べつつ、そろそろ商売(抜荷)の時分であることから、割符を渡すように言うのであった。割符が手元にない惣七は、箱に封をして親に預けたと言うが、毛剃は命に等しい割符を預け、家も変えるとは仲間を裏切る気ではないかと問い詰める。こうして双方が刀を抜き、争うこととなる。隣家からこの様子を見ていた惣佐は、壁を手が出る分だけ突き破り惣七に割符を渡す。割符を確認した毛剃は刀をひき去るのであった。

博多小女郎波枕

惣七と毛剃が割符を巡り争う。父惣左はこれを見て壁の穴から割符を投げ入れる。

(国立音楽大学附属図書館蔵)

毛剃が去った後、惣七と小女郎は、割符を渡した惣佐の慈悲に感謝し、壁の穴に罪人となった自身の不孝を詫びる。小女郎がふと喉の渇きを口にすると、壁穴より茶碗に入ったぬる湯が渡され、ますます二人は親の情に泣き、「お盃とも薬とも氏神のお神酒とも」「このうえなきこの温湯」と言い、これを飲みかわす。小女郎は惣左に、最後に惣七と言葉を交わし顔を見せてほしいと懇願し、その手を取って、自身の顔に押し当て涙を流す。しかし、惣佐はこれをほどき、財布を投げて出ていくように示すのであった。

惣七夫婦は、外に出て隣の門を眺めて、惣佐の顔を見たいと言う。これを聞いた姥は雨戸をあけようとするが、惣佐はこれを承知せず「惣佐衛門が子供には、商いこそ教えたれ、非道の身すぎする子は持たぬ」と突き放す。そして、惣佐の子に戻りたければ正道を行き命を全うし、親より早く死ぬなと声をかけるのであった。

大詰

惣七と小女郎が四日市に向けて歩いていると、駕籠屋《かごや》が近づき駕籠に乗るよう誘う。駕籠は四日市に近い河合村に到着し、乗り継ぎを促される。そこに、二人を追ってきた役人の山野《やまの》辺主水《べもんど》(以下「主水」)が別の駕籠からでて様子を伺う。惣七は、これに気づき慌てて、垂すだれをおろす。主水が目配せすると、捕手が現れるが、それに気づかず小女郎の駕籠は去っていく。ここで主水が惣七の駕籠に声をかける。すでに仲間にも追手が掛けられており、惣七も次の宿まで移動して捕らえると言う。そうして、駕籠屋に命じて駕籠を持ち上げると血が流れた。主水がすだれを引き上げると、そこには切腹した惣七の姿があった。ここに、縄をかけられた小女郎が惣七に駆け寄り前後も覚えぬほどに泣きつく。惣七は最後の力を振り絞り、法を破り海賊に組した事の後悔を述べ、小女郎は自分を人手に渡したくないと親より命より自分を選んでくれた惣七の愛に感謝し身を狂わせ更に涙をこぼす。そこに、大塚右京之進《おおつかうきょうのしん》(以下「右京之進」)という役人が現れ、主水に毛剃一味の件で達しを持参したと言う。その内容は、通例であれば毛剃一味は抜荷の咎《とが》で死罪となるべきところだが、帝が即位した祝いとして死罪は勅免《ちょくめん》となるという。そして、惣七はその中でも色に迷った若気の至りからの犯行で罪は重くなかったことを述べる。つまり、惣七は自害さえしなければ生きて罪を小女郎と共に償《つぐな》う事ができたはずなのである。右京之進は小女郎にこれからは惣七に変わって惣七の親に孝行し、夫の後世を弔《とむら》うよう諭《さと》し、その縄を解く。自由の身となった小女郎は、惣七にすがり惣佐への孝行と来世でも夫婦となることを誓うのであった。

「博多小女郎波枕〜毛剃」の題材になった抜荷事件

「博多小女郎波枕」は近松門左衛門（一六五三〜一七二四）の世話浄《じょう》瑠《る》璃が元となり、歌舞伎の演目となった事で知られ、「恋湊博多諷《こいみなとはかたのひとふし》」「毛剃」などの複数の演題がある。また、本作に登場する海賊の頭毛剃九右衛門は敵役《かたきやく》であるが、主人公の惣七やヒロインの小女郎以上に名が知られ、強い個性を持つ印象深い登場人物となっている。この「海賊」とは何だったのか。今回は、本作の題材となった享保三年（一七一八）の抜荷事件の時代背景と独特の異国情緒漂う雰囲気について考えてみる。

題材となった「享保三年の抜荷事件」

まず注意したいのは、毛剃等は「海賊」と呼ばれているものの、実際は海賊行為ではなく抜荷（密貿易）を行っている点である。このことから、「海賊」という肩書は実は不適当と言える。本作は、享保三年（一七一八）一〇月一九日に判決が下った、実在の抜荷事件が素材となったことで知られる。しかも、判決から約一か月後の一一月二〇日に初演という短期間で制作された。この事件の顛末《てんまつ》を控えたものとして、国指定重要文化財の一つである「抜荷筋ニ付御触書並御仕置御下知書」や本島知辰《もとじましん》（月堂）が記した見分雑録『月堂見聞集《げつどうけんもんしゅう》』に納められた大坂奉行所の判決記録が挙げられる。

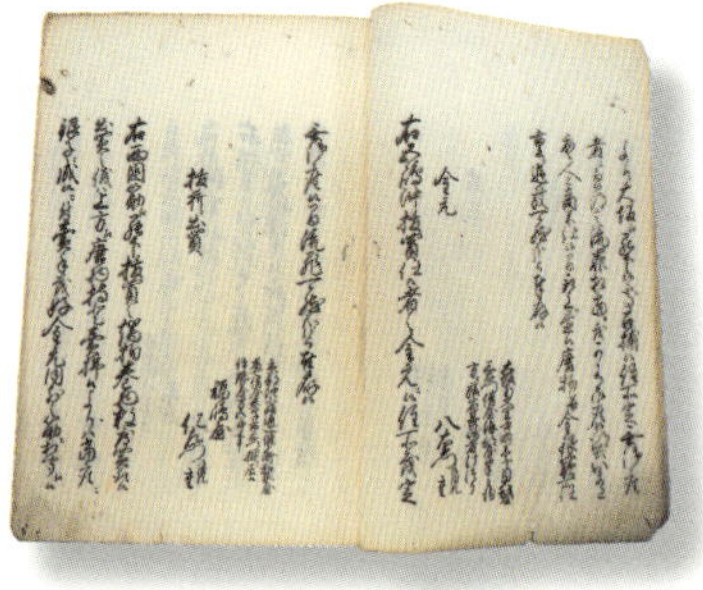

抜荷筋ニ付御触書並御仕置御下知書
題材となった「享保三年の抜荷事件」の記録。
毛剃のモデルとなったけつり八右衛門の
名前が書かれている。
（長崎歴史文化博物館蔵）

本事件は、五島沖と下関沖で唐人相手に行われた「沖買」（抜荷の形態の一つで、海上で船同士が接触し抜荷を行うもの）が摘発されたもので、判決を受けた関係者は四九人に上る。『月堂見聞集』には、この内の七人が鼻削《はなそぎ》の上高麗橋《こうらいばし》にて三日間晒《さらし》刑、その後追放となったと書かれている。この七人の人物と「博多小女郎波枕」の登場人物の名前を比較すると、共通する文字が使われ、また出身地も共通する部分が多く、抜荷事件が参考になったと考えられている。【表】

抜荷の中でも「沖買」の下手人は、複数の地域を跨ぎ広域に関係者がいたことがわかっている。モデルとなった抜荷事件は、所在地別で見ると大坂二七人、京都一二人、

【表】抜荷事件と博多小女郎波枕の登場人物の比較

「博多小女郎波枕」（歌舞伎）		抜荷筋ニ付御触書並御仕置御下知書		月堂見聞集	
長崎	毛剃九右衛門	大坂屋三右衛門借家海部屋半兵衛方に旅宿長崎者	けつり八右衛門	肥前	石垣八右衛門
長崎	中国弥平次	長崎欠落者	嘉平次こと徳兵衛	長崎	さつまや嘉兵次
／	長門市五郎	松平肥前守領分筑前若松	市兵衛	小倉	若松屋市兵衛
阿波	徳島平左衛門	松平淡路守領分阿州徳島西大工町	米屋平兵衛	肥前	米屋平兵衛
上方	浪花の仁三	永井修理知行所河州東和田村兄百姓 五右衛門方に掛り居候	難波屋仁右衛門	大阪	難波屋仁左衛門
上方	小倉屋伝右衛門	大坂船町	小倉屋善右衛門	大阪	小倉屋善右衛門
／	じゃがたら三蔵	松平肥前守領分筑前藤之木村	三助	小倉	岩崎三介

※「博多小女郎波枕」（歌舞伎）の登場人物名は、上演で変化するため、
今回は平成6年11月国立劇場歌舞伎公演上演台本「通し狂言　博多小女郎波枕」四幕六場を参考とした。

長崎三人、河内三人、筑前二人、肥前一人、摂津《せっつ》一人でこの内長崎の三人は欠落者《かけおちもの》(無宿人)であった。本作の登場人物もまた、【表】のとおり、九州や阿波、上方出身者が見受けられ、広域に関係者がいる沖買の特徴が反映されている。さらに、抜荷事件では下手人と関係のあった遊女が捕らえられ、その後おかまいなしの赦免《しゃめん》となっている。本作も、河合村で遊女である小女郎が捕らえられ、右京之進の持参した達しにより縄を解かれている。双方は一時的に縄を受けたもののその後許される流れが共通している。

享保三年頃の貿易体制と抜荷の多発

次に、享保三年(一七一八)頃の貿易体制と抜荷について押さえていく。「博多小女郎波枕」は、前述のとおり「沖買」という抜荷が行われた。これは江戸中期によく見られた形態で、元々は長崎周辺の沖あい(小瀬戸《こせど》沖、伊王島《いおうじま》沖、五島沖、天草沖など)で唐船と抜荷を行うものであったが、元禄元(一六八八)年に沖買の監視のため小瀬戸遠見番所が設置されると、より遠い場所に犯行現場は移動していった。また、抜荷物の販売地は長崎も含まれるものの佐賀、下関、大坂、京都など広域であった。抜荷については様々な研究があるが、長崎貿易の周辺で発生した抜荷の変遷を示した荒野泰典の研究と「博多小女郎波枕」のストーリーを重ねると、毛剃等海賊たちの背景が浮き彫りとなってくる。

沖買は、長崎者が主犯となることが多かった。これは、唐人との取り引きの約束を取り付けるなど沖買のやり方を心得ていたためと考えられる。特に欠落した無宿人が沖買に関わることが多く、「抜荷筋ニ付御触書並御仕置御下知書」に示された、毛剃のモデルけつり八右衛門もまた、大坂の借家人の家に身を寄せる長崎者であった。では、なぜ長崎者は沖買に手を染めなくてはならなかったのだろうか。

貞享《じょうきょう》元年(一六八四)、幕府はそれまで一二年間継続していた長崎貿易制度・市法商法を廃止し糸割符《いとわっぷ》制度を復活、その他の輸入品は相対売買とすることを決定した。これにより、小規模の商人など一部の住民は貿易における特権をはく奪され、生活が苦しくなり抜荷に手を染めるようになる。このような抜荷の増加により、貞享四年(一六八七)に長崎市中と長崎・浦上両村では船数改帳の作製が命じられ、船の新造は奉行所の許可、売買は町年寄・常行司の許可、賃借は乙名《おとな》・五人組の届け出が必要になるなど厳しい取り締まりに繋がった。更に、異国船(オランダ船・唐船)が帰帆時の夜中には、長崎近郷や他国の漁師が漁に出ること、市中の者が日没以後に居町外に出ることを禁じるなどの抜荷を意識した取り締まりが行われている。元禄元年(一六八八)には中国人を隔離する唐人屋敷の建設に着手し、翌年に完成した。

その後、正徳三年(一七一三)には、長崎での疫病の発生や米価騰貴のため、身分の低い者が多く死亡する。この時期の貿易状況は芳しく無く、銅輸出が不振となり貿易が停滞し、貿易利潤の配当を含めた町方勘定における地役人の不正行為、米を中心とした物価の高騰など市中の人間は厳しい状態に置かれ、多数の無宿人を生み出した。これが無宿の長崎人が沖買に手を染める事に繋がっていった背景にあると考えられ、毛剃のモデルもまたその一人であったことが想像される。

さらに、正徳五年(一七一五)に出された正徳《しょうとく》新例が沖買に影響を与えたとされる。正徳新例には、唐船の貿易許可について、新例の遵守《じゅんしゅ》を約束した船主にのみ、唐通事《とうつうじ》との盟約の形式をとった信《しん》牌《ぱい》を交付し、これを所持する船だけが貿易を許可されるというものがあった。これに対し、信牌の交付に漏れた福州・泉州系の商人たちが不満を持ち、九州沿岸各地の特に福岡・小倉・萩藩領域が接する藍島あたりに廻航し、ここで、半ば公然と日本人の沖買人を待ち受けるようになる。「博多小女郎波枕」の冒頭に船が停泊するのも、長門、下関の沖合であることを考えると、まさに現実に沖買が多発する場所でこの物語は始まっているのである。

後に、正徳新例による貿易の正常化、都市長崎の再生産の保障、長崎市民及び中国人・オランダ人に対する統制強化が機能しだすと長崎の経済状況が改善され、無宿人が減少していったとされる。これが沖買減少の要因の一つであったという。

抜荷罪に対する量刑の変化

もう一つ、見ておきたいのは本作の量刑についてである。

惣七は主水等に追い詰められて自害するが、その後に右京之進の持参した達しには、抜荷の罪について、本来は死罪となる重罪だが帝が即位した祝いとして今回は勅免となると書かれていた。この描写に対し、史実においてもこの時期に抜荷の量刑に変化が見られ、作品への影響が指摘できる。享保三年（一七一八）に抜荷の量刑は、従来の磔《はりつけ》や獄門《ごくもん》などの極刑を含むものから「重キもの追放家財等闕所《けっしょ》、軽キものは遠島」へと刑が軽減されており、寛刑主義が取られるようになる。抜荷に関する刑罰の軽減は、将軍吉宗の意向で幕府から出されたものであったが、一方で、評定所一座、長崎奉行、京都町奉行は海禁政策にも影響があるため従来通りの方針の継続を主張した。吉宗の考えとしては、刑罰が重い事は訴人が訴え出る障害になっており、役人が末端に至るまで詮索《せんさく》しやすくし、抜荷を根絶するという意図があった。同年八月にはこの方針に基づいた抜荷処罰の基準が確立され、一〇月に判決がでたのが、「博多小女郎波枕」のモデルとなった抜荷事件であった。

「博多小女郎波枕」の話に戻れば、惣七は抜荷の罪が極刑を含むものと知っており、恥をさらし親にこれ以上迷惑をかけたくないと考え自刃したのだろう。しかし、早まらず右京之進の知らせを待てば、小女郎と罪を償いながら生きていくことができたはずである。本作が短期間のうちに制作されたのは前述のとおりだが、近松はこの時期に決まった抜荷の量刑の変化を見落とすことなく作品に反映し、これを利用して悲劇を描いたのであった。

年	元号	月日	事項
一六八四	天和四年／貞享一年	／	幕府が市法商法を廃止。糸割符制度が復活
一六八八	元禄元年	／	唐人屋敷の建設に着手。翌年完成
一七一三	正徳三年	／	長崎で疫病が発生。米価騰貴による打ちこわしが起こる。身分の低い者が多く死亡する
一七一五	正徳五年	／	正徳新例が出される
一七一八	享保三年	一〇月一九日	「博多小女郎波枕」の題材となった抜荷事件の判決が下る
一七一八	享保三年	一一月二〇日	近松門左衛門作浄瑠璃「博多小女郎波枕」初演
一七二五	享保一〇年	／	これ以降、沖買がほぼ見られなくなる
一七七〇	明和七年	／	市村座にて「富士雪会稽曽我」として、「博多小女郎波枕」の趣向が曽我狂言に取り入れられる
一七七六	安永五年	／	「博多小女郎波枕」が「和訓水滸伝」の名で、大阪小川吉太郎座により上演される。この時「汐見の見得」が考案される
一八三四	天保五年	／	「三幅對書始曽我」の名で上演され、五代目市川海老蔵（七代目市川団十郎）が毛剃を演じる。この時、長崎で購入した船来品を小道具として舞台に陳列し評判となる

長崎との繋がりと異国情緒の演出

「博多小女郎」
抜荷の品々と思われる反物や珊瑚などと共に描かれた小女郎。
（一勇斎国芳画、早稲田大学演劇博物館蔵、005-0556）

更紗見本帳
唐人貿易により輸入された更紗の見本帳。
劇中の遊女もこのような反物を
贈られたと考えられる。（長崎歴史文化博物館蔵）

本作は異国情緒を漂わせる小道具の演出で知られている。海賊である毛剃は長崎出身であり、長崎言葉で話すところが豪快さと愛嬌《あいきょう》を感じさせる。また、作中に登場する、外国から輸入されたと思われる道具や遊女への贈り物は異国情緒の雰囲気を漂わせる。

浄瑠璃であった「博多小女郎波枕」が歌舞伎として披露《ひろう》されたのは、安永五（一七七六）大坂小川吉太郎座上演の「和訓《やまとことば》水滸伝《すいこでん》」がはじめと言われている。この時に、初代浅尾為十郎《あさおためじゅうろう》が毛剃を演じ、唐人服を着用し船の場の幕切に碇《いかり》を振り上げて見得を切る型を考案した。その後、天保五年（一八三四）に江戸市村座にて「三幅對書始曽我《さんぷくついかきぞめそが》」の名で上演され、五代目市川海老蔵《えびぞう》（七代目市川団十郎）が毛剃を演じ当たり役となった。この時期、海老蔵は、長崎を訪れており、当地で入手した舶来品の小道具を舞台に陳列して評判になった。

劇中には、様々な舶来品が登場する。例えば、下関沖で停泊中に交わされるギヤマンの杯、抜荷の品である虎の皮、朝鮮人参、麝香、紗縞《しゃじま》、絽《ろ》、むりょうの繻子《しゅす》、鼈甲、汐見の見得で披露される竜の唐人服、遊郭で遊女や禿《かむろ》の土産となる猩々緋、鼈甲、ごろふくりん、緋のテレンプ、紫の紋繻子、麝香、ゼンマイ人形、氷砂糖などが見られ、これらは長崎貿易での輸入品として知られる品物であった。異国よりもたらされた品々や前述の毛剃の長崎言葉は本作のエキゾチックさを強調する効果を発揮し、数ある歌舞伎の演目の中でも異国情緒を感じる独自の世界を作り上げている。

余談ではあるが、本作の遊女等への贈り物の一つに氷砂糖がある。これに対し、長崎の丸山遊郭では、唐人やオランダ人が馴染の遊女に砂糖を贈る慣例があった。この砂糖は「貫砂糖」と呼ばれ、仲買業者に買い取られた後に市場に流通しており、転売前提の贈り物であったとされている。「博多小女郎波枕」で禿に氷砂糖が贈られたのは、甘味として渡されたのだろうが、長崎の遊郭では貿易の内に組み込まれていた砂糖という商品が本作で贈り物として登場しているのは興味深い。

復元された更紗等輸入反物
（長崎歴史文化博物館蔵）

復元された砂糖袋
江戸時代の長崎貿易では砂糖が主要な輸入品の一つであった。
（長崎歴史文化博物館蔵）

三人吉三廓初買

——さんにんきちさくるわのはつかい

加唐亜紀

はじめに

安政《あんせい》七年（一八六〇）正月市村座の初演時の外題《げだい》は「三人吉三《さんにんきちさ》廓初買《くるわのはつかい》」というが、序段は上演すると長くなることや、この段がなくても話が通じることから現在ではほとんど上演されることがない。そのため序段の重要人物一重《ひとえ》と文里《ぶんり》の恋物語も省かれてしまうのが一般的だ。

序段をカットして上演する場合には、「三人《さんにん》吉三《きちさ》巴《ともえの》白波《しらなみ》」とタイトルを替えることが多い。

節分の前々日から物語が始まるのに、「初」と新春を思わせる外題がついているのは、江戸時代と現在と使用している暦が違うから。現在の節分は、二月四日前後だが、江戸時代は正月前後になることが多かった。なお、現在は大晦日《おおみそか》に年越しそばを食べるが、もともとは節分に厄《やく》除《よ》けとしてそばを食べていたのをまねたという説もある。

初演時は、江戸時代だったので、同時代の武士のことを芝居にすることは禁止されていた。そのため、鎌倉時代に移していたが、現在は江戸時代の物語として上演している。したがって、このあらすじも、現在上演されている設定で記述していく、

幕臣の安森《やすもり》家は将軍から預かっていた名刀の脇差庚申丸《わきざしこうしんまる》を盗まれてしまった。主の源次兵衛《げんじべえ》はその責任を取って切腹。家はお取り潰《つぶ》しとなり、長男の吉三は無頼《ぶらい》の徒《と》に、その妹は吉原の丁子屋《ちょうじや》の花魁《おいらん》一重となった。

その後、川底から発見された庚申丸を商人の木屋文蔵《きやぶんぞう》が入手。これを海老名軍蔵《えびなぐんぞう》が一〇〇両で買い取った。木屋の手代《てだい》十三郎は庚申丸の代金を持ち帰る途中、夜鷹《よたか》のおとせと出会い客となる。しかし、喧嘩騒《けんかさわ》ぎがあって慌てて帰ろうとして一〇〇両を落としてしまう。

一方、木屋文蔵は、吉原の花魁一重が旧知の安森源次兵衛の娘だと知り、庚申丸を探すことを約束する。文里と呼ばれている木屋文蔵は誠実な人柄で一重は徐々に惹かれて行く。文里も一重の馴染み客となった。こうしたことから文里は、一重に入れあげて吉原に通いつめるよう

三人吉三廓初買　三代歌川豊国（初代歌川国貞）

安政7年（1860）の初演時に、当時歌川豊国《うたがわとよくに》と名乗っていた後の歌川国貞《うたがわくにさだ》が、多量の役者絵を手がけた。役者絵は現在の宣伝用ポスターのようなもので、芝居を告知するために売り出される。そのため、役者絵と実際の舞台では配役が異なることもあった。この芝居は初演の時には評判とならず、明治32年（1899）に明治座で再演されるまで、江戸や東京では上演されることはなかった。

（東京都立中央図書館蔵）

なったが、手代の十三郎が一〇〇両を落としたことも重なって、身代が傾いてしまう。

こいつは春から縁起がいいわぇ

明日は節分という夜。大川（隅田川）の側を一人の女性が歩いている。夜鷹のおとせだ。夜鷹とは最下層の娼婦《しょうふ》で、物陰や茂みの中で持ち歩いている茣蓙《ござ》を敷き客と寝る。昨日の客だった十三郎が一〇〇両という大金を落としていたため、返そうと探しているのだ。しかし、振袖を来た女性に一〇〇両を奪われて大川に蹴り込まれてしまう。一方、一〇〇両を手にした振袖の女性は「こいつは春から縁起がいいわぇ」と見得を切った。この振袖の女性こそ、女装の盗賊お嬢吉三であった。

一方、庚申丸を手に入れた軍蔵は、安森家の旧家臣たちに襲われて亡くなる。この現場にたまたま居合わせたお嬢吉三は、それとは知らずに名刀庚申丸を手に入れた。そこに通りかかった駕籠の中から浪人が声をかけ、一〇〇両をよこせという。

三人吉三廓初買
三代歌川豊国（初代歌川国貞）
初代河原崎権十郎《かわらざきごんじゅうろう》こと後の九代目市川《いちかわ》団十郎《だんじゅうろう》のお坊吉三が、三代目岩井粂三郎《いわいくめさぶろう》こと後の八代目岩井半四郎《いわいはんしろう》のお嬢吉三に駕籠の中から声をかけたところ。
（東京都立中央図書館蔵）

声をかけたのはお坊吉三。安森家の長男で、今は無頼の徒になっているが、お坊ちゃん育ちの地が見え隠れするので、お坊吉三と呼ばれるようになった。お坊吉三とお嬢吉三が一〇〇両をめぐって切り結ぼうとしているところに、和尚吉三が止めに入る。僧の修行をしていたが悪に走ったのでついた呼び名であった。偶然にも三人とも吉三なのでそれぞれの血を杯にたらしたものを飲み交わして義兄弟となる。一〇〇両は兄貴分の和尚吉三が預かることにした。

ア、なんにも知らず、早く寝やれよ

一〇〇両もの大金を無くして死のうとしていた十三郎を、夜鷹の元締め伝吉《でんきち》が助けて家に連れて帰る。そこへ引き上げてもらった八百屋久兵衛《きゅうべえ》に送ってもらい、おとせが帰ってきた。偶然にも久兵衛は十三郎の養父だった。実子はお七と名付けて女の子として育てていたが、幼いころに誘拐《ゆうかい》されてしまった。その代わりに拾って育てたのが十三郎だという。伝吉は、久兵衛が語る十三郎が捨てられていた時の様子から、当時忌み嫌われていた男女の双子が生まれたため捨てた息子だと気が付いた。妹のおとせは、大きくなったら夜鷹として稼がせるために手元に残したのだ。そのおとせの様子から二人は男女の仲になってしまったことを知る。十三郎に好意を持っているおとせに伝吉は「早く寝やれよ」と二人で別室に行くことを促すのだった。

思えば庚申丸を盗んだ時に身重の犬に吠えられて斬った。そのはずみで庚申丸を川に落としてしまう。その直後に、妻は痣《あざ》のある子どもを産んだショックで川に飛び込んで死んでしまった。これは今までの悪事の報いだと土左衛門《どざえもん》（水死体）を拾い上げては供養するようになったという伝吉の懺悔《ざんげ》を和尚吉三は立ち聞きしてしまう。和尚吉三は、父親の伝吉に会いに来たのだった。

　立ち聞きしていたことを隠し、和尚吉三は、それまで苦労をかけたからと伝吉に一〇〇両を渡す。しかし、伝吉は悪い事をして得た金など要らぬといって投げ返してしまう。それをたまたま通りかかった釜屋武兵衛《かまやたけべえ》が拾ってしまった。

小僧、もうセリフはこれぎりか

　釜屋武兵衛は、ふと手にした一〇〇両を一重に融通すると言い出した。馴染みの文里が金銭的に困っていることを知っている一重は、武兵衛の申し出に心が揺れる。その条件として武兵衛は、腕に刻んだ文里命の文字を削り、自分の名を入れるように迫った。しかし、一重は首を縦に振らなかった。

　当時の吉原では客の気を引くために腕に名前を彫ったり、爪をはがしたり、小指を切って渡したりしていた。もっとも指は似せて作った偽物だったという。一重の場合は、本当に文里が好きだったからその名を腕に刻んだのである。

　このやり取りを聞いていたお坊吉三は、武兵衛の跡をつけて行き、脅して妹のために一〇〇両を手に入れる。この一部始終を見ていた伝吉は、お坊吉三にその一〇〇両を自分に譲ってくれないかと頼む。自分の実子十三郎が過失で失った一〇〇両の穴埋めにしようと考えたのである。しかし、言い争いの末、伝吉の「小僧、もうせりふはこれぎりか」で喧嘩となり、その結果お坊は伝吉を殺してしまった。

おれもおまえに会いたかったよう

　伝吉を斬って追われる身となったお坊吉三は、行くところがなくなり、和尚吉三がねぐらとしている吉祥院《きちじょういん》へとやってきた。須弥壇《しゅみだん》に隠れていたお坊吉三は、岡っ引きがお坊吉三とお嬢吉三を差し出せば今までの悪事をなかったことにするという申し出を聞いてしまう。お坊吉三は自分の首を差し出そうとするが、和尚吉三は断った。

　ちょうどそこへおとせが十三郎とともに和尚吉三を訪ねてきた。二人は伝吉が何者かに殺されたと告げる。十三郎が差し出した犯人の落とし物を見て、和尚は犯人がお坊吉三だと理解した。そして、お坊吉三はおとせと十三郎に寺の裏手へ行くよう指示する。

　三人の会話を盗み聞きしたお坊吉三は、自分が和尚吉三の父親を手にかけてしまったことを知る。ちなみにお坊吉三が伝吉を殺してまでも手に入れた一〇〇両は、文里のところへ持って行ったが、出所が悪い金ではないかと受け取ってもらえなかったのだ。

　和尚吉三の父親を殺してしまったことを悔やんでお坊吉三は、死のうとするが、止める声がかかった。欄間《らんま》に隠れていたお嬢吉三であった。「会いたかった」と再会を喜び合うお坊とお嬢。もとを正せばお嬢吉三がおとせの一〇〇両を奪ったことで自分の義理の弟十三郎との主文里を窮地に立たせてしまった。このことを反省したお嬢吉三は、お坊吉三と刺し違えて死のうと決意する。

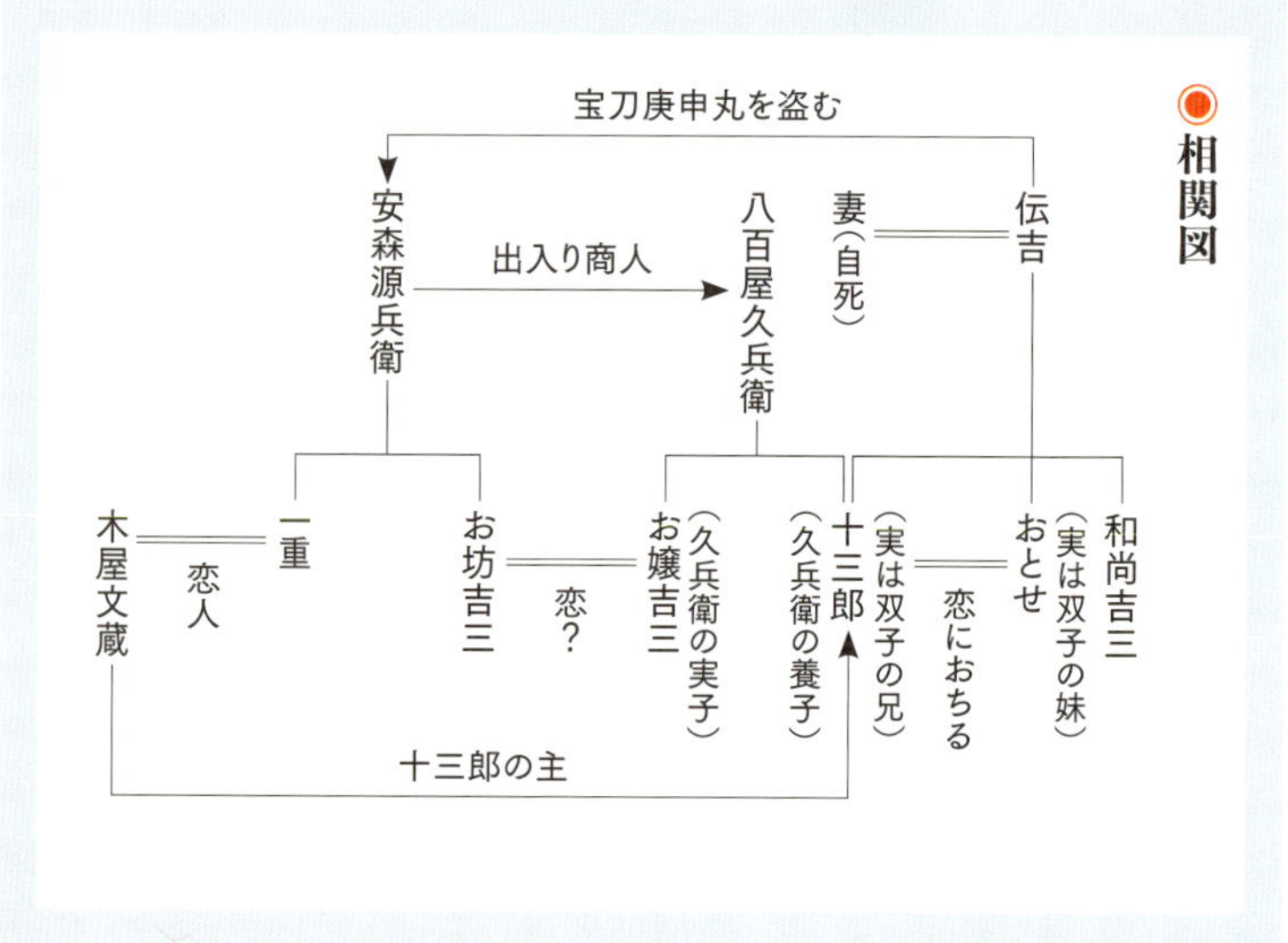

親の因果が子に報い

　おとせと十三郎を寺の裏に呼び出した和尚吉三は、突然二人に襲い掛かる。驚く二人に和尚

初櫓噂高島　**三代歌川豊国**（初代歌川国貞）
高島《たかしま》とはこの作品の主役和尚吉三を演じる市川小団次《いちかわこだんじ》の屋号。見得を切ったときなど（ポーズを決めた時）に、大向《おおむこう》と呼ばれる後方の席から「高島屋」などと声をかける時に使用する。芝居終盤の本郷二丁目の木戸で、お坊吉三とお嬢吉三が木戸越しに再会し、和尚吉三は、火の見櫓の下でどうしようかと思案しているところだろうか。
（東京都立中央図書館蔵）

吉三は、自分の義兄弟のために死んでくれと説得にかかる。おとせと十三郎は戸惑いながらも和尚吉三のいう通りに、死んであの世で夫婦になろうと誓い合う。しかし、男女の双子という忌む関係にありながらも愛し合うようになってしまった二人は、極《ごく》楽《らく》に行くことはできない。和尚吉三は、最後の最後で「親の因果が子に報い」とそのことを漏らしてしまい、慌てて取り繕うのだった。

　おとせと十三郎の首を抱えて戻ってくると、お坊吉三とお嬢吉三は遺書を書き、今まさに刺し違えようとしていた。それを和尚吉三が止め、自分の父親伝吉が庚申丸を盗み取ったことから始まった因果を語る。その上で、おとせと十三郎の首をお坊吉三とお嬢吉三の身代わりとして差し出すつもりだと告白した。

　和尚吉三の決意に戸惑いながらもお坊吉三は、一〇〇両をおとせと十三郎の香典として差し出した。お嬢も悪事との決別として脇差を取り出した。お坊吉三と和尚吉三はその脇差を見て驚いた。その脇差こそ探し求めていた庚申丸だったからである。

　お坊吉三は、庚申丸を自分の実家である安森家に届けてお家の復興を果たそうとする。一方、お嬢吉三は実の父親である八百屋久兵衛から一〇〇両を文里に渡して貰おうと寺を出た。

もはや思いおく事なし

　吉祥院を出た三人を取り逃がさないようにと江戸中の木戸が閉じられた。開けられるのは三人を捕まえた合図の太鼓が鳴る時だけだ。

　本郷《ほんごう》の木戸も閉められていて、春だというのに雪が降っている。そこへ人目を忍んでお坊吉三とお嬢吉三がやってきて、木戸越しに再会する。二人とも詮議が厳しくて目的を果たすことができていなかった。その上、和尚吉三も首が偽物だとバレてしまい追われている。お嬢吉三は厳罰を受けることを覚悟して火の見櫓《みやぐら》の上にある太鼓を打つと決めた。お嬢は追手を振り切りながら火の見櫓に登り太鼓を叩いた。太鼓の音を聞きつけて木戸が開けられるとそこに和尚吉三が逃げ込んできた。その後を追うように八百屋久兵衛も駆け込んできた。お嬢吉三の実父である久兵衛は、安森家に出入りしていた八百屋で、和尚吉三の実弟十三郎の育ての親でもある。三人吉三とゆかりの深い久兵衛が、彼らの代わりに庚申丸を安森家に、一〇〇両を文里に届けることを請け負った。

　安森家の再興と木屋再建の見通しが立った今、三人は「もはや思いおく事なし」と刺し違えようとするのだが新たな捕手がかかる。

三人吉三廓初買　史実

八百屋お七を下敷きにした設定

「三人吉三」は、八百屋お七の話を下敷きにしている。タイトルとなっている「三人吉三」の吉三は、八百屋お七の物語で恋人とされている吉三郎の名前と酷似していることがまずひとつ。重要な登場人物の一人、お嬢吉三は、男性であるにもかからわず、常にあでやかな振袖姿であること。さらには子供の頃お七という名で女の子として育てられた八百屋の子である。もう一人重要人物のお坊吉三が、刀を盗まれてそれを探していることも八百屋お七の物語りの中で約束となっていることを流用している。お坊吉三の妹一重が一〇〇両のために意に副わない結婚を迫られていること。お七の物語ではお七自身が結婚を迫られているが、結婚を迫る相手が武兵衛というのも共通している。お嬢吉三(お七)とお坊吉三とがひかれあっているような描写があること。和尚吉三が根城としている寺が吉祥院であること。お七の物語では、お七と吉三郎が出会った寺が吉祥寺なのでこれを少し変えている。クライマックスでお嬢吉三がお坊吉三を助けようとして火の見櫓に登り太鼓を叩いて、町木戸を開けさせたことなど上げたら枚挙にいとまがない。

八百屋お七の物語は、江戸時代に浄瑠璃《じょうるり》や歌舞伎の作品が何作もつくられて上演されている。正徳《しょうとく》五年(一七一五)に上演された浄瑠璃「八百屋《やおや》お七恋緋桜《しちこいのひざくら》」は大評判をとり、以後のこの浄瑠璃の改作と位置付けられる作品が続く。中でも安《あん》永《えい》二年(一七七三)の「伊達《だて》娘《むすめ》恋緋鹿子《こいのひがのこ》」は、すぐに歌舞伎に直されて今なお上演される機会の多い作品である。元が浄瑠璃であったことに敬意を払ってかお七が火の見櫓を登るシーンは、人形振りといって文楽人形の動きをまね、黒子がお七を支えながら梯子を上っていく。細かい箇所が違えども、前述したお七の恋人の名前や避難した寺、金と引き換えに結婚を迫られることなどは「約束」として踏襲されることが多かった。

『好色五人女』
物語の最後、火あぶりとなったお七の菩提を供養する吉三郎を描いている。井原西鶴作といわれているこの本で、八百屋お七が取り上げられている。この作品の中で、お七が火事で焼け出されて避難した寺の名前が吉祥寺、恋した相手が吉三郎、恋の手引きをしたのがお七の家の使用人お杉など、この後作られるお七の物語に大きな影響を与えた。(国立国会図書館蔵)

三人が盗賊なのは、庚申の日に生まれた子供は手癖が悪く泥棒になると信じられていたから。初演された安政《あんせい》七年(一八六〇)は、十干十二支《じっかんじゅうにし》という中国の年の数え方でいうところの庚申の年にあたっていた。庚申の年に生まれた子供は泥棒になるという考え方もあったという。

なお、江戸時代には庚申の日には徹夜する風習があった。これは、体の中にいる虫が、庚申の日に寝ている人の体から抜け出して地獄の閻魔《えんま》大王に日ごろの行いを告げ口すると信じられていた。吉三が三人いるのは、「見ざる、聞かざる、言わざる」という庚申信仰に登場する三匹の猿に由来するとされている。

天和の大火事

八百屋お七は、天和《てんな》二年（一六八二）一二月二八日に起こった江戸の火事と、翌年三月二日の放火事件がもとになっている。

まず、天和二年の大火事だが、一二月二八日の昼前に駒込《こまごめ》の大円寺から出火。一気に現在の東京大学農学部のあたりまで燃え広がった。その後、湯島、お茶の水、浅草橋、馬喰町《ばくろちょう》、日本橋本町などを焼き、翌朝五時にやっと消し止めることができた。

一説によると死者三五〇〇人、けがをした人や家を焼きだされた人は数えきれないほどいた。その一人が八百屋の娘お七である。彼女は本郷追分というから現在東京メトロ東大前駅近くで八百屋を営む家で生まれた。追分とは道の分岐点のこと。このあたりで中山道《なかせんどう》と日光街道《にっこうかいどう》に分かれる。

馬場文耕《ばばぶんこう》という江戸時代の講釈師が書いた『近世江都著聞集《きんせいえどちょうもんしゅう》』には、お七の父親は加賀前田家の足軽だったが浪人して八百屋になったとある。ただの八百屋ではなく前田家に出入りするような大きな店だったようだ。

火事で焼き出されたお七の一家は、近くの寺院に避難する。この避難先だが、井原西鶴作といわれている『好色五人女』の中では吉祥寺となっている。吉祥寺といっても、東京都武蔵野市にある住みたい町ランキングで上位に入る街ではない。現在の文京区駒込にある曹洞宗《そうとうしゅう》の寺で、松前藩主の松前家や新発田《しばた》藩主溝口家など数多くの大名や榎本武揚《えのもとたけあき》など歴史上の有名人の墓が現存する。太田道灌《おおたどうかん》が江戸城内に勧進したのが始まりで、徳川家康が江戸城を改修する際に、現在の水道橋駅あたりに移したが、明暦の大火後、駒込に移転した。この時、門前町の住人達を江戸郊外に移住させた。移住によって開かれた新しい土地に、寺の名前を取ったのが吉祥寺という地名の始まりだという。

しかし、お七の家が本郷追分だとすると、吉祥寺は、東京メトロで一駅分以上離れている。そのためもっと近い寺だったのではないかという説もある。明治から昭和初期にかけて活躍した江戸風俗研究家の三田村鳶魚《みたむらえんぎょ》は、お七の避難先を吉祥寺ではなく吉祥寺近くにあった円林寺としている。

寺の名前は違えどもお七は避難先の寺で一人の若者と出会う。『好色五人女』で、吉三郎とされて以来、その名が定着した。吉三郎に惹かれたお七は使用人のお杉の協力もあってすぐに深い仲となった。しかし、一か月ほどでお七の仮宅が完成し、そちらに移らなければならない。泣く泣くお七は親とともに寺を去った。しかし、思いは募るばかり。もう一度火事に

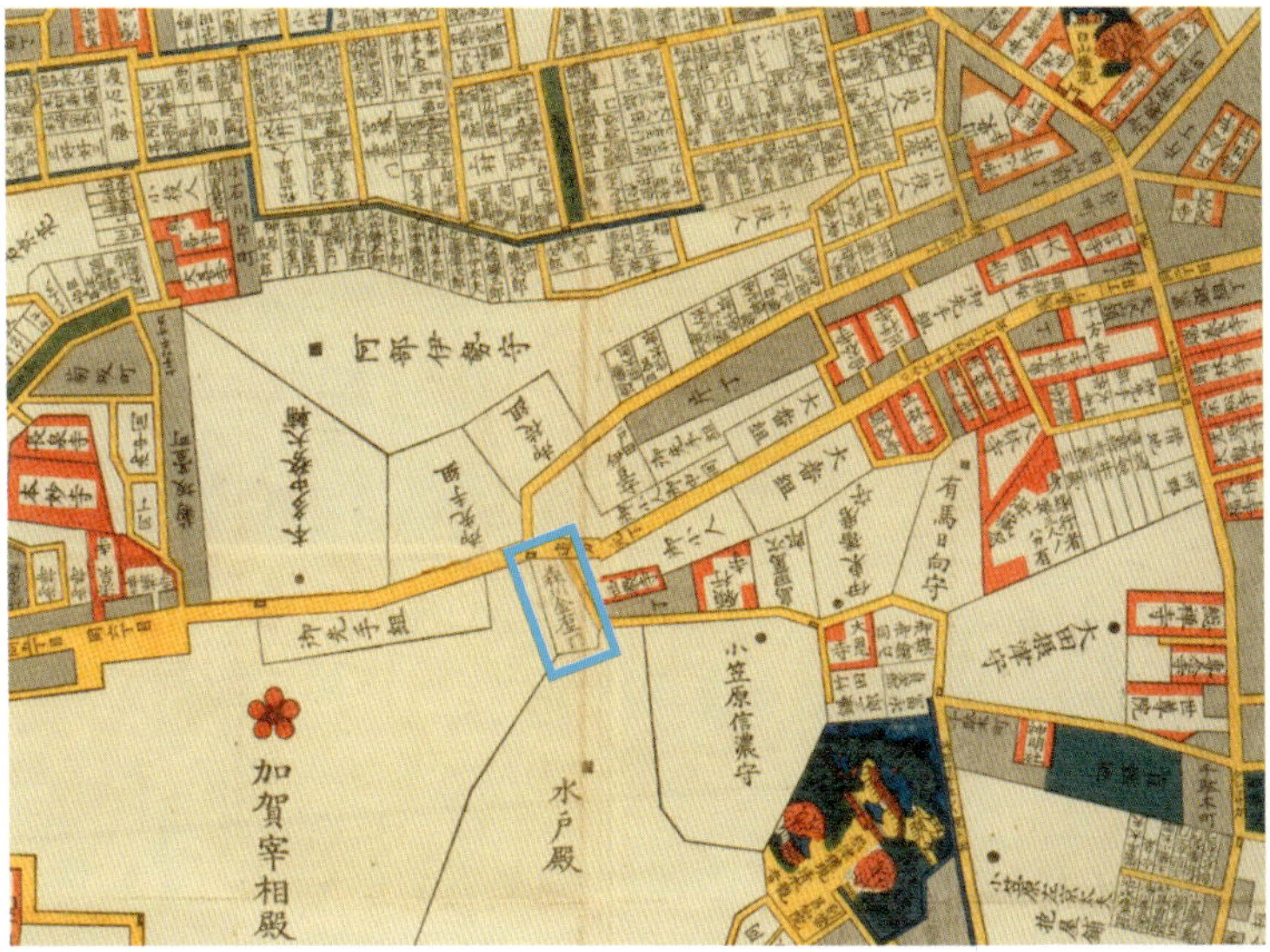

本郷湯島絵図

江戸時代の住宅地図切り絵図の本郷湯島のあたりを描いたもの。画面の中央森川金右衛門と書かれた（□部分）右側にある灰色の部分あたりに八百屋お七の家があったようだ。吉祥寺はこの図の中に描かれていない。しかし、天和の大火事の火元になった大円寺やお七の墓のある円乗寺は、画面右上、白山権現（現白山神社）の左下に記載されている。（国立国会図書館蔵）

東京大学農学部の前にある高崎家という酒屋のところが、本郷追分で、このあたりにお七は住んでいたとされる。向かって右が旧中山道、左が日光街道。高崎家は江戸時代から続く酒屋。『江戸名所図会』や『東都名所図会』に挿絵を描いた長谷川雪旦のパトロンで、天保改革により高崎家を縮小しなければならなくなり、雪旦と息子にその姿を描かせた掛け軸が伝わっている。

吉祥寺
本郷追分から旧中山道を北へいったところにある。太田道灌によって江戸城内（現在の皇居内）に開かれた曹洞宗の寺。徳川家康が江戸城を整備する際に、水道橋駅近くに移したが、明暦の大火によって焼失、その後駒込の地に移転した。

なれば愛しい人に会えると考えたお七はある行動に出た。

八百屋お七の火事

江戸時代初期に成立した火事の見聞録『天和笑衣集《てんなしゅういしゅう》』によれば、天和三年三月二日の夜、お七は、商店の軒板の隙間に綿屑を藁で包み炭火とともに差し込んだ。風があったので炎が立ち上がり始めた。通行人がこれを発見し、大声をあげたので近所の人が駆けつけて消し止めたので大事には至らなかった。

この時お七は逃げ隠れもせず、手に火つけの道具を握りしめていたのですぐに捕らえられた。一旦自宅に返されたが、翌日町奉行所に引き渡され、訊問が続く。その時のお七の陳述は、荒くれた男たちが火をつけろと脅したなどと要領を得ないものだった。

それでも、お七は愛おしい生田庄之介《いくたしょうのすけ》の名前は出さなかったという。虚偽ばかりの供述に、お七は救いのない嘘つきとされたのか極刑を言い渡された。当時放火に対する刑はとても厳しく、火あぶりである。当日は乳母《うば》の手を借りてあでやかに着飾っていたという説もあるが、十代の女性が日本橋から品川宿の先にある鈴ヶ森の刑場までやせ馬に乗せられて引き回される姿は人々の目を引いたことだろう。刑場では磔《はりつけ》にされ、腰の高さまで積まれた薪に火を点けあぶられて絶命した。

なぜお七の事件は伝文が多いのか

これが世にいう「八百屋お七」の事件である。だろう、といわれている、と伝わるなどの文言を多用しているのは、これが正しいというものが残っていないからだ。防災のことを研究していた黒木喬がその研究結果をまとめた『お七火事の謎を解く』によれば、このお七の火事が起こったのが五代将軍徳川綱吉《とくがわつなよし》（在職一六八〇～一七〇九）の時代である。徳川綱吉の生母は桂昌院《けいしょういん》という。生母は関白《かんぱく》二条光平《にじょうみつひら》家の家来ということになっているが、実は京都の八百屋の娘だと説がある。このため、生母と同じ八百屋の娘が起こしたスキャンダルを綱吉の周りが忖度《そんたく》してもみ消したのではないかという。

正史には残らなかったものの、お七物語は人の口に上り、やがて多くの作品が作られるようになった。お七が放火するものもある

円乗寺
都営地下鉄白山駅近くにある天台宗の寺。円栄法印和尚が本郷4丁目に密蔵院を開基、その後実仙法師大和尚が天和6年（1620）に円乗寺と改名し、寛永8年（1631）に現在の地に移ってきた。縁結びと火除けにご利益があると人々の信仰を集めている。

円乗寺内にあるお七の墓。円乗寺では、お七が円乗寺に避難している間に佐兵衛と恋に落ちたとしている。現在でも多くの人がお参りに訪れ、いつも花が絶えない。

が、火事を知らせるために設けられた火の見櫓の半鐘《はんしょう》や太鼓を打ち鳴らす設定のものが多い。この半鐘が鳴れば防犯のために設けられていた木戸を開けなければならないことになっているからだ。ただし、いたずらを防止するため、火事でないときに鳴らした場合には厳しい罰を受けることになっていた。

おとせや伝吉にもモデルがいた

八百屋お七やその恋人以外にも登場人物にモデルがいるという。前述の三田村鳶魚によれば夜鷹のおとせだ。宝暦の頃、江戸にいた四〇〇〇人を数える夜鷹の中で最も名高かったおしゅんがモデルだという。おしゅんは本所から出て来て夜な夜な柳原《やなぎはら》土手《どて》のはずれ、筋違橋《すじちがいばし》の際というから現在の秋葉原あたりの髪結床（床屋）の裏に現れる。器量よしだったので、常に客がつき、露天での商売なので悪天候の日は休業となるが、それでも一年の客が三六〇人ほどあったという。このことから夜鷹の元締めが「一とせのおしゅん」と呼んだ。黙阿弥はこれにあやかって夜鷹の名前を「とせ」にしたのだという。

おとせの父親である伝吉にもモデルがいた。これも宝暦時代の人で、侠客だったという。作品中では昔の悪事を悔いて水死体＝土左衛門を引き上げて供養していることから土左衛門伝吉とよばれるようになったとある。なぜ水死体を土左衛門というのか。それは享保《きょうほう》の相撲取り成瀬川《なるせがわ》土左衛門《どざえもん》が太っていて、水死体の膨らんだ姿が成瀬川のように見えたからだという。史実の伝吉は太っていたから土左衛門と呼ばれるようになったようだ。

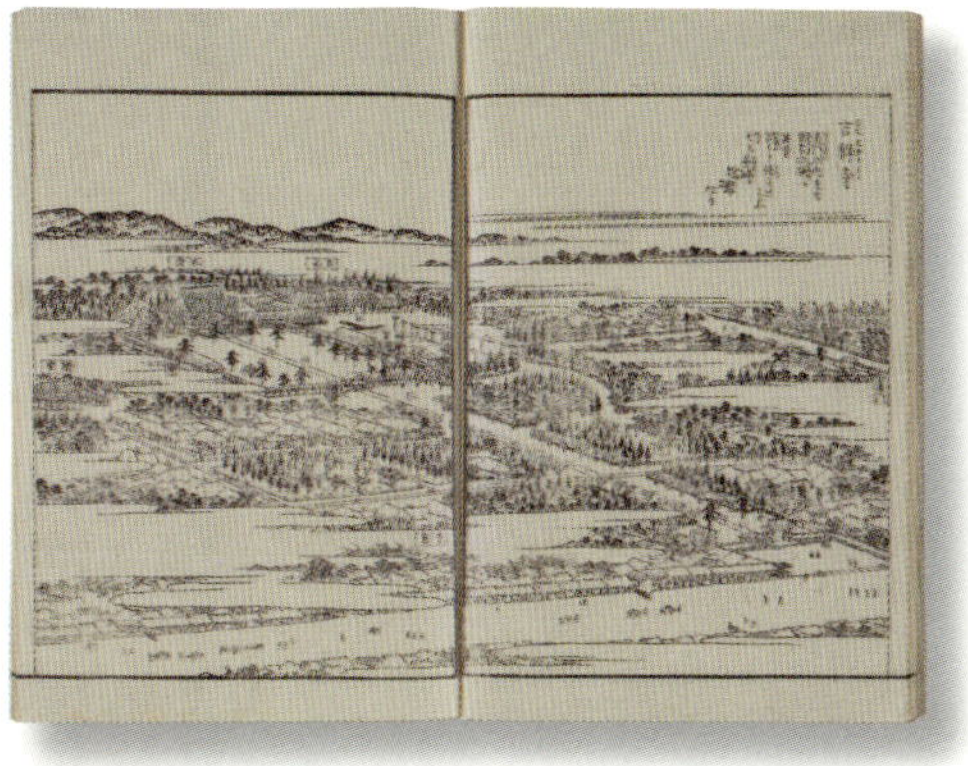

『東都名所図会』
東都名所図会は、江戸や江戸近郊の様々な名所を描いた江戸時代のガイドブック。吉祥寺は、この中に取り上げられているほどの名刹であった。現在でも東京23区内とは思えないほどの敷地を誇るが、江戸時代にはそれを上回る巨大寺院であったことがわかる。（国立公文書館蔵）

当て書きされた台本

この役はこの役者が演じるということを前提に脚本を書くことを当て書きという。作者の河竹黙阿弥は、主役の和尚吉三を演じる四代目市川小団次とタッグを組んで数々の名作を世に残した。これも一連の作品のひとつである。市川小団次はうまい役者ではあったが、二枚目を貼れるような容姿ではなかったそうだ。お嬢吉三を初演で演じたのは三代目岩井粂三郎《くめさぶろう》。のちの八代目岩井半四郎だ。明治期の名優のひとりで、普段から女性になり切って生活をしていたという。こうした女形のことを真女方《まおんながた》という。だからお嬢は男とバレても、同じ河竹黙阿弥作品に出てくる弁天小《べんてんこ》僧菊之助《ぞうきくのすけ》のように開き直って男になることはなく、最後まで女の形を崩さない。

お坊吉三を演じたのは初代河原崎権十郎《ごんじゅうろう》。父は、派手な言動が幕府の反感を買い江戸所払いになった七代目市川団十郎《だんじゅうろう》、実兄は超絶的な人気を誇った八代目市川団十郎である。権十郎も明治七年（一八七四）に九代目として市川団十郎を襲名《しゅうめい》した。役者の地位向上に努め、五代目尾上菊五郎、初代市川左団次とともに「団菊左《だんきくざ》」と呼ばれる一時代を築いた名優である。

初演の台本にはこうした役者の内情を物語るセリフがちりばめられている。

曽根崎心中——そねざきしんじゅう

木村涼

お初 徳兵衛の心中

「曽根崎心中」は、元禄《げんろく》一六年（一七〇三）五月七日より、大坂竹本座で初演された浄瑠璃《じょうるり》作品である。内容は、前月七日に起きた、新地天満屋《しんちてんまや》の遊女お初《はつ》と平野屋（醤油屋《しょうゆや》）の手代徳兵衛《とくべえ》の曽根崎天神（＝露天神社・大阪市）の森での心中事件を題材にしたもので、浄瑠璃・歌舞伎作者の近松《ちかまつ》門左衛門《もんざえもん》の代表的な「心中物」である。また、本作品は、近松の世話浄瑠璃の嚆矢《こうし》であった。

竹本座が抱えていた借金を返済してしまうほど空前の大当たりをとった「曽根崎心中」は、浄瑠璃だけでなく、歌舞伎においても改作や増補を重ね上演されてきた。

現在、我々が、歌舞伎で目の当たりにする「曽根崎心中」は、昭和二八年（一九五三）八月、近松門左衛門生誕三〇〇年を記念し、宇野信夫《うののぶお》の脚本・演出によって、新橋《しんばし》演舞場にて復活上演されたものである。

この時は、お初が二代目中村扇雀《なかむらせんじゃく》（三代目中村鴈治郎を経て、のちの四代目坂田藤十郎）、徳兵衛が二代目中村鴈治郎《がんじろう》という父子共演であった。この舞台は大評判となり、以後、「曽根崎心中」と言えば、成駒屋《なりこまや》（中村鴈治郎家の屋号）と言われるようになる。

この昭和二八年八月の復活上演の舞台を紹介していきたい。なお、近松の原作では、「生玉神社境内の場」の前に、お初の大坂の三三ヶ所の観音廻りの場が設けられている。しかし、宇野信夫の脚本・演出の歌舞伎では、ここは省略され、「生玉神社境内の場」から始まる。

序幕 生玉神社境内の場

元禄一六年（一七〇三）四月六日の昼下がりの生玉神社（＝生國魂神社《いくくにたまじんじゃ》・大阪市）にて、北新地の天満屋の遊女お初（一九歳）が田舎者の客に手を引かれてやってくる。この客は、お初にとって気のすすまない客であった。そこで、お初は、酒が弱く酔いがまわっていると偽り、茶屋で休息をとっていた。

そこへ、舞台の花道から編《あ》み笠をかぶった内本町の醤油屋、平野屋の手代でお初の恋人の徳兵衛（二五歳）が登場し、お初が休息をとっている茶屋の前を通りかかる。お初は徳兵衛をみると手招きして呼び寄せ、徳兵衛に、随分音沙汰《おとさた》がなく、顔をみせない理由を問うた。

その理由について、徳兵衛は「隠すではなけれど、言うても埒《らち》のあかぬこと」という言い出しで語り始める。徳兵衛の主人の平野屋久右衛門《きゅうえもん》と徳兵衛は、伯父《おじ》と甥《おい》の関係である。久右衛門は、普段の徳兵衛の働きぶりや正直さを見込んで、妻の姪《めい》と夫婦にしようと昨年から話しを進め、姪につけた持参金の銀二貫目を徳兵衛の継《まま》母《はは》に渡して、勝手に縁談を取り決めてしまった。

しかし、お初一筋である徳兵衛は、久右衛門のこの勝手な行為を怒り、久右衛門にかけあったところ、久右衛門は立腹し、徳兵衛は持参金の二貫目を四月七日までに返すように要求された。そこで徳兵衛は、お金に強欲《ごうよく》な継母のもとへ行き、詫《わ》びを入れて、漸《ようや》く二貫目を取り戻した。取り戻した金を徳兵衛は、友人の油屋九平《くへい》次《じ》のたっての願いもあり、九平次に貸したとお初に伝えた。徳兵衛のこの話を聞いて安堵《あんど》したお初は、「ここであうたは神仏のひきあわせ」と言って、徳兵衛との逢瀬《おうせ》を楽しもうとする。

そこへ、酩酊《めいてい》した油屋九平次と町衆四人が笑いさざめきながら登場する。徳兵衛は、九平次

逢瀬を楽しむ
二代目中村扇雀のお初と
二代目中村鴈治郎の徳兵衛
（［昭和28年8月新橋演舞場、『演劇界』第11巻9月号［演劇出版社、1953年］より）

を見た途端、九平次に貸した金を返して欲しいと言う。九平次は興ざめ顔で、「気が違うたか徳兵衛。われと数年交われども、一銭借りた覚えもなし」と主張する。面食らった徳兵衛は、九平次に金を貸した証文を懐中《かいちゅう》より取り出して見せた。すると、九平次は、この証文に押してある印判は先日無くしたものであり、今は新たな印判に変えたと主張する。さらに九平次は、徳兵衛が偽の証文を作成し、九平次から金を騙《だま》しとろうとしていると騒ぐ。

漸く九平次の悪巧みにまんまと引っかかってしまったと気づいた徳兵衛は強い怒りを覚え、九平次に掴《つか》みかかっていくが、九平次や九平次に加勢する町衆四人に打擲《ちょうちゃく》されてしまう。

一方、お初は、周囲の人々に徳兵衛を助けて欲しいと懇願するが、先の田舎の客に無理矢理駕籠《かご》に押し込められ連れて行かれてしまう。

残った徳兵衛は、「かたりめ(うそつきめ)」と叫ぶ周囲の人々に自分の潔白を訴えて、笠をかぶり、その場を去って行く。

第二幕　北新地天満屋の場

その日の夜、北新地の天満屋では、遊女達が出窓にしょんぼりと立っているお初に対して、日中、徳兵衛が打擲されて散々な目にあったことを聞かせた。お初は、この話を聞けば聞くほど胸が痛むと、涙を流して悲しんでいる。

曽根崎の森の場で心中を遂げようとする
二代目中村扇雀のお初と
二代目中村鴈治郎の徳兵衛
（［昭和28年8月新橋演舞場、
『演劇界』第11巻9月号［演劇出版社、1953年］より）

そこへ、徳兵衛の主人である平野屋久右衛門がお初を尋ねてくる。久右衛門は、得意先へ商いに廻るといって出掛け、まだ帰らない徳兵衛を探しに天満屋へやってきた。お初は、徳兵衛は今来ていないが、もうすぐ来るはずと久右衛門に伝え、中へ入って待つようにと願った。

久右衛門が座敷へ上がり中へ入っていく。お初がしょんぼりとして出窓の傍に立ち、外を見ていると、編み笠を被った徳兵衛が天満屋にやってくる。徳兵衛のしょんぼりとした姿を見たお初は飛び出して、徳兵衛の様子を気遣《きづか》う。お初は、徳兵衛を打ち掛けの裾に隠しながら天満屋の内へ引き入れ、徳兵衛は縁の下に隠れ、お初は縁にかけて煙草をくゆらす。

こうしたところへ、九平次が悪い仲間二人を連れて天満屋へやってくる。騒がしい九平次らは、遊女達にお初の「第一の客」徳兵衛を罵倒《ばとう》し始める。この様子を、縁の下に居る徳兵衛が聞いて身を震わして腹を立てるのを、お初は自分の足を使って押し鎮《しず》める。

お初は、誰やらに騙された徳兵衛に対して死ぬ覚悟はあるのか聞きたいと言う。その言葉を聞いた徳兵衛は、お初の足首をとって自分の喉笛《のどぶえ》に当てて、自害をする覚悟であることを知らせる。徳兵衛が死ぬのであれば、自分も徳兵衛と共に死ぬ覚悟とお初は言う。

それを聞いた九平次は、気味悪くなり、他の遊女と共に奥へ入っていく。この様子を見ていた天満屋主人惣兵衛《そうべえ》も下女のお玉《たま》に、店の灯を消すように言い寝所へ入っていく。

深夜、二階の部屋の障子《しょうじ》を開け、死装束《しにしょうぞく》を身につけ、手に数珠《じゅず》を持ったお初が姿を見せる。お初は縁の下から出てきた徳兵衛と手と手を取り合う。下女のお玉が釣行灯《つりあんどん》に点火する火打ち石の音にまぎれ、お初は戸をそろりと開け、徳兵衛と手を取り合って天満屋を去る。

そこへ、油屋の手代である茂兵衛《もへえ》が登場する。茂兵衛は、九平次が紛失したと偽った印判を役人へ持参したため嫌疑《けんぎ》をかけられたが、九平次も疑いをもたれ、呼び出しがかかったことを伝える。

事情を聞いた九平次は、このままでは徳兵衛に仕掛けた罠《わな》が見破られると動揺し慌《あわ》てた。九平次の慌てふためく様子をみた平野屋久右衛門は、天満屋主人惣兵衛に、これまでの経緯《いきさつ》を説明し、九平次が徳兵衛に対して行った悪事を暴露する。

惣兵衛は、お玉にお初と徳兵衛を連れてくるように申しつけた。お玉はお初の寝所へ行き、書置《かきおき》(=遺書)を発見する。惣兵衛は、お初と徳兵衛が「心中に出たものぞ」と強い口調で言い、惣兵衛、久右衛門をはじめとする人々は、二人を探しに奔走する。

第三幕　曾根崎の森の場

「此の世の名《なご》残り夜も名残り」の名文で始まる

道行にて、曽根崎の森まで漸《ようや》くたどり着いたお初と徳兵衛は、望み通り一緒に死ぬことができる嬉《うれ》しさを分かち合っていると、明け七つ（午前四時頃）の鐘が、六度静寂の中響き渡る。「残る一つが今生《こんじょう》の鐘の響きの聞きおさめ」とお初が言い、「われとそなたは夫婦星」と徳兵衛、お初が二人して語り合う。お初がただ一つ悔やまれることとして、もう両親に生きて会うことが出来ないと嘆く。

二人は、現世の願いを未来へ回向《えこう》し、来世はきっとこの世で共に結ばれることを祈願する。徳兵衛が脇差しを抜き、お初は瞑目《めいもく》して合掌する。ついに、二人は曽根崎の森で心中を果たす。最後に、浄瑠璃が「貴賤群衆の回向の種、未来成仏疑ひなき、恋の手本となりにけり」と語って幕となる。

荻生徂徠が讃えた「曽根崎心中」の道行

近松門左衛門と同時代を生きた儒学者の荻《お》生《ぎゅう》徂徠《そらい》が、「曽根崎心中」の道行の冒頭の詞章《ししょう》と近松門左衛門について語った話が、大田南畝《おおたなんぽ》の随筆『俗耳鼓吹《ぞくじこすい》』に記されている。

道行は、大詰の「曽根崎の森」にお初と徳兵衛が向かう場面である。冒頭の道行の詞章は「此の世の名残り夜も名残り、死ににゆく身をたとふれば、仇しが原の道の霜、一足づつに消えてゆく、夢の夢こそあはれなれ」と始まり、お初と徳兵衛が花道より登場する。荻生徂徠は、この場面が特に秀逸とし、「近松が妙処、此中にあり」（『俗耳鼓吹』）と近松門左衛門を激賞した。

お初 徳兵衛のブロンズ像
（大阪市北区の露 天神社内）

また、近松門左衛門が道行の詞章を書き下ろしている時、「死ににゆく身をたとふれば、仇しが原の道の霜、一足づつに消えてゆく」までは書いたが、その先の文言が詰まって考え込んでしまった。そこで、その場に居た近松と親しい伊勢山田の神官を務める俳人の岩田涼菟《いわたりょうと》に助言を求めた。岩田は「夢の夢こそはかなけれ」としたら良いのではないかと提案した。近松は喜んでこの岩田の案を取り入れたということも『俗耳鼓吹』には記されている。当初、岩田からの助言は、「あはれなれ」ではなく「はかなけれ」であったが、近松は「あはれなれ」を採用した。

四代目坂田藤十郎とお初

お初と徳兵衛の心中から三〇一年を経た平成一六年（二〇〇四）四月七日の命日に、露《つゆの》天神社（お初天神）境内にあるブロンズ像の除幕式が盛大に行われた。この除幕式には、三代目中村鴈治郎（四代目坂田藤十郎）と五代目中村翫雀《かんじゃく》（四代目中村鴈治郎）が来《らい》賓《ひん》として招かれた。なお、ブロンズ像のモデルは、昭和二八年（一九五三）八月に新橋演舞場にて復活上演された「曽根崎心中」でお初を勤めた二代目中村扇雀と徳兵衛を勤めた二代目中村鴈治郎の父子で、両人のスチール写真を基にしたものである。

春仙画　二代目中村扇雀（四代目坂田藤十郎）の「曽根崎心中」お初
（早稲田大学演劇博物館蔵、201-0302）

除幕式の前、三代目鴈治郎は挨拶の中で、「私が歌舞伎役者としての人生を歩んでこられたのはお初さんのおかげ」と語り、さらに、平成一七年に四代目坂田藤十郎を襲名すると述べた。

露天神社と成駒屋の縁はこれ以後も続く。平成二七年一月一九日、四代目坂田藤十郎と四代目中村鴈治郎が、露天神社を参詣した。この時は、大阪松竹座にて「中村翫雀改め四代目中村鴈治郎襲名披露」の公演中であった。翌月も公演が続き、大阪松竹座「二月大歌舞伎」の夜の部で「曽根崎心中」を上演することになり、藤十郎と鴈治郎は、その成功を祈願した。公演では、お初は勿論藤十郎が勤め、徳兵衛を藤十郎長男の鴈治郎が勤めた。

令和二年（二〇二〇）一一月に没した坂田藤十郎は、お初を一四〇〇回以上勤めている。藤十郎は「曽根崎心中」について、「男と女の愛情の深さが一挙手一投足に出ている芝居です」と述べ、お初は屈指の当たり役になった。

「曽根崎心中」をはじめとする近松門左衛門の作品は、歌舞伎、人形浄瑠璃の世界で人気を博し、近松の没後三〇〇年を経ても世代を越えて上演され続けている。

お初・徳兵衛心中事件

近松門左衛門

元禄一六年（一七〇三）五月、五一歳の近松門左衛門の記念すべき世話浄瑠璃の第一作として、大坂道頓堀《どうとんぼり》竹本座にて初演されたのが、「曽根崎心中」である。

この時、近松門左衛門は、すでに浄瑠璃・歌舞伎作者として名が知られていた。その充実している近松の様子が、元禄一三年（一七〇〇）春刊行の役者評判記『姿記評林《しきひょうりん》』の「花に酔り其近松の門の海老」という一句に表されている。

近松門左衛門は「曽根崎心中」初演の凡そ二〇年後に七二歳で生涯を閉じるが、その死後、浄瑠璃・浮世草子作者の西沢一風《にしざわいっぷう》は『今《いま》昔操年代記《むかしあやつりねんだいき》』の中で、今の作者は近松門左衛門の生き方を手本として作品を書き綴っていると述べる。多くの作者から崇敬の対象になっている近松門左衛門に対して、一風は、「作者の氏神」との最大級の賛辞を贈っている。

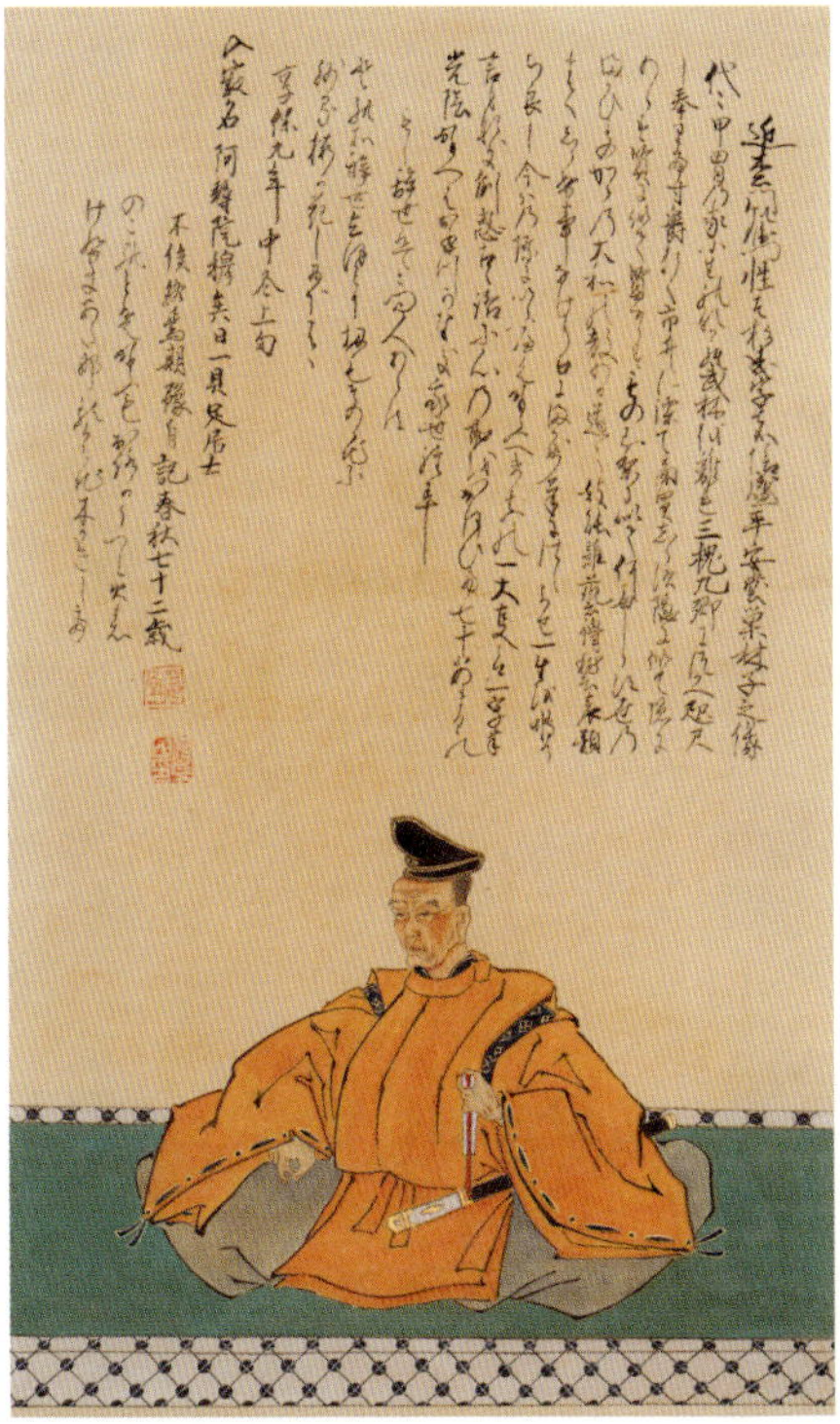

近松門左衛門の肖像画
（東京大学史料編纂所、模写）

「曽根崎心中」の歴史的事実

「曽根崎心中」の主人公であるお初と徳兵衛は実在した人物である。二人が曽根崎の森で情死を遂げたのは、元禄一六年（一七〇三）四月七日のこととして伝わっている。この心中について、実際どういう経緯で心中に至ったのかを示す具体的な史資料は見受けられない。しかし、お初と徳兵衛が心中した翌年の宝永《ほうえい》元年（一七〇四）仲夏刊行の浮世草子『心中大鑑《しんじゅうおおかがみ》』には、二人の事件のいきさつが記されている。

全五巻の『心中大鑑』は、元禄期に評判になった京・大坂・諸国の二一の心中事件を取材し、ストーリーを実説風に仕組んで展開している。

『心中大鑑』にみるお初 徳兵衛の心中事件

新地天満屋のお初は、京の島原育ちにて中道寺の藤屋に出初め、大坂の新地へと流れてきた二一歳になる遊女である。一方、二五歳の徳兵衛は、大坂一番の内本町の醤油屋平野屋の手代であり、主人忠右衛門の兄の子で、洒落者《しゃれもの》と言われ、醤油売りには惜しい男振りであった。

徳兵衛が恋知りという名の高いお初と逢初めた夕べから、二人は深い仲となっていた。徳兵衛がお初の居る天満屋に通い馴れていった頃、平野屋の江戸店では重手代が売掛金一八五両を持ち逃げし、その跡を任せられる人間がいなくなってしまった。そこで、平野屋の主人は、自身の一八になる養女と徳兵衛を縁組みさせた上で、江戸へ遣わし、江戸の店を任せようと思い立った。

これを知った徳兵衛が天満屋お初のもとへ駆けつければ、お初にも豊後《ぶんご》の客の身請け話が起こっていた。お初と徳兵衛は自分たちの前途に絶望し、その夜、新地を抜け出し、梅田橋に向かい、曽根崎の森で心中したという内容である。『心中大鑑』は十分な取材を基に実際の事件の起きた翌年に刊行されていることから、真相に一番近いのではないかと言われている。

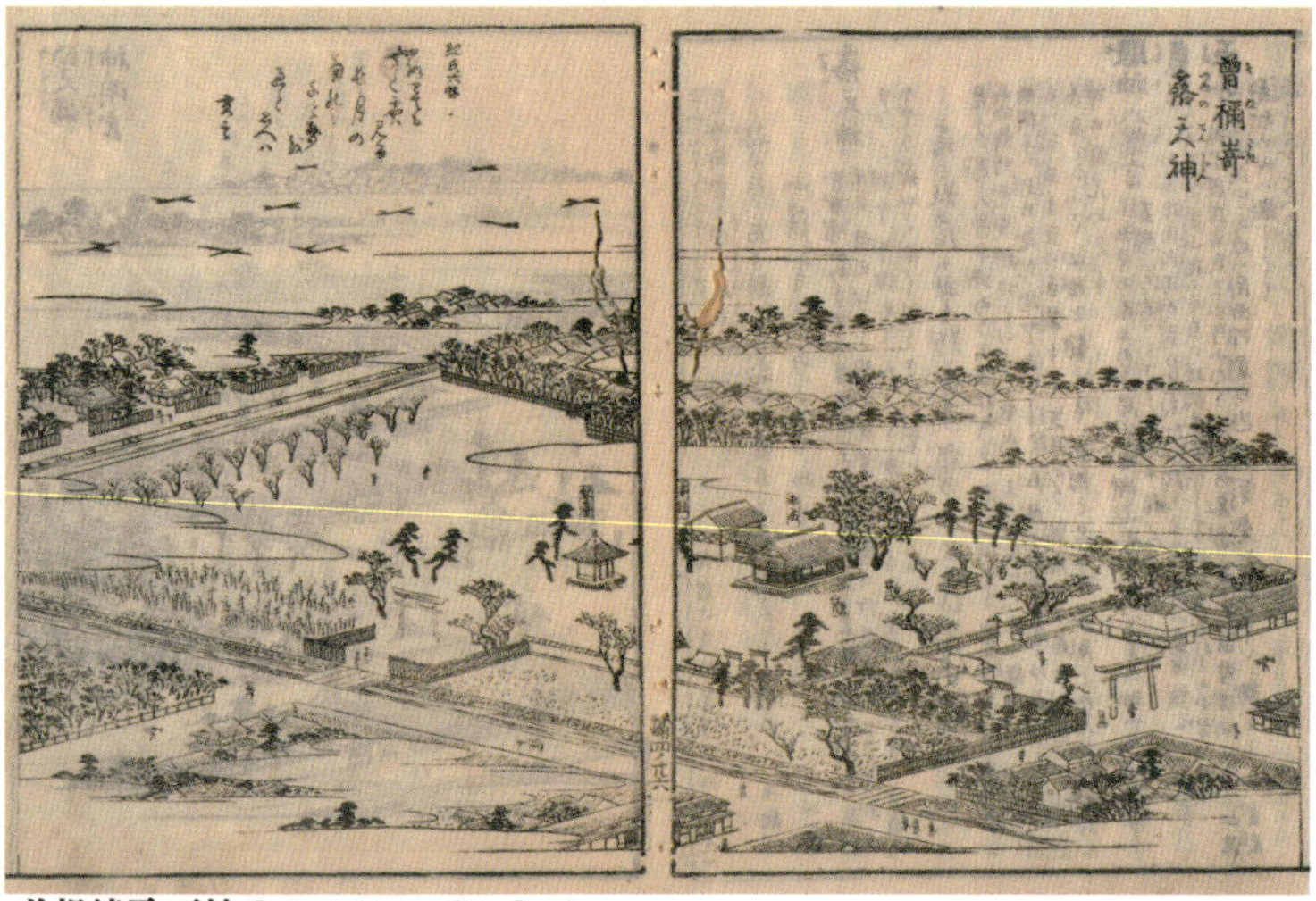

曽根崎露天神（『摂津名所図会』［巻四］より）

「曽根崎心中」の石碑
曽根崎心中 お初徳兵衛 ゆかりの地（大阪市北区、露天神社）にある。

お初 徳兵衛ゆかりの寺社

露《つゆの》天神社（お初天神）　元禄一六年（一七〇三）四月七日、天満屋の遊女お初と平野屋（醤油屋）の手代徳兵衛が心中を遂げた場所が、曽根崎の露天神社（大阪市北区）と言われている。露天神社は一般的には、お初天神としても知られている。

また、『摂津《せっつ》名所図会』巻四（寛政《かんせい》一〇年〔一七九八〕九月刊行）に、露天神社については「曽根崎にあり、世人曽根崎天神と称す」とあるように、露天神社の呼称ではなく、「曽根崎天神」の名でも多くの人々に認識されていた。

昭和四七年（一九七二）七月には、曽根崎中一丁目の有志により、お初と徳兵衛を慰霊《いれい》するため「曽根崎心中　お初徳兵衛　ゆかりの地」という石碑が建てられた。

現在、露天神社の年間の祭事・神事において、曽根崎心中が起こった日である四月七日には、お初と徳兵衛のブロンズ像（平成一六年〔二〇〇四〕四月七日除幕式）に献花、お菓子、お茶などを点《た》てて供養する「曽根崎心中　慰霊祭」が行われている。

お初の墓（本覚山久成寺）　本覚山《ほんかくざん》久成《くじょう》寺《じ》（大阪市中央区、本門法華宗）の山門の右側には、「曽根崎心中　お初墓所」と彫り込まれた石柱が建立されている。山門をくぐり進んでいくと、境内奥の墓所には、お初の墓がある。お初と徳兵衛の心中した日時や場所及び墓の情報については、大坂の木綿《もめん》問屋の家に生まれ、若い時から歌舞伎を好み、狂言作者にもなった浜松歌国《はままつうたくに》、（一七七六～一八二七）の著した『摂陽奇観《せつようきかん》』にみられる。

二人の心中について、「四月七日夜　おはつ徳兵衛梅田ニ而《て》心中」とあり、さらに続けて「曽根崎の森椶櫚《しゅろ》の樹下ニ而死ス」とある。曽根崎の森で二人が心中したことは知られていたが、「椶櫚の樹下」と具体的な木の種類にまで言及している記事は珍しい。

お初の墓は、もともとは梅田墓所の火葬場の南手水鉢辺りにあったと伝えられ、その石塔の図が次の通りである。

石塔正面には、「元禄十六未年　四月七日　妙力信女霊」とお初の戒名《かいみょう》が、石塔左側には「俗名　天満屋内はつ」と彫られているのがわかる。この図からは確認できないが、石塔南側（裏側）には「おしやさてさかりの花に風そひて　して（死出）の山路へはやくちりゆく」と、お初への追善《ついぜん》の歌が彫り込まれている。

この石塔が建てられた「梅田墓所」が久成寺を指し示すものなのかは判然としない。しかし、天満屋の代々は、久成寺の檀家《だんか》であった関係から、久成寺では、天満屋の主人が、お初の墓を建て

お初墓所の石柱
（大阪市中央区、久成寺）

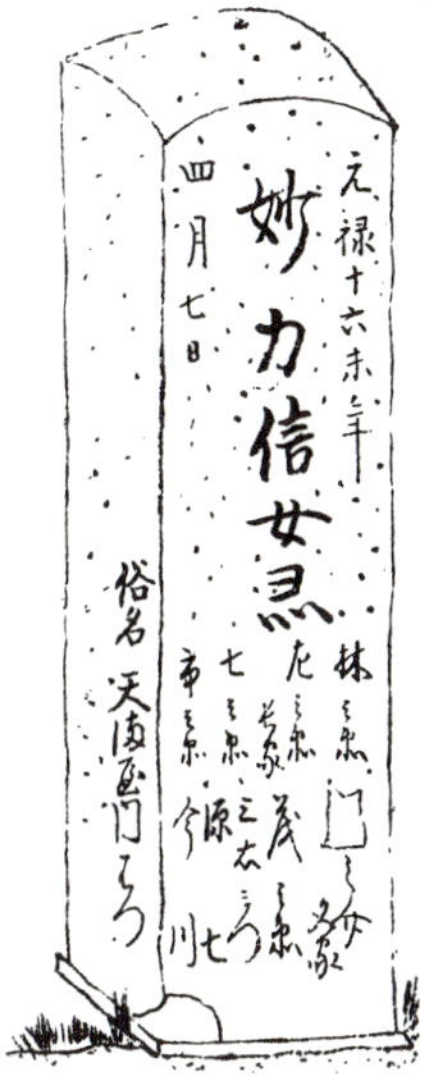

お初の墓（石塔）
（『攝陽奇観』[巻之二三]より）

年	元号	事項
一六五三	承応二	近松門左衛門生誕
一六七一	寛文一一	山岡元隣編『宝蔵』に、近松の俳句が掲載
一六七二	寛文一二	近松が仕官した一条禅閤恵観（後水尾天皇の弟）が死去
一六七七	延宝五	この頃より近松は宇治加賀掾の元で浄瑠璃作劇の修業を積む
一六八三	天和三	近松作のはじめての浄瑠璃「世継曽我」が宇治座で上演
一六八四	貞享元	竹本義太夫が大坂道頓堀に竹本座を創立
一六八五	貞享二	徳川五代将軍綱吉が生類憐れみの令を発布
一七〇二	元禄一五	赤穂浪士四七人が吉良上野介義央を討ち、主君浅野内匠頭長矩の恥辱を濯ぐ
一七〇三	元禄一六	豊竹若太夫が大坂道頓堀に豊竹座を創立 四月七日、お初と徳兵衛、曽根崎の森で心中 五月七日、竹本座にて近松門左衛門の世話浄瑠璃の第一作「曽根崎心中」上演
一七〇五	宝永二	竹田出雲が竹本義太夫に代わって竹本座の座本となる
一七〇七	宝永四	一一月二三日、富士山大噴火、江戸にまで火山灰が降る
一七〇八	宝永五	曽根崎川沿いの地域が開発されて曽根崎新地となり、大坂三郷北組に編入
一七一六	享保元	徳川八代将軍吉宗による享保改革が始まる
一七二二	享保七	一二月、幕府より男女の心中への処罰に関する法令が発布
一七二三	享保八	二月、男女の心中への処罰に関する法令に、相対死の内容を絵草子や歌舞伎に取り入れることを禁止する法令が加わる
一七二四	享保九	一一月二二日、近松門左衛門死去（七二歳）

て供養したと伝えられている。

そして、平成一四年(二〇〇二)が、「曽根崎心中」お初の三〇〇回忌にあたり、久成寺檀信徒の有志が供養のため新たに墓碑を再建した。この墓碑が現在も遺されている。なお、久成寺に、徳兵衛の墓は見当たらない。

お初 徳兵衛の夫婦塚(徳寶山大通寺)

徳寶《とくほう》山大通寺《ざんだいつうじ》(大阪府八尾市、融通念仏宗《ゆうずうねんぶつしゅう》)には、お初徳兵衛の夫婦塚《めおとづか》が存在している。山門から入って左(西)に「夫婦塚」と呼ばれる高さ約一メートル超、幅約五十一センチ余りの舟形に枠取りされた碑があり「南無阿弥陀仏」(六字名号)と刻まれている。

大通寺には、お初と徳兵衛の二人は、心中しておらず、実は夫婦になっていたという異話が伝わっている。

大通寺寺伝及び『八尾市史』は、お初 徳兵衛について次の様に伝える。お初は、教興寺村宗二という者の娘で、天満屋の遊女となっていた。大通寺は、もともと広大な教興寺の一坊、塔頭《たっちゅう》寺院であった。元禄年間に融通念仏宗の大通上人が、教興寺村の念仏道場であった大通寺を再興した。

天満屋のお初に通っていた平野屋徳兵衛は、お初と恋に落ち夫婦の約束をした。お初と徳兵衛は、二人で教興寺村へ帰り、お初の父親に二人の関係を話した。そこで、父親は教興寺の住職浄厳和尚に相談した。その結果、お初は大坂天満屋へ戻り、徳兵衛は寺の下人となり、お初の年季明けを待ち夫婦となった。ところが、徳兵衛は病いのため没し、徳兵衛の後を追うようにお初も亡くなった。二人を哀れんだ浄厳和尚が、二人を合葬《がっそう》して碑を立てて供養したとのことである。二人とも心中ではなく、夫婦になって共に病で没したという異話が残されている。

お初・徳兵衛の夫婦塚(大阪府八尾市、大通寺)

また、近松門左衛門が、高野山参詣をした時、たまたま登り合わせていた浄厳和尚と出会い、後に教興寺に身を寄せた時、お初と徳兵衛の話を浄厳和尚から聞き、この話を脚色して「曽根崎心中」を創作したということも大通寺には伝わっている。

「曽根崎心中」初演時の辰松八郎兵衛の口上

「曽根崎心中」の初演(浄瑠璃)において、女方人形遣いの名手辰松八郎兵衛《たつまつはちろべえ》の口上が興味深い。それによると「曽根崎心中」は、四月に京から大坂へ来た近松門左衛門が、お初と徳兵衛の心中事件を聞いて、人々の「おなぐさみにもなりまする様にと存しまして、則浄るりに取くミ、おめにかけまするやうにござります、はうばうのかぶきにも仕りまして」と述べている。

この心中事件が、社会の大きな話題となっているので、観劇する人々の「お慰み」になるであろうと述べている。「心中」とはもともと人に対してまごころを尽すという意味がある。その意味が転じて、相思相愛の男女が、お互いに合意の上で共に死ぬことを心中と言うようになった。

また、話題の事件をすぐに舞台にかける歌舞伎は、あちこちの芝居小屋でこの事件を取り上げ、芝居に仕組んでいる。

宝永五年（一七〇八）晩春に出された浮世草子『美景蒔絵松《びけいまきえのまつ》』によれば「一とせ心中々といひはやらせ、いな病に命を取られ、めつたやたらの情死、其心中の苗代ハ、大坂の蜆川《しじみがわ》、天満屋のはつが情に、平野やの手代が身を曽根崎の森にはてしより、あそこも爰《ここ》も心中の昼」と記されている。

お初と徳兵衛の曽根崎の森での心中が、心中流行の根元になっているとされている。心中流行の社会背景に、浄瑠璃や歌舞伎が大きく関わっていることは言うまでもない。実際の心中と芝居の「心中物」が一層流行してきたので、これを危惧《きぐ》した江戸幕府は、その対策に打って出た。

心中及び「心中物」禁止令

享保七年（一七二二）一二月、徳川八代将軍吉宗の享保改革の一環で、江戸幕府の男女の心中に関して厳しい法令が出された。それが、「御定書百箇條《おさだめがきひゃっかじょう》」（＝「公事方《くじかた》御定書」の下巻）に「男女申合相果候もの之事」の項目に三条見受けられる。

まず、一条目は「不義」をして「相対死《あいたいじに》」をしたものについては、その死骸を取り捨てにして、決して弔《とむら》ってはいけない。ただし、一方が存命であるならば、その者を下手人とする。

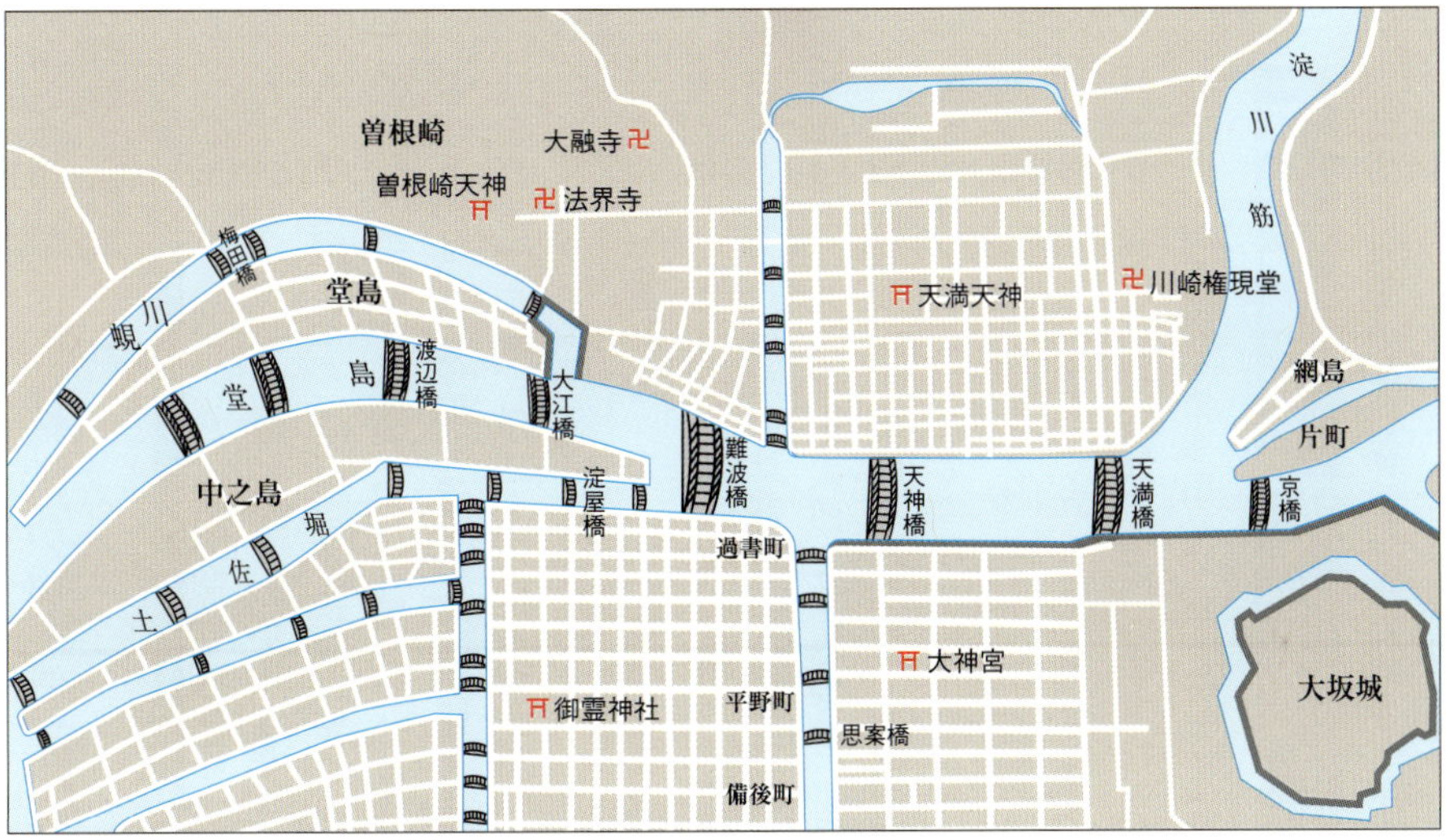

お初・徳兵衛が心中した曽根崎地域の江戸時代地図
（『近松門左衛門集』一、「日本古典文学全集」小学館、1935年、を改作）

二条目は「相対死」未遂で双方が存命であるならば、三日間晒《さら》され、身分を非人の手下とする。

三条目は主人と下女が「相対死」をして、主人が生き残ったならば、二条目同様身分を非人の手下とする。

この三条からみてもわかる通り、幕府の方針として、男女の申し合わせた死は、「心中」ではなく「相対死」という文言を用いた。また、「相対死」を図った者の罪は、従来の身分を剥《はく》奪《だつ》し、非人の手下とすると明示された。

翌享保八年二月には、相対死の原因の一つに歌舞伎が関わっていることを示した町触《まちぶ》れが出された。「御定書百箇條」に、次の内容が新たに江戸の町触れとして加わったことが『正宝事録』に記されている。この相対死の類に関する内容を、絵草子や歌舞伎に取り入れることをしてはならない。もし、背いた場合は処罰を申しつけるということが新たに取り決められた。「心中物」を取り扱った近松門左衛門をはじめとする歌舞伎狂言作者、「心中物」を上演した歌舞伎界、「心中物」を刊行した出版界は、一層厳しい取締りの目を向けられた。

「心中物」に関する上演に規制が掛かってくる最中、近松門左衛門は、この町触れが出た翌享保九年（一七二四）一一月二二日、七二年の生涯を閉じた。

青砥稿花紅彩画

――あおとぞうしはなのにしきえ

石山秀和

はじめに

青砥稿花紅彩画《あおとぞうしはなのにしきえ》は、河竹黙阿弥《かわたけもくあみ》（一八一六～九三）の作で五幕八場。文久《ぶんきゅう》二年（一八六二）に江戸・市村座が初演。見せ場である三幕目と五幕目から、それぞれ「弁天小僧」、「白浪《しらなみ》五人男」と通称される。ジャンルとして世話物、盗賊が登場人物であることから白浪物とされる。

序幕　新清水の場

物語は初瀬寺《はっせでら》で掃除をする僧の会話から始まる。許嫁《いいなづけ》の信田《しだの》小太郎の供養に、小山家の千寿《せんじゅ》姫《ひめ》がこの初瀬寺に参詣するのだという。信田家は政争に巻き込まれ、御家断絶となり、小太郎は行方不明となってしまった。姫君は操《みさお》を立てて、この初瀬寺に小太郎から送られた胡蝶《こちょう》の香《こう》合《あわせ》と回向料《えこうりょう》一〇〇両を供養のために供えた。

千寿姫は、偶然にも小太郎と従者である奴《やっこ》の駒平《こまへい》と遭遇する。実はこの二人はなりすましで、小太郎は弁天小僧菊之助、駒平は南郷力丸《なんごうりきまる》だった。騙《だま》されたまま、千寿姫は弁天小僧と茶屋へと消えていった。

その一方で、小山家に仕えていた浮島大八が信田家の胡蝶の香合を盗み出し、同家家臣の千《ち》原主膳《はらしゅぜん》を追い落とそうという計略も図られていた。また、赤星頼母《あかぼしたのも》は浪人の身となりながらも、信田家に仕え、千寿姫の母親の療養のため薬代一〇〇両が必要だった。居合わせた甥《おい》の赤星十三郎は、この伯父のために回向料の一〇〇両を盗み出すが、浮島大八に見つかってしまい、大八の手元に一〇〇両が入る。

さて、茶屋に入った二人の情報を得た浮島大八は、好機とばかりに座敷へ踏み込んだが、なんとそこにいたのは武者修業中の忠信利平《ただのぶりへい》であった。大八は小太郎と千寿姫がおらず、不思議に思うが、実は二人は利平の指図で茶屋を抜け出していたのであった。しかもこの利平は、一〇〇両を人違いをしたと詫びる大八から貰い受ける。これを南郷力丸に見破られるが、利平は日本駄右衛門の手下だと告白して、一〇〇両を持ち出して立ち去ってゆく。

二幕目　神輿ヶ嶽《みこしがだけ》の場　初瀬川の場

場面は岩場の多い神輿ヶ岳に移る。小太郎と千寿姫の逃亡先が神輿ヶ嶽の辻堂である。実はここが弁天小僧の仮住まいで、小太郎が亡くなったのを知り、千寿姫はただ驚くばかり。夫婦となるよう強要されるが、千寿姫は谷に落ちて自死する。胡蝶の香合をだまし取ったところへ、辻堂から修行僧の出で立ち

雪之下浜松屋の場

町娘に扮した弁天小僧の騙《かた》りを日本駄右衛門扮する玉島逸当が暴き、有名な台詞「知らざあ言って聞かせやしょう…」と片肌を脱ぎ、彫物を見せて自らの素性を白状する場面。日本駄右衛門に関三十郎、弁天小僧菊之助に市村羽左衛門、南郷力丸に中村芝翫となっており、文久2年の初演時の配役となっている。市村羽左衛門は後の五代目尾上菊五郎で、明治になって市川団十郎、市川左団次とともに、いわゆる団菊左と呼ばれ、歌舞伎の地位を向上させた。（国立国会図書館蔵）

の日本《にっぽん》駄《だ》右《え》衛門《もん》が登場する。始終を聞いていた駄右衛門は、胡蝶の香合を渡すように弁天小僧に迫る。自らも盗賊の日本駄右衛門と正体を明かす。香合をめぐり、二人は刃を交わすが、勝負は駄右衛門の圧勝。殺してくれと言う弁天に対して、駄右衛門は子分にならないかともちかけて、弁天小僧はあっさりとこれを引き受ける。一方、赤星十三郎は、忠信利平に助けられ、ともに信田家家臣であることに気付く。利平は奪った一〇〇両を十三郎へ返す。利平は盗人であるとも正体を明かし、二人は盗人仲間となって日本駄右衛門の手下となった。ここまでが日本駄右衛門の手下が出揃う話となっている。

稲瀬川勢揃の場

浜松屋の場とともに、最も上演される場面の一つである。日本駄右衛門と配下の盗賊が、それぞれ見得を切って台詞を言うのが見所である。日本駄右衛門（関三十郎）の「問われて名乗るもおこがましいが…」とはじまり、弁天（市村羽左衛門）、忠信（河原崎権十郎）、十三（岩井粂三郎）、南郷（中村芝翫）と続く。現在は捕り手との立ち廻りの後で幕となることが多い。（国立国会図書館蔵）

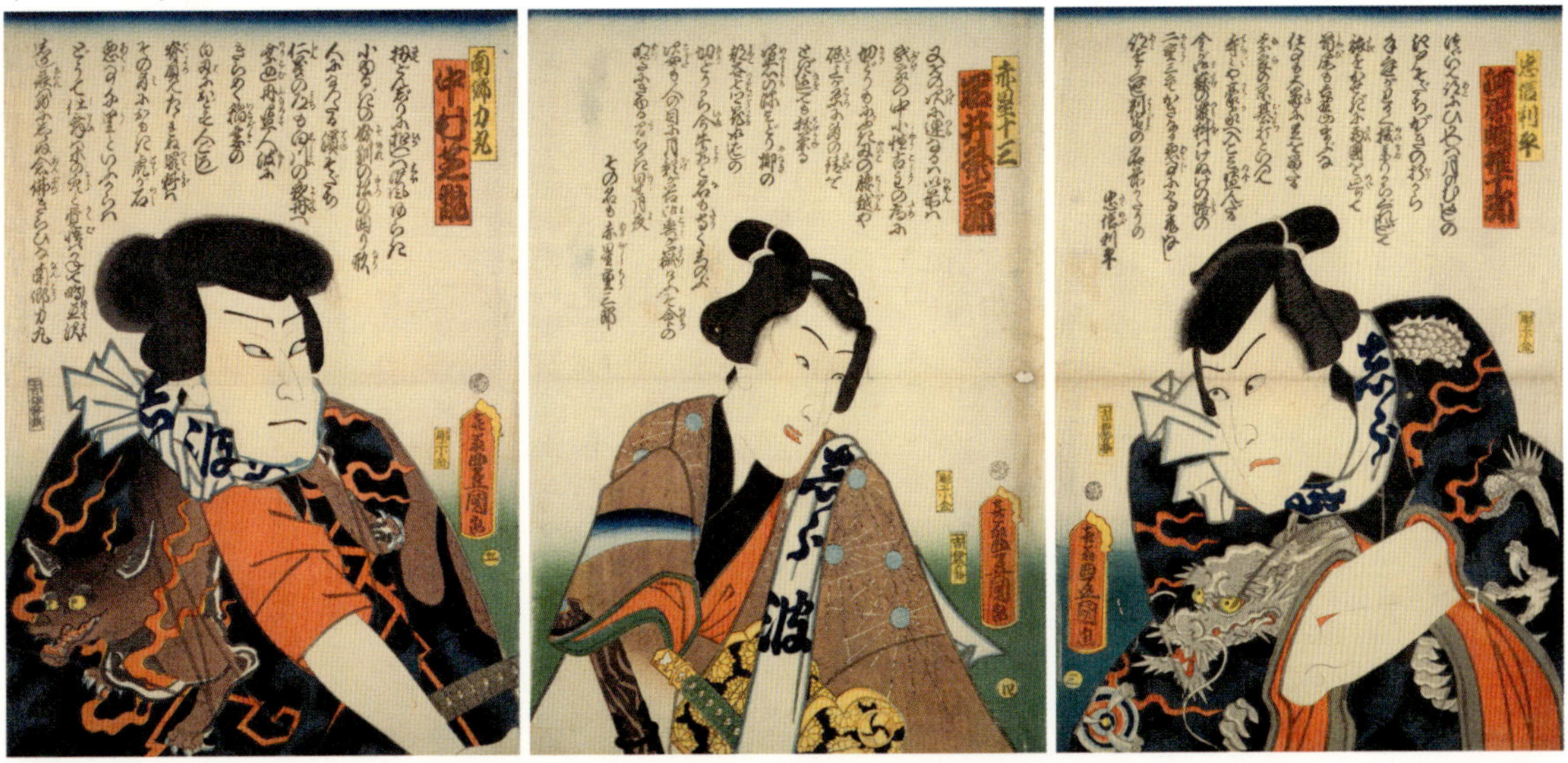

三幕目　雪ノ下浜松屋の場
同　奥座敷の場

弁天小僧が町娘に扮して呉服屋浜松屋へ婚礼用品を調えに来た。付き人は南郷力丸。品物を見定めるふりをして緋鹿の子を盗み出した弁天を、店の与九が引き留める。問答となるが、殴られた弁天は、疑われた品物は山形家で買った布きれであり、額に傷を付けられて十両の示談金では納得できないと、一〇〇両出せと主張する。二人が一〇〇両貰って、立ち去ろうとするとき、武家の出で立ちの駄右衛門が登場し、玉《たま》島逸当《しまいっとう》と名乗り弁天の悪事を暴く。開き直り、素性を明かすお馴染みの場面。弁天と南郷は、啖呵《たんか》を切って殺せと迫る。それを駄右衛門が成敗しようとするところへ亭主の幸兵衛が仲裁に入り、一〇〇両の手切れ金で収める。

お礼を言いつつ、幸兵衛が奥座敷に駄右衛門を招待したところ、そこに居たのは駄右衛門配下の盗人たちであった。自らを日本駄右衛門と白状するが、「駿遠三《すんえんざん》から美濃尾張、江州《ごうしゅう》きっての子供にまでその名を知れた義賊」とするが、身の上話を始めたところ、浜松屋の息子・宗之助が駄右衛門の実子で、幸兵衛が弁天小僧の実の親であることが明らかになる。すべてを知った駄右衛門は何も取らず、去ろうとするが、捕り手に追われることとなる。

四幕目　稲瀬川勢揃《せいぞろい》の場

日本駄右衛門・弁天小僧・南郷力丸・忠信利平・

勢揃い、白波五人男

左から、南郷力丸（中村芝翫）、赤星十三（岩井粂三郎）、忠信利平（河原崎権十郎）、日駄右衛門（関三十郎）、弁天小僧菊之助（市村羽左衛門）。

（豊国画、国立国会図書館蔵）

赤星十三郎の手配書がまわり、捕り手から逃れるために稲瀬川の土手に勢揃いする。捕り手に囲まれながらも、ひとりひとり名乗りを上げて見得を来るところが見所となる。大立廻りの末、忠信と赤星は中山道、南郷と弁天は東海道へ逃げるよう駄右衛門が指示し、本人自らはしばらく潜伏して京都での再会を約束して、幕となる。近年の舞台はここで終わることが多い。

五幕目　極楽寺《ごくらくじ》山門の場　滑川土橋の場

かつて駄右衛門手下であった悪次郎の裏切りのため、極楽寺に隠れていた駄右衛門に捕り手が迫る。また、南郷が所持していた胡蝶の香合は悪次郎に奪い取られてしまい、弁天小僧は悪次郎を追いかけ斬り殺すが、実はこれが罠《わな》で捕手に囲まれ香合を落としてしまう。弁天小僧は覚悟を決め、屋根の上で切腹して自死する。駄右衛門を捕らえようとする青砥左衛門藤綱《あおとざえもんふじつな》は偶然にも滑川の底から胡蝶の香合を引き上げる。極楽寺の山門に隠れていた駄右衛門は弁天小僧が死んだことを知り、縄にかかろうとするが、その潔さに感じ入った藤綱は義賊であることを理由に逃げ去ることを許し、幕引きとなる。

日本左衛門の実像

浜島庄兵衛の生涯

日本左衛門の実像をさぐる史料

本作の主人公である盗賊の日本駄右衛門には実在のモデルがいた。「日本左衛門」と異名をとった浜島庄兵衛《はまじましょうべえ》（一七一九～四七）である。この浜島庄兵衛は、東海道を基軸として広範囲にわたり犯罪行為を繰り返した大盗賊である。庄兵衛については、事件に関わった京都町奉行所与力の神沢杜口《かんざわとこう》の随筆『翁草《おきなぐさ》』のほか、平戸藩主松浦静山《まつらせいざん》（一七六〇～一八四一）の随筆『甲子夜話《かっしやわ》』などが詳しいが、幕府や藩の法令や、近年では庄兵衛が盗みを働いた地域の史料なども見つかっており、日本駄右衛門こと浜島庄兵衛について知ることができるようになった。

浜島庄兵衛の生い立ち

随筆『甲子夜話』によれば、延享《えんきょう》四年（一七四七）に江戸の町奉行所より下された仕置文に、本名が浜島庄兵衛で通称は十右衛門、盗賊仲間の異名が日本左衛門で、美濃《みの》、尾張、三河、遠江《とおとうみ》、駿河《するが》、伊豆、近江、伊勢などに犯罪行為を繰り返したとある。年齢は数えで二九歳であった。

出自については不明だが、後年の記録である『日本左衛門門伝』などによれば、父浜島冨右衛門は尾張藩の七里飛脚であった。七里飛脚は軽卒の中間《ちゅうげん》身分であったが、尾張藩の威光もあって宿駅などで横暴な振る舞いが目立ち、無宿者などを集めて賭博《とばく》を行う者が少なくなかった。庄兵衛もそうした環境のもとに育ったものと思われ、やがて父親に勘当《かんどう》されて悪事を重ね、ついには盗賊となる。

日本左衛門による犯罪行為

庄兵衛がいつ頃に盗賊になったのかは判然としないが、延享三年（一七四六）には駿河国府中（静岡市）の民家に押し入り、刃傷沙汰とともに金二〇〇〇両を強奪している。同年には遠江国（静岡県）においても総額二〇〇〇両を超える強盗事件を起こしている。こうした盗賊の押し込みが頻発《ひんぱつ》したのは少なくとも延享元年頃からのようだ。遠州地域を支配する中泉代官所では、延享元年七月より頻繁に盗賊や悪党に警戒および取り締まりに関する法令を出している。法令は延享二年（一七四五）三月、同年閏《うるう》一二月、延享三年八月と出されており、盗賊が東海道を中心に行動していた様子が読み取れる。代官による法令の効果はほとんどなく、庄兵衛一味の勢いは増すばかりであった。

幕府の本格的対応

延享三年九月、幕府はついに庄兵衛こと日本左衛門の捕縛《ほばく》を命じることとなった。担当役人は、盗賊改めの徳山五兵衛であった。東海道の見付宿まで追い詰めたが、一味の赤池法印養益、無宿者弥八などを捕らえたものの、肝心の日本左衛門を捕らえることができなかった。なかなか行方をつかめない幕府は、人相書の手配書を全国に触れた。その内容は次の通りである。

背丈は五尺八九寸程（約一七五センチメートル）
歳は二九歳　ただし、みかけは三一、二歳くらいにみえる
月代額濃く、引疵がある
色白く、歯並びは普通
鼻筋が通っている
目中細く
顔は面長

このほかにも衣類や武器などの所持品などの情報を流し、見つけ次第幕府に知らせるように命じている。人相書は、庄兵衛が身長の高い男前であったことも伝えてくれる。幕府の捜索にもかかわらず、日本左衛門の行方をつかむことができなかったが、翌年正月に事件は急遽《きゅうきょ》解決に向かう。日本左衛門が京都の町奉行所に自首したのである。

日本駄右衛門（「豊国漫画図絵」、国立国会図書館蔵）

奉行所の取り調べにより逃亡劇の実態も明らかになった。見付宿より逃亡後、秋葉山《あきばやま》を越えて御油《ごゆ》宿へ行き、そこから大坂経由で讃岐（香川県）の金毘羅《こんぴら》に向かう。一度は大坂に戻るが、安芸（広島県）の宮島、周防《すおう》（山口県）の岩国、さらに九州方面へ向かおうとしたが、途中の下関にて逃亡を諦めて伊勢参拝の後、京都に自首をしてきたのであった。その期間は約三ヶ月である。この大旅行の興味深いところは盗賊仲間を頼りながら、さらには博打をしながら旅をしていることだ。当時すでに盗賊同士のネットワークが存在していたのである。

浜島庄兵衛の実像

京都で捕縛された日本左衛門は江戸送りとなり、江戸町奉行能《の》勢《せ》肥後守《ひごのかみ》の取調となった。盗みばかりでなく刃傷事件も繰り広げた凶悪犯に対して、延享四年（一七四七）三月一一日、幕府は厳しい処罰を下した。江戸市中引き回しの上、打ち首獄門《ごくもん》、首は遠州見付宿で手下の中村左膳とともに晒《さら》された。

浜島庄兵衛こと日本左衛門は、義賊とは呼びがたい凶悪犯であった。しかし、実際に会った前述の神沢杜口は、「人相書きにある通り、立派でとても豪傑な人物だ。世が世であれば戦国大名になったことであろう」と記している。また、何十人もの子分を率いての統率力、幕府の捜査にも屈せずに逃亡し続け、これまでと諦めて自首する潔さ。江戸送りで護送される際には戸障子のついた豪華な牢輿《ろうこし》が用意され、絹や緞子《どんす》の衣服を着て、警護する役人も与力以下八〇人ほどであったという。抵抗する反骨面もさることながら、単なる盗賊ではなかったことがわかるエピソードである。

神明恵和合取組

——かみのめぐみわごうのとりくみ

大久保慧人

江戸っ子好みの芝居

「江戸の華《はな》」と呼ばれた火消と喧嘩《けんか》の両方を描いた歌舞伎「神明恵和合取組」は、通称「め組の喧嘩」と呼ばれ、明治の初演から現在まで頻繁《ひんぱん》に上演されている演目である。また、歌舞伎の多くの演目が見取狂言《みどりきょうげん》といって、物語全体のうち一部の名場面のみが上演されることが多いのに対して、この「神明恵和合取組」は発端から結末を通した形で上演されるため、歌舞伎の初心者でも物語が理解しやすい人気作品である。

序幕

品川の宿場にある遊廓《ゆうかく》、島崎楼《しまざきろう》は正月ということもあり、大勢の客で賑《にぎ》わっている。海を見渡す二階の広間では四ツ車大八ら力士が贔屓筋《ひいきすじ》の侍と宴会を開いて、座興《ざきょう》に相撲《すもう》をとるなど大騒ぎの様子である。そんな中、酔っ払った力士の一人が障子《しょうじ》を突き倒し、後ろにいため組の火消、柴井町《しばいちょう》の藤松《ふじまつ》に当ててしまう。もともと四ツ車たちの座敷を騒がしいと思っていた藤松は江戸っ子らしい啖呵《たんか》を切る。そこへ同じめ組の仲間たちも駆けつけ、一触即発という場に、め組の頭である浜松町の辰五郎《たつごろう》が止めに入る。辰五郎は若く血気盛んな藤松たちを一喝《いっかつ》しながら、宴会の主である侍に頭を下げ、その場を収めようとする。丁重な態度をとる辰五郎に対し、力士たちは侍の威を借り悪態をつき、侍もまた、帯刀が許されている力士とただの町人に過ぎない火消では身分が違うとして、今後は同じような真似《まね》をせぬよう叱責《しっせき》する。この後に続く「名代部屋《みょうだいべや》の場」は滅多《めった》に上演されないが、火消風情では侍が後ろについている力士には叶わないと塞《ふさ》ぐ藤松に、敵討《かたきう》ちとして四ツ車を「振って」みせると意気込む恋仲のおさき、おさきを思いとどまらせようとする仲間のおはるの様子が描かれる。

当の四ツ車は翌朝の用事のため夜のうちに島崎楼を出て、暗い高輪《たかなわ》の海岸へと差し掛かっていたが、座敷での一件の仕返しを企んだ辰五郎の待ち伏せを受ける。辰五郎は四ツ車の見送りについてきていた尾花屋《おばなや》おくらが持つ提灯《ちょうちん》の火を消し、だんまりとなる。その場に通りがかった辰五郎の兄貴分である焚出《たきだ》し喜三郎《きさぶろう》も加わって、互いの居場所を探り合ううち、辰五郎は自分の煙草入《たばこいれ》を落としてしまう。遂に四ツ車に決定打を食らわすことが出来なかった辰五郎は夜の闇の中へと消えていくが、煙草入は喜三郎に拾われるのだった。

八ツ山下のだんまり（三代歌川国貞画、石橋健一郎氏蔵）

二幕目

桜の季節を迎えた芝の大神宮、境内の芝居小屋では「義経千本桜《よしつねせんぼんざくら》」が上演され、満員になるほどの大人気のようである。そこへ辰五郎の女房お仲《なか》が息子の又八とお供を連れてやって来る。一行が茶屋で一休みしながら境内の芝居や相撲の賑わいの様子を聞いて去っていくと、小屋の中で喧嘩の騒ぎが起こる。諍《いさか》いはめ組の若い火消二人と酔っ払った職人との間で起きたのだが、四ツ車の兄弟弟子の力士・九竜山浪右衛門が間に入る。職人を逃がし喧嘩の邪魔《じゃま》をした九竜山に対して、め組の二人は「逃がしたからにはうぬが相手」と飛びかかるが、四ツ車ら他の力士も加わり、返り討ちにあってしまう。そこへ辰五郎がちょうど通りかかり、

力士と火消の喧嘩

（豊原国周画、早稲田大学演劇博物館蔵 、左から、101-4642，101-4641、101-4640）

今度こそ島崎楼での仕返しと奮って、丁々《ちょうちょう》発止《はっし》の挑発の応酬となる。今にも大喧嘩という最中へ芝居小屋の座元の江戸座喜太郎《きたろう》が仲裁に入り、双方に鉾を収めさせる。辰五郎は若い火消たちを諫《いさ》めながら帰っていくが、辰五郎の中にも鬱憤《うっぷん》は積もっていた。

三幕目

辰五郎は長らく会っていなかった焚出し喜三郎のもとを訪れる。甲州（山梨県）の五重塔修復の仕事で江戸を離れるから暇乞《いとまご》いに来たと嘘の理由を言う辰五郎だったが、その本心が四ツ車たちへの仕返しに命を賭ける覚悟だと見抜いた喜三郎は高輪で拾った煙草入を見せ、辰五郎が自分から正直に打ち明けるか試す。喜三郎は喧嘩のような騒動を起こした時には、辰五郎の家族や、め組が所属する二番組をも巻き込む問題になりかねないと、兄貴分として心配していることを説く。とうとう辰五郎も隠し通そうとしたことを詫び、喜三郎も「骨はおれが拾ってやろう」と、引くに引かれぬことになった時には命がけで臨めと言葉をかける。

自宅に帰ってきた辰五郎は、喜三郎の家で出された酒に酔った様子で眠り込む。女房のお仲はそれを見て、四ツ車たちへ仕返しをする気はないのかと詰め寄るが、辰五郎が取り合わないので、夫婦の縁を切ってくれと頼む。辰五郎の心中を窺《うかが》いに来ていため組の亀右衛門《かめえもん》も人に後ろ指をさされる悔しさに子を連れて家を出るというお仲の心意気を「ここが江戸ッ子の魂だ」と讃《たた》え、自分は一人でも喧嘩に行くと勇む。いよいよ出て行こうとするお仲に辰五郎は離縁状《りえんじょう》を投げ出し、お仲や又八に喧嘩で迷惑がかからないよう離縁するつもりであったこと、酔ったふりをして相撲が終わるのを待ち、見物客が巻き込まれないように図っていたことを明かす。火消の装束に着替えた辰五郎はこの世の別れの覚悟で妻子を残し、駆けて行く。

四幕目

め組の火消たちは芝神明町《しんめいちょう》の空地に集合し、柄杓《ひしゃく》で水杯《みずさかずき》を交わし、お互いの意を固めると、鳴り響く半鐘《はんしょう》の音のもと相撲小屋を指して行く。敵がやって来ることを聞いた力士たちも丸太や竹を武器に待ち受け、境内全体での喧嘩となる。実際の舞台では出演者がほぼ総出となり、花道から全力で駆け出て来る火消たちが次々と屋根の上に飛び乗っていく様子や、様々な趣向に富んだ立ち廻りを見せる。

力士たちは四ツ車を、め組は辰五郎を先頭に競り合う大乱闘の真っ最中へ、焚出し喜三郎が駆けつける。喜三郎は相撲を所管する寺社奉行と火消たち町人を所管する町奉行の両方の法被《はっぴ》を見せ、お上へ憚《はばか》るように双方に説くと、四ツ車も辰五郎も同意し、ここに喧嘩が収まるのだった。

め組の喧嘩

「神明境内口論」が人気作になるまで

江戸の町火消と相撲力士

江戸の町は開府以来、有名な明暦《めいれき》の大火など何度も火事に見舞われた。こうした火事に対処する消防組織として、武士が統制・指揮する大名火消・定火消《じょうびけし》が先行して存在する中、享保《きょうほう》三年（一七一八）に町火消の制度が創設される。一番組から十番組までの「大組」の下にそれぞれひらがなの一文字をあてた四八の「小組」を置き、組ごとに担当する地区をわけた。町火消として消火にあたったのは主に鳶《とび》であり、纏《まとい》を振りながら果敢《かかん》に火事に向かい、延焼を防ぐために鳶口《とびぐち》で家屋を破壊していく姿は、錦絵にも多く描かれるなど憧れの的となった。

一方の相撲も貞享《じょうきょう》元年（一六八四）から定期的に興行が開かれるようになると、武家・町人を問わず広く親しまれ、将軍による上覧《じょうらん》相撲も行われるようになった。時代ごとに強い力士が現れると、浮世絵のモデルとなったり、歌舞伎や人形浄瑠璃の中の登場人物として描かれたりと、庶民の人気を集めた。

史料に見る実際の事件

江戸っ子の二大人気職業と言える火消と力士が喧嘩を起こしたというだけあって、「め組の喧嘩」の一件は講談《こうだん》などで人気を博した。このため書物によっては誇張して書かれていることも多いが、公的な記録や当時の日記等から窺《うかが》える実態は大体次のとおりである。

文化二年（一八〇五）二月一六日、この月の五日から芝の神明社（東京都港区）で開かれていた春場所の七日目の取組が終わった後、幕下力士の九竜山扉平が同じ境内で行われていた芝居を見ていたところ、その場内で浜松町（同港区）の辰五郎と柴井町（同中央区）の富士松という火消の二人と口論になった。これにはもともと、富士松が友人を連れて相撲を見に行った際に金を払わずに入ろうとしたが、止められたという事件がきっかけとしてあったという。

この口論の発生を受けて、め組の長次郎が浜松町内の半鐘を叩き、長松が拍子木《ひょうしぎ》を打ち鳴らしたところ、火事が起きたと思っため組の仲間が大勢集結し、喧嘩が大きくなってしまった。九竜山は芝居小屋から出て、鳶口や棒を持った大勢の火消相手に一人で戦ったが、九竜山が襲撃を受けていることを聞いた同じ一門の四ツ車大八も駆けつけ、め組相手の戦いに加わった。

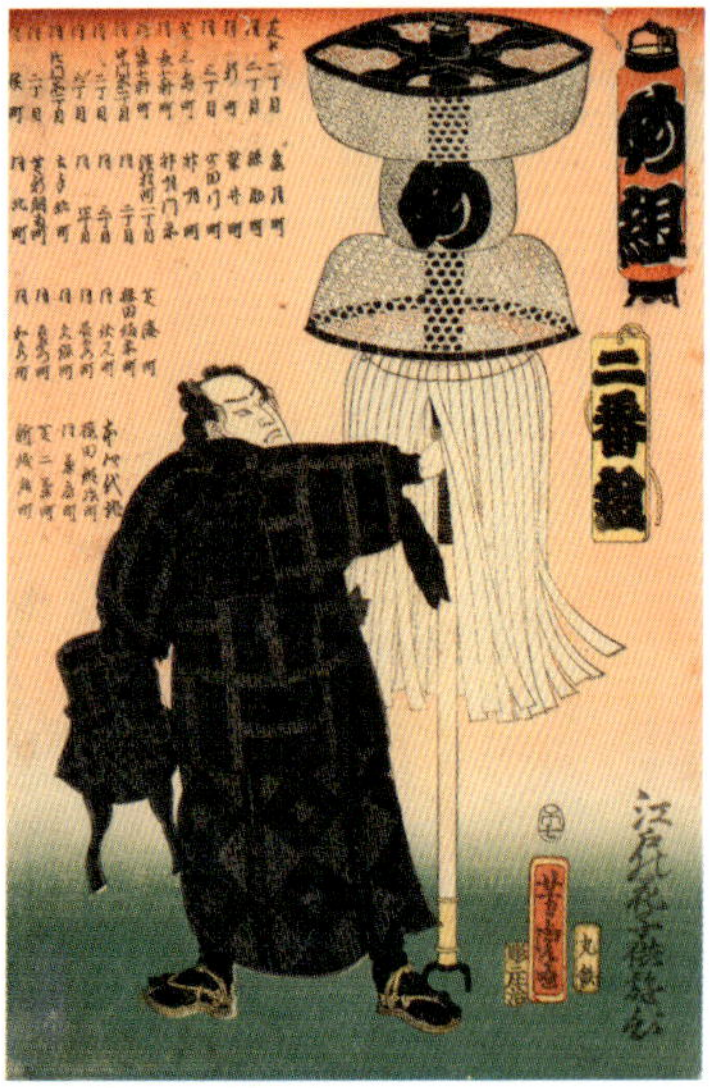

纏を持っため組の火消
（歌川芳虎画、国立国会図書館蔵）

火消たちは境内の建物の上に登り、屋根の瓦を外して投げて攻撃した。『武江《ぶこう》年表』によればこれは四ツ車が長い梯子を振り回していたため、近くに寄ることができなかったからとされており、「神明恵和合取組」四幕目の立ち廻りでもこの様子が再現されている。両者は接近しても渡り合ったようで、四ツ車は敵から奪った鳶口で戦ううち、前歯を三枚折り、九竜山もいつの間にか手にしていた刃物を武器にしたという。奉行所の捕手《とりて》が火消たちを捕らえたころには辰五郎、富士松、長次郎は重傷を負っており、三名以外の火消たちは牢へ入れられた。相撲側では四ツ車、九竜山に加え、藤ノ戸という力士の三人が怪我の療養もかね、謹慎《きんしん》処分となった。

このうち富士松は事件後すぐに死亡し、長松も病気にかかって死んでしまう。寺社奉行は境内の被害の様子や武器として使用された刃物の見分などを進め、事件から七カ月近く経った九月四日に辰五郎、長次郎と九竜山を江戸追放、四ツ車と藤ノ戸は無罪放免という判決を下した。この外、め組所属の一六五人にはその場に居合わせたかどうかを問わず、連帯責任として過料が課された。火消側が重く罰せられるなかで、九竜山のみは追放処分となったのには九竜山がつけた傷がもとで富士松が死んだことが理由に挙げられている。

捜査のために当分差し止めとされていた春場所八日目以降の取組も三月末には奉行所から許可が出て、当時本場所として決まっていた一〇日間が無事済んだのだった。『相撲起顕』に残る勝敗の記録からも、四ツ車、九竜山の二人は八日目以降出場していないことが確認できる。四ツ車は次の一〇月場所には復帰を果たし、文化六年（一八〇九）二月場所まで現役で幕内の地位を守り続けた。九竜山の方はと言うと、追放処分のせいか翌年五月の大坂場所に戸《と》田川濱《だがわはま》右衛門《えもん》と名を替えて出た以降、記録上で足跡を辿ることができなくなる。

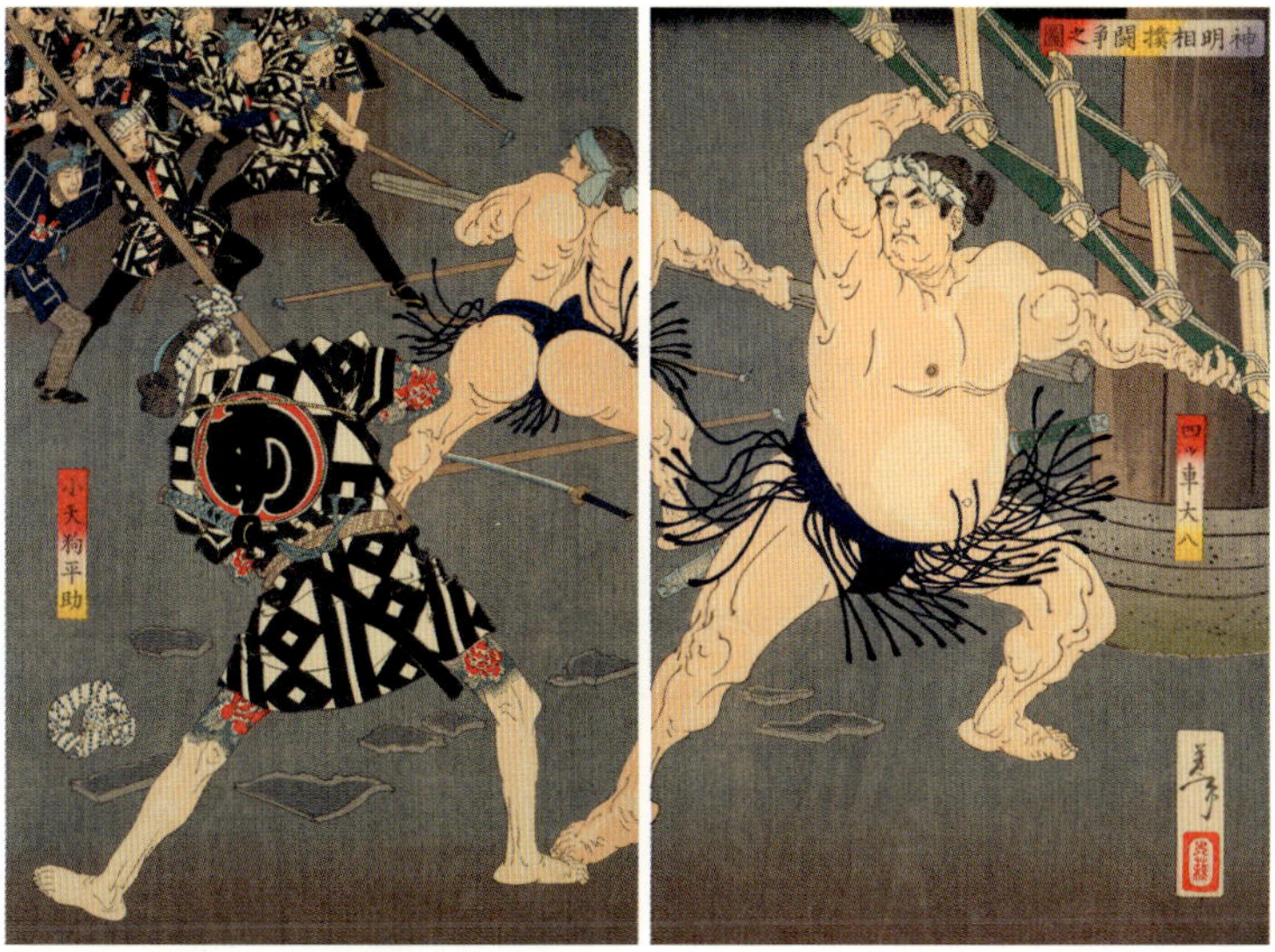

史実の出来事としての喧嘩を描いた絵
四ツ車大八に立ち向かっているのは小天狗平助となっている。（月岡芳年画、国立国会図書館蔵）

歌舞伎としての受容

このように発生した喧嘩の話にはすぐに尾ひれがついて、江戸の人々の間に広まっていった。事件から数年のうちに書かれたと見られる随筆『我衣《わがころも》』でも、喧嘩に加勢しようとする力士たちを押しとどめる先輩力士・秀の山に向かい、「人間二度は死なず、今日我死すべき時こそ来たりつらん」と告げ、刀を片手に駆け出ていく四ツ車の様子や、火消たちが四ツ車に近寄ることすらできずにいるなか、相手として立ち向かった富士松が一刀両断に斬られて即死する場面など、史実とは異なる劇的な描写がある。このほか話によって九竜山の名を文化元年（一八〇四）まで名乗っていた「水引」とした上で、喧嘩の中で死んだことにしていたり、九竜山と辰五郎が神明社境内の水茶屋の娘をめぐって張り合っていたといった前日譚《ぜんじつたん》がついていたりと大小色々な違いがある。中には講談の影響からか、情け深いお奉行様が、自ら勝手に鳴り出し大騒動を起こしたという罪で半鐘を島流しにし、火消と力士のいずれにも罪人を出さなかったという結末に終わる話も広く知られていたようである。こうして様々な逸話や人物が加えられながら、歌舞伎「神明恵和合取組」の筋書きにより近い、「め組の喧嘩」としての物語が形成されていった。

人気の高さに反して、一連の物語がすぐ歌舞伎に移されたわけではなかった。事件から一七年後の文政《ぶんせい》五年(一八二二)、市村座の正月狂言「御摂曽我閏正月《ごひいきそがうるうしょうがつ》」が、同じく力士を扱った「双蝶々曲輪日記《ふたつちょうちょうくるわにっき》」の設定を利用して、この喧嘩を初めて舞台上に再現した。しかし、明治五年(一八七二)に同作品をさらに書き換えた河竹黙阿弥《かわたけもくあみ》の「恋慕相撲春顔触《こいずもうはるのかおぶれ》」もそのまま踏襲したとおり、四ツ車が相撲取り長五郎(黙阿弥作では浪五郎)に仮託されている一方、火消は鵜《う》の長吉という船頭に代えられている。それでも、二人が競り合う場面の後に長吉が鳶口を携えて暴れる場面が設けられ、描かれているのが実際には火消であることが仄《ほの》めかされていたため、「め組の喧嘩」の芝居として大好評になったという。

表面的ながらも作者たちがこうした工夫を凝らさなくてはいけなかったのは、歌舞伎の世界では長らく遠慮して、火消を直接登場人物として描かないという状況にあったことによる。喧嘩早い町火消たちは気に入らない描写があると、劇場や興行関係者のもとへ押しかけることもあった。

こういった背景の下、大人気の話でありながら喧嘩の一件が実名で直接演じられることは明治維新から二三年後の本作までなかったのである。

愚劇『神明恵和合取組』?

明治二三年(一八九〇)三月、竹柴其水《たけしばきすい》作として東京・桐座《きりざ》で初演された「神明恵和合取組」は「め組の喧嘩」をそのまま描いたとして、大変な大入りとなった。其水の師・黙阿弥が物語全体の核となる三幕目の「焚出し喜三郎内の場」及び「辰五郎内の場」の執筆を担当して、一層感動的な場面に書き上がったというのも人気につながったと考えられる。

辰五郎の墓(右)
左に並んで立つのは順に
富士松、亀右衛門、長次郎の墓(東京都港区)

興行としての実績とは対照的に、劇作家や評論家などからは初演当時より「愚《ぐ》劇《げき》」としてあまり評価されなかった。明治から戦前にかけての劇評や解説では「何しろ幕さへ明けば喧嘩ばかり」、「何遍《なんぺん》も云ふことだが、これ又下らない脚本で、中身と云つたら驚くほど空ッぽ」といった酷評を受けることが殆どであった。「番町皿屋敷《ばんちょうさらやしき》」の作者として有名な岡本綺堂《おかもときどう》も「特に面白いという狂言でもない」と明言している。それにもかかわらず初演時から連綿と上演され続けてきた理由の一つは芝居全体に満ちた、胸がすくような江戸っ子の気風の良さが持つ魅力であろう。その時代の名優たちによって演じられる辰五郎やその妻お仲、火消の面々といった登場人物が見せるいなせな気質が、舞台の上の正月飾りや桜といった春の雰囲気、半鐘が鳴り響くなか繰り広げられる大立ち廻りの壮観さと相まって、見ている人間に清々《すがすが》しさを感じさせてきた。「神明恵和合取組」は難しい理屈を抜きに、誰でも楽しめるという点で名作なのだ。

記憶の中の江戸が訴えかけるもの

「神明恵和合取組」の特徴とされるのが、江戸の昔を忠実に舞台上に再現しようとする描写の細かさである。脚本中には、物語の上で重要でないため滅多に上演されない序幕「島崎楼店先の場」や三幕目「焚出し喜三郎台所の場」など、当時の風俗を見せるためだけに書かれているような場面もある。初演時に辰五郎をつとめた五代目尾上菊五郎のこだわりで、その頃もまだ丁髷《ちょんまげ》を結っていたというめ組の頭に指導を仰ぎ、本物の道具を借りたことが逸話として伝わっているほか、当時の劇評は「喜三郎内の場」のほんの僅《わず》かな間、舞台上で用いられる岡持ちまでが江戸時代と同じものが使われていることを賞賛した。

　目に見えるものだけではなく、台詞も同様の入念さをもって書かれている。あらすじの中でも触れたが、侍・力士と町人である火消の間に存在していた身分制度上の差が序幕において繰り返し言及されることで、喧嘩の決定的な原因として印象づけられる。また「私共は本場所は一〇日目でなければ見られませぬから、花《はな》角力《ずもう》の外は存じませぬが」という芸者の言葉からは、明治になるまで女性が相撲を自由に観戦することが許されていなかった昔の状況を伝えようという工夫が窺える。

　序幕「八ツ山下の場」では永代橋・両国行きの乗合船の立札などが脚本で指定され、幕末の高輪の海岸の様子を忠実に写しているとされる。明治五年（一八七二）の鉄道開業以降、現実の八ツ山下には品川駅が出来て、汽車が行き交っていた。舞台の背景に広がる海原に線路がないことを意識した時、明治の観客たちは維新前へと引き戻されるような思いがしただろう。

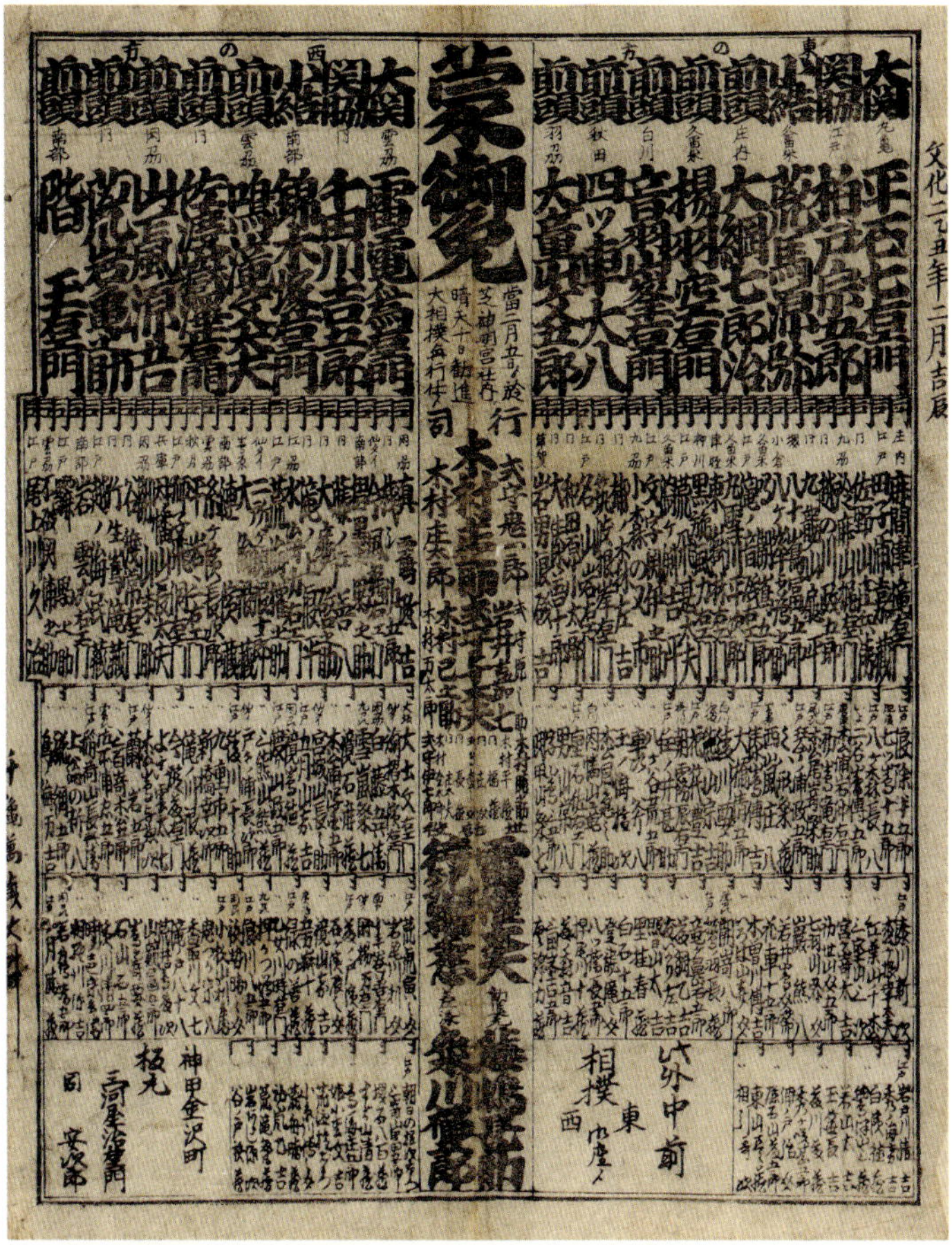

事件が起きた文化二年二月場所の番付

東の方（右）に四ツ車（最上段）・九龍山（二段目）の名が見える

（立命館大学ARC小島貞二コレクション蔵、kojSP02-091）

　このように舞台の道具や台詞といった直接的なもの、更には明治では当たり前になったものがない、という欠如を通して、「神明恵和合取組」は重層的かつ極めて写実的に失われた江戸を描き出そうとしている。「特に面白い狂言でもない」本作の初演が記録的な大入りとなったのには、それが薩長《さっちょう》土肥《どひ》の田舎侍《いなかざむらい》が支配する明治の世に閉塞感《へいそくかん》を感じていた江戸っ子たちのノスタルジーに応えたからでもある。其水たちが執心とも言えるような綿密さで舞台に再現した江戸は、現代において観劇する我々にとっても、単純な風俗史的興味を超えて訴えかけてくる力を持っている。

鼠小紋東君新形

——ねずみこもんはるのしんがた

石山秀和

はじめに

鼠《ねずみ》小僧《こぞう》次郎吉《じろきち》は、歌舞伎の世界では義賊として知られている。富裕な町人や大名のみを狙って盗みに入り、一方、困窮する人びとには金銭を分け与えるといった弱者に寄り添ったヒーローとして描かれることが多い。歌舞伎「鼠小紋東君新形」は河竹黙阿弥《かわたけもくあみ》の作品で、安政《あんせい》四年（一八五七）正月に市村座が初演である。全五幕で通称「鼠小僧」とも呼ばれた。黙阿弥は、本作を天保三年（一八三二）に処刑された鼠小僧より取材しているが、二世松林伯円《しょうりんはくえん》の講談をもとに脚色したとされている。今日では、二幕目の「辻番所」と四幕目の「幸蔵内」だけが上演されることが多い。全体のストーリーは次の通りである。

序幕　鶴が岡石坂前の場　雪の下若菜屋の場　笹目ヶ谷裏手の場

三浦家の平岡権内《ごんない》は芸者のお元《もと》を口説くが、刀屋新兵衛の悴新助という相手がいる。鶴が岡八満の参詣を口実に、お元と新助が待ち合わせをしていたが、これをよく思わない平岡は一計を案じる。新助に依頼した菊一文字の短刀を一〇〇両にて購入するものの、新助に渡した代金一〇〇両をだまし取ろうとするのである。

こうした企みとは別に事件が起こる。平岡の主人の三浦兵部之介《ひょうぶのすけ》が狩猟で雁《かり》を射止めようとした際に、中間《ちゅうげん》である与之助がこれの邪魔をした。与之助は打ち捨てられるところだったが、そこに居合わせた質店若菜屋の後家お高が仲裁に入る。このお高は、殿様がご執心《しゅうしん》の娘若草の母親でもあった。与之助を助けるつもりが、お高が嫌がるにもかかわらず、兵部之助に若草を妾にするよう強いられてしまった。

さて、お元と新助が睦まじくしているところ、稲葉幸蔵（実は鼠小僧）の養母お熊が登場する。いきなり新助を盗人と呼びつけ、一〇〇両を取られたと言う。そこで、新助の懐《ふところ》を調べると、さきほど平岡から渡された一〇〇両が出てくる。新助の言い訳むなしくお熊はまんまとこの一〇〇両を奪い去って行く。そこへ見計らったかのように平岡が現れ、短刀は必要なくなったので先ほどの一〇〇両を返せと言い寄る。新助は平岡の罠にかかったと気付く。

場面変わって若菜屋質店、お高が店に帰って、娘の若草を三浦の殿様の妾にするようにと伝えられ、なかなか気持ちが落ち着かない。ここへ与之助がお高が紛失した三〇両を拾って届けた。お礼に半金の一五両を渡すが、与之助は丁重に断り、その代わりに親父与惣兵衛への綿入れを一枚所望した。正直で孝行者の与之助であった。

二幕目　稲毛屋敷辻番の場　雪の下若菜屋の場

ここは稲毛屋敷の辻番所、与之助の父である与惣兵衛が夜番をしている。家中の松田主膳《しゅぜん》の娘おみつが恋仲の与之助を待つ。この稲毛屋敷前で新助とお元が深刻な面持ちで佇《たたず》んでいる。奪われた一〇〇両がために二人で死のうとするが、そこへ稲葉幸蔵（実は鼠小僧）が助けに入り、今から一〇〇両を用意する、しばらく待つように、と言って立ち去っていった。幸蔵は稲毛家へ忍び入り一〇〇両を用意する。屋敷では夜番する侍が居眠りをしている最中に忍び込まれて、家中の御用金が盗まれてしまったのである。幸蔵はこの一〇〇両を渡して二人と別れたが、盗んだ事実を与惣兵衛に知られてしまう。与惣兵衛は辻番人として職務を果たすため、どうか稲毛家の忠義のため、自分を殺してくれと頼む。これを拒む幸蔵は会話をするうちに与惣兵衛が実の親だと知るが、彼を気絶させてその場を立ち去ってしまう。

事件より二日後のことである。若菜屋ではまだ殿様の妾話は解決していない。母親は娘を案じるばかりである。

一方、与惣兵衛は御屋敷に入った盗賊の手引きをしたとして詮議にかけられていた。与之助は若菜屋の裏手に父親を助けるために一〇〇両を借りに来たけれども、どうしたものか思案中。

また、若菜屋では刀屋新兵衛がお高を訪ねてきた。騙《だま》された一〇〇両を子どもたちがなんとか工面したが、そのお金は稲毛家から盗まれたものだと発覚し、新助とお元は捕らえられてしまったと伝えに来たのである。子供たちを心配している最中に、盗人が入ったと報告があった。捕まった盗人は与之助だった。与之助は訳を話すと、同情したお高は与之助を庇《かば》って、与之助と自分は密通していると嘘をつき、彼は盗みに入ったのではないとして、自ら不義の罪をかぶろうとした。

稲毛屋敷辻番の場

刀屋新助は平岡権内に騙し取られた100両を用意できず、稲毛屋敷前にて芸者のお元と死ぬ覚悟を決めたが、偶然にも居合わせた幸蔵に引き留められる場面。幸蔵は稲毛屋敷に忍び込み、盗んだ百両を二人に渡すが、これがさらなる事件を引き起こすことなる。初演時は、幸蔵は市川小団次、新助は板東彦三郎、お元は中村歌女之丞の配役であった。（豊国画、国立国会図書館蔵）

三幕目　駿河二丁目大黒屋の場　鎌倉稲瀬川御蔵下の場

舞台変って鼠小僧次郎吉（実は稲葉幸蔵）が登場する。遊郭《ゆうかく》の大黒屋の上客で、羽振りの良い遊び人である。金離れも良い。花魁《おいらん》の松山といい仲だが、実は二人は夫婦であったが、松山は借金のために花魁となった。実家への路用金が足りなくなった幸蔵を救うため、お客の金を盗んだ松山だが、大黒屋の若旦那に見つかってしまった。若旦那は二人の事情を飲み込み見逃してくれるのだが、次郎吉は松山に自分の本当の姿は盗人なのだと告白する。盗まれても生活に困らない大名をねらっている義賊であるのだと白状した。花魁松山と一緒に逃げようとして発見されて追っ手に捕まりそうになったところで、次郎吉すなわち幸蔵は船中で夢から覚める。遊郭での事件はすべてが夢だったのであった。

四幕目　滑川稲葉内の場

易者《えきしゃ》の平井左膳の家、お熊が松田主膳の娘おみつを連れてきた。与之助を探して道に迷っていたおみつを、どこかの遊郭に売ろうという魂《こん》胆《たん》だ。そこへ平井左膳（実は稲葉幸蔵）が帰宅する。当たる易者の左膳へお元の弟の三吉が泥棒を探して欲しいと願い出る。新助とお元は、泥棒（実は幸蔵のこと）が盗んだ一〇〇両が原因で捕まってしまったのだという。左膳はやがて泥棒は見つかるだろうと言い、三吉は安心して帰宅した。その後、松田主膳が若党の本庄《ほんじょう》曽平次《そへいじ》とともに来訪。稲毛屋敷の一〇〇両が奪われ、与惣兵衛に疑いがかかり牢獄入り。息子の与之助は若菜屋へ盗みに入り、これも縄目になるところを、盗みでは無く若菜屋のお高との密通であったと虚偽の言い訳。稲毛家に入った盗賊と、与之助を探しに行方知れずとなった娘おみつを探して欲しいと申し出たが、左膳はそれぞれすぐに見つかると伝えた。事件の顛末《てんまつ》を知った左膳はお熊に騙されていたおみつを屋敷で見つけて解放する。

盗みはすれど仁義を守り、富めるを貪り、貧しきを救ふと、義賊として行動した幸蔵だったが、さまざまな人びとを巻き込んでしまったことに気付く。そこへお熊がおみつを返せと揉《も》み合う中、幸蔵はお熊を殺してしまう。そこに一

鎌倉問注所裏手手水門の場

稲毛屋敷での盗難事件は、辻番の与惣兵衛に容疑がかかり、早瀬弥十郎の裁きをうける最中に、幸蔵が自首することで解決するかにみえた。しかし、幸蔵は仁義のためにも縄目にかかったのだが、役人の石垣伴作は単なる盗賊として扱ってしまい、逆に反感を買ってしまい縄抜けされてしまう。捕り手との立ち廻りの後、幸蔵は情け深い弥十郎に感謝しつつ逃げ去って幕となる。

（豊国画、国立国会図書館蔵）

通の書き置きがあり、そもそものこの一〇〇両を掠め取ったのが養母お熊であった。幸蔵は自首する決意をして、事件の収束をはかる。

五幕目　鎌倉問注所の場　裏手手水門の場

問注所《もんちゅうじょ》での早瀬弥十郎の裁き。与之助とお高の詮議は、弥十郎が亡くなったお高の夫の位牌をみせて、嘘偽《うそいつわ》りがないか糺《ただ》すと、虚偽報告であったことを認め、孝行者の与之助を庇《かば》ったことを白状した。これを受けて弥十郎はお高と与之助を無罪とする。弥十郎は与惣兵衛と新助の再詮議を約束するが、二人の裁判は石垣伴作とともにおこなうこととなった。しかし、取調べは一向に進まず、白状には至らない。そこへ幸蔵が登場して、捕らえようとする伴作に対して、弥十郎は幸蔵の言い分を聞くようにうながす。養母お熊の書き置きと一〇〇両を添えて、弥十郎に裁許を願い出た。お守りから与惣兵衛と親子であったことがわかり、また、起《き》請文《しょうもん》をみて幸蔵が花魁松山の相手と知る若菜屋のお高。一同六人が幸蔵との関係を知って涙ながらに退場するが、石垣伴作はこれを許さず、厳しく詮議《せんぎ》しようとする。早瀬は石垣に任せて奥に入ってしまうが、拷問《ごうもん》にかけようとすると、幸蔵はするりと縄を抜けて逃げ出してしまうのであった。最後は問注所裏の水門口で捕り物となり、春とはいえ寒さ厳しい氷の上での立ち回り、幸蔵は弥十郎の情によって捕らえられず、再会を約してその場を後にする。

実在した鼠小僧

鼠小僧に関する史料

鼠小僧については、『視聴草《みききぐさ》』の記述内容が詳しい。『視聴草』には、江戸時代後半から幕末期にかけて、幕臣宮崎成身《みやざきせいしん》が見聞した事件や災害などの記録が収録されている。また、彼は『教令類纂《へんさん》』『憲法類集』などの法令集の編纂事業にも従事しており、幕府の公文書を調べることができた人物でもあった。

この『視聴草』には、天保《てんぽう》三年（一八三二）八月一九日に町奉行所より鼠小僧へ申し渡された判決文が書き留められている。判決結果は江戸で市中引廻《ひきまわ》しの上獄門であったが、その罪状として鼠小僧が白状した犯罪歴も記されている。古書肆《こしょし》の藤岡屋由蔵《ふじおかやよしぞう》が著した『藤岡屋日記』にも同様な事実を確認でき、鼠小僧は五月五日夜に浜町の松平宮内少輔屋敷（上野小幡藩）で捕縛され、同月一〇日に北町奉行の榊原主計頭忠之《さかきばらかずえのかみただゆき》へ引き渡しとなっている。

江戸町奉行所の取り調べ

さて、鼠小僧次郎吉が自白した内容がとても興味深い。彼は捕縛された当時、数え三六歳であった。本名は次郎太夫で被害にあった人びとに「鼠小僧」と呼ばれた。本人自らが名乗ったわけではない。『藤岡屋日記』によると、新和泉町（東京都中央区日本橋人形町三丁目あたり）の木戸番であった定吉の忰だとしている。いつの頃から博打《ばくち》に手を出すようになり、やがて盗賊稼業に手を染めるようになった。実は天保三年の窃盗《せっとう》が初犯ではなく、文政八年（一八二五）にも捕縛されており、南町奉行の筒井伊賀守正憲《つついいがのかみまさのり》によって入墨《いれずみ》のうえ江戸追放の刑を申し渡されている。この時には二八ヶ所の武家屋敷に忍び入り、七五〇両余を盗んだとしている。次郎吉は幕府の処罰に従わず、そのまま江戸に居続け、窃盗を繰り返して、再び町奉行所の裁きを受けることとなった。

鼠小僧の自白

鼠小僧の自白内容によれば、およそ一〇年ほど前の文政五年（一八二二）頃から大名屋敷を中心に盗みに入ったとしている。今回の捕縛では、七一ヶ所の武家屋敷で、金二三三四両余を盗んだとしている。合計すると九九カ所の武家屋敷で三一二一両余を盗んだことになる。ほぼ毎年のように犯罪を繰り返しているが、いくつかの傾向がある。一つは、同じ屋敷に繰り返し侵入している。たとえば、文政五年には御三卿《ごさんきょう》である一橋家の屋敷に盗みに入り一二両を盗んでいるが、同屋敷は文政七年（一八二四）にも少額であるが一両二分、二両、四両と三回も盗みに入られている。尾張や水戸などの御三家の屋敷にも侵入している。川越藩の松平大和守屋敷は文政五年に三〇両が盗まれているが、文政一〇年もしくは一一年頃にさらに二度も盗みに入られている。このときは金二〇両と金三〇両で合わせて五〇両が盗まれている。被害金額は高額のものもある。文政六、七年には戸田采女正《うねめのしょう》屋敷では四三〇両が、文政九、一〇年頃には榊原式部少輔屋敷から一二五両、松平越前守霊岸島屋敷では一〇〇両が盗まれている。天保二年

(一八三二)には旗本の仁賀保《にかほ》孫九郎屋敷から一八〇両が盗まれており、大名家のみならず旗本屋敷へも盗みに入っている。

この大名屋敷もしくは旗本屋敷のどこに盗みに入ったのかがさらに興味深い。そのほとんどが女性の多い奥向き(六一回)や女中の住む長局(五一回)をねらっていたことがわかる。つまりは、当主の妻や屋敷に従事する女性たちの部屋に忍び込んだのである。たとえ犯行現場に遭遇したとしても、逃亡も比較的簡単であったのではないだろうか。逆にいえば、こうした弱者を狙った卑劣な行為を続けた非常に悪質な盗賊だったともいえる。

義賊とはかけ離れた実像

以上をまとめると、鼠小僧の実像は芝居とは大きくかけ離れたものであったことがわかる。武家屋敷なかでも奥向きの女性をねらった常習犯で、捕縛される十年以上前の文政五年(一八二二)頃から休むことなく犯罪を続け、高額な窃盗行為も少なくないが、金がなくなったら盗みを働くといったことを繰り返していた。盗んだ金は酒食、遊興や博打《ばくち》などに使用しており、義賊と名乗るにはおこがましいといわざるを得ない。また、当時の武家屋敷には辻番所がありながらも、屋敷によっては警備が不十分だったところが多かったのであろう。前述の『藤岡屋日記』には、御三家の紀州藩と彦根藩は警備が厳しく忍び込むのが難しかったと記されている。警備が厳しかった武家屋敷もあったようだが、水戸家と尾張家は盗みに入られているので、全体的な傾向としてはそれほど厳しくなかったのであろう。

ちなみに鼠小僧の墓は両国回向院《えこういん》(東京都墨田区)の境内にある。かつてはギャンブルに御利益があるとされていたが、近年では「すり抜ける」から受験に御利益があるそうだ。偏執的な盗賊にも思えるが、庶民からすれば、普段は入ることのできない武家屋敷に盗みを働く特別な存在にも思えたのであろう。

鼠小僧次郎吉の墓(東京都墨田区、回向院)

参考文献

妹背山婦女庭訓

上村正裕『日本古代王権と貴族社会』(八木書店、二〇二三年)
上村正裕「暗殺から古代日本を考える」(『歴史研究』七二一、二〇二四年)
倉本一宏『蘇我氏』(中公新書、二〇一五年)
倉本一宏『三条天皇』(ミネルヴァ書房、二〇一〇年)
佐藤長門『日本史リブレット人 蘇我大臣家』(山川出版社、二〇一六年)
遠山美都男『蘇我氏四代』(ミネルヴァ書房、二〇〇六年)
鳥越文蔵・長友千代治・大橋正淑『新編日本古典文学全集・浄瑠璃集』(小学館、二〇〇二年)
直木孝次郎「『妹背山婦女庭訓』における天皇像」(『直木孝次郎 古代を語る一四 古代への道』吉川弘文館、二〇〇九年)
黛弘道編『古代を考える 蘇我氏と古代国家』(吉川弘文館、一九九一年)
森公章『天智天皇』(吉川弘文館、二〇一六年)
義江明子『推古天皇』(ミネルヴァ書房、二〇二〇年)
吉村武彦『女帝の古代日本』(岩波新書、二〇一二年)
吉村武彦『蘇我氏の古代』(岩波新書、二〇一五年)

奥州安達原

戸坂康二「奥州安達原」(『名作歌舞伎全集』(東京創元社、一九七〇年)
柳瀬喜代志校注『将門記 陸奥話記 保元物語 平治物語』(『新編日本古典文学全集』(小学館、二〇〇二年)
国立劇場調査記録課編『国立劇場上演資料集〈六〇〇〉 奥州安達原 紅葉狩』(日本芸術文化振興会、二〇一五年)
国立劇場調査記録課編『国立劇場上演資料集〈三〇三〉 奥州安達原 文楽』(日本芸術文化振興会、一九九〇年)
竹田和泉『名作三十六佳撰 奥州安達原』(金桜堂、一八九一年)

平家女護島

元木泰雄・佐伯智広・横内裕人『平氏政権と源平争乱』(『京都の中世史 二』、吉川弘文館、二〇二二年)
大矢芳弘編著『歌舞伎を読む 武の巻 源平合戦』(森話社、二〇二一年)
鳥越文蔵ほか校注・訳『近松門左衛門集』(『新編日本古典文学全集』七六、小学館、二〇〇〇年)
国立劇場調査記録課編集『国立劇場上演資料集〈五五八〉 平家女護島俊寛』(日本芸術文化振興会、二〇一二年)
戸板康二など監修『名作歌舞伎全集』第一巻(『近松門左衛門集』、東京創元社、一九六九年)

義経千本桜

『延喜式 巻第三十九』
『演劇界』〈第三六巻第五号〉(演劇出版社、一九七八年)
『演劇界』〈第七九巻第四号〉(演劇出版社、二〇二一年)
『大友真鳥実記 巻之八』
季刊「歌舞伎」〈第九号〉(松竹株式会社演劇部、一九七〇年)
『国立劇場第二二六回歌舞伎公演』(日本芸術文化振興会、二〇〇一年)
竹田出雲・並木宗輔『浄瑠璃集』(『新日本古典文学大系』九三、岩波書店、一九九一年)
『平家物語 上』(『新日本古典文学大系』四四、岩波書店、一九九一年)
『平家物語 下』(『新日本古典文学大系』四五、岩波書店、一九九三年)
『義経記』(『新編日本古典文学全集』六二、小学館、二〇〇〇年)
『謡曲百番』(『新日本古典文学大系』五七、岩波書店、一九九八年)
『令和四年十月歌舞伎公演上演台本 通し狂言義経千本桜』(国立劇場、二〇二二年)
秋里籬島(編)『大和名所図会』(歴史図書社、一九七一年)
尾上松緑『松緑芸話』(講談社、一九八九年)
菊岡沾涼「諸国里人談」(『日本随筆大成 第二期第一二巻』(日本随筆大成刊行会、一九二九年)
木谷蓬吟『浄瑠璃研究書』(第一書房、一九四一年)
黒石陽子『近松以後の人形浄瑠璃』(岩田書院、二〇〇七年)
国文学研究資料館(編)『軍記物語とその劇化』(臨川書店、二〇〇〇年)
坂部裕美子「「伝統芸能」のいま—戦後歌舞伎・落語興行の計量分析から—」(二〇一四年)
篠田統「釣瓶鮓縁起」(『大阪学芸大学紀要 B自然科学』第七号、大阪学芸大学、一九五八年)
篠田統『すしの本』(柴田書店、一九七〇年)
島津久基『義経伝説と文学』(明治書院、一九三五年)
下市町史編纂委員会『大和下市史』(下市町教育委員会、一九五八年)
八文字屋本研究会(編)『八文字屋本全集 第五巻』(汲古書院、一九九四年)
牧村史陽(編)『大阪ことば事典』(講談社、一九七九年)
村上元三『義経千本桜』(『現代語訳 日本の古典』18、学習研究社、一九八〇年)
柳里恭『独寝』(従吾所好社、一九二〇年)
渡辺保『千本桜 花のない神話』(東京書籍、一九九〇年)

勧進帳

河竹繁俊著・編『歌舞伎十八番集』(講談社学術文庫、二〇一九年)
郡司正勝校注『歌舞伎十八番の内勧進帳』(岩波文庫、二〇二一年)
梶原正昭校注・訳『義経記』(『日本古典文学全集』三一、小学館、一九七一年)

壇浦兜軍記〜阿古屋

大津雄一・日下力・佐伯真一・櫻井陽子編『平家物語大事典』(東京書籍、二〇一〇年)
鳥越文蔵・山根為雄・長友千代治・大橋正叔・阪口弘之校注・訳『近松門左衛門集 三』(『新編日本古典文学全集』、小学館、二〇〇〇年)
浅原美子・北原保雄校注『舞の本』(『新日本古典文学大系』、岩波書店、一九九四年)

寿曽我対面

青木晃ほか編『真名本 曽我物語 二』(平凡社、一九八七年)
河竹登志夫ほか監修『名作歌舞伎全集 第十三巻』(東京創元社、一九六九年)
坂井孝一『物語の舞台を歩く 曽我物語』(山川出版社、二〇〇五年)
坂井孝一『曽我物語の史実と虚構』(吉川弘文館、二〇〇〇年)
坂井孝一『曽我物語の史的研究』(吉川弘文館、二〇一四年)
笹川祥生ほか編『真名本 曽我物語 一』(平凡社、一九八八年)
『新訂増補国史大系 吾妻鏡』(吉川弘文館)
諏訪春雄編『歌舞伎オン・ステージ 一七 助六由縁江戸桜 寿曽我対面』(白水社、一九八五年)
村上學『曽我物語の基礎的研究』(風間書房、一九八四年)

助六由縁江戸桜

『新版 歌舞伎事典』(平凡社、二〇一一年)
『日本古典文学大辞典』(岩波書店、一九八四年)
大津雄一・日下力・佐伯真一・櫻井陽子編『平家物語大事典』(東京書籍、二〇一〇年)

傾城反魂香

近藤中子「『傾城反魂香』成立論」(『愛媛国文研究』第一七号〈一九六七年一二月〉、愛媛国語国文学会)
信多純一「『傾城反魂香』試論」(『文林』第六号〈一九七二年三月〉、松蔭女子学院大学学術研究会・松蔭短期大学学術研究会)
加島勝「大津絵研究の足跡—京伝の業績とその後の展開—」(『古美術』第六五号〈一九八三年一月〉、三彩新社)
鈴木廣之「伝説と古典——又兵衛浮世絵開祖説の再検討——」(『日本絵画史の研究』、吉川弘文館、一九八九年)
鳥越文蔵(編)『傾城反魂香 嫗山姥 国性爺合戦 平家女護島

信州川中島合戦』(白水社、一九八九年)

鈴木廣之「遍歴と伝説—浮世又兵衛と浮世坊」(『岩佐又兵衛』〈一九八七年一二月〉、「日本の美術」第二五九号、至文堂)

岸文和「浮世又兵衛はいかにして伝説となったか——『傾城反魂香』と『風流鏡が池』を中心に」(『「脱」の世界——正常という虚構』(風媒社、二〇〇七年)

大久保純一「大津絵」『浮世絵大事典』(東京堂出版、二〇〇八年)

安村敏信「浮世又平」『浮世絵大事典』(東京堂出版、二〇〇八年)

畠山浩一「〃浮世又兵衛〃の虚像と実像——岩佐又兵衛をめぐる伝承の実態——」(「美術史学」第三三号〈二〇一二年三月〉(東北大学大学院文学研究科美学美術史研究室)

高木秀樹「傾城反魂香」(『文楽手帖』、KADOKAWA、二〇一四年)

石橋健一郎「芸談で綴る狂言鑑賞　傾城反魂香　吃又」『傾城反魂香』(「国立劇場上演資料集　五八三」、日本芸術文化振興会、二〇一四年)

戸部銀作「傾城反魂香」『傾城反魂香』(「国立劇場上演資料集　五八三」、日本芸術文化振興会、二〇一四年)

林京平「傾城反魂香」『傾城反魂香』(「国立劇場上演資料集　五八三」、日本芸術文化振興会、二〇一四年)

三宅周太郎「『傾城反魂香』の『吃又』」『傾城反魂香』(「国立劇場上演資料集」五八三、日本芸術文化振興会、二〇一四年)

鈴木堅弘「大津絵ともう一人の浮世又兵衛」(「美術フォーラム　二一」〈第三六号〉、(醍醐書房、二〇一七年一一月)

筒井忠仁「岩佐又兵衛と浮世絵——伝承とイメージ——」(「哲學研究」〈六一〇号〉、(京都哲学会、二〇二三年七月)

絵本太功記

塚本哲三編・松山米太郎校訂『浄瑠璃名作集　中』(有朋堂文庫、一九一四年)

藤田達生編『織田政権と本能寺の変』(塙書房、二〇二一年)

福島克彦『明智光秀　織田政権の司令塔』(中公新書、二〇二〇年)

国性爺合戦

石原道博著『国姓爺』(「人物叢書」、吉川弘文館、一九五九年)

国立歴史民俗博物館『総合展示第三展示室　特別展示　歴史・文化の中の鄭成功』(国立歴史民俗博物館、二〇二四年)

『国性爺合戦・紅葉狩』(「国立劇場上演資料集」三〇五、(日本芸術文化振興会、一九九〇年)

『国性爺合戦・釣女』(「国立劇場上演資料集」三三一、(日本芸術文化振興会、一九九二年)

『第二七〇回歌舞伎公演　国性爺合戦　筋書き』(国立劇場、二〇一〇年)

東山桜荘子

児玉幸多『佐倉惣五郎』(「人物叢書」、吉川弘文館、一九五八年)

藤野保校訂『廃絶録』(「日本資料選書　六」、近藤出版社、一九七〇年)

幡随院長兵衛

『名作歌舞伎全集　第一二巻(「河竹黙阿弥集　三」、東京創元社、一九七〇年)

伽羅先代萩

笠谷和比古『主君「押込」の構造』(平凡社、一九八八年)

高橋圭一『実録研究』(清文堂出版、二〇〇二年)

平川新『〈伊達騒動〉の真相』(吉川弘文館、二〇二二年)

吉田真夫「伊達騒動」(福田千鶴編『新選御家騒動』下、新人物往来社、二〇〇七年)

渡辺洋一「実録体小説—伊達騒動ものについての一考察(一)〜(三)—」(「仙台郷土研究復刊」〈一八一二〜二一二〉、一九九三〜九六年)

仮名手本忠臣蔵

長友千代治校注・訳「仮名手本忠臣蔵」(『新編　日本古典文学全集七七　浄瑠璃集』、小学館、二〇〇二年)

第二九九〜三〇一回〈平成二八年一〇月・一一月・一二月〉(国立劇場歌舞伎公演『仮名手本忠臣蔵』筋書)

田原嗣郎『赤穂四十六士論—幕藩制の精神構造—』(吉川弘文館、一九九三年)

谷口眞子『赤穂事件の実像』(吉川弘文館、二〇〇六年)

山本博文『敗者の日本史　一五　赤穂事件と四十六士』(吉川弘文館、二〇一三年)

山本博文『東大教授の「忠臣蔵」講義』(KADOKAWA、二〇一七年)

山本博文『殉死の構造』(KADOKAWA、二〇二二年)

福留真紀『将軍側近　柳沢吉保　—いかにして悪名はつくられたか』(新潮社、二〇一一年)

『赤穂義人纂書』第一・二・補遺(国書刊行会、一九一〇、一一年)

『赤穂義士史料』上・中・下(雄山閣、一九三一年)

石井紫郎編『近世武家思想』(「日本思想体系」、岩波書店、一九七四年)

碁盤太平記

『近松浄瑠璃集』上巻(「新日本古典文学大系」　九一、岩波書店、一九九三年)

馬場憲二「『兼好法師物見車』と『碁盤太平記』—その特異性をめぐって」(「研究紀要」第一二集、大阪教育大学附属高等学校池田校舎、一九八〇年)

谷口眞子『赤穂浪士の実像』(吉川弘文館、二〇〇六年)

山本博文『これが本当の「忠臣蔵」』(小学館新書、二〇一二年)

山本博文『赤穂事件と四十六士』(吉川弘文館、二〇一三年)

『忠臣蔵』第三巻(兵庫県赤穂市、一九八七年)

東海道四谷怪談

河竹繁俊 編『近世実録全書 第四巻』(早稲田大学出版部、一九二八年)

鶴屋南北 作、河竹繁俊 校訂『東海道四谷怪談』(岩波文庫、一九五六年)

岡本綺堂 著、岸井良衛 編『江戸に就いての話(新装版)』(青蛙房、二〇一〇年)

綿谷雪『考証 江戸八百八町』(秋田書店、一九七八年)

鶴屋南北 作、郡司正勝 校注『東海道四谷怪談』(「新潮日本古典集成」、新潮社、一九八一年)

『別冊歴史読本　江戸切絵図と名所図会』(新人物往来社、一九九四年)

永久保貴一『検証四谷怪談・皿屋敷』(朝日ソノラマ、一九九六年)

三田村鳶魚 著・朝倉治彦 編『芝居の裏おもて』(中公文庫「鳶魚江戸文庫　一九」、中央公論新社、一九九八年)

諏訪春雄 編著『歌舞伎オン・ステージ　一八　東海道四谷怪談』(白水社、一九九九年)

高田衛『日本怪談集 江戸編』(河出書房新社、一九九九年)

藤巻一保、小池壮彦、東雅夫、羽田守快ほか『幽霊の本：血と怨念が渦巻く妖奇と因縁の事件簿(New sight mook. Books esoterica：第二五号)』(学習研究社、一九九九年)

皆神龍太郎、志水一夫、加門正一著『新・トンデモ超常現象五六の真相』(太田出版、二〇〇一年)

小池壮彦『四谷怪談 祟りの正体』(学習研究社、二〇〇二年)

高田衛『お岩と伊右衛門〜「四谷怪談」の深層』(洋泉社、二〇〇二年)

横山泰子 序、広坂朋信 訳・注『実録 四谷怪談—現代語訳「四谷雑談集」』(白澤社、二〇一三年)

江戸東京博物館友の会翻刻『町方書上四 (牛込・市谷・四谷・鮫河橋・麹町・大久保・柏木・角筈)』(江戸東京博物館友の会、二〇一四年)

博多小女郎波枕〜毛剃

『通し狂言通し狂言博多小女郎波枕』(「国立劇場歌舞伎公演上演台本」、国立劇場、一九七〇年四月)

『通し狂言博多小女郎波枕』(「国立劇場歌舞伎公演上演台本」、国立劇場、一九九四年四月)

『歌舞伎座上演台本　恋湊博多諷　二幕四場』(三交社、二〇〇〇年二月)

イザベル・マニャック編『歌舞伎　特選DVDコレクション　恋湊博多諷 毛剃』第五二　号(アシェット・コレクションズ・ジャパン、二〇二二年)

中田易直編『近世対外関係法令の調査研究』(一九八五年)

諏訪春雄「博多小女郎波枕の成立」(『日本文学』日本文学協会、一九七〇年)

本島知辰(月堂)「月堂見聞集」(『近世風俗見分集』第一、国書刊行会)

荒野泰典『近世日本と東アジア』(東京大学出版、一九八八年)

服藤弘司「「抜荷」罪雑考」(『法制史研究』、法制史研究会、一九五六年)

松尾晋一「『抜荷』目明かし金右衛門の『抜荷』知識」(「長崎県立大学国際情報学部研究紀要」第一六号、長崎県立大学国際情報学部、二〇一五年)

添田仁「近世港市長崎の運営と抜荷」(『日本史研究』、日本史研究会、

二〇〇八年）

添田仁「一八世紀後期の長崎における抜荷観：唐貿易を中心に」（『海港都市研究』、神戸大学文学部 海港都市研究センター、二〇〇八年）

黒木勘蔵「「博多小女郎波枕」の實説」（『近世演劇考説』、六合館、一九二九年）

永見徳太郎「毛剃の研究」（『上演資料集三五三　博多小女郎波枕』、日本芸術文化振興会、一九九四年）

鹿島桜巷（淑男）編「團十郎の毛剃の話」（『談叢』、鳴皐書院、一九〇一年）

千葉篤「博多小女郎の構想」（『文学研究』第二九号、日本文学研究会、一九六九年）

戸坂康二「博多小女郎波枕」（『上演資料集三五三　博多小女郎波枕』、日本芸術文化振興会、一九九四年）

金田文雄「『博多小女郎波枕』の趣向」（「広島女学院大学日本文学」七号、広島女学院大学、一九九七年）。

鵜飼伴子「毛剃の変容―『博多小女郎波枕』と『和訓水滸伝』―」（「千葉大学社会文化科学研究科研究プロジェクト報告書」第三〇集）

百尾啓介『砂糖の通った道　菓子から見た社会史』（弦書房、二〇一一年）

三人吉三郭初買

『第二二七回歌舞伎公演　通し狂言　三人吉三廓初買』（「国立劇場上演資料集」四三八、国立劇場、二〇〇一年）

『第二七七回歌舞伎公演　通し狂言　三人吉三巴市白波　奴凧廓春風』（「国立劇場上演資料集」五五三、国立劇場、二〇一四年）

『第二二七回歌舞伎公演　通し狂言　三人吉三廓初買　筋書き』（国立劇場、二〇〇一年）

『第二七七回歌舞伎公演　通し狂言　三人吉三巴市白波　奴凧廓春風　筋書き』（国立劇場、二〇一四年）

黒木喬『お七火事の謎を解く』（「江戸東京ライブラリー」一七、教育出版、二〇〇一年）

小林恭二『悪への招待状－幕末・黙阿弥歌舞伎の愉しみ』（集英社新書、一九九九年）

曽根崎心中

『心中大鑑』（『近世文藝叢書』第四、国書刊行会、一九一〇年）

『攝陽奇観』巻之二十三（船越政一郎編『浪速叢書』第二、浪速叢書刊行会、一九二七年）

「辰松八郎兵衛口上の写」『牟藝古雅志』（『日本随筆大成』第二期巻二、日本随筆大成刊行会、一九二八年）

『演劇界』第一一巻九月号（演劇出版社、一九五三年）

『御定書百箇條』（滝本誠一編『日本経済大典』第一巻、明治文献、一九六六年）

『曽根崎心中』（山本二郎・戸板康二・利倉幸一・河竹登志夫・郡司正勝監修『名作歌舞伎全集』第一巻、東京創元社、一九六九年）

藤野義雄『曽根崎心中　解釈と研究』（桜楓社、一九六九年）

『姿記評林』（『歌舞伎評判記集成』第二巻、岩波書店、一九七三年）

諏訪春雄『近松世話浄瑠璃の研究』（笠間書院、一九七四年）

原田幹校正『摂津名所図会』上巻（古典籍刊行会、一九七五年）

原道生『近松集』（『鑑賞　日本の古典一六』、尚学図書、一九八二年）

大田南畝『俗耳鼓吹』（濱田義一郎編『大田南畝全集』第一〇巻、岩波書店、一九八六年）

八尾市史編纂委員会『増補版　八尾市史（前近代）本文編』（八尾市役所、一九八八年）

松平進編『新注絵入　曽根崎心中』（和泉書院、一九九八年）

『今昔操年代記』下之巻（西沢一風全集刊行会編『西沢一風全集』第六巻、汲古書院、二〇〇五年）

歌舞伎座宣伝部編『中村鴈治郎改め坂田藤十郎襲名披露　壽初春大歌舞伎　筋書き』（歌舞伎座、二〇〇六年）

河竹繁俊『近松門左衛門』（吉川弘文館、二〇〇八年）

原道生『近松浄瑠璃の作劇法』（八木書店、二〇一三年）

『正宝事録』拾八（国立国会図書館所蔵）

市中軒『美景蒔絵の松』（早稲田大学図書館所蔵 へ一三 〇一四二〇）

「露 天神社（お初天神）由緒略記」（露 天神社）

「北区マップ　OASKA」（大阪市北区役所）

青砥稿花紅彩画

竹内誠『元禄人間模様』（角川書店、二〇〇〇年）

富田俊彦　菅田寛『盗賊　日本左衛門こと浜島庄兵衛の研究』（財団法人都市防犯研究センター、二〇一〇年）

藤井学「日本左衛門覚書」（『日本史研究』四六号、一九六〇年）

三浦百合子「日本左衛門の一代記的作品について―『遠州見附宿日本左衛門騒動記』を中心に―」（『学芸古典文学』第四号、二〇一一年）

神明恵和合取組

『国史大辞典』

『相撲起顕　二輯』（天保一四年）

「角力め組鳶人足一條」『未刊随筆百種 第十六』（米山堂、一九二八年）

『増訂武江年表　二』（「東洋文庫」一一八、平凡社、一九六八年）

『国立劇場第三八回歌舞伎公演』（国立劇場事業部、一九七一年）

『第三八回歌舞伎公演　神明恵和合取組』（「国立劇場上演資料集」六〇、国立劇場調査養成部・芸能調査室、一九七一年）

『江戸世話狂言集三』（「名作歌舞伎全集」一七、東京創元社、一九七一年）

渥美清太郎「『め組の喧嘩』の芝居」『演芸画報』第三一年　第二号（演芸画報社、一九三七年二月）

渥美清太郎「春芝居から昔語りへ」『演芸画報』第三五年　第二号（演芸画報社、一九四一年二月）

飯田昭一（編）『史料集成　江戸時代相撲名鑑　下』（日外アソシエーツ、二〇〇一年）

井口政治（編）『新修　梅の下風』（法木書店、一九三四年）

池上彰彦「江戸火消制度の成立と展開」『江戸町人の研究　第五巻』（吉川弘文館、一九七八年）

池田雅雄『土俵今昔』（人物往来社、一九六七年）

伊坂梅雪「『め組の喧嘩』の話」（『演芸画報』第一三年　第一号（演芸画報社、一九二九年一月）

市村羽左衛門（十五代目）「め組の辰五郎」（『演芸画報』第二二年　第一号（演芸画報社、一九二八年一月）

伊原青々園「羽左衛門の『め組』」『歌舞伎』第一二八号（歌舞伎発行所、一九一一年二月）

岡本綺堂『明治劇談　ランプの下にて』（岩波文庫、一九九三年）

加藤曳尾庵「我衣」『日本庶民生活史料集成　第十五巻』（三一書房、一九七一年）

神山彰「近代日本演劇の世紀末―『め組の喧嘩』と『お祭佐七』の間」『歌舞伎　研究と批評』六四（雄山閣、二〇二〇年）

川上邦基『街談文々集要・上集』（珍書刊行会、一九一五年）

河竹繁俊（編）『黙阿弥の手紙・日記・報条など』（演劇出版社、一九六六年）

河竹登志夫『作者の家（第一部）』（岩波現代文庫、二〇〇一年）

菊池明（編）『籠釣瓶花街酔醒　神明恵和合取組』（「歌舞伎オン・ステージ」七、白水社、一九九六年）

小島貞二（編）『雷電日記』（ベースボール・マガジン社、一九九九年）

酒井忠正『日本相撲史　上巻』（大日本相撲協会、一九五六年）

坂本四六三「羽左と左團次　二月の東劇」『演芸画報』第三一年第三（演芸画報社、一九三七年三月）

竹尾善筑「即事考」『鼠璞十種　第一』（国書刊行会、一九一六年）

田村成義『続々歌舞伎年代記　乾』（市村座、一九二二年）

田村成義『芸界通信　無線電話』（青蛙房、一九七五年）

津村京村「春狂言としての『め組の喧嘩』」（『演芸画報』第一九年　第一号（演芸画報社、一九二五年一月）

東京市役所（編）『東京市史稿　市街編第三十三』（臨川書店、一九九八年）

日置貴之「歌舞伎名作案内［第五十九回］神明恵和合取組」（『演劇界』第七四巻　第三号（演劇出版社、二〇一六年二月）

古河三樹『大相撲鑑識大系　第三巻』（国民体力協会、一九四三年）

水谷乙次郎『演藝風聞録』（朝日新聞社、一九三〇年）

三田村鳶魚「相撲の話」『三田村鳶魚全集　第十五巻』（中央公論社、一九七六年）

山口豊山「詩的人物の墓其二」『新古文林』第一巻第一〇号（近代画報社、一九〇五年一二月）

早稲田大学出版部（編）『近世実録全集　第三巻』（早稲田大学出版部、一九二八年）

鼠小紋東君新形

北原進『百万都市江戸の生活』（角川選書、一九九一年）

磯田道史『日本史を暴く』（中公新書、二〇二二年）

著者プロフィール

上村正裕（うえむら　まさひろ）

二〇二一年東洋大学大学院博士後期課程修了。博士（文学）。東洋大学等非常勤講師。
主要著作として、『日本古代王権と貴族社会』（八木書店、二〇二三年）、「伴善男の伴氏再編計画」（『続日本紀研究』四二七、二〇二二年）、「平安貴族社会と氏」（『歴史学研究』一〇五四、二〇二四年）などがある。

渡邉裕太（わたなべ　ゆうた）

二〇一六年東京学芸大学大学院教育学研究科修了、修士（学術）。
（現職）郡山市歴史情報博物館学芸員。

野村朋弘（のむら　ともひろ）

二〇〇九年に國學院大學大学院博士課程単位取得退学、文学修士（歴史学）、二〇〇九年から京都造形芸術大学非常勤講師、二〇一五年から國學院大學兼任講師などを経て二〇二四年より京都芸術大学教授。
主要著作は単著に『伝統文化』（淡交社、二〇一八年）『諡　天皇の呼び名』（中央公論新社、二〇一九年）など。論文では「後醍醐天皇を支えた廷臣—岡崎範国について—」（『國學院雑誌』一二二巻一一号、二〇二一年）など。

大久保慧人（おおくぼ　としひと）

二〇二一年東京大学教養学部卒業、同年独立行政法人日本芸術文化振興会入職、二〇二四年国立劇場制作部歌舞伎課。

菊池勇夫（きくち　いさお）

立教大学大学院文学研究科博士課程単位取得退学。宮城学院女子大学教授を経て、現在同大学名誉教授。
主要著書：『近世の気象災害と危機対応』（吉川弘文館、二〇二四年）、『江戸時代の災害・飢饉・疫病』（吉川弘文館、二〇二三年）、『義経伝説の近世的展開』（サッポロ堂書店、二〇一六年）

黒石陽子（くろいし　ようこ）

一九八二年東京学芸大学大学院修士課程教育学研究科国語教育専攻修了、教育学修士、都立東大和高等学校教諭、都立調布南高等学校教諭、早稲田大学演劇博物館助手、東京学芸大学専任講師、助教授、二〇〇六年四月より教授、二〇二三年四月より東京学芸大学名誉教授。
主要著書：『近松以後の人形浄瑠璃』（岩田書院、二〇〇七年）（単著）、『新編日本古典文学全集七七　浄瑠璃集』（小学館、二〇〇二年）、『歌舞伎評判記集成第三期　第一巻』（和泉書院、二〇一八年）、『義太夫節浄瑠璃未翻刻作品集成六九』（玉川大学出版部、二〇二一年）他。

廣田浩治（ひろた　こうじ）

一九九六年大阪市立大学後期博士課程単位取得退学、文学修士。現職静岡市歴史博物館学芸員（学芸課長）
論文「東海地方の荘園と鎌倉期の武家領」（岡野友彦・大石泰史編『領主層の共生と競合』高志書院、二〇二四年）、「日本中世の領主と在地社会の文書授受」（マルクス・リュッターマン編著『「かのように」の古文書世界』（彩流社、二〇二四年）、「広橋家領の推移」（家永遵嗣・田中大喜編『中世公家の生活と仕事』（同成社、二〇二五年）

池田芙美（いけだ　ふみ）

二〇〇八年東京大学大学院人文社会系研究科基礎文化研究専攻美術史学専門分野修了。二〇〇八年よりサントリー美術館学芸員。二〇二四年よりサントリー美術館副学芸部長、現在に至る。
主要著作に『広重ＴＯＫＹＯ——原安三郎コレクション・名所江戸百景』（共著）（講談社、二〇一七年）、「英一蝶「四季日待図巻」を読み解く——〈座敷芝居〉にみる江戸中期の芸能上演」『風俗絵画の文化学Ⅱ——虚実をうつす機知』（思文閣出版、二〇一二年）。主要な担当展覧会に「歌麿・写楽の仕掛け人——その名は蔦屋重三郎——」（サントリー美術館、二〇一〇年）、「歌舞伎座新開場記念展　歌舞伎——江戸の芝居小屋」（同、二〇一三年）、「生誕二五〇周年谷文晁」（同、二〇一三年）、「没後三〇〇年記念　英一蝶」（同、二〇二四年）など。

比企貴之(ひき　たかゆき)

二〇一七年國學院大學大学院、満期退学、博士(歴史学)、二〇二一年國學院大學研究開発推進機構助教。

「中世神社史研究史稿」(『國學院雑誌』一二二(十一)〔二〇二一年十一月〕)

加唐亜紀(かから　あき)

編集プロダクションなどを経てフリーの編集者兼ライター。著書に『ビジュアルワイド図解　古事記・日本書紀』(西東社)、『ビジュアルワイド図解　日本の合戦』(西東社)、『新幹線から見える日本の名城』(ウェッジ)、監修本に『イラスト&図解　知識ゼロでも楽しく読める！江戸の文化』(西東社)などがある。

佐藤宏之(さとう　ひろゆき)

二〇〇五年、一橋大学大学院社会学研究科博士後期課程単位取得退学、博士(社会学)。現在、鹿児島大学学術研究院法文教育学域教育学系准教授。主要著書：単著『近世大名の権力編成と家意識』(吉川弘文館、二〇一〇年)、単著『自然災害と共に生きる—近世種子島の気候変動と地域社会—』(北斗書房、二〇一七年)、共著『シマで戦争を考える』(北斗書房、二〇二四年)監修『NEW日本の歴史　七　江戸幕府の成立』(学研プラス、二〇二二年)、「実録のながれ—「越後騒動」の歴史・記憶・メディア—」(若尾政希編『書籍文化とその基底』平凡社、二〇一五年)

福留真紀(ふくとめ　まき)

お茶の水女子大学大学院博士後期課程修了。博士(人文科学)。現在、清泉女子大学総合文化学部教授。

主要著作：『徳川将軍側近の研究』(校倉書房)、『将軍側近　柳沢吉保　—いかにして悪名は作られたか』、『将軍と側近　—室鳩巣の手紙を読む』、『名門水野家の復活—御曹司と婿養子が紡いだ一〇〇年』(以上、新潮社)、『名門譜代大名・酒井忠挙の奮闘』(文藝春秋)、「大奥御年寄の養子縁組—綱吉政権期の御年寄松枝をめぐって—」(幕藩研究会編『論集　近世国家と幕府・藩』岩田書院)、「柳沢家と米倉家—武州金沢二代藩主米倉鍋三郎里矩の家督相続をめぐって—」(『横浜市歴史博物館紀要』第二七号、二〇二三年)、「寛政改革期の目付についての一考察—「風聞」をめぐって—」(『清泉女子大学人文科学研究所紀要』第四五号、二〇二四年)

石山秀和(いしやま　ひでかず)

立正大学大学院博士後期課程修了、博士(文学)。江戸東京博物館専門研究員、学芸員を経て、現在は立正大学文学部教授。

主要著作『近世手習塾の地域社会史』(岩田書院、二〇一五年)、市川寛明との共著『図説　江戸の学び』(河出書房新社、二〇〇六年)、滝口正哉との共編著『江戸の庶民文化』(岩田書院、二〇二一年)、岩本篤志との共編著『東条琴台書目資料集成』第一巻〜第三巻(ゆまに書房、二〇二三年)

奥田敦子(おくだ　あつこ)

東京学芸大学大学院修了。日本美術史専攻。太田記念美術館主任学芸員を経て、すみだ北斎美術館の立ち上げから関わり、同美術館主任学芸員現職。

主要著書：『広重の団扇絵　知られざる浮世絵』(単著)(芸艸堂、二〇一〇年)、『THE 北斎　冨嶽三十六景　ARTBOX』(単著)(講談社、二〇二〇年)、『北斎百鬼見参』(単著)(講談社、二〇二二年)のほか論文・解説多数。

入江清佳(いりえ　さやか)

二〇一一年長崎純心大学大学院退学。長崎市役所文化観光部長崎学研究所主事(学芸員)現職。著書『長崎精霊流し』ゆるり書房、二〇二〇年七月(共著)

木村　涼(きむら　りょう)

二〇〇八年法政大学大学院人文科学研究科日本史学専攻博士後期課程単位取得満期退学。現在　岐阜女子大学文化創造学部特任准教授。博士(歴史学)。

主要著書：『七代目市川團十郎の史的研究』(吉川弘文館、二〇一四年二月)、『八代目市川團十郎』(吉川弘文館、二〇一七年一月)

編著者略歴
大石　学（おおいし　まなぶ）

1963年生まれ。筑波大学大学院博士課程単位取得満期退学。現在、東京学芸大学名誉教授・静岡市歴史博物館館長。主要著書に『享保改革の地域政策』（吉川弘文館、1996年）、『江戸の教育力　近代日本の知的基盤』（東京学芸大学出版会、2007年）、『徳川吉宗』（山川出版社、2012年）、『近世日本の統治と改革』（吉川弘文館、2013年）、『今に息づく江戸時代　首都・官僚・教育』（吉川弘文館、2021年）など。主要編著に、『近世藩制・藩校大事典』（吉川弘文館、2006年）、『江戸幕府大事典』（吉川弘文館、2009年）、『侠の歴史　日本編下』（清水書院、2020年）、『戦国時代劇メディアの見方・つくり方　戦国イメージと時代考証』（勉誠社、2021年）、『徳川斉昭と水戸弘道館　水戸藩が威信をかけて創設した文武の〝総合大学〟』（戎光祥出版、2022年）、『江戸東京移行期論　東都から帝都へ』（戎光祥出版、2024年、落合功と共著）など多数。

これぞ！歌舞伎《かぶき》
そのあらすじと史実《しじつ》

2025年4月20日　第1刷　発行

編著――大石《おおいし》　学《まなぶ》

発行者――野村久一郎

発行所――株式会社　清水書院
〒102-0072
東京都千代田区飯田橋3-11-6
電話　03-5213-7151(代)
Fax　03-5213-7160
http://www.shimizushoin.co.jp

印刷所――株式会社　三秀舎

イラスト――山谷和子

デザイン――吉見友希

ISBN978-4-389-50159-4